集刊

集人文社科之思 刊专业学术之声

集 刊 名：中国经济学
主管单位：中国社会科学院
主办单位：中国社会科学院数量经济与技术经济研究所

JOURNAL OF CHINA ECONOMICS

2022年第1辑

集刊序列号：PIJ-2022-449
中国集刊网：www.jikan.com.cn
集刊投约稿平台：www.iedol.cn

封面题字：郭沫若书法集字

中国经济学

JOURNAL OF CHINA ECONOMICS

2022年第1辑

中国社会科学院　主管

中国社会科学院数量经济与技术经济研究所　主办

社会科学文献出版社
SOCIAL SCIENCES ACADEMIC PRESS (CHINA)

《中国经济学》创刊词

2022 年 1 月，由中国社会科学院主管、中国社会科学院数量经济与技术经济研究所主办的经济学综合性学术刊物《中国经济学》创刊了。这是中国社会科学院数量经济与技术经济研究所为加快构建中国特色经济学学科体系、学术体系、话语体系和建构中国自主的知识体系而作的一项努力。

《中国经济学》以“国之大者，经世济民”为崇高使命，以研究中国改革发展稳定重大理论和实践问题为主攻方向，立足中国实际，解决中国问题，挖掘中国规律性经济现象，发表具有原创性的经济学论文，讲好中国原创性的经济学故事，为全面建设社会主义现代化国家提供智力支持。

《中国经济学》坚持自主性知识生产和理论创造，强化原始创新导向，持续推动知识创新、理论创新、方法创新：坚持理论创新和实践创新融为一体，学术研究和政策研究融为一体，思想原创和方法先进融为一体，系统思维和多维求解融为一体，中华文明和国际视野融为一体。不仅发表重大问题的实证论文（但不提倡内卷式、思想重叠式、模型泛化式论文），而且更加注重全局性、根本性、关键性、前瞻性、思想性的研究成果，倡导开辟新领域、提出新范式、运用新方法、使用新数据、总结新实践的开创性论文。

《中国经济学》主要选题包括习近平经济思想、国家重大发展战略、中国道路、国民经济、应用经济、改革开放创新重大政策评估、交叉融合问题和经典书评等，努力推动中国现象、中国问题、中国理论的科学化，繁荣中国学术，发展中国理论，传播中国思想。

诚挚邀请学界同仁和广大青年才俊踊跃投稿。相信在广大读者、作者和社会各界的关心支持下，《中国经济学》将进一步加强中国特色经济学自主知识体系建构，促进中国学术思想引导力和国际话语权提升，为实现中华民族伟大复兴贡献智慧和力量。

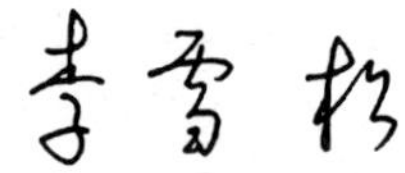

《中国经济学》主编

中国社会科学院数量经济与技术经济研究所所长

2022 年 6 月

中国经济学 2022年第1辑（总第1辑）
Journal of China Economics 2022年6月出版

目标责任制对中国经济高质量发展的影响

——中国共产党经济治理的重大实践

余泳泽　张少辉　林彬彬*

摘　要： 中国共产党领导下的中国经济奇迹一直是国内外学术界研究的重要话题，是中国共产党经济治理能力现代化的集中体现和重大实践创新。本文在中央—地方政府纵向治理的框架下，总结出以目标责任制为主要特征的经济治理模式，旨在为理解中国经济奇迹提供新的视角。首先，对目标责任制的概念内涵进行了界定，总结概括目标责任制体系中目标制定、目标分解和目标考核三个环节相互演进的结构特征。其次，主要从民主集中制、中国式分权、垂直治理体系和社会主义市场经济的角度，解析中国模式下目标责任制有效运作的制度基础。最后，进一步分析在自上而下的目标责任制管理体系中，地方政府通过自我激励效应和标尺竞争效应促进经济增长的主要机制，以期为深化央地政府间治理关系的制度改革提供新的思路，为下一步中国经济高质量发展提供政策启示。

关键词： 目标责任制　中国经济　经济治理　央地关系

---

* 余泳泽（通讯作者），教授，南京财经大学国际经贸学院，电子邮箱：yongze125@126.com；张少辉，讲师，上海财经大学公共经济与管理学院，电子邮箱：zsharvey@163.com；林彬彬，硕士研究生，南京财经大学产业发展研究院，电子邮箱：1150383941@qq.com。本文是国家社会科学基金重大项目（20&ZD089）的阶段性成果，并得到国家自然科学基金面上项目（71973060）的资助。作者感谢审稿人和编辑部的宝贵意见，文责自负。

一 中国奇迹的伟大现实

新中国成立以来，在中国共产党的伟大领导下，中国国民经济持续快速增长，经济总量不断跃上新台阶，经济社会发展取得了举世瞩目的辉煌成就。中国经济社会发展的伟大现实体现在经济规模、产业发展、科教文化和民生保障等诸多方面，其中，中国综合国力提升的关键不仅仅体现在经济规模增速、进出口贸易增速或产业结构优化升级等外化指标，更内嵌于基础设施的完善和科技创新等核心实力的积蓄。这种“内外兼修”的模式也是中国经济社会发展的根本性成就，具体来说可总结为以下六个方面。

（一）经济增长的伟大奇迹

1978~2020年，中国的国内生产总值从3679亿元增长到1013567亿元，[①]按不变价计算增长了40多倍，占世界经济的比重也从1.8%上升为17%左右，是同时期世界上经济发展最快的国家。其中，中国经济总量在2000年突破10万亿元，成为世界第六大经济体，2010年超越日本后稳居世界第二位。党的十八大之后，中国经济总量连续跨越70万亿元、80万亿元和90万亿元的大关，总体实力不断提升。尤其是2020年，面对突袭而至的新冠肺炎疫情带来的冲击，全球经济萎靡不振，在多数国家都出现负增长的情况下，中国经济却“一枝独秀”，国内生产总值不仅实现了稳健的正向增长，而且突破百万亿元大关，[②]俨然成为推动全球经济复苏的主要驱动力。

（二）国际贸易的伟大奇迹

在经济全球化语境下，中国积极参与国际分工，已经成为世界第一贸易大国。1978~2020年，中国进口总额由187.4亿元增加到14.22万亿元，出口总额由167.6亿元增加到17.93万亿元。在进出口规模持续

① 《2020年我国GDP最终核实为1013567亿元》，http://www.gov.cn/xinwen/2021-12/17/content_5661661.htm，2021年12月17日。

② 国家统计局公布的《2020年国民经济和社会发展统计公报》显示，全年人均国内生产总值72447元，比2019年增长2%。

增长的同时，外贸主体日益多元化。2020 年民营企业进出口达到 14.98 万亿元，占我国外贸总值的 46.6%，成为稳外贸的重要支柱。[①] 近年来，随着全球贸易增速的放缓，中国出口规模增长速度也有所下滑，但是进口规模增长速度加快，逐渐从出口大国向进口大国转变。从 2018 年起，中国开始举办国际进口博览会，积极主动扩大货物进口，推动进出口平衡发展，充分释放国内市场潜力，为促进全球经济高质量增长贡献力量。

（三）产业发展的伟大奇迹

新中国成立初期，工业基础十分薄弱，1952 年资本形成率仅为 22.2%，大量工业原材料依赖进口。产业结构以粗放式传统农业为主，第二产业占 GDP 比重只有 20.8%，第三产业占比仅为 28.7%。伴随着改革开放的日益深入，中国工业化进程也在艰难曲折中不断推进。1952~2020 年，中国工业增加值从 120 亿元增至 31.31 万亿元，年均增长率达到 11%。2010 年中国制造业增加值首次超过美国成为第一制造业大国，2020 年中国制造业增加值达 26.59 万亿元，占全球比重接近 30%，连续 11 年稳居首位。在现代化工业化体系日渐完善的同时，中国的产业结构不断优化升级，服务业也取得了长足进步。2013 年服务业占 GDP 的比重更是首次超过制造业，2015 年服务业占比超过 50%，2020 年进一步提升，达到 54.5%，相比 1952 年增长了 25.8 个百分点。从新中国成立初期的几近边缘化到现在的方兴未艾，服务经济促进经济社会发展的效应不断强化，成为中国经济持续健康发展的重要引擎。

（四）基础设施建设的伟大奇迹

在经济快速增长的同时，中国的公共基础设施尤其是交通基础设施呈现出快速发展的态势。新中国成立初期，基础设施较为薄弱，运行效率较低，现如今我国基础设施建设取得了历史性的飞跃，交通运输网络体系日益完善，服务质量和技术水平明显提高，支撑能力持续增强。1978~2020 年，中国公路运营总里程从 89 万公里增长到 519.8 万公里，铁路运营总里程从

① 参见 http://www.mofcom.gov.cn/article/i/jyjl/l/202102/20210203038236.shtml。

5.2万公里增长到14.6万公里，其中高速公路和高速铁路的运营总里程分别达到了16.1万公里和3.8万公里。[①] 特别是，高速铁路运营里程排名世界第一，超过世界高铁运营总里程的2/3。此外，中国民航和港口运输也实现突破式发展，2020年末定期航班航线总条数达5581条，是1950年的465倍。2020年全国港口拥有生产性码头泊位22142个，是1950年的137倍，其中，万吨级以上港口泊位数量保持稳定持续增长，[②] 形成了庞大的航空、水运和陆路全覆盖、可衔接的综合交通运输网络。

（五）科技创新的伟大奇迹

中国的科技创新实力稳步提升，1995~2017年中国专利申请量由83045件增长到3697845件，专利授权量由45064件增加到1836434件，其中“本国人专利申请量”“本国人实用新型申请量”等指标均位列全球第一，R&D投入强度显著提高，研究显示，2020年中国居第14位，是排名前三十的经济体中唯一的中等收入国家，[③] 已成为全球创新版图中的重要一极。可见，在经济高速增长的同时，中国的科技事业也不断发展，不仅科技产出数量快速增长，更孕育出大量领先于世界的自主知识产权创新，无论是从载人航天到深海探测、从量子通信到“中国天眼”，在诸多高精尖领域都取得了重大成果。

（六）民生改善的伟大奇迹

最为关键的是，中国的经济发展带领人民生活从温饱不足走向全面小康，人民生活水平发生了翻天覆地的变化。新中国成立之初，中国居民收入和消费水平极低，1956年我国居民人均可支配收入仅为98元、人均消费支出仅为88元。改革开放以来，随着政府不断加大对社会保障和改善民生的投入，居民收入和消费水平持续提高，生活质量不断改善。2018年我国居民人均可支配收入为28228元，扣除物价因素，比1978年实际增长

---

① 《2020年铁道统计公报》，http://www.nra.gov.cn/xwzx/xwdt/xwlb/202104/t20210419_147768.shtml，2021年4月19日。

② 数据来源于《2020年交通运输行业发展统计公报》。

③ 参见世界知识产权组织（WIPO）、美国康奈尔大学和欧洲工商管理学院（INSEAD）共同发布的《2020年全球创新指数报告（GII）》。

了24.3倍；人均消费支出为19853元，比1978年实际增长19.2倍。[①] 按照2010年标准，1978年我国贫困人口达到7.7亿，农村贫困发生率达到97.5%。随着扶贫力度的进一步加大和精准扶贫政策的陆续出台，贫困人口不断下降，2020年更是完成了消除绝对贫困的艰巨任务。[②] 脱贫攻坚战的全面胜利，不仅更加彰显中国经济发展惠及民生的本质要求，也昭示出中国共产党带领人民实现共同富裕的伟大事实。

中国经济社会发展的伟大奇迹有力证明，一国或经济体持续发展的关键在于形成一种有效的治理模式，如何采用一种自上而下的治理模式将政府、市场和社会串联耦合，促进政治资源、市场资源或文化资源协调配置，形成联通的经济体系才是核心要义。中华人民共和国成立以来，中国共产党在长期实践中不断探索，最终形成了一种高效的领导体制和治理模式，不仅确保了经济发展秩序的稳定基础，也极大地调动了社会各类要素参与现代化建设的积极性。理解当代中国经济发展所取得的伟大成就，必然要深入考察中国共产党领导下独特的目标治理体系。有鉴于此，本文结合中国经济发展的伟大现实，基于已有研究针对中国经济奇迹的理论解释，从中国共产党领导下的治理模式的视角出发，提出、总结和分析目标责任制的概念及其内涵，对目标责任制驱动中国经济发展的机制进行归纳，以此构建一个新的解释中国经济奇迹的理论框架。

二　中国经济奇迹的原因——文献综述

根据上文的现实描述，中国作为世界上最大的发展中国家，幅员辽阔且人口众多，实现了从新中国成立初期的羸弱到如今世界第二大经济

① 《人民生活实现历史性跨越　阔步迈向全面小康——新中国成立70周年经济社会发展成就系列报告之十四》，http://www.gov.cn/xinwen/2019-08/09/content_5420006.htm，2019年8月9日。

② 在2021年2月25日全国脱贫攻坚总结表彰大会上，习近平总书记宣告我国脱贫攻坚战取得全面胜利。8年来，近1亿人脱贫，832个贫困县全部摘帽，提前10年完成联合国2030年可持续发展议程的减贫目标。

体的历史性跨越，目前正处于经济改革实践的“深水区”，并努力由经济大国向经济强国挺进。在发展过程中，无论是经历区域乃至全球经济危机，或是面对突袭而至的疫情等外部冲击，中国经济都表现出顽强的韧性，保持住较强的增长势头，这些经验和成就引起了诸多学者的关注和探究。那么，中国经济奇迹究竟是如何产生的呢？已有研究从政治制度、经济制度、财税制度、比较优势和文化制度等多个方面予以解释。

（一）政治制度与中国经济增长

传统经济学将物质资本积累、人力资本和技术创新等看作经济增长的引擎，然而，North和Thomas（1973）、North（1990）则认为，资本投资和技术进步等要素发展只是经济增长的组成部分或者表现形式，不是经济增长的原因，以清晰的产权界定和有效的契约执行为特征的制度安排才是促进经济增长的关键。21世纪之后，学者们在经济增长模型中将制度变量内生化，进一步运用计量分析方法来探究制度的重要作用，从而将新制度主义推进到了新政治经济学的发展阶段。新政治经济学更加强调政治制度与经济增长的关系，认为一国或经济体政治制度的发展会约束政府行为，通过制定有效的治理机制刺激可积累性要素投入，促进资源配置效率提高和技术进步，从而有利于经济增长（Dollar和Aart，2004；Rodrik和Trebbi，2004；Acemoglu等，2004）。

政治制度主要是指激励和约束政治领域中个体特别是政客和政治权力精英行为的一般规则，如宪法和立法规则等，也直接表现为民主、专政或独裁的政府组织形式（Acemoglu等，2004）。在西方多党派自由竞争选举的民主制度框架下，政治家和政府官员为了争夺选票，会将资源向解决有关收入分配、就业、社会秩序等问题方面倾斜，各党派之间就利益再分配的争夺不利于经济系统的长期运行和发展（刘志彪，1994；刘志彪和高波，1998）。政治制度是解释中国经济增长绩效的逻辑起点，平稳而有序的政治制度、稳定而有威望的领导集体为中国经济建设提供了合适的政治环境，全国人民保持强大的共识，在党的领导下全力投入经济建设，实现了中国经济的高速增长（单豪杰和沈坤荣，2007）。在中国特色社会主义制度下，政治与经济密不可分，形成了政治集权和经济分权的中国式分权制度。政治集权树立了中央领导集体的政治威望，国家的权威性与组织性增强了各级政府机构的凝聚力，减小了变革途中各种各样的摩擦与阻力，降低了交易费用和协调成本，从而促进了经济快速发展（林毅夫等，1999）。在政治集权和特殊的垂直治理体系中衍生出了内在的官员晋升激励，逐步形成了基于 GDP 增长的“晋升锦标赛”模式（周黎安，2004，2007）。这种模式进一步激发了地方经济增长的内在动力（Blanchard 和 Shleifer，2001；Tsui 和 Wang，2004）。

（二）经济制度与中国经济增长

中国经济奇迹的背后离不开经济制度的驱动，坚持和完善以公有制为主体、多种所有制经济共同发展，以按劳分配为主体、多种分配方式并存的社会主义基本经济制度是中国经济保持较快增长速度的坚实基础（谢伏瞻，2019）。改革开放以来，在坚持以公有制为主体的前提下，允许非公有制经济的发展，释放各类生产要素的活力，既促进公有制企业经营效率的提高，也承认非公有制企业在市场中的地位。这种兼容并蓄的经济体制促进了各种所有制资本取长补短、相互促进和共同发展。此外，“以按劳分配为主体、多种分配方式并存”的分配制度，不仅有利于缩小收入差距，让人民共享发展成果；同时在保障公平的基础上兼顾效率，充分调动劳动人民的积极性和创造性。

值得注意的是，在坚持社会主义市场经济体制的同时，中国经济始终将市场化改革与有为政府相结合。20 世纪 90 年代，社会主义国家纷纷放弃计划经济体制，向市场经济转轨。以“华盛顿共识”为代表的新自由主义经济学家主张“休克疗法”，进行激进、爆炸式的改革，成为东欧多数国家的政策指南。中国等少数国家则是“摸着石头过河”，进行渐进式的改革，以双轨制过渡的形式逐步建立了社会主义市场经济体制。在社会主义市场经济体制下，充分发挥市场在资源配置中的决定性作用，也着重强调政府的指导作用，通过规则体系、价格机制和竞争制度等有效提高资源配置效率，既发挥“有效市场”的作用，也发挥“有为政府”的作用，处理好“看得见的手”和“看不见的手”之间的关系，两者有机统一，共同促进经济增长（林毅夫等，1999）。

（三）财税制度与中国经济增长

在中国情形下，财政分权作为中央和地方政府分配财政资源的重要制度安排，激发了地方经济增长的活力。1994年分税制改革，调整中央和地方的分配关系，厘清支出责任和事权，部分财政权力由中央逐步下放给地方政府。地方政府对财政收入有更大的支配权力，有动力通过基础设施建设、招商引资等多种形式促进经济发展（陶然等，2009）。国内有大量文献就财政分权与中国经济增长的关系进行了研究，所得出的结论并不一致，但是，相当多的文献都得出财政分权对经济增长具有明显的促进作用（张晏和龚六堂，2005；沈坤荣和付文林，2005；周业安和章泉，2008；邵传林，2016）。

一方面，地方财政分权程度的变化会改变地方政府的征税努力程度，这会直接影响企业的税率，通过改变其生产活动作用于地方的经济增长（吕冰洋等，2016）；另一方面，增加地方政府财政收入会加大对生产性基础设施的投入和公共服务的投资，促进当地市场繁荣。财政分权除了会增加地方资本投入以外，还可以激励地方政府进行制度创新，提高当地的公共治理水平，促进社会分工专业化和优化资源配置，从而促进经济发展（林毅夫和刘志强，2000）。张五常（2009）认为，中央政府把经济权力下沉到县级政府以后，使县与县之间形成激烈的竞争，鼓励了开放进取的企业家精神。各县级政府拼命招商引资，为地方企业提供各种便利服务，降低企业交易成本和投资成本，促进中国经济的快速增长。

（四）比较优势和后发优势

比较优势理论认为，各国应根据本国要素禀赋的相对丰富程度，每个阶段的产业结构和生产技术要符合当时的要素禀赋结构，从而优化资源禀赋结构，化解稀缺资源不足所造成的瓶颈制约，实现经济持续快速发展。在比较优势下，政府减少对经济的干预，遵循市场价值规律，维护市场秩序，制定合理而规范的市场规则（林毅夫等，1994）。比较优势与后发优势相结合，促进经济持续快速发展。

改革开放以前，中国认为自身与发达国家的差距主要在产业结构和技术方面，动用全国资源优先发展资金密集型重工业，造成人力、物力和财力的大量浪费。实际上，中国的比较优势在于存在大量的廉价劳动力和丰富的自然资源，应将这些优势与国情相结合，加大对劳动密集型产业和资源密集型产业的投入，促进经济发展。林毅夫（2014）认为，发达国家处于世界产业链的顶端，技术革新只能来自发明创造。而中国作为最大的发展中国家，所用的技术和现有的产业处于世界技术和产业链的内部，创新可以通过引进和模仿来实现，风险和成本也远远低于发达国家，在进行技术革新和产业升级方面具有后发优势。由于减少了技术革新、产业升级和社会经济转型方面的成本，中国利用后发优势发展成为世界工厂，实现经济持续快速发展。郭熙保（2012）认为，中国经济的高速增长源于资本、技术、人力、制度和结构这五种后发优势的同时发挥，从而形成推动经济发展的巨大合力和推动力。

（五）文化制度与中国经济增长

除了政治制度、经济制度和财税制度之外，也有一些研究从文化方面讨论了中国经济奇迹产生的原因。首先，儒家文化对中国人力资本和教育产生了深远影响。在儒家思想的影响下，中国在现代化建设中十分重视教育的作用。从20世纪90年代邓小平同志提出实施“科教兴国、人才强国”战略，到如今以习近平同志为核心的党中央提出的“教育兴则国家兴，教育强则国家强”，中国始终致力于对人力资本的开发，坚持教育强国的建设方向。其次，高储蓄率往往被认为是解释中国经济高速增长的重要因素，儒家文化反对铺张浪费，以提倡节俭理财和勤劳刻苦的观念为主要特征。因此，在儒家文化的影响下，社会内部诸如计划、投资未来、延迟满足等“未来导向”的行为程度较高，从而提高了居民储蓄率（孙涛和黄少安，2010；Chen，2013）。

此外，根据熊彼特提出的创造性破坏理论，企业家作为创新的主体，打破经济循环的惯行轨道，推动经济结构从内部进行革命性的破坏，促进经济发展。熊彼特揭示的企业家精神的实质，其根源在于文化资本对生产活动的革新作用。所谓的文化资本不同于经济资本，文化资本具有规模报酬递增的特性，并且具有很强的溢出效应（高波和张志鹏，2004）。资本力量嵌入中国文化基因内部，形成推动中国经济发展的强大动力体系。

中国近代以来经历了三次文化变迁，每次文化变迁都显著降低了文化成本，促进了制度与技术创新，为我国经济发展创造了有利的条件（高波，2007）。

三　目标责任制内涵与结构特征

（一）文献回顾与概念内涵

综上所述，诸多研究从政治制度、经济制度、财税体制和文化因素等方面探究了中国经济奇迹产生的原因，本文则主要从目标责任制的视角出发，探究中国的经济奇迹背后的成因。至于这一概念的提出，最早可追溯到荣敬本和崔之元（1998），他们针对县乡政府的治理运行方式进行了探讨总结，强调中国基层政府治理过程中存在明显的自上而下的目标责任管理的特征。县级政府制定经济社会发展指标，并形成“县—乡（镇）—村庄—农民”的层层下达的链条，在这一过程中，上级政府还采取一票否决的惩罚措施。后续也有学者利用地区的调研报告等进行研究（徐勇和黄辉祥，2002；吴毅，2007），他们同样认为，目标责任制是基层政府管理的重要手段，尤其是在乡镇政府与村庄的互动中，乡镇政府通过目标管理强化了对村级的领导，可以最大化自身的目标。因此，基层党政组织的目标管理属于一种压力型体制。

但是，上述文献只聚焦基层政府，单纯强调了目标责任制的“控制”功能，却忽略了对于各级地方政府的主动作为（王汉生和王一鸽，2009）。实际上，目标责任制对中国经济发展的影响不仅仅包括自上而下的约束效应，也包含自下而上的激励特征（张汝立，2003；Edin，2003）。换言之，目标责任制融合了科学管理观，通过对目标量化和分解进行放权管理，实现了由耗散型向效率型的转变，发挥了对基层政府绩效评价和激励的作用（杨顺湘，2000）。因此，在分析目标责任制的概念时，必须将视角延伸至中央到地方的全面视域下进行探讨，也要充分考虑约束和激励，以便厘清目标责任制对中国经济的具体影响。

鉴于此，本文提出的目标责任制的内涵该如何理解？具体而言，目标责任制是指在进行经济社会建设时，中央政府会根据现有的经济发展态势针对下一个发展阶段预期要取得的成绩明确总体目标和方向，在这个阶段，地方政府按照中央政府的目标，合理规划本区域内的各项经济活动，引导生产要素在各个部门的优化配置，以便最大限度地实现中央政府制定的目标。需要强调的是，目标责任制是以党政科层组织为运作载体，以权责利明确对等为原则，由中央政府担任经济社会目标向下分解的发包人，各级地方政府和社会机构在行政约束、政治或经济激励之下，作为向上负责的承包人对目标进行分解落实，最终协调统一完成目标的体系。

在目标责任制的体系中，中央政府与地方政府之间呈现“发包—承包”的关系。但是，目标责任制与“行政发包”这一概念既密切相关，又有所不同。“发包”的概念最早源于企业经济学的企业理论，即企业治理分为发包制与雇佣制两个主要模式，其中，发包制对应两个企业之间的市场交易关系，意味着承包企业雇佣劳动力和提供生产工具来负责组织生产。之后，周黎安（2008）将企业“发包”概念引入了政府治理框架，使用“行政发包制”的理论概念来阐述中国政府间关系的基本特征，突出政府组织内部上下级之间的运作机制和层层发包关系。在行政发包制的体系中，更多体现的是上级政府作为委托方，具有目标设定、人事控制、监察指导和审批验收等正式权威（周黎安，2014；周雪光和练宏，2012），并将带有行政命令式的强制约束分配给下一级政府，下一级政府通过筹集本级财政资金，被动完成经济发展、计划生育、环境治理、扶贫救济和疾病预防等压力型指标任务。但是，20 世纪 90 年代中期以来，由于分税制情况下财权的上移和集中，中央政府也采用了专项治理资金的“项目制”治理模式来调动地方政府积极承担和参与承包目标的主动性（渠敬东，2012）；“项目制”主要是指财政转移支付通过项目的方式，在各行政层级间进行“条线”式分配资金的方式，旨在在限定时间和限定资源的条件下完成预期目标。比如五年规划中，中央财政科技计划（专项、基金等）的设立，通过强化科技资源的统筹协调来完成预期科技进步贡献率、研究与试验发展经费投入强度等量化指标。

可见，本文提出的目标责任制概念，实则融合了“行政发包制”和“项目制”这两种治理体系，不仅涵盖政府内部上下级行政约束下的“强制发包”，也包含通过地方政府专项项目激励的主动承包。换言之，“分包体制”更多突出在自上而下的体系中，中央政府通过行政任务和资金激励的方式，将各项规划目标在纵向层级以及时序上分解到各政府部门和执行机构乃至基层社会和个人形成目标体系的管理形式，既包含中央和地方政府间的“发包—承包”关系，也包含地方政府和其他机构或个人间的“承包—分包”关系。

因此，本文旨在突出中国经济以目标责任制为主要特征的发展模式，在这种模式下，中央政府、各级地方政府乃至社会组织或个人之间形成了有效的合作分工关系，构建了一套独特的经济目标驱动和管理体系，在不同的发展阶段，经济目标体系的设定和调整与特定时期的事实基础相适应，充分发挥其引导资源配置、促进经济持续发展的作用。

（二）目标责任制的体系流程与结构特征

按照上文所述，目标责任制的体系流程大致可分解为目标制定→目标分解→目标考核这三个主要步骤。通常而言，首先，中央政府制定总体目标的战略方向、行动规划和量化数值；其次，地方政府根据总体目标的设计，在时间维度、科层维度以及部门维度上对目标进行分解和责任落实，同时，在目标分解过程中也嵌入了对上级政府非约束目标的制定，换言之，中央政府在提出一些预期性指标或方向性目标之后，地方政府会在分解目标时自行制定可量化的目标，以此进行自我施压；最后，在规定期限结束时，主要由上级政府或直属机关对目标完成情况进行考核，考核完成的情况既作为评定负责人的绩效，也是作为下一阶段目标制定的参考。由此可见，在目标责任制的体系中，目标制定、目标分解与目标考核各环节既表现出梯度式渐进的状态，也存在互动式演进的特征，形成了协调统一的闭环系统（见图1）。具体而言，目标责任制各个环节的特征表现如下所述。

1. 目标制定的结构与特征

在目标责任制的框架下，中央政府主要负责制定一系列整体规划和目标体系，在目标范畴上，既涵盖经济增长、产业发展、进出口规模等经

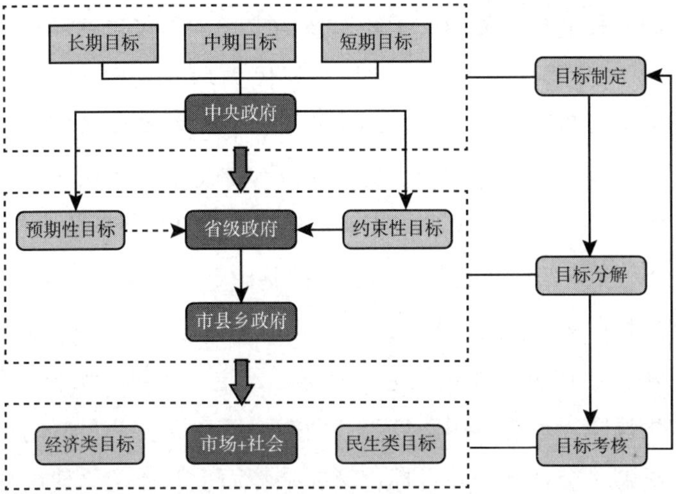

图 1　目标责任制体系的结构特征

济类指标，也包括居民收入和消费、社会保障、脱贫攻坚、环境保护等民生类指标，覆盖经济社会各个方面。特别是在时间序次上，中央政府形成了以中国共产党历次全国代表大会提出的战略性长期目标为路线、以各个“五年规划”中期目标为方针和历年政府工作报告短期目标为指导的相互辅助、协调互促的目标管理体系。可以说，正是这样多层次渐进式的目标引领模式，造就了中国经济持续稳健增长的伟大现实。

（1）长期目标引领全局，确保经济发展方向的一致性。新中国成立以来，中国共产党历次全国代表大会针对政治、经济和外交等方面都会制定一系列的路线方针，起到引导全局的战略性作用。特别是改革开放以来，20 世纪 80 年代邓小平在规划中国社会经济发展时提出“小康社会”的战略构想，中国现代化所要达到的是小康状态。1987 年党的十三大提出中国经济建设分三步走的总体战略：第一步目标，从 1981 年到 1990 年实现国民生产总值比 1980 年翻一番，解决人民的温饱问题，这在 20 世纪 80 年代末已基本实现；第二步目标，从 1991 年到 20 世纪末使国民生产总值再增长一倍，人民生活达到小康水平，这也在 1995 年提前完成；第三步目标，到 21 世纪中叶人民生活富裕，基本实现现代化，人均国民生产总值达到中等发达国家水平。

2012年，党的十八大报告提出“全面建成小康社会”，小康社会建设进入决胜时期。长期目标要求有了相对新的变化：不仅包括经济保持中高速增长、到2020年国内生产总值和城乡居民人均收入比2010年翻一番、人民生活水平和质量普遍提高等经济类指标，还包括要实现现行标准下农村贫困人口全面脱贫、生态环境质量总体改善等民生类指标。2017年，党的十九大报告对“两个一百年”奋斗目标作出调整和完善，在2020年全面建成小康社会、实现第一个百年奋斗目标的基础上，再奋斗15年，在2035年基本实现社会主义现代化。从2035年到本世纪中叶，在基本实现现代化的基础上，再奋斗15年，把我国建成富强、民主、文明、和谐、美丽的社会主义现代化强国。目前我国正处于“两个一百年”奋斗目标的历史交汇期，既要实现第一个百年奋斗目标，又要乘势而上开启全面建设社会主义现代化国家新征程，向第二个百年奋斗目标进军。可以看出，长期目标和路线的规划设定为国民经济发展提供了方向，也坚定了通过经济发展增进人民福祉的根本遵循原则。

（2）中期目标稳步推进，激发经济增长动力的持续性。新中国成立初期经济基础极为薄弱，为了恢复国民经济，从1953年起，我国每隔五年会制定一个规划纲要，又称“五年计划”，从“十一五”起，“五年计划”改为“五年规划”。“五年规划”是中国的国民经济目标引领体系中重要的组成部分，主要是对国家重大建设项目、生产力分布和国民经济重要比例关系等作出规划，为国民经济发展的中长期路线设定目标和方向。总的来看，我国已制定了14个“五年规划”，“一五”计划至“十二五”规划的完成情况如表1所示。

中期目标规划不仅能描绘新中国成立以来经济发展的大体脉络，也能从中探索中国经济发展的规律，通过对比与检视过去，可以从历史的发展中获得宝贵的经验，从而指导未来的经济发展。新中国成立至今，“五年规划”的重心大致经历了从追求经济增长速度向强调经济发展质量转变，从扩大能源供给向强调能源集约式、环境保护转变，从主抓经济增长向注重民生和改善民众生活转变，从工业优先向三次产业协调发展转变，多方面反映出中国经济阶梯式和渐进式的发展概况和历程。

表 1 “一五”计划至“十二五”规划目标及完成情况

时期	目标	完成情况
“一五”计划（1953~1957 年）	①集中力量进行工业建设 ②发展农业生产合作社、手工业生产合作社，把资本主义工商业纳入多种形式国家资本主义轨道	①工业总产值年平均增长率达到 18% ② 1956 年全国基本上实现了对农业、手工业和资本主义工商业的社会主义改造，基本建立了以生产资料公有制为基础的社会主义制度
“二五”计划（1958~1962 年）	①五年内国民收入增长 50% 左右，工业产值增长 1 倍左右，农业总产值增长 35% ②职工和农民的平均收入增长 25%~30%	① 1958 年“大跃进”，制定的目标过高，脱离实际，农业、工业大幅度减产。社会总产值平均每年下降 0.4%，工业总产值增长速度只有 3.8% ②居民消费水平每年平均下降 2.5%
“三五”计划（1966~1970 年）	①把国防建设放在第一位，加快三线建设，逐步改变工业布局 ②发展农业，逐步改善人民生活	①国防科技取得了一系列重要突破，成功进行了我国第一颗氢弹爆炸试验，发射了第一颗科学试验卫星 ②国民经济年均增长 9.95%，农业总产值年均增长 3.9%，工业总产值年均增长 11.7%
“四五”计划（1971~1975 年）	①工农业总产值每年平均增长速度达到 12.5% ②加速农业机械化的进程，狠抓钢铁、军工、基础工业和交通运输的建设	①国民经济年均增长 7.76%，最高年 12.2%，最低年 1.4% ②工农业总产值平均每年增长 7.8%，其中农业总产值年均增长 4.0%，工业总产值年均增长 9.1%
“五五”计划（1976~1980 年）	①把农业搞上去，把燃料、动力、原材料工业搞上去，工业总产值平均每年增长 12%，农业总产值增长 6%，到 1980 年要基本实现农业机械化 ②粮食产量达 6700 亿斤，钢产量 3600 万吨，原煤 6.5 亿吨，原油 1.3 亿 ~ 1.5 亿吨，发电量 3000 亿度	①国民经济年均增长 7.84%，最高年 11.7%，最低年 1.7% ②工农业总产值平均每年增长 8.1%，农业总产值年均增长 5.1%，工业总产值年均增长 9.2% ③粮食达到 6411.1 亿斤，棉花 5413.4 万担，钢 3712 万吨，原煤 6.2 亿吨，原油 10595 万吨 ④全民所有制单位职工平均实际工资增长了 31.2%
“六五”计划（1981~1985 年）	①工农业总产值平均每年递增 4%，农业总产值平均每年递增 4%，国民收入年均递增 4% ②财政收入达到 1274 亿元，年均增长 3.3%	①国民经济持续、快速、稳定增长，各项经济指标以超额近两倍完成，经济增速高达 10.7% ②工业总产值增长率为 10.8%，农业总产值增长率为 11.7%，国民收入增长率为 9.7% ③ 1985 年财政实现了收支平衡、消除赤字。城乡生活水平都得到提高，城乡消费水平指数增长率 8.8%

续表

时期	目标	完成情况
“七五”计划（1986~1990 年）	①全国工农业总产值增长 38%，国民生产总值增长 44% ②按 1980 年不变价格计算，1990 年工农业总产值达到 16770 亿元，比 1980 年增长 1.3 倍，国民生产总值达到 11170 亿元，比 1980 年增长 1.6 倍	①国民经济每年平均增长 7.9% ②遵循对内搞活经济、对外实行开放的总方针，经济建设取得了新的成就
“八五”计划（1991~1995 年）	①国民经济年增长率为 6%，强化交通运输和通信等基础设施建设 ②加快能源和重要原材料工业的发展，加快能源工业的发展，重点是加快煤炭工业和电力工业的发展 ③加快重要原材料工业的发展，重点是加快钢铁、建筑材料和石化工业的发展，同时加强资源节约工作	①国民经济年增长率为 12%，创新中国成立以来最高纪录，提前 5 年实现了经济总量较 1980 年翻两番的战略目标 ②扣除物价因素，城镇居民人均可支配收入年均增长 7.7%，农村居民人均纯收入年均增长 4.5% ③贫困人口由“七五”末的 8500 万减少到 6500 万
“九五”计划（1996~2000 年）	①全面完成现代化建设的第二步战略部署，2000 年实现人均国民生产总值比 1980 年翻两番 ②基本消除贫困现象，人民生活达到小康水平 ③加快现代企业制度建设，初步建立社会主义市场经济体制	①“九五”期间国民经济年增长率 8% 的目标顺利完成 ②社会主义市场经济体制初步建立。全方位对外开放格局基本形成，开放型经济迅速发展，中国加入世界贸易组织进程加快
“十五”计划（2001~2005 年）	①国民经济增长速度年均 7% 左右，国内生产总值达到 12.5 万亿元左右，人均国内生产总值达到 9400 元 ② 2005 年第一、第二、第三产业增加值占国内生产总值的比重分别为 13%、51% 和 36% ③森林覆盖率提高到 18.2%，城市建成区绿化覆盖率提高到 35%，主要污染物排放总量比 2000 年减少 10% ④城镇居民人均可支配收入和农村居民人均纯收入年均增长 5% 左右	①国内生产总值达到 18.23 万亿元，年均增长 9% 左右，财政收入突破 3 万亿元 ②城镇居民人均可支配收入达到 10493 元，农村居民人均纯收入达到 3255 元，扣除价格因素，分别增长 9.6% 和 6.2%

续表

时期	目标	完成情况
"十一五"规划（2006~2010年）	①宏观经济平稳运行，国内生产总值年均增长7.5% ②服务业增加值占国内生产总值比重提高3个百分点 ③单位国内生产总值能源消耗降低20%左右 ④城镇居民人均可支配收入和农村居民人均纯收入均年均增长5%	①国内生产总值达到39.8万亿元，年均增长11.2%，财政收入从3.16万亿元增加到8.31万亿元 ②大力发展循环经济，单位国内生产总值能耗下降19.1% ③城镇新增就业5771万人，转移农业劳动力4500万人，城镇居民人均可支配收入和农村居民人均纯收入年均分别实际增长9.7%和8.9%
"十二五"规划（2011~2016年）	①经济增长预期目标是在明显提高质量和效益的基础上年均增长7% ②巩固农业基础，优化工业结构，战略性新兴产业发展取得突破，服务业增加值占国内生产总值比重提高4个百分点。城镇化率提高4个百分点 ③资源节约和环境保护成效显著 ④城镇居民人均可支配收入和农村居民人均纯收入年均增长7%以上	①经济持续较快发展，国内生产总值年均增长7.8% ②结构调整取得标志性进展。服务业成为第一大产业，工业化与信息化融合加深，农业综合生产能力明显增强 ③人民生活水平显著提高。居民收入增长快于经济增长，城乡收入差距持续缩小 ④社会发展成就斐然。教育公平和质量明显提升。基本医疗保险实现全覆盖，基本养老保险参保率超过80% ⑤文化软实力持续提升。依法治国全面推进

资料来源：笔者整理。

（3）短期目标灵活适度，提升经济增长的有效性。除了每五年制定一个"五年规划"以外，中央政府每年的政府工作报告都会针对下一年度的主要经济发展指标，诸如GDP增长速度、财政收支、居民消费价格指数、城镇新增就业人数、失业率等制定年度计划和目标。这些经济和社会发展指标的总体性目标通常是中央政府根据上一年度的实际情况，综合考虑经济发展的内外部环境和条件，充分听取社会各界意见后制定的各级地方政府在中央总体目标的基础上，再自行制定符合实际情况的年度目标。

如果把宏观经济比喻成一艘大船，那么长期的路线方针和中期的规划好比"船舵"和"螺旋桨"，在设计时分别考虑的主要基调是大方向的把控和前进的动力供给；而短期目标类似于"船帆"，面对意外的风浪时可以及时调整航向和航速。换言之，短期目标的设定相比长期的路线方针和中期的规划而言，更加具有灵活性，比如在面临金融危机、公共卫生事件等某些突发的外部冲击时，短期目标的设计和调整更为及时。在新冠肺炎疫情的冲击下，中央政府并未提及经济增长目标，给疫情防控留下充足的空间，2021 年又重新提及经济增长目标为 6%，为稳定预期和恢复生产信心提供支撑。总的来说，到目前的经济发展阶段为止，每一年的中央政府工作报告所规定的经济指标都实现了较好的完成度（见表 2）。

表 2 2011~2018 年政府工作报告目标及完成情况

年份	政府工作报告目标	完成情况
2011	国内生产总值增长 8% 左右 居民消费价格涨幅控制在 4% 左右 城镇新增就业 900 万人以上，城镇登记失业率控制在 4.6% 以内 国际收支状况继续改善	国内生产总值 47.2 万亿元，比上年增长 9.2% 公共财政收入 10.37 万亿元，增长 24.8% 城镇新增就业 1221 万人 城镇居民人均可支配收入和农村居民人均纯收入分别实际增长 8.4% 和 11.4%
2012	国内生产总值增长 7.5% 城镇新增就业 900 万人以上，城镇登记失业率控制在 4.6% 以内 居民消费价格涨幅控制在 4% 左右 进出口总额增长 10% 左右，国际收支状况继续改善	国内生产总值达到 51.9 万亿元，比上年增长 7.8% 居民消费价格上涨 2.6% 城镇居民人均可支配收入实际增长 9.6%，农村居民人均纯收入实际增长 10.7% 城镇新增就业 1266 万人 城镇登记失业率 4.1% 进出口总额增长 6.2% 粮食产量实现“九连增”
2013	经济增长预期目标定为 7.5% 左右 保持物价总水平基本稳定，把居民消费价格涨幅控制在 3.5% 左右 继续实施积极的财政政策和稳健的货币政策，保持政策连续性和稳定性且增强前瞻性、针对性和灵活性	国内生产总值达到 56.9 万亿元，比上年增长 7.7% 居民消费价格涨幅控制在 2.6% 城镇登记失业率 4.1% 城镇新增就业 1310 万人 进出口总额突破 4 万亿美元 城镇居民人均可支配收入实际增长 7%，农村居民人均纯收入实际增长 9.3%，农村贫困人口减少 1650 万人 财政收入增长 10.1% 服务业增加值所占比重达到 46.1%，首次超过第二产业

续表

年份	政府工作报告目标	完成情况
2014	国内生产总值增长 7.5% 左右 居民消费价格涨幅控制在 3.5% 左右 城镇新增就业 1000 万人以上，城镇登记失业率控制在 4.6% 以内 国际收支基本平衡	国内生产总值达到 63.6 万亿元，比上年增长 7.4% 城镇新增就业 1322 万人 居民消费价格上涨 2% 消费对经济增长的贡献率上升 3 个百分点，达到 51.2%，服务业增加值所占比重由 46.9% 提高到 48.2% 全国居民人均可支配收入实际增长 8% 农村贫困人口减少 1232 万人，6600 多万农村人口饮水安全问题得到解决
2015	国内生产总值增长 7% 左右 居民消费价格涨幅控制在 3% 左右 城镇新增就业 1000 万人以上，城镇登记失业率控制在 4.5% 以内 进出口增长 6% 左右，国际收支基本平衡 能耗强度下降 3.1% 以上，主要污染物排放继续减少	国内生产总值达到 67.7 万亿元，增长 6.9% 粮食产量实现“十二连增” 居民消费价格涨幅保持在较低水平 城镇新增就业 1312 万人 服务业在国内生产总值中的比重上升到 50.5%，首次占据“半壁江山” 消费对经济增长的贡献率达到 66.4% 单位国内生产总值能耗下降 5.6% 全国居民人均可支配收入实际增长 7.4% 解决 6434 万农村人口饮水安全问题 扶贫攻坚力度加大，农村贫困人口减少 1442 万人
2016	国内生产总值增长 6.5%~7% 居民消费价格涨幅控制在 3% 左右 城镇新增就业 1000 万人以上，城镇登记失业率控制在 4.5% 以内 进出口回稳向好，国际收支基本平衡 居民收入增长和经济增长基本同步 单位国内生产总值能耗下降 3.4% 以上，主要污染物排放继续减少	国内生产总值达到 74 万亿元，增速 6.7% 居民消费价格上涨 2% 城镇新增就业 1314 万人 居民人均可支配收入增长 6.3% 工业企业利润由上年的下降 2.3% 转为增长 8.5% 农村贫困人口减少 1240 万人
2017	国内生产总值增长 6.5% 左右 居民消费价格涨幅控制在 3% 左右 城镇新增就业 1100 万人以上，城镇登记失业率控制在 4.5% 以内 再减少农村贫困人口 1000 万人以上 实现进城落户 1300 万人以上	国内生产总值达 82.7 万亿元，增速 6.9% 财政收入增长 7.4% 城镇新增就业 1351 万人，调查失业率稳定在 3.9% 供给侧结构性改革扎实推进，全年全国工业产能利用率为 77.0% 居民人均可支配收入实际增长 7.3% 进出口总额增加 6.8% 农村贫困人口减少 1289 万人

续表

年份	政府工作报告目标	完成情况
2018	国内生产总值增长6.5%左右 居民消费价格涨幅控制在3%左右 城镇新增就业1100万人以上，城镇调查失业率控制在5.5%以内，城镇登记失业率控制在4.5%以内 居民收入增长和经济增长基本同步 进出口稳中向好，国际收支基本平衡 单位国内生产总值能耗下降3%以上，主要污染物排放量继续下降 供给侧结构性改革取得实质性进展，宏观杠杆率保持基本稳定，各类风险有序有效防控	国内生产总值突破90万亿元，增长6.6% 居民消费价格上涨2.1% 国际收支基本平衡 城镇新增就业1361万人，调查失业率稳定在5%左右 服务业对经济增长贡献率接近60% 单位国内生产总值能耗下降3.1% 居民人均可支配收入实际增长6.5% 精准脱贫有力推进，农村贫困人口减少1386万人，易地扶贫搬迁280万人 污染防治得到加强，细颗粒物（PM2.5）浓度继续下降 居民人均可支配收入实际增长6.5%

资料来源：笔者整理。

2. 目标分解的结构与特征

在中央政府制定一系列目标之后，从省、市到县各级政府和机构通常对各项经济社会发展目标任务进行细化分解。各级地方政府同时承担“承包”与“分包”的角色，主要是将上级制定的目标任务层层分解，将具体工作责任和项目措施细化到负责部门和个人，以确保各项重点目标和考核指标顺利完成。在这一过程中，实则包括两个目标分解的层级（见图1），第一个是“中央—省级”的分解层级，中央政府制订的计划往往分为预期性目标和约束性目标两种，预期性目标包含GDP增长、固定资产投资等依靠市场主体的自主行为来实现的目标，约束性目标包含环境保护和减少污染排放、保障房建设等依靠政府管控和民生支出来实现的目标。中央政府在制定约束性目标外，主要负责将约束性目标向省、自治区、直辖市一级分解，而预期性目标都不对省级分解下达。第二个是“省级—市县乡”的分解层级，在自上而下的考核体制和晋升激励之下，省级地方政府不仅将约束性目标分解下达，针对主要的预期性指标或易于考核的目标，也会分解下达给下级政府并进行考核。

具体而言，对于便于量化分解、见效周期短的目标（GDP增长、财政收入等），各级地方政府具有较高的积极性，存在自上而下逐级加码的现象。大部分省份的经济增长目标都明显高于国家的预期增长目标，经济增长目标层层加码的现象非常明显。比如，“十一五”规划中年均 GDP 增长率预期目标为 7.5%，而各省份“十一五”规划中经济增长目标平均为 10.1%，最高的达到 13%。此外，在“十二五”期间也存在这种加码情况，从表 3 可以看出，31 个省份中，经济增长目标高于国家目标的省份数量 2014 年达到了 29 个，2016 年仍有 25 个，仅有北京、上海和辽宁等省份或者经济明显下滑的省份经济增长目标与国家经济增长目标相同或者较之略低。这种情况在层级更低的地级市表现得更加明显，2010~2014 年 230 个地级市中，经济增长目标明显高于国家经济增长目标的城市占比超过 90%，2012 年更是所有城市经济增长目标都超过国家经济增长目标。

表 3　经济增长目标设定情况

单位：%，个

年份	31 个省份政府工作报告中关于经济增长目标的统计					
	国家经济增长目标	超过国家目标的省份	采用“左右”用语	采用“确保”“以上”等用语	采用“区间”提法	采用“达到”等用语
2014	7.5	29	20	2	0	20
2015	7.0	24	23	1	0	23
2016	6.5~7.0	25	12	4	9	25
	230 个地级市政府工作报告中关于经济增长目标的统计					
2010	8.0	222	20	53	0	157
2011	8.0	228	24	56	0	150
2012	7.5	230	27	54	0	149
2013	7.5	228	42	51	0	137
2014	7.5	222	67	39	0	124
2015	7.0	182	65	31	1	133
2016	6.5~7.0	197	62	35	24	109

注：笔者根据各级政府工作报告整理。

3. 目标考核的结构与特征

目标责任制的最后一步也是关键性的一步，就是目标绩效的考核环节。目标绩效的考核不仅是前期工作的总结，也为下一阶段目标设定提供依据。中国政府绩效考核最早源于国家颁布的各种干部人事制度，如《关于干部鉴定工作的规定》《关于实行干部考核制度的意见》《关于逐步推行机关工作岗位责任制的通知》《国家公务员暂行条例》等，在这些干部业绩考核文件的基础上，逐步演变出政府组织绩效考核的制度。综合来看，在目标责任制考核过程中，主要内容是考核部门或主体运用科学化方法、规范化程序以及标准，对地方政府、机构部门的目标完成情况和党员干部实际工作绩效做出全面准确的考核评估。总体而言，目标考核具有以下特征。

第一，以结果为导向是目标责任制考核的主要特征。改革开放以来，大部分时期中国目标责任制的考核更多地要求政府官员对结果负责，目标任务层层分解下达之后，上级对下级依靠例行检查、专项整治和结果考核进行内部控制（周黎安，2014），地方政府通常以最终完成情况来接受上级政府的验收考核。这种结果导向的考核方式既避免了繁杂的规则和程序对效率的制约，也增强了政府管理的活力。

第二，自上而下与自下而上并存的考核机制。自上而下指的是在中国政府机构垂直管理的体系中，上级政府作为实施目标绩效考核的重要主体，承担对下一级政府目标完成情况进行考核评价的主要职责，或者部分上级职能部门对下级专项工作任务进行单项考核，一些地方还建立了以省、市、县主要领导为组长的年度目标责任考核领导小组，或者专门成立了年度目标责任考核办公室常设机构来具体负责目标责任考核工作。近年来，考核主体呈现多元化态势，各地逐步引入自下而上的考核机制，采取民意调查或者群众评议、媒体监督等方式促进民众参与目标考核。这种自上而下与自下而上并存的考核机制，不仅提高了目标考核的有效性，也进一步促使政府目标任务设计与群众实际需求相融合。

第三，经济目标和社会民生目标相结合。在目标考核的体系中，不仅涵盖了对 GDP、财政收入、产业发展和节能减排等经济目标的考核，也涵盖了对居民收入、教育医疗和社会保障等民生事业目标的考核。在早期阶段，目标责任制的考核仅仅强调显性经济目标，而党的十八大以来，逐步重视并设立量化的民生发展考核指标，在考核中加大民生类指标考核力度和评价权重，这种多层次多范围的考核框架既保障了宏观经济的增长，也促进了民生社会的共同进步和协调发展，确保微观个体共享经济发展成果。

四　目标责任制实现中国经济奇迹的理论基础与内在逻辑

（一）目标责任制实现中国经济奇迹的制度基础

1. 民主集中制的政治基础决定了目标责任制的约束性

民主集中制是中国政治制度的核心机制。民主集中制的组织原则调动了人民建设社会主义现代化的积极性。新中国成立 70 多年来，形成了党的领导、人民当家做主和依法治国有机统一的国家制度基本框架。民主集中制的组织原则，既充分调动了人民的积极性和创造性，又避免了“三权分立”“政党轮替”体制下常见的相互掣肘、内耗严重、效率低下的弊端。民主集中制强调对国家机构（包括权力机构和执行机构）实现民主正当性设立规范和制约，既保证了单个国家机构内部的功能配置，也通过国家机关之间的协调组织关系来实现治理绩效的提升（王旭，2019）。换言之，民主集中制可以保证国家机关高效运转，并集中力量促进经济快速发展。

中国改革开放以来的经济发展离不开地方政府“干预”的影子。从中央的宏观发展规划到地方政府的各类目标规划，中国形成了各级政府自上而下的目标任务层层分解、层层分包的体制。而中央政府作为总体目标的设计师和规划者，前提是要保证提出的各项战略决策、规划方针以及治理任务有绝对的权威性和约束性，以便让地方政府上行下效。民主集中制要求坚持中国共产党领导和“党管干部”的组织原则，正是这一原则，避免了潜在的地方化倾向，赋予了中央政府在干部人事任免方面的主动权，形成了高度权威的政党体制（汪仲启，2015）。

在民主集中制下，各级政府作为统一的整体，既合理分工又相互联系，既充分发扬民主又能有效集中，从而有效防止和克服议而不决、决而不行的分散主义。这一体制有效缩小了中央与地方之间政策执行过程中的偏差，使得中央政府的总体目标以一种高度组织化的形式延伸到各个地方。各级政府提高决策能力和效率，增进协调和配合，形成治国理政的强大合力。因此，民主集中制的政治体制确保了中央政府的目标对于地方政府有着显著的纵向约束。

2. 自上而下的垂直治理保证了目标责任制的衔接性

在民主集中制的基础上，自上而下的垂直治理体系成为中央政府逐级衔接地方政府的重要制度安排。与西方官员执政体制不同，改革开放以来的中国建立了以经济绩效指标考核为典型特征的中央政府选拔和晋升地方官员机制，在特殊的垂直治理体系中衍生出了内在的官员晋升激励，逐步形成了基于GDP增长的“晋升锦标赛模式”（周黎安，2007）。在垂直管理体制下，中央政府直接管辖地方，中央或者上级政府有权力决定下一级地方官员的任命，拥有集中的人事任免权。中央政府向下领导地方政府，地方政府向上对中央政府负责。中央政府在任职期间和任期届满两个关键时期考察地方官员的政绩，考核的结果直接决定着地方官员的连任或变更。由于中国特色政治体制具有明显的锁定效应，地方政官员必须尽最大努力以便在相对绩效考核中胜出，进而谋求连任或晋升的机会。由此，地区层面的经济增长和财政收入等宏观指标成为地方官员治理的“显性政绩”，成为上级对下级官员晋升考核的关键指标。沿袭官员晋升锦标赛这一框架，大量研究以经济增长率作为显性考核指标，探究GDP增长率与官员晋升概率之间的关系（Li和Zhou，2005；徐现祥和王贤彬，2010；余泳泽和杨晓章，2017）。因此，这种自上而下的绩效考核机制不仅激发了地方政府承接中央政府目标的积极性，也引发地方政府在经济增长上的多重竞争。

3. 经济分权下的财政激励强化了目标责任制的有效性

1994年我国进行分税制改革，其核心内容主要分为“分权”“分税”“分管”三个方面。“分权”就是厘清中央政府和地方政府的支出责任和事权。“分税”就是划分中央税和地方税以及中央和地方共享的税种。

"分管"就是中央和地方建立各自的税务系统，分别负责中央和地方的税收征收工作。中央政府为了分担财政风险与压力，把一部分支出责任划给地方政府，而地方政府之所以愿意承担这部分支出责任，除了有税收激励的原因以外，更大的原因是地方政府有权力来支配各种资源。分税制改革使得地方政府成了直接受益者，调动了其进行地方经济建设的积极性。

在中国改革开放以来经济高速增长的过程中，政府投资在经济增长中仍然扮演着重要角色，大规模的政府投资需要刚性增长的财政收入作支撑。在分税制改革之后，中央与地方政府间财权和事权关系发生显著变化。分权制下财权的向上集中、事权支出责任的下移使得地方政府承担着巨大的经济发展和财政压力。这段时期内，中央与地方的关系发生了剧烈变化，经济增长由转轨早期以地方所有企业为发展主体、地区保护主义为地区竞争主要形式的模式，转向以非地方政府所有企业为发展主体、以补贴性用地和降低劳工保护标准等手段来吸引制造业投资为主要特征的地区间"竞次"模式，因此，经济增长更大程度上源于地方政府背后不断追求财政收入的内在激励（陶然等，2009）。

4. 中国特色社会主义市场经济体制激发了目标责任制的创造性

目标责任制下各级政府作为目标的制定者和引路人，发挥着引导要素资源配置的作用，但是，最终经济活动的执行者和实践者还是各类市场主体，目标责任制有效运作的落脚点在于市场经济的参与性和创造性。因此，中国模式下目标责任制发挥作用的关键就是中国特色社会主义市场经济的建立。特别是，与资本主义市场经济不同，中国坚持公有制主体地位、多种所有制共同发展的主要模式，既发挥国有经济在国民经济中的主导作用，保证中央和地方政府制定的目标方向能有效发挥引领作用，政府能依靠国有企业合理调节资源配置的方向，也能充分调动民营主体的积极性，激发各类市场主体参与现代化建设的主动性，扩大要素积累和资源规模，实现在目标责任制模式下"有为政府"和"有效政府"相结合，由此凝聚成推动经济社会发展的强大合力。同时，中国特色社会主义市场经济体制坚持以按劳分配为主体、多种分配方式并存的基本分配制度。这种分配制度鼓励劳动者参与市场经济活动，保证"劳有所得，多劳多得"，有利于调动全体劳动者的创造性和各类要素主体的积极性，让一切资本、劳动、知识等各种要素都得到充分有效的利用。

（二）目标责任制促进中国经济增长的内在机制

本文接下来从地方政府投资引资行为和横向竞争的视角出发，重点分析在中央政府目标引领的约束下，地方政府通过扩大生产性投资促进经济增长造成的自我激励效应，以及自上而下的目标责任制体系中官员考核的政治激励带来的地方政府标尺竞争效应。同时，为了进一步理清本文的理论框架，在上文理论分析的基础上，绘制如下的理论框架图（见图2）。

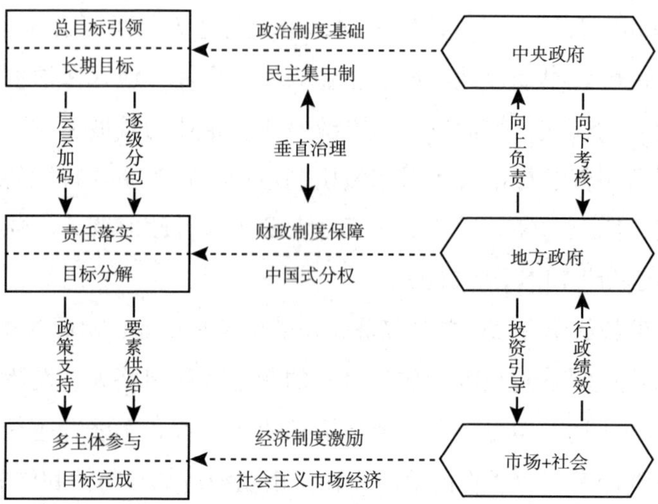

图2　目标责任制的制度基础和逻辑框架

1. 自我激励效应：目标责任制与地方政府投资

在中央政府目标引领的纵向约束下，真正对地方政府部门具有硬约束力的是经济增长等外在量化性指标。作为必须完成的任务底线，经济增长目标与官员考核晋升密切相关，这种压力性考核制度必然加重政府部门对经济增长目标的追求，增强地方官员的自我激励。在中国国情下，各级地方政府在促进地区就业、财政收入增长和经济发展中扮演着重要角色。为实现既定的经济增长目标，地方政府势必会通过加大基础设施等生产性投资来促进经济增长。

但是，在实施以财政收入集权为基本特征的分税制改革后，无论是发达地区还是欠发达地区，地方政府都面临着巨大的财政压力，同时地方的实际支出责任也明显加重。在有财政创收积极性的前提下，减少对无效率国有企业的补贴和救助、增加对生产性基础设施的投资对于地方政府而言更为有利（Qian 和 Weingast，1997；Qian 和 Roland，1998；Montinola 等，1995；张军等，2007）。鉴于此，在目标责任制下基于增加财政收入的内在激励，地方政府都有显著的扩大投资规模的动力，并且倾向于生产性投资（傅勇和张晏，2007），以此来促进经济增长。

2. 标尺竞争效应：目标责任制与层层加码

大量文献研究表明，中国地方政府间的竞争是经济增长奇迹的重要源泉，在中央政府提出总体目标之后，与获得更多的财政收入和更大的资源配置权力相比，政治体制上的晋升对地方官员的激励作用更大。由于晋升职位是固定且有限的，地方官员为了能在晋升锦标赛中获胜，会不遗余力地进行经济建设，追求较高的经济增长速度，这种竞争表现为向上负责的标尺竞争（踪家峰等，2009）。在这种竞争模式下，中央政府的目标是逐级放大的，存在层层分解、层层加码现象。中央政府制定一个经济增长目标以后，下级政府会制定一个更高的经济增长目标，并且级别越低的地方政府制定的经济增长目标越高（周黎安等，2015；余泳泽等，2019）。加之中央政府对每一级的干部任命都有最高年龄限制，如果在某个年龄段没有达到特定的行政级别，则会失去一系列的晋升机会。

为了在考核中获得更多的筹码，同级地方官员之间存在激烈的引资竞争。依据官员晋升锦标赛理论（Li 和 Zhou，2005；周黎安，2007），地方官员力求在有限任期内获得晋升机会，必然通过加快道路工程、机场桥梁等基础设施建设来推动辖区内短期的经济增长，提升以 GDP 增速和财政收入增长等为主要考核指标的显性政绩。因此，地方官员在政绩的压力和晋升的激励下，只有不遗余力地实现指定的目标，才可能脱颖而出。在经济增长目标层层加码的刚性约束之下，地方政府通常更依赖于各种信贷、税收或财政政策来支持企业发展，也会依赖于非税收手段来刺激企业投资，比如除了降低劳动力工资、放松环保管制要求外，低价出让工业用地和补贴性配套基础设施成为制造业引资竞争的主要手段。由于注重短期效益和经济增长，地方政府在招商引资过程中存在重工业发展战略导向，倾向于吸引资本密集型企业的集聚（林毅夫等，1999；Chen 和 Yao，2011；沈可和章元，2013）。因此，在目标责任制下形成的这种地区间横向竞争的模式，不仅保证了目标向下分解的有效性，也确保了经济增长目标实现的完成度。

五 目标责任制视角下中国经济高质量发展的政策启示

（一）科学设计经济发展目标，充分发挥目标责任制的引领功能

虽然在过去的发展阶段中，地方官员以 GDP 为核心的竞争模式显著促进了短期经济增长，但是长期来看，也造成了产能过剩、重复建设和环境污染等不利影响，损失了经济发展的效率，弱化了产业竞争力（余泳泽等，2019）。在中国政府垂直治理的层级结构下，自上而下的层层加码使得较低级别的政府面对更高的经济发展目标压力，这种压力性体制容易导致地方盲目投资，从而引发要素资源的错配和扭曲。

因此，中央政府在制定经济发展目标时，既要充分发挥目标责任制的全局性功能和引领作用，也要考虑垂直管理体制下可能存在的过度加码的现象，主要通过以下两个方面来科学设计经济发展目标。第一，合理强调经济增长目标的约束性作用，给地方政府留有余地。中央和上级政府既要保证经济增长目标的预期作用，也要弱化唯 GDP 论的硬约束，尽量由“确保”“之上”“力争”等硬约束改变为“上下”“左右”“之间”等软约束条件，扩大地方政府调整要素资源合理分配的空间，从而促进经济高质量发展。第二，适当降低经济增长目标在总体目标中的权重，提高科技创新、民生保障等其他指标的权重，激励地方政府不仅追求经济增长，更致力于其他政策目标的实现。

（二）促进地方政府评价体系改革，完善考核指标体系

2013 年，中央组织部向各省区市下发了《关于改进地方党政领导班子和领导干部政绩考核工作的通知》，中央政府针对官员考核体系逐步开始调

整，设置各有侧重、各有特色的考核指标，逐步降低 GDP 增速在官员评价中的权重。不再单纯以地区生产总值及增长率来衡量各省份发展成效，更全面地考虑环保、民生、文化和安全等因素，使政绩考核由比总量、速度和规模转变为比发展质量、发展方式和发展后劲等。因此，需要引入更多的目标评价指标，以改进地方政府唯 GDP 论的相对绩效评估体系，比如纳入绿色 GDP 等指标、建立绿色 GDP 绩效考核激励机制。绿色 GDP 将环境保护与自然资源消耗考虑在内，避免地方政府为了追求经济增长目标而大肆消耗自然资源和破坏生态环境的行为。

同时，基于公共事务处理的多样性和辖区居民偏好的多元性，将更多的地方政府的考核权重赋予公众，加速地方政府官员从对上负责制向对下负责制的转变。当地方政府官员是由上级任命和考核时，民众的诉求很难在地方官员的目标中得到反映，为此，赋予地方政府更多政治上的自治权可缓解这一矛盾。通过增加当地居民对地方政府绩效的考核权重，有利于当地居民真实偏好的直接显现，地方政府能够及时发现并积极落实居民真实需求，同时也驱使地方政府的行为向社会福利最大化的方向回归。

（三）规范不同层级政府财政收支关系，完善中央—地方政府治理机制

分税制改革以来，中央与地方以及省级以下政府在财政收支划分上普遍采取了财力向上集中和事权逐级下放的做法，导致越是基层政府越要承担较重的支出责任但其拥有的财力却十分有限。这种财力与事权相背离的格局，加剧了地方政府的职能错位和行为扭曲。财政分权体制下，处于不同层级的地方政府行为存在差异。并且政府层级越高，汲取财政收入的能力越强，干预辖区经济增长的能力也随之越强，致使其财政分权对经济增长的正向影响系数也就越大。因此，要发挥好中央和地方政府两个积极性，让基层政府在资源配置中“更好发挥作用”，必须加快地方税体系建设，充实地方政府收入来源，与此同时应将部分事权和支出责任适当上移，使地方政府事权和支出责任相适应。

中国作为一个人口和疆域双重意义上的大国，区域之间存在较大差异，故采取“政治集权 + 财政分权”的政府治理模式有其合理性和必要性。中国经济转型所取得的巨大成就也佐证了财政分权是应当坚持的改革的正确方向。但是，在“政治集权＋财政分权”的治理模式下，地方政府被外力推动或自发主动地参与经济竞赛，行为导向在很大程度上由中央主导的经济考核指标所决定，这让地方政府表现出明显的机会主义和短视化倾向，产生了地方保护主义、地方债务风险及公共服务供给不足等现象。

上述这些现象反映出中国现阶段的政府治理模式还有较大的改进空间，如何清晰界定政府权责范围、强化地方政府预算约束将是未来的重要课题。政府权责范围极易导致政府越位和权力寻租，地方政府预算约束的软化直接影响财政支出的效率，容易产生不具经济可行性的项目投资和过度投资行为。党的十八届三中全会通过的《中共中央关于全面深化改革若干重大问题的决定》强调“处理好政府和市场的关系，使市场在资源配置中起决定性作用”。可见，正确处理和完善中央—地方政府治理机制是未来重要的制度改革方向。在此基础上，必须通过新的制度补充，如深入推行权力清单制度，进一步严格约束地方政府对市场经济活动的干预和硬化政府预算，从而避免地方政府在中央政府主导激励模式下的行为扭曲。

参考文献

[1] 傅勇、张晏，2007，《中国式分权与财政支出结构偏向：为增长而竞争的代价》，《管理世界》第 3 期。

[2] 郭熙保，2012，《中国经济为何增长这样快——来自后发优势的视角》，《发展经济学研究》第 1 期。

[3] 高波，2007，《中国经济增长：一个文化变迁的分析框架》，《南京社会科学》第 7 期。

[4] 高波、张志鹏，2004，《文化与经济发展：一个文献评述》，《江海学刊》第 1 期。

[5] 刘志彪，1994，《中国产业发展研究》，南京大学出版社。

[6] 刘志彪、高波，1998，《论中国政治稳定与长期经济增长》，《南京社会科学》第 7 期。

[7] 林毅夫，2014，《中国经济的后发优势》，《理论学习》第 4 期。

[8] 林毅夫、蔡昉、李周，1999，《中国奇迹：发展战略与经济改革》，上海人民出版社。

[9] 林毅夫、刘志强，2000，《中国的财政分权与经济增长》，《北京大学学报（哲学社会科学版）》第 4 期。

[10] 林毅夫、蔡昉、李周，1994，《对赶超战略的反思》，《战略与管理》第 6 期。

[11] 吕冰洋、马光荣、毛捷，2016，《分税与税率：从政府到企业》，《经济研究》第 7 期。
[12] 渠敬东，2012，《项目制：一种新的国家治理体制》，《中国社会科学》第 5 期。
[13] 荣敬本、崔之元，1998，《从压力型体制向民主合作体制的转变：县乡两级政治体制改革》，中央编译出版社。
[14] 孙涛、黄少安，2010，《非正规制度影响下中国居民储蓄、消费和代际支持的实证研究——兼论儒家文化背景下养老制度安排的选择》，《经济研究》第 S1 期。
[15] 单豪杰、沈坤荣，2007，《制度与增长：理论解释及中国的经验》，《南开经济研究》第 5 期。
[16] 沈可、章元，2013，《中国的城市化为什么长期滞后于工业化？——资本密集型投资倾向视角的解释》，《金融研究》第 1 期。
[17] 沈坤荣、付文林，2005，《中国的财政分权制度与地区经济增长》，《管理世界》第 1 期。
[18] 邵传林，2016，《中国式分权、市场化进程与经济增长》，《统计研究》第 3 期。
[19] 陶然、陆曦、苏福兵、汪晖，2009，《地区竞争格局演变下的中国转轨：财政激励和发展模式反思》，《经济研究》第 7 期。
[20] 王旭，2019，《作为国家机构原则的民主集中制》，《中国社会科学》第 8 期。
[21] 王汉生、王一鸽，2009，《目标管理责任制：农村基层政权的实践逻辑》，《社会学研究》第 2 期。
[22] 汪仲启，2015，《中国央地关系解释的话语变迁与核心要素》，《中共浙江省委党校学报》第 5 期。
[23] 吴毅，2007，《小镇喧嚣：一个乡镇政治运作的演绎与阐释》，三联书店。
[24] 徐现祥、王贤彬，2010，《晋升激励与经济增长：来自中国省级官员的证据》，《世界经济》第 2 期。
[25] 谢伏瞻，2019，《新中国 70 年经济与经济学发展》，《中国社会科学》第 10 期。
[26] 徐勇、黄辉祥，2002，《目标责任制：行政主控型的乡村治理及绩效——以河南 L 乡为个案》，《学海》第 1 期。
[27] 杨顺湘，2000，《正确认识和处理党政机关目标管理五大关系》，《探索》第 2 期。
[28] 余泳泽、杨晓章，2017，《官员任期、官员特征与经济增长目标制定——来自 230 个地级市的经验证据》，《经济学动态》第 2 期。
[29] 余泳泽、刘大勇、龚宇，2019，《过犹不及事缓则圆：地方经济增长目标约束与全要素生产率》，《管理世界》第 7 期。
[30] 张军、高远、傅勇、张弘，2007，《中国为什么拥有了良好的基础设施？》，《经济研究》第 3 期。
[31] 张五常，2009，《中国的经济制度》，中信出版社。

[32] 张汝立，2003，《目标责任制与手段选择的偏差——以农村基层政权组织的运行困境为例》，《理论探讨》第 4 期。

[33] 张晏、龚六堂，2005，《分税制改革、财政分权与中国经济增长》，《经济学（季刊）》第 1 期。

[34] 踪家峰、李蕾、郑敏闽，2009，《中国地方政府间标尺竞争——基于空间计量经济学的分析》，《经济评论》第 4 期。

[35] 周黎安，2004，《晋升博弈中政府官员的激励与合作——兼论我国地方保护主义和重复建设问题长期存在的原因》，《经济研究》第 6 期。

[36] 周黎安，2007，《中国地方官员的晋升锦标赛模式研究》，《经济研究》第 7 期。

[37] 周黎安，2008，《转型中的地方政府：官员激励与治理》，上海人民出版社。

[38] 周黎安，2014，《行政发包制》，《社会》第 6 期。

[39] 周黎安、刘冲、厉行、翁翕，2015，《"层层加码"与官员激励》，《世界经济文汇》第 1 期。

[40] 周业安、章泉，2008，《财政分权、经济增长和波动》，《管理世界》第 3 期。

[41] 周雪光、练宏，2012，《中国政府的治理模式：一个"控制权"理论》，《社会学研究》第 5 期。

[42] Acemoglu D., Johnson S., Robinson J. 2004. "Institutions as the Fundamental Cause of Long-Run Growth." NBER Working Paper No.10481: 171-179.

[43] Blanchard O., Shleifer A. 2001. "Federalism with and without Political Centralization: China Versus Russia." IMF Staff Papers 48(1): 856-877.

[44] Chen B., Yao Y. 2011. "The Cursed Virtue: Government Infrastructural Investment and Household Consumption in Chinese Provinces." *Oxford Bulletin of Economics and Statistics* 73(6): 856-877.

[45] Chen M.K. 2013. "The Effect of Language on Economic Behavior: Evidence from Savings Rates, Health Behaviors, and Retirement Assets." *Social Science Electronic Publishing* 103(2): 690-731.

[46] Dollar D., Aart K. 2004. "Trade, Growth, and Poverty." *The Economic Journal* 493: 22-49.

[47] Edin M. 2003. "Local State Corporatism and Private Business." *The Journal of Peasant Studies* 30(3-4): 278-295.

[48] Rodrik D., Trebbi S.F. 2004. "Institutions Rule: The Primacy of Institutions over Geography and Integration in Economic Development." *Journal of Economic Growth* (9): 131-165.

[49] Li H., Zhou L.A. 2005. "Political Turnover and Economic Performance: The Incentive

Role of Personnel Control in China." *Journal of Public Economics* 89(9-10): 1743-1762.

[50] Montinola G., Qian Y., Weingast B.R. 1995. "Federalism, Chinese Style: The Political Basis for Economic Success in China." *World Politics* 48(1): 50-81.

[51] North D.C., Thomas R. 1973. "The Rise of the Western World: A New Economic History." *Contemporary Sociology* 27(4): 38.

[52] North D.C. 1990. *Institutions, Institutional Change, and Economic Performance*, New York: Cambridge University Press.

[53] Qian Y., Roland G. 1998. "Federalism and the Soft Budget Constraint." *American Economic Review* 88(5): 1143-1162.

[54] Tsui K., Wang Y. 2004. "Between Separate Stoves and a Single Menu: Fiscal Decentralization in China." *The China Quarterly* 177: 71-90.

（责任编辑：白延涛）

中国“不对称”市场化改革的抑制激励效应

张 杰 郑姣姣 陈 容*

摘 要：市场化改革是中国经济体制改革的主线，也是推动中国经济可持续增长的基础力量。然而，在中国市场经济改革进程中，始终存在要素市场化改革相对滞后于产品市场的突出现象，本文将其称为中国的“不对称”市场化改革效应。本文构建了一个符合中国“不对称”市场化改革效应内在机制的理论模型，利用中国各省份的“不对称”市场化改革效应存在的显著差异性以及合理的工具变量，得到稳健性经验发现：2008~2014年，中国的“不对称”市场化改革效应对地区内微观企业创新投入产生了显著的抑制效应。并且，这种抑制效应相当突出，要素市场相对产品市场的市场化改革滞后程度每增加1个百分点，就会导致企业人均创新总投入和人均私人性质创新投入分别下降1.200个和1.202个百分点。后续的机制分析揭示，这种抑制效应主要是因政府干预或控制要素市场而产生的高垄断价格挤压工业部门利润率所致。这些经验结果与本文构建的理论模型含义一致。本文的经验发现证明，在中国全面进入建设创新型国家的特定发展阶段，深入推进要素市场化改革具有重要意义。

关键词：“不对称”市场化改革效应 企业创新投入 要素市场 产品市场

---

* 张杰，教授，中国人民大学中国经济改革与发展研究院，电子邮箱：zhangjie0402@ruc.edu.cn；郑姣姣，博士研究生，中国人民大学经济学院，电子邮箱：zhengpchym@163.com；陈容（通讯作者），博士后，中国人民大学经济学院，电子邮箱：rongchen1982@126.com。本文获得国家社会科学基金重大项目（21ZDA022）、国家社会科学基金重点项目（20AZD042）资助。感谢匿名审稿人的宝贵意见，文责自负。

一 引言

自 1978 年改革开放以来，中国经济持续增长奇迹的秘诀之一，就在于正确把握和处理了不同经济发展阶段中政府和市场之间的合理关系，积极发挥了二者之间的互补功能（王文举和范合君，2007；樊纲等，2011a；赵文军和于津平，2014；吕朝凤和朱丹丹，2016；张晓晶等，2018）。中国经济经历了由计划经济向市场经济转型的重要阶段，在全面实施以市场化为导向的对外开放战略后，中国在全球价值链分工和贸易体系中的相对低成本劳动力比较优势和齐全工业部门的基础条件等综合潜能被充分激活，一跃成为“世界工厂”，并持续多年作为全球最大贸易国。在以市场化为导向的改革开放战略的激励下，中国普通民众的劳动致富欲望和创新创业精神也被充分激发，促使中国在较短的 40 年时间里快速发展成为世界第二大经济体。在总结中国经济发展中市场化改革战略成功经验的基础上，党的十八届三中全会指出，要让市场在资源配置中起决定性作用。党的十九大强调，要使市场在资源配置中起决定性作用，更好发挥政府作用。2020 年 4 月发布的《中共中央 国务院关于构建更加完善的要素市场化配置体制机制的意见》明确指出，中国经济结构性矛盾的根源是要素配置扭曲，要彻底解决问题，根本途径是深化要素市场化配置改革。这是党中央、国务院第一次对推进要素市场化配置改革进行总体部署，明确要素市场制度建设的方向和重点改革任务，对于形成生产要素从低质低效领域向优质高效领域流动的机制，提高要素质量和配置效率，引导各类要素协同向先进生产力集聚，推动经济发展质量变革、效率变革、动力变革，加快完善社会主义市场经济体制具有重大意义。

然而，近年来国内外学者们高度关注的重大问题，即中国的市场化改革进程中仍然存在的一个典型现象，就是要素市场化改革滞后于产品市场化改革（盛誉，2005；赵自芳和史晋川，2006；陈永伟和胡伟民，2011；张杰等，2011；罗德明等，2012；林伯强和杜克锐，2013；盖庆恩等，2015；谭洪波，2015；余东华等，2018；才国伟和杨豪，2019；盖庆恩等，

2019）。学者们或将之称为中国的要素市场扭曲现象，或将之称为要素市场价格扭曲现象。从本质上来看，这些文献描述的基本事实可以归结为，由于受到各级政府不合理的干预，某些关键要素市场在供给层面发生了程度不等或范围不等的市场供需关系失衡和扭曲，影响了关键要素定价机制，进而对经济发展中的方方面面产生了突出的负面效应乃至阻碍效应。正如在《中共中央 国务院关于构建更加完善的要素市场化配置体制机制的意见》中所指出的，"同商品市场相比，要素市场发育还不充分，存在市场决定要素配置范围有限、要素流动存在体制机制障碍、要素价格传导机制不畅等问题。这影响了市场对资源配置决定性作用的发挥，成为高标准市场体系建设的一个突出短板"。而且，这些关键要素市场化改革相对滞后甚至出现扭曲现象，既发生在土地市场、劳动力市场，也发生在资本市场、金融市场；既对全要素生产率产生了抑制效应（朱喜等，2011；杨振和陈甬军，2013；盖庆恩等，2015），也对资本配置效应（陈彦斌等，2015；罗来军等，2016；李晓龙等，2014）、劳动力配置效率（蔡昉等，2001）等产生了突出的抑制效应；既对企业的出口行为或出口优势产生了扭曲性的激励效应（张杰等，2011；施炳展和冼国明，2012；冼国明和程娅昊，2013；高翔等，2018），还对重点产业或产业结构产生了一系列的负面效应（林伯强和杜克锐，2013；陈艳莹和王二龙，2013；郑振雄和刘艳彬，2013）。

当前，中国正在全面进入构建创新型国家的重要发展阶段，创新成为中国经济高质量发展的"第一动力"。能否依靠自主创新能力，在关键产业的核心技术创新方面实现全面突破，成为中国能否摆脱以美国为首的发达国家针对中国谋划和布局的技术创新封锁和遏制战略的关键。近年来，中国在整体层面特别是制造业部门本土企业的自主创新能力方面取得了显著进步，但与处于全球技术创新前沿地位的以美国为首的发达国家相比，仍然存在相当大的系统性落后差距（苗圩，2018），这导致中国的关键产业、战略产业和高科技跨国本土企业屡屡遭受以美国为首的发达国家的"卡脖子"式遏制。然而，更为令人担忧的重大问题是，倘若要素市场化改革的滞后现象，以及各级政府对关键要素市场不合理的干预，深层次地影响到微观企业部门的创新活动和创新行为，对企业的创新投入决策产生意想不到的负面影响乃至抑制效应，那么，其就必然成为制约自主创新能力持续提高、经济高质量发展模式加速形成的突出障碍。事实上，既有的众多文献，均验证了要素市场扭曲阻碍甚至抑制了创新及创新效率（张杰等，2011；李永等，2013；李平和季永宝，2014；戴魁早等，2015，2016a，2016b；杨洋等，2015；白俊红和卞元超，2016；李晓龙等，2014；李德山和邓翔，2018）。在这种情形之下，从破除束缚制造业部门自主创新能力培育和提升的机制体制性障碍的角度来看，必须高度重视要素市场化改革进程严重滞后于产品市场化改革进程的重大现象及其背后的体制机制障碍，将消除各级政府对某些关键要素市场的不合理干预及其背后的各种利益诉求藩篱，作为今后一段时期内市场化改革的核心目标。

在充分借鉴既有文献所描述的要素市场化改革滞后于产品市场化改革这一重大现象的基础上，本文将之概括和定义为“不对称”市场化改革效应。称为“不对称”的逻辑在于，本文并不否定特定发展阶段中整体层面乃至各省份层面在推进市场化改革方面的要素市场化改革相对滞后的部分合理性。事实上，在面临诸多复杂现实约束条件的强力限制下，一国的市场化改革不可能完全同步推进，总会发生部分阻力相对较小的市场优先推进改革而部分阻力相对较大的市场缓慢推进改革的现实问题。而且，考虑到各省份的地理区位、要素禀赋、历史行政体制路径依赖特征、经济发展水平等综合因素的制约条件，中国各省份间必然会存在市场化改革进程不一致的突出现象，也必然会存在要素市场化改革滞后于产品市场化改革的相对不一致的重大现象。当前阶段，特别是要关注其可能带来的负面作用，尤其需要关注其对制造业部门企业自主创新能力提升可能产生的体制机制阻碍作用。基于各省份“不对称”市场化改革效应存在差异性这个重要信息，本文选择了合理的工具变量来解决可能的逆向因果关系导致的内生性问题。本文发现2008~2014年“不对称”市场化改革效应对地区内微观企业创新投入产生了比较突出的抑制效应，估计结果表明要素市场化改革相对滞后于产品市场化改革的程度每增加1个百分点，就会导致企业人均创新总投入和人均私人性质创新投入分别下降1.200个和1.202个百分点。并且，本文揭示了这种抑制效应可能并不是主要由政府创新补贴中可能隐含的寻租行为或扭曲效应所产生的，而是由要素市场被政府干预所导致的对微观企业利润的挤压效应所产生的。这些经验结果与本文构建理论模型的基本含义是一致的。

与既有文献相比，本文可能的贡献在于：一方面，该领域一直是中国经济改革中的前沿问题和热点问题，然而，仍然缺少来自微观层面的经验证据。张杰等（2011）实证发现 2001~2007 年中国各省份的“不对称”市场化改革效应对区域内微观企业 R&D 投入产生了显著的抑制效应。然而，需要重点回答的一个问题是，在 2007 年之后通过一系列推进要素市场化改革，中国各省份的“不对称”市场化改革效应得到较大程度缓解的前提下，其是否仍然对微观企业创新投入产生显著的抑制效应。对于这个问题的回答，实质上是检验中国要素市场化改革举措是否到位的有效的核心证据。当然，我们的答案是否定的，无论是从企业总体创新投入还是私人性质创新投入视角，或者是企业内源创新投入或外源创新投入视角，中国“不对称”市场化改革效应对微观企业创新活动所产生的抑制效应都是全方位的。另一方面，一个悬而未决的问题是，虽然文献普遍认同中国要素市场化改革滞后于产品市场有地方政府干预及其内在逻辑的动因（周黎安，2004，2007；张晓晶等，2018），但是对于要素市场扭曲如何影响创新的内在机制，却有着不同的看法。已有文献主要提出了两种理论假说，一种是政府部门权力利益以及寻租理论；另一种是要素市场在政府干预下形成的垄断势力，对于处于产品竞争市场的企业的利润产生强烈的挤压效应，导致企业盈利能力降低和利润积累能力弱化，进而极大地弱化企业创新投入的激励。众多文献认为政府对地区关键要素市场配置权的干预中隐藏的诸多寻租行为机会，是产生扭曲效应的主导因素（余明桂等，2010；任曙明和张静，2013；杨国超等，2017）。而本文的机制分析结论与此不同，我们检验出中国的“不对称”市场化改革效应对工业部门所产生的利润挤压，是其对地区内微观企业创新投入产生抑制效应的重要内在机制。这就为深入理解中国特色的市场化改革及其症结所在提供了重要的机制理解视角。

二　典型事实和理论模型

（一）典型事实

1. 典型事实1：中国经济发展过程中始终存在较为突出的要素市场化改革滞后于产品市场化改革的“不对称”市场化改革效应这一典型现象

一方面，图1显示，1997~2009年，虽然中国的产品市场化和要素市场化进程均呈现出逐步改善的趋势，但是二者之间的差距并未出现显著收缩的态势。这表明，至少在1997~2009年，从整体层面来看，要素市场化始终相对滞后于产品市场化，中国“不对称”市场化改革效应这一典型的现象相当突出。另一方面，考虑到与樊纲等在2011年发布的1997~2009年的中国各项市场化指数相比，樊纲等在2016年发布的2008~2014年的中国各项市场化指数的统计口径发生了调整变化，导致二者不具有延续性。因此，我们专门来分析2008~2014年中国“不对称”市场化改革效应的变化趋势。图2显示，2008~2014年，中国的产品市场化进程呈现相对稳定的态势，而要素市场化进程呈现持续改善的重要现象。并且，要素市场化进程与产品市场化进程之间的差距在2011年之后呈现了相对收缩的态势。但是，要素市场化滞后于产品市场化的现象仍然显著存在。这就表明，即便中国在要素市场化改革方面取得了重要进步和显著成果，然

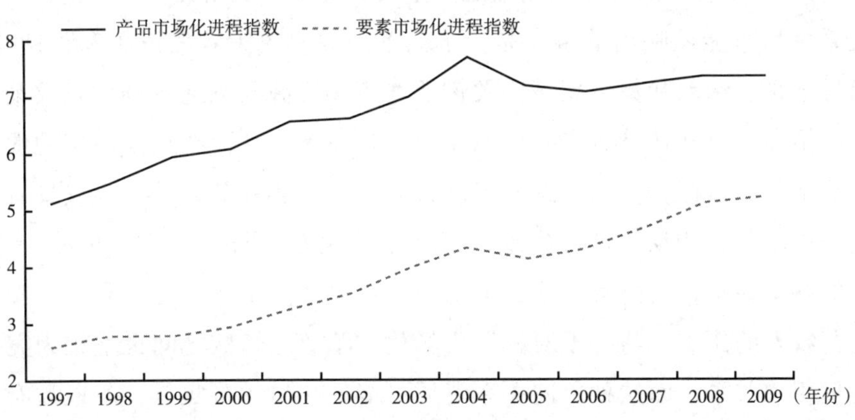

图1　1997~2009年中国产品市场化进程指数和要素市场化进程指数的变化趋势

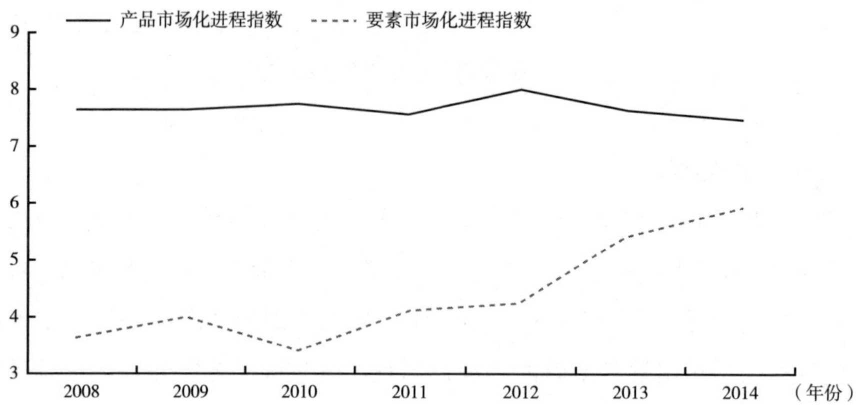

图 2　2008~2014 年中国产品市场化进程指数和要素市场化进程指数的变化趋势

而，或者是因各级政府的要素粗放型投入发展模式的路径依赖特征而形成的对要素市场的干预动机在短期内难以消除，或者是因各级政府官员能够从对关键要素市场的干预中获得巨大的部门或私人收益而形成的行政利益藩篱的阻碍作用，导致中国“不对称”市场化改革效应持续显著存在。

2. 典型事实 2：中国各省份的“不对称”市场化改革效应，与地区经济发展水平呈负相关性，也与地区工业利润水平呈负相关性

一方面，图 3 中的左图显示，中国各省份的人均真实 GDP 水平与“不对称”市场化改革效应指数之间呈较为突出的负相关关系。这种负向关系背后可能反映出的事实是，虽然各地政府决策者的设想和预期是，通过干预、调动和集中区域内关键要素市场资源与创造各种优惠政策条件来招商引资和扶持重点企业及重点产业发展，从而在短期内实现促进经济增长的目标，但是，这种发展策略产生的实际效果是，不仅没有促进经济增长，相反可能导致地区经济增长能力的弱化。另一方面，图 3 中的右图显示，中国各省份工业部门的利润率（工业部门的利润总额占主营收入的比重）与“不对称”市场化改革效应指数之间也呈较为突出的负相关关系。而这种负向关系背后可能反映出的事实是，各地政府对关键要素市场的干预或控制行为，必然会传导并形成这些要素市场的行

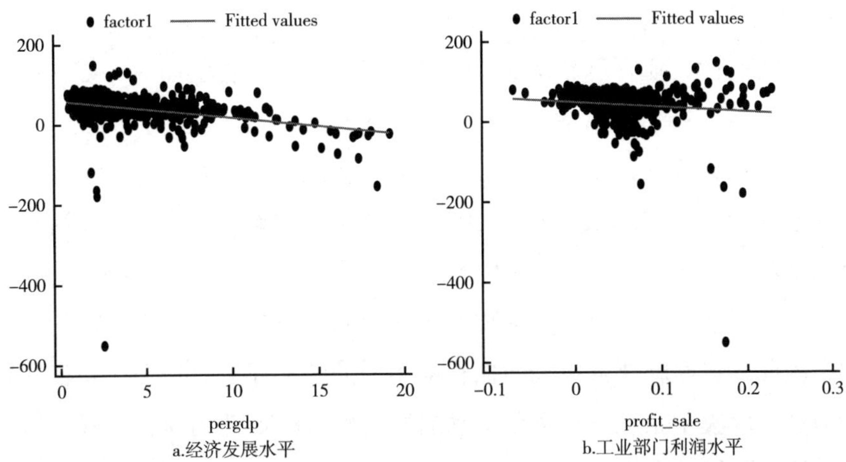

图 3　中国各省份“不对称”市场化改革效应与地区经济发展水平和工业部门利润水平的相关性

政垄断势力，进而造成区域内利用这些关键要素进行生产的实体经济部门的生产成本高企，削弱了这些地区中以工业部门为主的实体经济部门的盈利能力。

（二）理论模型

我们构建一个基于企业生产和创新的决策模型，引入企业生产和创新活动需要的要素价格存在扭曲效应与否的假设，从企业利润最大化的决策行为中，探究要素市场扭曲效应对企业创新投入的影响。

1. 企业产品生产与创新活动决策行为

假设在任一行业中存在固定数量的异质性企业，企业就产品生产活动与创新活动进行决策。企业在开展产品生产活动之前，会选择是否参与固定成本为 F_I 的创新活动，并自主决定研发创新投入数额 RI。代表性企业在完全竞争要素市场取得单位要素的成本被标准化为 1，当要素市场存在扭曲时，代表性企业由于寻租成本的存在，其获取单位要素以开展生产活动的成本为 $\theta > 1$。一般认为要素市场扭曲会伴随着政府对市场的干预，从而导致企业生产成本高企，在此，我们将该干预成本设定为随着要素市场扭曲程度增加而增加。企业在初期根据自身拥有的现金流来进行创新活动。企业开展创新活动与否取决于其开展创新活动所能获得的期望收益能否覆盖期望成本。

已知代表性企业在创新决策后，会在下一个阶段决定如何在要素市场扭曲的情况下开展生产活动。那么，在企业开展创新活动后会出现两种结果，一种是创新成功，企业生产效率提升，在此我们将之设定为企业开展生产活动的边际成本降低；另一种则是企业生产效率无变化。创新活动成功降低企业边际生产成本的概率为 δ_I：独立同分布（i.i.d.）。创新成功会导致企业生产活动的成本降低，而要素市场扭曲会导致企业生产活动的成本增加，因此，在面临要素市场扭曲程度不同的外部环境时，企业是否开展创新活动，取决于企业开展创新活动后所能取得的预期利润与不开展创新活动时的预期利润的差值。

2. 企业预期利润

在期初，企业开展创新活动成功所能得到的利润为 π_θ^I，而企业不开展创新活动所能得到的利润为 π_0，企业开展创新活动但是没成功所能获得的利润为 π_θ。考虑代表性企业在迪克西特－斯蒂格利茨式的垄断竞争市场中进行竞争。代表性消费者以不变支出水平 Y 消费一揽子商品组合，据此代表性消费者对一揽子商品组合中某一产品的需求函数为：

$$x = \frac{Yp^{-\sigma}}{P^{1-\sigma}} \tag{1}$$

其中，P 是一揽子商品的价格指数，p 为某一商品的价格水平，$\sigma > 1$ 为一揽子商品内产品替代弹性。企业以不变的边际成本 c 开展生产活动。

若是企业开展创新活动并成功则企业的边际成本为 αc，其中 $\alpha < 1$，且有 $\alpha = \psi(RI), \psi'(RI) < 0$，即企业研发创新投入越大，则生产边际成本越低；若是企业处于扭曲的要素市场中，生产每一单位产品的成本会随要素市场扭曲程度的增加而增加，要素市场扭曲程度对边际生产成本附加的影响系数为 θ，$\theta > 1$。

当企业处于非扭曲要素市场中，如果不选择开展创新活动时，其预期利润 π_0 可表示为：

$$\pi_0 = px - cx \tag{2}$$

在此情形下，企业为实现利润最大化，则有下述一阶条件：

$$\frac{d\pi_0}{dp} = x + (p - c) \cdot \frac{dx}{dp} = 0 \tag{3}$$

根据消费者对产品的需求函数可知：

$$\frac{dx}{dp} = -\sigma \cdot \frac{Yp^{-\sigma-1}}{P^{1-\sigma}} \tag{4}$$

将（4）式代回（3）式可得，非扭曲要素市场中企业未开展创新活动时，为实现利润最大化的均衡产品价格：

$$p = c \cdot \frac{\sigma}{\sigma - 1} \tag{5}$$

此时企业的均衡利润为：

$$\pi_0 = \frac{Y}{\sigma} \cdot \left(\frac{p}{P}\right)^{1-\sigma} \tag{6}$$

当企业面临的是扭曲的要素市场，则该企业的边际成本会随着要素市场扭曲的存在而变为 θc，类似地，可以得到：

$$\pi_\theta = (\theta)^{1-\sigma} \pi_0 \tag{7}$$

$$\pi_0^I = (\alpha)^{1-\sigma} \pi_0 \tag{8}$$

$$\pi_\theta^I = (\alpha\theta)^{1-\sigma} \pi_0 \tag{9}$$

由于产品替代弹性大于 1，则可得，$\pi_\theta^I > \pi_\theta, \pi_0 > \pi_\theta$。企业在面临同等扭曲的要素市场时，创新收益大于不开展创新的收益。企业在完全竞争要素市场中获得的收益大于在扭曲要素市场中获得的收益。根据前文设定，企业不开展创新活动所能得到的预期利润 $E(\pi) = \pi_\theta$，而企业开展创新活动后所能得到的预期利润为：

$$E(\pi \mid I) = \delta_I \pi_\theta^I + (1 - \delta_I)\pi_\theta - F_I - RI \tag{10}$$

显然企业的创新决策取决于创新投入与所能取得的预期利润差值，企业开展创新活动与否的预期利润差值为：

$$V\pi_{\theta}^{I}=E\left(\pi\mid I\right)-E\left(\pi\right)=\delta_{I}\pi_{\theta}^{I}-\delta_{I}\pi_{\theta}-F_{I}-RI \tag{11}$$

唯有 $V\pi_{\theta}^{I}>0$ 时，企业才会选择开展创新活动以获取更多收益；$V\pi_{\theta}^{I}<0$ 时，企业仅选择开展生产活动。因此，企业通过创新活动所能获取的预期利润差值与企业研发创新投入的一阶条件为：

$$\frac{dV\pi_{\theta}^{I}}{dRI}=\delta_{I}\cdot\frac{d\left(\pi_{\theta}^{I}-\pi_{\theta}\right)}{dRI}-1=\delta_{I}\left(1-\sigma\right)\pi_{0}\theta^{1-\sigma}\alpha^{(-\sigma)}\psi'\left(\alpha\right)-1 \tag{12}$$

其中 $1-\sigma<0$，$\psi'\left(\alpha\right)<0$，（12）式的第一部分符号为正，此时整个方程式的取值方向不定。随着企业创新投入的增加，开展创新活动所能得到的预期利润差值可能会变大，也可能反而变小。换而言之，在满足 $V\pi_{\theta}^{I}>0$ 的条件下，企业选择开展创新活动，但是，开展创新活动实现的预期利润与不开展创新活动实现的预期利润之间的差值，可能会随着企业创新研发投入的增加而扩大，也可能会随着企业创新研发投入的增加而减少，存在不确定性。

命题1：必然存在条件 $\frac{d^{2}V\pi_{\theta}^{I}}{dRId\theta}<0$，使得若是企业创新投入增加对预期利润差值造成的是抑制作用，则要素市场扭曲程度的增加，会加剧企业创新投入对预期利润差值的抑制作用；若是企业创新投入对预期利润差值造成的是促进作用，则要素市场扭曲程度的增加，会削弱研发投入对预期利润差值的促进作用。

求解（12）式关于要素市场扭曲程度的混合偏导：

$$\frac{d^{2}V\pi_{\theta}^{I}}{dRId\theta}=\left(1-\sigma\right)^{2}\delta_{I}\pi_{0}\theta^{-\sigma}\alpha^{(-\sigma)}\psi'\left(\alpha\right)<0 \tag{13}$$

由此可知，代表要素市场扭曲程度对企业边际生产成本影响系数 θ 值增加，企业创新投入对预期利润差值的具体影响取决于 $\frac{dV\pi_{\theta}^{I}}{dRI}$ 的方向。当企业创新投入对预期利润差值造成的是抑制作用，则要素市场扭曲程度的增加，会加剧创新投入对预期利润差值的抑制作用；而当企业创新投入对预期利润差值造成的是促进作用，则要素市场扭曲程度的增加，会削弱企业创新投入对预期利润差值的促进作用。换而言之，创新投入对企业创新与否实现的预期利润差值的作用方向为，当企业选择开展创新活动后，要素市场扭曲程度的增加，一定会使得企业研发投入的增加对预期利润差值增加的影响减弱。那么，对于企业而言，当要素市场扭曲程度增加时，企业预期利润差值并没有得到提升，反而降低了。企业为了实现自身收益最大化，会更倾向于减少对创新活动的投入，削弱企业创新投入激励。由此，我们得到如下推论。

推论 1：要素市场扭曲程度的增加，会导致企业获取利润能力下降，进而削弱企业创新投入激励。

三　研究设计与估计策略

（一）结构性计量模型导出与重要变量定义

基于本文的研究目的，要分析各省份表现出的显著“不对称”市场化改革效应对区域内微观企业创新活动的激励效应，则需要构建一个企业创新投入的决定性方程。考虑到众多文献发现企业规模和企业创新投入之间的密切相关性，需要在计量方程中控制企业规模变量。同时，鉴于不同规模企业中不同类型政府创新政策对企业自主创新投入的激励效应可能存在显著差异性的基本事实，由此假定企业创新投入可由以下形式的方程决定：

$$Innovationspend_{ijt} = F\left(\Gamma_{jt}, E_{ijt}, X_{ijt}\right)e^{\varepsilon_{ijt}} \tag{14}$$

其中，$Innovationspend_{ijt}$ 表示省份 j 中的企业 i 在年份 t 的创新支出水平，Γ_{jt} 表示该企业所在省份 j 的要素市场扭曲程度。E_{ijt} 表示企业规模，用企业总雇用人数来度量。X_{ijt} 向量代表影响企业创新水平的核心因素，具体包括：

政府创新补贴额，表示政府对企业创新的支持力度；企业已有创新相关的固定资产水平等因素，表示企业选择创新面临的行业市场进入壁垒。ε_{ijt} 表示误差项，主要包含解释变量中没有包括的与企业创新投入相关的信息。其中，企业的规模变量是与企业创新投入高度相关的重要变量。进一步的，我们假定 $F\left(\Gamma_{jt}, E_{ijt}, X_{ijt}\right)$ 具有如下形式：

$$F\left(\Gamma_{jt}, E_{ijt}, X_{ijt}\right) = \Gamma_{jt} E^{\alpha}{}_{ijt} G\left(X_{ijt}\right) \tag{15}$$

然而，国家统计局企业创新活动调查数据库中缺失与企业规模直接相关的观测变量信息，因此，为了尽可能保证回归结果的合理性，一个可行的替代方法是，我们拟使用企业科技活动人员数来近似估计企业的雇用人数。假设 L_{ijt} 表示企业参与科技活动的人员数，而企业的总雇用人数为 E_{ijt}。依据国家统计局工业企业数据库与企业创新活动调查数据库的合并相关变量信息，可以发现企业总员工数对数值和企业科技活动员工数对数值变量的 spearman 相关系数为 0.5809，因此，我们可以假定 E_{it} 与 L_{it} 具有如下关系：

$$E_{ijt} = L_{ijt}^{\beta} H\left(Z_{ijt}\right) e^{e_i + \eta_{ijt}} \tag{16}$$

其中，e_i 表示企业规模的固定效应，$H\left(Z_{ijt}\right)$ 向量代表影响企业创新水平的其他因素，包括企业年龄、企业出口行为、企业所有制类型等一系列因素。η_{ijt} 表示误差项。将其代入（14）式和（15）式，我们可得到：

$$Innovationspend_{ijt} = \Gamma_{jt} L_{ijt}^{\alpha\beta} G\left(X_{ijt}\right) H^{\alpha}\left(Z_{ijt}\right) e^{\alpha(e_i + \eta_{ijt}) + \varepsilon_{ijt}} \tag{17}$$

针对（17）式，可以将方程两边同时除以 L_{ijt} 进行标准化处理，可得到：

$$Innovationspend / L_{ijt} = \Gamma_{jt} L_{ijt}^{\alpha\beta} G\left(X_{ijt} / L_{ijt}\right) H^{\alpha}\left(Z_{ijt}\right) e^{\alpha(e_i + \eta_{ijt}) + \varepsilon_{ijt}} \tag{18}$$

进一步对（18）式两边取对数，得到如下的水平计量方程：

$$\ln Innovationspend / L_{ijt} = \gamma_{ijt} + (\alpha\beta)\ln L_{ijt} + g(X / L_{ijt}) + h^{\alpha}(Z_{ijt}) + \alpha e_i + \varepsilon_{ijt} + \alpha\eta_{ijt} \tag{19}$$

针对（19）式，实质上导出的是一个简单的结构型计量方程（Structural Model）。相比于简约型计量方程（Reduced Model），结构型计量方程的优势在于，既可以避免对核心变量具体定义形式的争论，比如，针对本文的因变量企业创新活动指标是采取企业创新投入除以企业销售额的相对值形式还是直接采取人均企业创新投入额对数值更为合理的争论，也可以在一定程度上避免计量方程式因遗漏重要变量而带来的估计难题。在进一步结合中国现实背景下企业创新活动可能遭遇的重要影响因素的基础上，我们将之转化为如下具体定义形式的计量方程模型来加以检验：

$$\begin{aligned}\ln per\_innovationspend_{ijt} = \alpha_0 + \lambda \cdot Factormarketasymmetry_{jt} + \\ \delta \cdot \ln innovationstaff_{ijt} + \\ \gamma \cdot \ln per\_governsubsidy_{ijt} + \\ \beta \cdot \ln per\_innovationfixedasset_{ijt} + \\ \theta \cdot X_{ijt} + \gamma_{firm} + \gamma_{year} + \varepsilon_{ijt} \end{aligned} \quad (20)$$

在（20）式中，因变量 $\ln per\_innovationspend_{ijt}$ 表示位于省份 j 的企业 i 在年份 t 的创新投入与企业创新研发人员数比值的对数值。从既有文献的通常做法来看，反映企业创新活动的测度指标主要有创新投入和产出两个方面的指标变量。既有文献一般使用企业专利特别是企业发明专利方面的数量或质量作为企业创新产出方面的代理变量，然而，从现实状况来看，当前阶段，由于各级政府偏好于使用资金补贴和奖励政策来激励企业专利申请和授权活动，存在突出的“专利泡沫”现象（龙小宁和王俊，2015；张杰等，2016），这使得中国情景下使用专利数量或质量信息作为企业创新能力的代理指标未必具有有效性。相反，从创新投入角度方面来寻找企业创新活动的代理变量相对更具有合理性。有鉴于此，为了尽可能找到准确刻画和反映中国情景下微观企业的创新活动特征的代理变量，我们采取的测度指标是，使用企业 i 在年份 t 的当年科技活动经费总支出与企业当年创新研发人员数比值的对数值 $\ln per\_totalinnovationspend_{ijt}$ 来加以度量。具体来看，按照国家统计局的相关统计制度规定，企业当年科技活动经费总支出 =

当年企业内部用于科技活动的经费支出 + 当年企业委托外单位开展科技活动的经费支出。从中国企业创新活动的现实特点来看，企业科技活动经费支出的信息，既包含了企业进行研究与试验发展（R&D）的经费支出，即企业实际用于基础研究、应用研究和试验发展等环节的经费支出，也包含了企业将创新成果进行工程化、产业化等方面的经费支出。在中国多数制造业企业仍然处于模仿创新和创新产业化阶段的背景下，该变量所包含的是更大范围创新链环节的科技活动经费支出信息，更能体现中国国情下企业创新投入活动的基本特征。考虑到企业创新投入中可能包含各种形式的政府创新补贴、扶持和奖励资金，并且企业可能采取各种策略来谋求甚至骗取政府创新补贴资金的客观事实，为了尽可能地准确刻画企业自主创新能力，我们使用企业私人性质（Private）创新投入的代理变量来加以测度，具体使用企业当年的私人性质科技活动经费支出与企业当年创新研发人员数比值的对数值 $\ln per\_privateinnovationspend_{it}$ 来表示。其中，企业当年私人性质科技活动经费支出变量，用当年企业科技活动经费总支出额减去企业使用来自政府部门的科技活动资金额来表示。很显然，在中央制定的创新追赶战略和创新驱动发展战略的指引下，各级政府偏向于使用以财政资金补贴、资助和奖励为主的各种创新扶持政策来激励本土企业创新能力的培育和提升（安同良等，2009）。因此，剔除了政府补贴、资助、奖励等扶持资金政策方面信息而获得的企业私人性质创新投入变量信息，可在更大程度上代表中国情景下的企业自主创新能力。

针对用来测度中国各省份“不对称”市场化现象的核心解释变量 $Factormarketasymmetry_{jt}$，其本质上反映的是要素市场化改革进程和产品市场化改革进程之间的“不同步”“不一致”“不协同”，造成要素市场化相对滞后于产品市场化的重大现象。而且，地理区位和经济发展水平的差异性，必然会造成各省份之间的“不对称”市场化现象也存在显著的异质性。为了准确刻画中国“不对称”市场化现象中的这些典型特征，在借鉴张杰等

（2011）设计思路的基础上，我们定义 $Factormarketasymmetry_{jt}$ =（中国各省份产品市场化进程程度指数 – 中国各省份要素市场化进程程度指数）/ 中国各省份地区产品市场化。

在（20）式中，其他的重要控制变量具体定义是：企业创新人员规模因素（$\ln innovationstaff$），用企业当年从事创新研发活动人员规模的对数值来表示；企业人均政府创新补贴因素（$\ln per\_governsubsidy$），用企业当年创新投入中从政府获得资金规模与企业当年创新研发活动人员规模的比重的对数值来表示。很显然，中国情景下各级政府实施的创新补贴政策是影响企业创新支出的重要因素，其反映了政府对微观企业创新活动的干预效应；企业人均创新固定资产投入规模因素（$\ln per\_innovationfixedasset$），用企业当年创新活动中形成的固定资产额的对数值与企业当年创新研发活动人员规模的比重的对数值来表示。Cai 和 Li（2019）指出，企业在创新活动中所形成的固定资产投资额是影响企业进入市场的重要壁垒。因此，在那些创新固定资产额较大的行业中，企业创新决策会受到明显抑制。按照 Angrist 和 Jörn-Steffen（2009，2015）对计量模型设定和控制变量选择逻辑的讨论和建议，在考虑数据的可获得性，同时考虑尽量保证各控制变量外生性特征的基础上，（20）式的控制变量集 X 中具体包括的变量有：企业年龄因素（*Firmage*），以企业样本期与企业注册时间的有效差距值来表示。为了避免当年注册造成企业年龄为 0，我们对企业样本期与企业注册时间的差距采取加 1 的方法予以预处理。考虑到众多研究发现企业年龄和自身创新活动之间的非线性关系，即年轻企业或初创企业倾向于依靠创新投入来获取市场竞争优势，而成熟企业则偏好于降低生产成本或提高市场占有率来维持市场竞争优势，导致企业年龄和自身创新活动之间非线性关系的发生，为此我们在（20）式中纳入其平方项 $Firmage\_sq$。企业出口因素（$Newproductexport\_sale$），用企业新产品出口额与企业新产品销售额的比值来加以度量。考虑到新产品作为考核企业创新活动产出水平的重要指标，其出口强度可以在一定程度上捕捉和反映对外开放环境因素对企业创新活动的影响，有必要将这一重要因素纳入控制变量集。企业面临行业市场竞争程度（*HHI_employee*），用按照二位码区分行业中的各企业科技活动人员数所计算出的赫芬达尔—赫希曼指数来加以度量。在我们看来，控制该变量具有充分的理论与现实基础——创新研究领域内的奠基性文献Aghion等（2005）的研究结论表明，竞争是影响企业创新活动的重要因素。同时，从中国的现实状况来看，竞争对微观企业创新活动的影响机制可能更为复杂：一方面，竞争相对激烈行业中的微观企业，通过创新活动获取创新垄断地位来规避市场竞争的动力可能较强；另一方面，由于中国知识产权保护制度有待完善以及侵犯知识产权惩罚执行力度较小，行业竞争未必能够有效激励微观企业的创新活动。因此，我们预计中国情景下行业竞争对企业创新活动的激励效应可能是非线性关系，为此，在（20）式也纳入了其平方项 $HHI\_employee\_sq$ 来捕捉可能的非线性关系。企业市场势力因素（*Marketpower*），用企业内部所形成的国家标准或行业标准的数量来加以刻画。很显然的判断逻辑是，企业能否使自身的企业标准成为外部的国家标准或行业标准，以及企业拥有的国家标准或行业标准数量，在一定程度上表明了企业是否拥有市场势力。考虑到其对企业创新活动造成的非线性作用关系，我们在（20）式中也纳入了其平方项 $Marketpower\_sq$。企业所有制类型因素，与既有文献不同，我们使用细化到三位码的企业登记注册类型信息来区分企业所有制类型。很显然，这种细化到三位码的企业所有制类型的虚拟变量，更能有效控制企业所有制类型的异质性带来的影响效应。从中国现实来看，面临市场化改革和国有企业改革的双重任务，造成在我们样本观察期内约30%的样本企业的注册所有制信息发生了变化。因此，即便在控制了企业个体固定效应的情形下，也有必要对企业所有制注册类型信息加以控制。除了上述控制变量之外，（20）式中还纳入了企业个体层面的虚拟变量和年份虚拟变量，前者用于控制因企业在自身的技术积累能力、所处的地理区位、所处的行业、所处地区性政府产业政策或创新政策以及所处地区经济发展水平等方面的差异性而产生的影响效应，后者用于控制无法观测的外部因素以及经济发展动态变化对微观企业创新活动的可能冲击和影响。ε_i 为常规设置变量，表示服从 *i.i.d* 的随机扰动项。

（二）内生性问题讨论与工具变量设计

针对前文设定的（20）式，要获得核心解释变量 $Factormarketasymmetry_{jt}$ 回归系数 β 的一致性估计结果，容易引发质疑的是，一是因遗漏可能的重要变量所导致的内生性问题，二是因核心解释变量和因变量之间可能存在的逆向因果关系而导致的内生性问题。针对前者，由于我们尽可能设置了文献通常使用的影响企业创新活动的各种重要因素，特别是控制了企业具有变化特征的所有制类型因素以及企业个体层面固定效应，遗漏重要变量的问题或许并不突出。针对后者，一个需要认真考虑且深入探究的问题是，中国各省份的微观企业创新活动是否存在影响地区“不对称”市场化改革效应的可能性及其潜在的影响机制。从一般逻辑来看，在我们设计的计量方程（20）式中，解释变量是测度各省份“不对称”市场化现象的地区层面的代理变量，而因变量是测度区域内微观企业创新活动的代理变量，二者之间的作用效应不在同一个层次。换而言之，地区层面的“不对称”市场化现象，可以直接影响到区域内微观企业创新决策和创新行为，可是，微观企业层面的个体创新决策和创新行为，可能难以影响到地区层面由政府干预要素市场而产生的“不对称”市场化现象。因此，这二者之间可能并不存在严重的逆向因果关系，（20）式中的内生性问题也许并不突出。

然而，更要注意到的一些基本事实是，中国各省份的“不对称”市场化现象，既与地理区位特征、经济发展水平、行政体制延续和历史文化传承等因素密切相关，也与各地政府干预和控制区域内某些关键要素市场的动机和激励机制密切相关。当然，针对固有的地理区位特征、行政体制和历史文化传承等因素，可以通过控制的企业个体层面固定效应加以处理，并不会造成相应的估计问题。但是，经济发展水平、政府干预甚至控制区域内某些关键要素市场动机或激励机制等可变性的因素，可能会影响到区域内微观企业的创新行为和创新决策。其中，一个比较容易理解的传导机制是，中国各级政府之间存在普遍的以短期GDP增长为目标的“晋升锦标赛式”的经济发展竞争，这就可能刺激各地政府加快要素市场化改革进程，从而导致企业创新能力对地区市场化改革的推进产生倒逼效应，换而言之，这可称为“经济发展倒逼要素市场化改革”的中国发展逻辑。而且，在中国各地区普遍存在基于各种经济技术开发区和高新技术产业开发区来进行招商引资和发展高端产业的竞争。针对这个难以忽略的传导机制可能蕴含的因果逆向关系带来的内生性问题，我们的处理策略是：一方面，在（20）式中纳入反映中国各地级城市层面的经济发展水平的人均真实GDP变量 $perGDP\_city_{jt}$，以便控制和缓解“经济发展倒逼要素市场化改革”的中国现象，尽可能保证（20）式中 ε_{ijt} 的随机性特征。另一方面，金融市场既是最为重要的要素市场之一，也是支持微观企业创新活动的核心制度条件之一，我们在（20）式中还控制企业所处地区的金融发展因素 $Financedevelopment$，用中国各省份的贷款和存款总额之和与地区GDP的比重来表示。考虑到中国情景下以银行机构为主的间接渠道主导型金融发展，对微观企业创新活动具有复杂性的影响效应，我们在（20）式中也纳入了其平方项 $Financedevelopment\_sq$。

当然，更具有说服力的解决策略，就是寻找相应的外生性工具变量。关注的焦点就在于必须在中国情景下寻找一个与解释变量 $Factormarketasymmetry_{jt}$ 密切相关，而与因变量 $\ln per\_firminnovation_{ijt}$ 不相关的外生性变量。在我们看来，可能的寻找思路就是要追溯到中国各省份的“不对称”市场化现象发生和演化的内在历史性制度动因，从中来寻找合适的外生性工具变量。事实上，中国的市场化改革是由1978年全面实现改革开放国策之前的计划经济模式脱胎而成的。中国在1978年之前实施的计划经济发展模式的核心就是要积极发挥政府在各种产品市场和要素市场供需两端的计划调节功能，以维持国民经济体系的正常运行。其中，国有和集体企业是整个国民经济运行的基础性力量，既是各种主要产品市场的供应者，也是各种主要要素市场的需求者。因此，中国的计划经济模式的基础，就集中体现为国有和集体企业部门在国民经济中的绝对主导和主体地位，在于各级政府对国有和集体企业的绝对控制权和干预权。中国于1956年将公私合营企业全部转变为社会主义全民所有制，并进入了完全计划经济的特定发展阶段，计划经济的核心逻辑就是通过国家或地方政府对产品市场和要素市场的全面控制来指导和组织企业部门的生产经营销售活动。1978年中国正好处于计划经济的最后阶段，国有和集体企业部门作为计划经济体制运行的最重要微观主体，其必然会深刻影响改革开放之后该地区的市场化改革进程特别是要素市场化改革进程。为此，用1978年中国各省份国有企业和集体企业部门的员工数占各省份劳动人口数的比重 $IV\_Statestaffratio\_1978_j$ 来衡量中国各省份在1978年改革开放之前所呈现出的计划经济体制特征，特别是刻画各地政府对要素市场的干预力度。

然而，工具变量 $IV\_Statestaffratio\_1978_j$ 存在的一个问题是，其是不随时间变化而变化的变量，而我们的核心解释变量是在2008~2014年的变化变量。针对此问题，我们的解决策略是，在借鉴 Stevenson（2010）、Ahern 和 Amy（2012）等文献工具变量设计思路的基础上，采用1978年中国各省份国有企业和集体企业部门的就业人数占各省份劳动人口数的比重 $IV\_Statestaffratio\_1978_j$，与本文研究样本2008~2014年所对应的年份自然数虚拟变量的乘积 $IV\_Statestaffratio\_1978_{jt}$，作为（20）式中核心解释变量 $Factormarketasymmetry_{jt}$ 的工具变量。这样设计的理由在于：中国各省份在1978年国有和集体企业部门的就业人数占各省份劳动人口数比重的基本态势，应该尚未受到1978年之后中国推行的市场化改革的影响。在这种情形下，我们设计的工具变量 $IV\_Statestaffratio\_1978_{jt}$，是利用1978年中国各省份计划经济和政府干预经济的相关信息作为基础，乘以年份自然数所得到的变化趋势变量，其实质上反映的是假定在没有受到市场化改革政策影响的情形下，遵循“自然”演化变化规律，按照计划经济的固有路径依赖发展趋势，在2008~2014年所得到的中国各地政府干预经济力量的趋势变量。由于是假定没有受到市场化改革的影响，所得到的各省份在2008~2014年计划经济固有路径依赖式的发展趋势，相对中国各省份在2008~2014年已经受到市场化改革冲击的真实市场化“不对称”变量，该工具变量就具有严格的外生性。

按照我们设计工具变量思路的逻辑，预测这二者应该存在负相关关系。这是因为，1978年之后中国制定和实施的一系列对外开放国策的核心目标就是逐步培育市场竞争机制在产品市场和要素市场中的主要调节作用，重要任务就是要打破国有和集体企业的行政垄断地位。在经历了针对国有和集体企业部门的“打破铁饭碗”“抓大放小”“允许国有集体企业破产”“构建现代化企业制度”“逐步退出竞争性市场领域”等一系列重要改革举措之后，国有集体企业部门在国民经济中的比重逐步下降。在1978年之前国有集体企业部门在国民经济中的比重相对越高的地区，面临要素市场化改革的阻力越大，同时，这也意味着推进要素市场化改革的动力相应地也越大。因此，在1978年之后，中国各省份的国有集体企业部门在国民经济中的比重逐步下降，在较大程度上代表了各地区在推进市场化改革进程特别是推进要素市场化改革进程方面的努力程度和内在动力。特别是在1992年之后中国实施中央和地方财政体制分权改革的情形下，不仅刺激了地方政府展开“晋升锦标赛”式的GDP增长竞争行为，更是触发了地方政府主动通过推进要素市场化改革来获得经济发展内在动力的激励机制。由此可见，在中国逐步深入推行的市场化改革的作用下，中国各省份的“不对称”市场化改革效应变化趋势与完全计划经济状态下的“自然”变化趋势之间应该发生显著的背离，换而言之，二者之间必然会呈现稳定的负向关系。当然，我们需要在文中对此相关关系加以验证，从而检验我们设计的工具变量的有效性。

（三）数据来源与处理说明

本文的研究数据主要来源于两个方面：一是樊纲等发布的2011年版《中国市场化指数——各地区市场化相对进程2011年报告》和《中国分省份市场化指数报告（2016）》，中国各省份的数据来源于历年《中国统计年鉴》和《中国城市统计年鉴》。二是2008~2014年的国家统计局企业创新活动调查数据库，该数据库提供了工业企业以及相关科技服务业企业的各种科技创新活动指标数据，是目前国内研究微观企业创新活动最为全面、最为重要的数据库之一。我们依据该数据库提供的各种有效指标信息，获得了与本研究主题密切相关的中国各省份本土创新活动的各种信息以及各种控制变量的信息。需要说明的是，针对该数据库所存在的一系列相关问题，我们做了如下四个步骤的相应处理和调整。第一，针对 2011 年国民经济行业分类标准的修订和调整，我们采取了将 2011 年之后的行业分类标准与 2002 年国民经济行业分类标准对齐调整的办法，以获得统一的行业划分标准。第二，针对 2008~2009 年数据库中企业注册开业年份变量信息的缺失问题，我们采取的补充方法是，一方面，利用创新企业数据库中 2010~2014 年的企业信息，按照企业法人代码加以匹配，同时利用现有文献常用的 1999~2013 年的规模以上工业企业数据库的相关信息，按照企业法人代码以及企业中文名称加以匹配；另一方面，针对剩下的大约 6320 家无法匹配上的企业，我们采取依靠手工搜寻的方法，在中国企业查询网查询企业具体的注册开业年份。第三，为了集中研究中国情景下政府扶持和补贴政策对企业私人创新投入的影响效应，我们主要针对工业部门的企业样本，剔除了部分科技服务企业样本。第四，针对该数据中个别企业样本中个别指标信息的异常值问题，一方面，我们既通过与国家统计局的规模以上工业企业数据库的匹配来加以校正校准，又通过人工查询企业相关信息进行核实核准；另一方面，针对极其少量的某些违背正常逻辑特征的指标变量样本，我们也进行了相应的删除处理。

四　中国"不对称"市场化改革效应对企业创新活动影响效应的实证分析

（一）基准回归结果

表 1 展示了中国各省份要素市场相对产品市场的"不对称"市场化改革效应对微观企业创新投入影响效应的 OLS 检验结果。从因变量为 $\ln per\_totalinnovationspend$ 的模型 1 到模型 3 的估计结果可看出，核心解释

变量 *Factormarketasymmetry* 的回归系数均在 1% 统计水平上显著为负。进一步地，从因变量为 ln *per_privateinnovationspend* 的模型 4 到模型 6 的估计结果可看出，核心解释变量 *Factormarketasymmetry* 的回归系数仍然均在 1% 统计水平上显著为负。这些检验结果初步表明，中国各省份的要素市场相对产品市场的“不对称”市场化改革效应，在一定程度上对区域内微观企业创新投入造成了显著的抑制效应。但是，由于这些检验结果并未解决核心解释变量 *Factormarketasymmetry* 与被解释变量 ln *per_totalinnovationspend* 和 ln *per_privateinnovationspend* 之间可能的内生性问题，既有的经验发现未必是可靠的。值得关注的是，所有的控制变量回归结果的系数和显著性均符合预期，由此说明，在（20）式中各具体变量的设计应该是合理的。

表 1 中国各省份市场化“不对称”效应对微观企业创新投入影响效应的 OLS 检验结果

模式	模型 1	模型 2	模型 3	模型 4	模型 5	模型 6
因变量	ln *per_totalinnovationspend*			ln *per_privateinnovationspend*		
Factormarketasymmetry	−0.2594*** (−15.82)	−0.2603*** (−15.88)	−0.1813*** (−9.81)	−0.2749*** (−15.56)	−0.2757*** (−15.62)	−0.1998*** (−10.06)
ln *innovationstaff*	−0.5143*** (−215.91)	−0.5149*** (−216.06)	−0.5124*** (−213.59)	−0.5127*** (−204.08)	−0.5224*** (−204.25)	−0.5200*** (−202.13)
ln *per_governsubsidy*	0.0673*** (46.64)	0.0667*** (46.23)	0.0660*** (45.57)	−0.0297*** (−18.73)	−0.0304*** (−19.17)	−0.0305*** (−19.17)
ln *per_innovationfixedasset*	0.1269*** (135.76)	0.1267*** (135.55)	0.1268*** (135.17)	0.1325*** (131.92)	0.1323*** (131.71)	0.1324*** (131.47)
Financedevelopment			−0.2138*** (−13.85)			−0.2053*** (−12.41)
Financedevelopment_sq			0.0383*** (14.85)			0.0372*** (13.45)
perGDP_city			−0.0128*** (−9.23)			−0.0128*** (−8.64)
Firmage		0.0299*** (13.37)	0.0312*** (13.82)		0.0316*** (13.12)	0.0330*** (13.64)
Firmage_sq		−0.0004*** (−12.67)	−0.0004*** (−13.15)		−0.0004*** (−12.47)	−0.0005*** (−12.96)

续表

模式	模型 1	模型 2	模型 3	模型 4	模型 5	模型 6
Newproductexport_sale		0.0871*** (10.68)	0.0880*** (10.79)		0.0937*** (10.72)	0.0945*** (10.83)
HHI_employee		−0.5932*** (−2.90)	−0.7151*** (−3.48)		−0.6087*** (−2.77)	−0.7346*** (−3.34)
HHI_employee_sq		1.0979*** (3.07)	1.3182*** (3.66)		1.0750*** (2.79)	1.3102*** (3.38)
Marketpower		−0.0017** (−2.43)	−00016** (−2.29)		−0.0016** (−2.18)	−0.0015** (−2.02)
Marketpower_sq		1.97e−06* (1.80)	1.88e−06* (1.72)		1.87e−06* (1.76)	1.75e−06* (1.74)
企业所有制固定效应	控制	控制	控制	控制	控制	控制
企业个体固定效应	控制	控制	控制	控制	控制	控制
年份固定效应	控制	控制	控制	控制	控制	控制
Adjusted R^2	0.7406	0.7409	0.7409	0.7248	0.7251	0.7251
F 值	2584.71***	2153.41***	2004.67***	2165.21***	1804.93***	1685.95***
N	342915	342915	339809	340286	340286	337272

注：“*”“**”“***”分别代表 10%、5% 和 1% 的显著性水平。括号内的数值表示 *t* 值，所有回归模型均经过地级城市层面的 cluster 处理调整。

（二）工具变量回归结果

运用我们设计的工具变量，表 2 展示了中国各省份要素市场相对产品市场的“不对称”市场化改革效应对微观企业创新投入影响效应的 2SLS 检验结果。从模型 1 和模型 3 的估计结果可以看出，我们关注的核心解释变量的回归系数仍然均在 1% 统计水平上显著为负。而纳入中国地区经济发展水平变量和金融发展水平及其平方项变量的模型 2 和模型 4 估计结果显示，本文关心的核心解释变量回归系数同样均在 1% 统计水平上显著为负。以上这些经验结果表明，中国各省份的“不对称”市场化改革效应，对地区内微观企业创新投入造成了显著的抑制效应。而且，与表 1 中各模型的 OLS 估计结果相比，表 2 中各模型的核心解释变量 *Factormarketasymmetry* 回归结果系数的数值明显变大，由此说明，在不解决相应的内生性问题情形下，可能会低估各省份的“不对称”市场化改革效应对地区内微观企业创新投入的抑制效应。具体来看，以模型3和模型6为例，估计结果表明，中国各省份的要素市场相对产品市场的市场化改革滞后程度每增加1个百分点，会导致企业人均创新总投入和人均私人性质创新投入分别下降1.200个百分点和1.202个百分点。值得关注的是，在纳入控制变量 *perGDP_city*、*Financedevelopment* 和 *Financedevelopment_sq* 的模型3和模型6中，核心解释变量 *Factormarketasymmetry* 回归系数数值，相比模型1和模型2以及模型4和模型5变得相对更大。这可能说明的事实是，我们所设计的工具变量并不会受到地区经济发展水平和金融发展水平的直接影响，具有排他性特征。此外，针对我们设计的工具变量是否合理性问题，从各模型的第一阶段回归结果来看，工具变量 $IV\_Statestaffratio\_1978_{jt}$ 回归系数均在1%统计水平上显著为负，表明中国各省份按照计划经济逻辑自然演化的“不对称”市场化改革效应，与各地区实际变化的“不对称”市场化改革效应变量之间呈现显著的负向关系，这符合我们设计工具变量思路的预期，说明我们设计的工具变量所具有的合理性。为了更为严格地检验我们设计的工具变量的合理性，采用识别不足检验的 Anderson canon. corr. LM 统计量和弱识别检验的 Cragg-Donald Wald F 统计量来加以检验。检验结果均通过了既有检验假设，从而进一步证明了我们设计的工具变量的合理性。

表2 中国各省份市场化“不对称”效应对微观企业创新投入影响效应的2SLS检验结果

模型	模型1	模型2	模型3	模型4	模型5	模型6
第一阶段回归结果（因变量为 *Factormarketasymmetry*）						
IV_Statestaffratio_1978	−0.0818*** (−136.89)	−0.0828*** (−138.19)	−0.0422*** (−66.95)	−0.0823*** (−137.49)	−0.0820*** (−137.49)	−0.0419*** (−65.54)
第二阶段回归结果						
因变量	ln *per_totalinnovationspend*			ln *per_privateinnovationsepend*		
Factormarketasymmetry	−0.8727*** (−13.76)	−0.8927*** (−14.08)	−1.2001*** (−8.31)	−0.8789*** (−12.82)	−0.8997*** (−13.13)	−1.2020*** (−7.76)
ln *innovationstaff*	−0.5094*** (−208.86)	−0.5098*** (−208.91)	−0.5105*** (−210.17)	−0.5169*** (−197.51)	−0.5174*** (−197.58)	−0.5181*** (−199.89)

续表

模型	模型 1	模型 2	模型 3	模型 4	模型 5	模型 6
ln *per_governsubsidy*	0.0669*** (46.26)	0.0663*** (45.83)	0.0654*** (44.79)	−0.0300*** (−18.90)	−0.0307*** (−19.34)	−0.0311*** (−19.43)
ln *per_innovationsfixedasset*	0.1266*** (134.93)	0.1264*** (13.69)	0.1260*** (132.51)	0.1322*** (131.17)	0.1319*** (130.93)	0.1315*** (120.95)
Financedevelopment			0.1470*** (2.77)			0.1475*** (2.61)
Financedevelopment_sq			−0.0197** (−2.31)			−0.0195** (−2.14)
perGDP_city			−0.0247*** (−11.34)			−0.0244*** (−10.53)
Firmage		0.0305*** (13.57)	0.0318*** (14.00)		0.0321*** (13.29)	0.0336*** (13.79)
Firmage_sq		−0.0004*** (−12.90)	−0.0005*** (−13.30)		−0.0005*** (−12.68)	−0.0005*** (−13.10)
Newproductexport_sale		0.0863*** (10.55)	0.0896*** (10.91)		0.0930*** (10.62)	0.0961*** (10.95)
HHI_employee		−0.6004*** (−2.93)	−0.7110*** (−3.44)		−0.6120*** (−2.78)	−0.7278*** (−3.29)
HHI_employee_sq		1.0507*** (2.93)	1.2814*** (3.54)		1.0134*** (2.63)	1.2619*** (3.24)
Marketpower		−0.0015** (−2.41)	−00015** (−2.38)		−0.0016** (−2.15)	−0.0018** (−2.32)
Marketpower_sq		1.88e−06* (1.82)	1.97e−06* (1.76)		1.84e−06* (1.79)	2.10e−06* (1.85)
企业所有制固定效应	控制	控制	控制	控制	控制	控制
企业个体固定效应	控制	控制	控制	控制	控制	控制
年份固定效应	控制	控制	控制	控制	控制	控制
识别不足检验 (Anderson canon. corr. LM statistic)	2354.12***	2376.36***	5635..11***	2354.12***	2365.45***	5601.01***
弱识别检验 (Cragg–Donald Wald F statistic)	1809.27***	1823.49***	4252.16***	1809.27***	1836.71***	4222.07***
N	342915	342915	339809	340286	340286	337272

注：“*”“**”“***”分别代表 10%、5% 和 1% 的显著性水平。括号内的数值表示 t 值，所有回归模型均经过地级城市层面的 cluster 处理调整。

（三）要素市场化改革进程能否促进企业创新投入

前文验证了我们定义的中国各省份要素市场相对产品市场的“不对称”市场化改革效应对地区内微观企业创新投入所造成的显著抑制效应。那么，自然而然会联想到的另一个研究问题是，要素市场化进程越快的省份，其微观企业是否表现出更强的创新投入动机？很显然，这是验证中国市场化改革对经济影响的另一个重要视角。为此，我们利用中国各省份要素市场化改革进程中的差异化特征信息来研究其对地区内微观企业创新活动可能产生的影响效应。当然，我们预计这种影响效应是正向的，即要素市场化进程越快的省份，区域内微观企业表现出更强的创新投入动机。具体地，将之定义为：中国各省份的要素市场化改革进程变量 *Factormarketdevelopment* =（中国各省份要素市场化进程程度指数 – 各省份要素市场化指数均值）/ 各省份要素市场化指数均值。我们将（20）式的核心解释变量替换为变量 *Factormarketdevelopment*，所得到的 2SLS 回归结果均展示在表 3 中。同样地，从各模型的估计结果中可看出，变量 *Factormarketdevelopment* 的回归系数均在 1% 统计水平上显著为正。这就表明，要素市场化进程越快的省份，区域内微观企业就表现出越强的创新投入动机，从而证明了中国要素市场化改革可以促进企业创新活动增加的基本事实。此外，需要注意的是，工具变量 $IV\_Statestaffratio\_1978_{jt}$ 均在 1% 统计水平上显著为正，这表明，在 1978 年之前国有和集体企业部门占比越大的省份中，推进要素市场化改革的内在激励动力越大，从而导致地区的“不对称”市场化改革效应的程度越小，进而符合我们设计工具变量的预期关系，进一步验证了设计工具变量的合理性。

表 3　中国各省份要素市场化进程对微观企业创新投入影响效应的 2SLS 检验结果

模型	模型 1	模型 2	模型 3	模型 4
第一阶段回归结果（因变量为 *Factormarketasymmentry*）				
IV_Statestaffratio_1978	0.1821*** (53.05)	0.2238*** (57.32)	0.1809*** (51.28)	0.2243*** (57.08)

续表

模型	模型 1	模型 2	模型 3	模型 1
第二阶段回归结果				
因变量	ln *per_totalinnovationspend*		ln *per_privateinnovationspend*	
Factormarketdevelopment	0.3613*** (13.47)	0.2154*** (8.31)	0.3647*** (12.58)	0.2155*** (7.76)
ln *innovationstaff*	−0.5034*** (−192.11)	−0.5067*** (−201.06)	−0.5109*** (−182.26)	−0.5144*** (−190.65)
ln *per_governsubsidy*	0.0660*** (44.56)	0.0651*** (44.56)	−0.0309*** (−19.03)	−0.0314*** (−19.56)
ln *per_innovationfixedasset*	0.1253*** (129.68)	0.1255*** (130.69)	0.1309*** (126.32)	0.1310*** (127.21)
Financedevelopment		−0.1435*** (−6.70)		−0.1430*** (−6.28)
Financedevelopment_sq		0.0361*** (12.86)		0.0363*** (12.14)
perGDP_city		−0.0307*** (−11.07)		−0.0304*** (−10.29)
Firmage		0.0316*** (13.94)		0.0336*** (13.80)
Firmage_sq		−0.0004*** (−13.20)		−0.0005*** (−13.07)
Newproductexport_sale		0.0914*** (11.12)		0.0979*** (11.14)
HHI_employee		−0.6985*** (−3.38)		−0.7211*** (−3.26)
HHI_employee_sq		1.1909*** (3.29)		1.1866*** (3.05)
Marketpower		−0.0013* (−1.82)		−0.0013* (−1.86)
Marketpower_sq		1.59e−06** (2.40)		1.52e−06** (2.27)
企业所有制固定效应	控制	控制	控制	控制
企业个体固定效应	控制	控制	控制	控制
年份固定效应	控制	控制	控制	控制

续表

模型	模型 1	模型 2	模型 3	模型 1
识别不足检验 (Anderson canon. corr. LM statistic)	3987.96***	4527.81***	3895.03***	4508.55***
弱识别检验 (Cragg–Donald Wald F statistic)	2993.56***	3405.33***	2920.85***	3387.11***
N	342915	339809	340286	337272

注："*""**""***"分别代表 10%、5% 和 1% 的显著性水平。括号内的数值表示 t 值，所有回归模型均经过地级城市层面的 cluster 处理调整。

（四）稳健性检验

1. 更换简约模型框架

从创新领域的实证研究来看，一直存在如何科学定义企业创新活动代理指标的争论，其中，不少文献采取企业创新投入与企业产品销售额的比值来加以定义。为了尽可能保证本文核心结论的稳健性，我们更换既有的（17）式的结构型框架，重新构建一个类似（18）式的简约型框架。需要说明的是，一方面，需要按照企业法人代码信息以及企业中文名称和地址信息，将 2008~2014 年的国家统计局企业创新活动调查数据库，与 2008~2013 年的国家统计局规模以上工业企业数据库进行合并，可得到大约 251200 家企业样本；另一方面，现有公开的 2010 年国家统计局规模以上工业企业数据库中，部分指标变量缺失，对此，我们采取了逐个核查核实的方法来加以补充。基于此，我们得到了如下形式的计量方程：

$$Innovationspend\_sale_{ijt} = \beta_0 + \lambda \cdot Factormarketasymmetry_{jt} + \vartheta \cdot Z_{ijt} + \gamma_{firm} + \gamma_{year} + \nu_{ijt} \quad (21)$$

其中，因变量 $Innovationspend\_sale_{ijt}$ 区分为企业创新总投入与企业产品销售额比值变量 $Totalinnovationspend\_sale_{ijt}$ 和企业私人性质创新投入与企业产品销售额比值变量 $Privateinnovationspend\_sale_{ijt}$。核心解释变量仍然为 $Factormarketasymmetry$。在控制变量集 Z 中的变量有：

Governsubsidy_sale 表示企业获得创新补贴占企业产品销售额的比重的变量，用以控制企业创新活动中的政府扶持因素；ln*labor* 为企业员工数的对数值变量，用以控制企业规模；*Profit_sale* 表示企业利润额占企业产品销售额的比重的变量，用以控制企业创新活动的资金来源；*HHI* 表示按照二位码区分行业中的企业产品销售额数所计算出的赫芬达尔—赫希曼指数，用来控制企业面临的行业市场竞争程度；*Firmage* 的定义与（17）式相同，不再一一赘述。

表 4 展示了我们利用（21）式，所得到的中国各省份要素市场扭曲对微观企业创新投入影响效应的 2SLS 检验结果。可以看出，无论是在纳入控制变量下还是在未纳入控制变量的情形下，核心解释变量 *Factormarketasymmetry* 均在 1% 统计水平上显著为负，由此再次验证要素市场化改革滞后于产品市场化改革程度越严重的省份，制造业企业部门创新投入受到的抑制效应越显著。（21）式本质上是简约型模型形式，由此得到的与结构型（20）式的一致性检验结果，充分说明本研究问题检验发现所具有的稳健性。需要额外说明的是，一方面，合并数据损失了较多的样本信息，另一方面，2010 年工业企业数据存在缺失问题。因此，在现有约束条件下，利用结构型计量方程（21）式而得到的检验发现应该更为可靠。

表 4　中国各省份要素市场扭曲对微观企业创新投入影响效应的 2SLS 检验结果

模型	模型 1	模型 2	模型 3	模型 4
第一阶段回归结果（因变量为 *Factormarketasymmetry*）				
IV_Statestaffratio_1978	−2.3672*** (−25.19)	−2.7803*** (−23.71)	−2.3672*** (−25.19)	−2.7803*** (−23.71)
第二阶段回归结果				
因变量	*Totalinnovationspend_sale*		*Privateinnovationspend_sale*	
Factormarketasymmetry	−0.0406*** (−5.04)	−0.1641*** (−5.19)	−0.0429*** (−5.82)	−0.1753*** (−4.36)
Governsubsidy_sale		−1.1234*** (−27.56)		−2.1234*** (−52.10)

续表

模型	模型 1	模型 2	模型 3	模型 4
ln *labor*		−0.0509*** (−16.22)		−0.0511*** (−16.23)
Profit_sale		0.3318*** (3167.54)		0.3320*** (3165.42)
Firmage		−0.0016** (−2.47)		−0.0016** (−2.46)
Firmage_sq		0.00003** (2.16)		0.00003** (2.17)
HHI		−0.1572** (−2.38)		−0.1570** (−2.39)
HHI_sq		0.3146* (1.87)		0.3145* (1.86)
企业所有制固定效应	控制	控制	控制	控制
企业个体固定效应	控制	控制	控制	控制
年份固定效应	控制	控制	控制	控制
识别不足检验 (Anderson canon. corr. LM statistic)	21448.49***	18970.32***	21448.49***	18970.32***
弱识别检验 (Cragg–Donald Wald F statistic)	15207.13***	14891.84***	15207.13***	14891.84***
N	251597	246335	251597	246335

注：“*”“**”“***”分别代表 10%、5% 和 1% 的显著性水平。括号内的数值表示 t 值，所有回归模型均经过地级城市层面的 cluster 处理调整。

2. 替换工具变量

为了进一步保证本文得到的核心经验发现是可靠的，我们对工具变量进行替换。本文采用的工具变量 $IV\_Statestaffratio\_1978_j$，是使用 1978 年中国各省份国有企业和集体企业部门员工数占劳动人口数的比重来衡量各省份在改革开放之前所呈现出的计划经济特征以及政府干预经济行为的路径依赖模式的固有特性。考虑到 1978 年部分省份可能已经开始或多或少地推动市场化进程，以个体工商户为主的私营经济部门有所发展，导致依据 1978 年各省份的国有企业和集体企业部门员工数占劳动人口数的比重所设计的工具变量中可能包含了市场化改革的部分信息。为了减少这种可能问题，我们分别采用1976年和1956年的各省份国有企业和集体企业部门员工数占劳动人口数的比重变量作为设计相应工具变量的依据。前者变量包含的是“文化大革命”即将结束时期的信息，市场化改革几乎没有启动的可能，后者变量包含的是中国公私合营改革后计划经济全面推行的重要时刻。相应的回归结果列示在表5中，可以观察出，无论是替换何种形式的工具变量，核心解释变量 *Factormarketasymmetry* 仍然在1%统计水平上显著为负，再次验证要素市场化改革相对滞后于产品市场化改革程度越严重的省份，企业部门创新投入受到的抑制效应越显著。需要关注的是，替换不同定义形式的工具变量，并未带来核心解释变量 *Factormarketasymmetry* 回归系数数值发生较大程度改变，由此验证我们针对工具变量 $IV\_Statestaffratio\_1978_j$ 所担心的存在问题可能并不严重。

表5　中国各省份市要素市场化进程对微观企业创新投入影响效应的2SLS检验结果

模型	模型1	模型2	模型3	模型4
第一阶段回归结果（因变量为 *Factormarketasymmetry*）				
IV_Statestaffratio_1976	−0.0344*** (−56.23)	−0.0392*** (−64.53)		
IV_Statestaffratio_1956			−0.3891*** (−46.02)	−0.3813*** (−49.95)
第二阶段回归结果				
因变量	ln *per_totalinnovationspend*		ln *per_privateinnovationspend*	
Factormarketasymmetry	−1.8248*** (−15.14)	−1.3915*** (−14.83)	−1..8061*** (−14.13)	−1.3672*** (−13.78)
控制变量	控制	控制	控制	控制
企业所有制固定效应	控制	控制	控制	控制
企业个体固定效应	控制	控制	控制	控制
年份固定效应	控制	控制	控制	控制
识别不足检验 (Anderson canon. corr. LM statistic)	4195.56***	5510.37***	4142.28***	5448.22***
弱识别检验 (Cragg–Donald Wald F statistic)	3152.33***	4156.50***	3108.80***	4105.02***
N	339809	339809	337272	337272

注：“*”“**”“***”分别代表10%、5%和1%的显著性水平。括号内的数值表示 t 值，所有回归模型均经过地级城市层面的cluster处理调整。

3. 替换因变量定义形式

虽然既有文献强调中国情景下政府扶持政策驱动下的企业专利申请行为中存在大量逆向选择和道德风险问题，导致专利增长中的“泡沫”现象（龙小宁和王俊，2015；张杰等，2016），造成中国情景下使用企业专利数量指标来代表企业创新能力难免会存在高估效应。但是，为了保证本研究的可靠性，我们使用企业当年发明专利申请量对数值变量 ln*innovationpatentapply* 和企业当年的有效发明专利存量对数值变量 ln*innovationpatentstock* 两个指标，作为企业创新能力的代理变量，所得到的回归结果展示在表 6 的模型 1 和模型 2 中。可以看出，核心解释变量 *Factormarketasymmetry* 的回归系数仍然在 1% 和 5% 统计水平上显著为负，由此证明中国各省份由要素市场化改革滞后于产品市场化改革产生的市场化“不对称”效应，对微观企业创新投入造成的抑制效应。进一步地，我们在表 6 中的模型 3 展示了使用企业当年发表科技论文数量对数值变量 ln*scientificpaper* 作为企业创新能力代理变量的估计结果，其显示，核心解释变量 *Factormarketasymmetry* 的回归系数均在 1% 统计水平上显著为负，这就再次证明了本文核心结论的稳健性。

表 6　中国各省份市场化“不对称”效应对微观企业创新投入影响效应的 2SLS 检验结果

模型	模型 1	模型 2	模型 3
第一阶段回归结果（因变量为 *Factormarketasymmetry*）			
IV_Statestaffratio_1978	−0.0419*** (−65.54)	−0.0419*** (−65.54)	−0.0419*** (−65.54)
第二阶段回归结果			
因变量	ln *innovationpatentapply*	ln *innovationpatentstock*	ln *scientificpaper*
Factormarketasymmetry	−0.8718*** (−7.55)	−0.1769** (−2.14)	−0.0970*** (−3.21)
控制变量	控制	控制	控制
企业所有制固定效应	控制	控制	控制

续表

	模型 1	模型 2	模型 3
企业个体固定效应	控制	控制	控制
年份固定效应	控制	控制	控制
识别不足检验 (Anderson canon. corr. LM statistic)	5690.93***	5690.93***	5690.93***
弱识别检验 (Cragg–Donald Wald F statistic)	4295.02***	4295.02***	4295.02***
N	339809	339809	339809

注：“*”“**”“***” 分别代表 10%、5% 和 1% 的显著性水平。括号内的数值表示 *t* 值，所有回归模型均经过地级城市层面的 cluster 处理调整。

五　异质性分析：打开企业创新活动的“黑箱”

（一）区分企业所有制类型异质性的检验结果

针对中国现实背景而言，一个难以回避的研究视角是，不同所有制类型企业在创新能力方面以及获得政府优惠政策支持方面均存在较为突出的差异性，特别是国有和集体性质企业在获得金融资源、创新人才以及各种政府创新优惠政策方面的所有制优势（吴延兵，2012）。由此。可以推测的是，中国各省份市场化改革进程中的动态“不对称”效应对国有和集体性质企业创新活动产生的影响效应，很有可能明显区别于其他所有制性质企业。表 7 展示了我们按照企业注册代码信息区分的国有和集体性质企业、独立法人和私人所有性质企业、港澳台和外商投资性质企业不同样本组的回归结果，可以看出，无论针对因变量企业创新投入采取何种形式的代理变量，一个稳健性的检验结果是，中国各省份市场化改革进程中的动态“不对称”效应，对独立法人和私人所有性质企业以及港澳台和外商投资性质企业创新投入均产生了显著的抑制效应，并且，对港澳台和外商投资性质企业创新投入的抑制效应要显著大于独立法人和私人所有性质企业。中国各省份市场化改革进程中的动态“不对称”效应，对国有和集体性质企业创新投入的作用效应虽为负但不显著。由此，可以揭示的基本事实是，相比于其他所有制类型企业，国有和集体性质企业对中国各省份市场化改革进程中要素市场化相对滞后于产品市场化带来的动态“不对称”效应并不敏感，所造成的扭曲效应相对并不突出，从而验证了既有文献对国有企业在市场经济中的“特殊”地位及其在国民经济中可能具有的独有政策调节作用。由于国有和集体企业在我们样本中所占比重已经相对较小，其存在并不会影响总体样本层面的经验结果，仍然可以在整体层面有效验证出中国各省份市场化改革进程中的动态“不对称”效应对企业创新投入所造成的抑制效应的基本事实。因而，我们以下的检验结果均以总样本的回归结果加以呈现。

表7 中国各省份要素市场化进程对微观企业创新投入影响效应的2SLS检验结果

模型	模型1	模型2	模型3	模型4	模型5	模型6
企业所有制类型	国有+集体	独立法人+私人所有	港澳台+外商投资	国有+集体	独立法人+私人所有	港澳台+外商投资
第一阶段回归结果（因变量为 *Factormarketasymmetry*）						
IV_Statestaffratio_1978	−0.0196*** (−4.73)	−0.0561*** (−73.12)	−2.4648*** (−16.42)	−0.0193*** (−4.79)	−0.0558*** (−73.49)	−2.4651*** (−16.38)
第二阶段回归结果						
因变量	ln *per_totalinnovationspend*			ln *per_privateinnovationspend*		
Factormarketasymmetry	−1.7921 (−0.98)	−0.8826*** (−6.91)	−8.6866*** (−4.03)	−1.6442 (−0.83)	−0.9351*** (−6.79)	−8.4313*** (−3.79)
Firmage	−0.0017 (−0.13)	0.0390*** (13.45)	0.0349** (2.56)	−0.0070 (−0.51)	0.0413*** (13.30)	0.0362*** (2.64)
控制变量	控制	控制	控制	控制	控制	控制
企业所有制固定效应	控制	控制	控制	控制	控制	控制
企业个体固定效应	控制	控制	控制	控制	控制	控制

续表

	模型 1	模型 2	模型 3	模型 4	模型 5	模型 6
年份固定效应	控制	控制	控制	控制	控制	控制
识别不足检验 (Anderson canon. corr. LM statistic)	31.27***	7106.08***	53.75***	30.86***	7104.22***	51.88***
弱识别检验 (Cragg–Donald Wald F statistic)	22.41***	5347.17***	40.58***	22.07***	5340.79	39.15***
N	8214	254623	75272	8100	252504	74956

注：“*”“**”“***”分别代表 10%、5% 和 1% 的显著性水平。括号内的数值表示 t 值，所有回归模型均经过地级城市层面的 cluster 处理调整。

（二）区分企业内源创新和外源创新投入的检验结果

事实上，企业创新活动内部有着丰富的决策行为细节，这尚未得到文献的足够关注，仍然是一个需要打开的研究“黑箱”。有鉴于本文样本数据库所拥有的独特的企业创新活动的内部细节信息，我们尝试打开企业创新活动的“黑箱”，进行更为深入的研究。既有研究发现，出于企业缺乏吸引高端研发人才集聚的实力，自身购买巨额创新研发设备不存在规模经济效应，自主创新研发积累能力不足，或者是出于企业为了规避自身创新研发活动不确定风险、将与企业自身核心竞争力并不密切的创新环节外包给外部单位等一系列原因，企业可以依靠外源创新或创新外包的行为决策，将自身的创新研发活动外包给外部专业化且高水平的研究机构，通过技术购买、技术转移、创新知识外溢或构建创新战略联盟等渠道，达到实现企业创新能力最优化以及促进市场竞争优势提升的目的（Zahra 和 George，2002）。由此，企业创新可以分为内源创新和外源创新两种最为基本的决策策略。内源创新策略是指企业创新活动实施“自己做”的行为策略（Do–it–myself Strategy），而外源创新策略是指企业创新活动实施“外部买”或“依赖外部合作”的行为策略（Buy–it–outside Strategy）。而从中国本土企业创新的实践活动特征来看，区分企业内源创新和外源创新也是极有必要的，图 4 显示，中国本土企业外源创新的科技经费支出额由 2008 年的 146.64 亿元快速上升到 2014 年的 481.43 亿元，上涨了 228.30%。

这些数据就说明，中国本土企业向境内外科研机构、高等院校等支付的创新经费增长迅速，因而，从区分中国企业内源创新和外源创新活动差异性的视角来探讨中国各省份要素市场化改革相对产品市场化改革滞后的“不对称”效应，对微观企业内源创新和外源创新投入的影响效应极有必要。

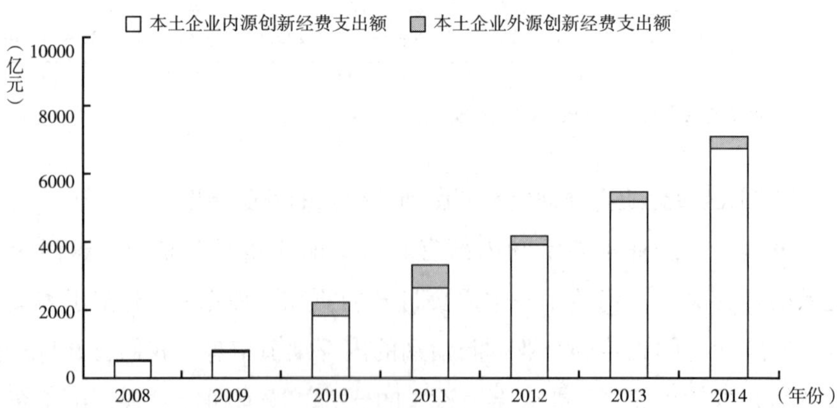

图 4　中国本土企业内源和外源创新经费支出额的变化趋势

具体地，我们设计了企业内源创新投入变量 ln *per _ innerinnovationspend* 和企业外源创新投入变量 ln *per _ outerinnovationspend*，前者定义为企业当年内部科技活动经费支出与企业创新研发人员数的比值，后者定义为企业当年外部科技活动经费支出与企业创新研发人员数的比值，所得到的检验结果展示在表 8 的模型 1 和模型 2 中，可以看出，我们关注的核心解释变量 *Factormarketasymmetry* 的回归系数均在 1% 统计水平上显著为负，由此说明中国各省份的“不对称”市场化改革效应，对企业内源创新投入和外源创新投入均造成突出的阻碍作用。其中，从核心解释变量 *Factormarketasymmetry* 的回归系数数值来看，估计结果表明要素市场相对产品市场的市场化改革滞后程度每增加 1 个百分点，则会导致企业当年人均内源创新投入和人均外源创新投入分别下降 1.939 个百分点和 0.993 个百分点，表明中国各省份的市场化改革“不对称”效应对企业内源创新投入的抑制效应要大于对企业外源创新投入的抑制效应。进一步地，我们将企业外源创新投入活动细分为企业针对高等院校、研究机构和境外机构的创新外包活动，分别使用企业针对高等院校、研究机构和境外机构的科技活动经费支出额与企业创新研发人员数量的比值变量 $\ln per\_universityspend$、$\ln per\_institutionspend$ 和 $\ln per\_overseaspend$ 来表示。从模型 3、模型 4 的估计结果中可看出，我们关注的核心解释变量 *Factormarketasymmetry* 的回归系数也均在 1% 统计水平上显著为负。由此证明，中国各省份的“不对称”市场化改革效应对微观企业自主创新能力提升等方面产生的抑制效应是全方位的。

（三）区分企业对外技术引进和对内技术引进行为的检验结果

要全面理解中国情景下企业创新能力的来源、积累和提升途径，就不能忽略企业部门普遍采用的实现途径：购买国内外技术→消化吸收技术→培育自身创新能力。因此，有必要从企业对外技术引进行为角度来更为深入地观察中国各省份的“不对称”市场化改革效应对企业创新投入的影响。为此，我们设计了企业国外技术引进支出变量 $\ln per\_overseainducedspend$、企业技术消化吸收支出变量 $\ln per\_absorbspend$ 和企业国内技术引进支出变量 $\ln per\_domesticinducedspend$，分别定义为企业当年国外技术引进经费支出额、企业当年技术消化吸收经费支出额、企业当年国内技术引进经费支出额与企业当年创新研发人员比值的对数值。从表 9 的模型 1 至模型 3 所展示的相应回归结果来看，核心解释变量 *Factormarketasymmetry* 均在 10% 和 1% 统计水平上显著为负。具体来看，中国各省份的要素市场相对产品市场的市场化改革滞后程度每增加 1 个百分点，则会导致企业当年人均国外技术引进、人均国内技术引进和人均消化吸收经费支出分别下降 0.193 个、0.526 个和 0.349 个百分点。这就表明，各省份的“不对称”市场化改革效应，对企业国内外技术引进和技术消化吸收行为均产生了显著的抑制效应，再次验证中国各省份的“不对称”市场化改革效应，对微观企业自主创新能力提升等方面产生的抑制效应是全方位的。

表 8 中国各省份要素市场化进程对微观企业创新投入影响效应的 2SLS 检验结果

模型	模型 1	模型 2	模型 3	模型 4	模型 5
第一阶段回归结果（因变量为 *Factormarketasymmetry*）					
IV_Statestaffratio_1978	-0.0419^{***} (−65.54)	-0.0419^{***} (−65.54)	-0.0419^{***} (−65.54)	-0.8449^{***} (−6.29)	-0.1144^{*} (−1.84)
第二阶段回归结果					
因变量	ln *per_innerinnovationspend*	ln *per_outerinnovationspend*	ln *per_universityspend*	ln *per_institutionspend*	ln *per_overseaspend*
Factormarketasymmetry	-1.9391^{***} (−18.27)	-0.9925^{***} (−6.72)	-0.3365^{***} (−2.80)	-0.8449^{***} (−6.29)	-0.1144^{*} (−1.84)
控制变量	控制	控制	控制	控制	控制
企业所有制固定效应	控制	控制	控制	控制	控制
企业个体固定效应	控制	控制	控制	控制	控制
年份固定效应	控制	控制	控制	控制	控制
识别不足检验 (Anderson canon. corr. LM statistic)	5690.93^{***}	5690.93^{***}	5690.93^{***}	5690.93^{***}	5690.93^{***}
弱识别检验 (Cragg-Donald Wald F statistic)	4295.02^{***}	4295.02^{***}	4295.02^{***}	4295.02^{***}	4295.02^{***}
N	339809	339809	339809	339809	339809

注："*""**""***"分别代表 10%、5% 和 1% 的显著性水平。括号内的数值表示 *t* 值，所有回归模型均经过地级城市层面的 cluster 处理调整。

表 9　中国各省份要素市场化进程对微观企业创新投入影响效应的 2SLS 检验结果

模型	模型 1	模型 2	模型 3
第一阶段回归结果（因变量为 *Factormarketasymmetry*）			
IV_Statestaffratio_1978	−0.0419*** (−65.54)	−0.0419*** (−65.54)	−0.0419*** (−65.54)
第二阶段回归结果			
因变量	ln *per_overseainducedspend*	ln *per_absorbspend*	ln *per_domesticinducedspend*
Factormarketasymmetry	−0.1925* (−1.77)	−0.3491*** (−3.56)	−0.5256*** (−4.46)
控制变量	控制	控制	控制
企业所有制固定效应	控制	控制	控制
企业个体固定效应	控制	控制	控制
年份固定效应	控制	控制	控制
识别不足检验 (Anderson canon. corr. LM statistic)	5690.93***	5690.93***	5690.93***
弱识别检验 (Cragg–Donald Wald F statistic)	4295.02***	4295.02***	4295.02***
N	339809	339809	339809

注：“*”“**”“***”分别代表 10%、5% 和 1% 的显著性水平。括号内的数值表示 *t* 值，所有回归模型均经过地级城市层面的 cluster 处理调整。

六　机制检验：利润挤压效应或补贴扭曲效应

（一）利润挤压效应的检验结果

按照本文的理论模型逻辑，中国各省份的“不对称”市场化改革效应对区域内微观企业创新投入造成抑制效应的内在机理就在于地区的“不对称”市场化改革效应会对产业部门特别是工业部门的企业利润产生明显的挤压效应，造成企业创新投入的资金来源不足，从而对企业创新投入产生了抑制效应。这显然是理解中国情景下“不对称”市场化改革效应对微观企业创新投入造成抑制效应的关键机理所在。为此，我们设计了如下方程式：

$$Manufacturingsectorprofit_{jt} = \varphi + \phi \cdot Factormarketasymmetry_{jt} + \theta \cdot Z + \varphi_{province} + \varphi_{year} + \nu_{jt} \tag{22}$$

在（22）式中，因变量 $Manufacturingsectorprofit_{jt}$ 是 1997~2014 年期间的不同年份 t 的地区 j 中的工业部门总利润额占工业部门主营收入比重，代表地区工业部门的利润率。核心解释变量仍然是 $Factormarketasymmetry_{jt}$。控制变量集 Z 中包括：$Export\_GDP$ 表示省份当年出口额占 GDP 比重的变量；$Fixedcapitalinvest\_GDP$ 表示省份当年固定资产投资额占 GDP 比重的变量；$Perioddummy$ 是年份时间虚拟变量，2008 年之前为 1，其他为 0，用以控制 2008 年全球金融危机造成的冲击性影响。$\varphi_{province}$ 和 φ_{year} 分别是省份和年份的固定效应，ν_{jt} 是随机扰动项。（22）式的回归结果展示在表 10 中，可以看出，无论是使用 OLS 还是 2SLS 估计方法，或者是纳入控制变量与否，核心解释变量 $Factormarketasymmetry$ 的回归系数在所有模型中均显著为负，由此证明，中国各省份的“不对称”市场化改革效应对地区内工业部门利润率造成显著的挤压效应，从而验证了本文理论模型的内在机理。需要进一步说明的基本事实是，中国情景下企业利润率是企业创新投入资金的核心来源，这可从表 4 中的企业利润率变量 $profit\_sale$ 的回归系数和显著性得到明确验证。

表 10 中国各省份“不对称”市场化改革效应对工业部门利润率影响效应的检验结果

模型	模型 1	模型 2	模型 3	模型 1	模型 2	模型 3
估计方法	OLS			2SLS		
因变量	*Manufacturingsectorprofit*					
样本期间	1997~2014 年					
Factormarketasymmetry	−0.0001*** (−4.58)	−0.0001*** (−4.56)	−0.0001*** (−4.39)	−0.0008** (−2.20)	−0.0006* (−1.85)	−0.0006** (−2.08)

续表

模型	模型 1	模型 2	模型 3	模型 1	模型 2	模型 3
估计方法	OLS			2SLS		
Export_GDP		−0.4090*** (−8.44)	−0.4812*** (−7.87)		−0.3658*** (−5.29)	−0.3966*** (−3.92)
Fixedcapitalinvest_GDP			−0.0253*** (−2.63)			−0.0121 (−0.69)
Perioddummy	0.0696*** (9.91)	0.0761*** (11.09)	0.0861*** (10.72)	0.0201 (1.40)	0.0324** (2.44)	0.0794*** (7.13)
省份固定效应	控制	控制	控制	控制	控制	控制
年份固定效应	控制	控制	控制	控制	控制	控制
Adjusted R^2	0.7447	0.7624	0.7652	0.4994	0.6408	0.6218
N	554	554	554	554	554	554

注：“*”“**”“***”分别代表 10%、5% 和 1% 的显著性水平。括号内的数值表示 *t* 值，所有回归模型均经过地级城市层面的 cluster 处理调整。

（二）政府创新补贴扭曲效应的检验结果

不能忽略的是，众多文献发现，导致中国要素市场化改革相对滞后于产品市场化改革的“不对称”市场化改革效应或要素市场扭曲效应对企业创新活动造成抑制效应的动因及其内在机制，在于政府创新补贴中的寻租行为及其带来的扭曲效应。由于各级政府在干预要素市场过程中，所拥有的微观企业可持续发展所需要的土地、资金等方面的优惠政策以及创新补贴资金分配权力，其中隐含寻租行为机会和空间，导致创新要素资源分配过程中发生了各种逆向选择和道德风险行为，进而对微观企业创新活动和创新决策产生了突出的负面扭曲效应乃至抑制效应。为此，我们在（20）式中纳入核心解释变量和政府创新补贴变量的交互项 $Factormarketasymmetry \times \ln per\_governsubsidy$，具体的估计结果展示在表 11 中。从以 $\ln per\_totalinnovationspend$ 为因变量的模型 1 和模型 2 的估计结果中可以看出，我们关心的交互项的回归系数均在 1% 统计水平上显著为正。而从以 $\ln per\_privateinnovationspend$ 为因变量的模型 3 和模型 4 的估计结果中可以看出，我们关注的交互项的回归系数仍然均在 1% 统计水平上显著为正。这些经验结果就足以说明，“不对称”市场化改革效应越大的省份，区域内微观企业获得的政府创新补贴越多，对企业创新投入产生的促进效应越显著。这些经验发现，并未为中国情景下政府创新补贴中的寻租行为及其带来的扭曲效应是抑制企业创新活动的重要机制的理论假说提供支持证据。相反，我们得到的经验事实是，政府创新补贴是对冲和弥补“不对称”市场化改革效应对区域内微观企业创新活动所产生的抑制效应的重要手段。当然，我们的这些经验发现，并不是彻底否定政府创新补贴活动中存在寻租行为，而是从另一个角度来阐述各地政府创新补贴政策对企业创新活动可能存在的复杂作用。

表 11 中国各省份“不对称”市场化改革效应和政府创新补贴的交互效应对微观企业私人性质创新投入影响效应的 2SLS 检验结果

模型	模型 1	模型 2	模型 3	模型 4
第一阶段回归结果（因变量为 *Factormarketasymmetry*）				
IV_Statestaffratio_1978	−0.0772*** (−132.38)	−0.0391*** (−53.29)	−0.0777*** (−132.71)	−0.0397*** (−53.22)
第二阶段回归结果				
因变量	ln *per_totalinnovationspend*		ln *per_privateinnovationspend*	
Factormarketasymmetry	−0.9521*** (−14.15)	−1.3083*** (−8.54)	−0.9551*** (−13.18)	−1.3056*** (−7.98)
Factormarketasymmetry×ln*per_governsubsidy*	0.0776*** (12.99)	0.0919*** (10.48)	0.0809*** (12.31)	0.0962*** (10.07)
ln *per_governsubsidy*	0.0434*** (18.77)	0.0379*** (12.38)	−0.0543*** (−21.29)	−0.0598*** (−17.92)
控制变量	控制	控制	控制	控制
企业所有制固定效应	控制	控制	控制	控制
企业个体固定效应	控制	控制	控制	控制
年份固定效应	控制	控制	控制	控制
识别不足检验 (Anderson canon. corr. LM statistic)	24098.65***	5302.48***	24098.65***	5308.63***
弱识别检验 (Cragg–Donald Wald F statistic)	19123.75***	3997.18***	19123.75***	3998.15***
N	342915	339809	340286	337272

注："*" "**" "***" 分别代表 10%、5% 和 1% 的显著性水平。括号内的数值表示 t 值，所有回归模型均经过地级城市层面的 cluster 处理调整。

七　主要结论与政策含义

全面推进市场化改革，既是中国实施对外开放政策后经济体制改革的主线，更是在改革开放40多年来得以实现经济可持续发展的关键基础性制度因素。然而，中国的市场化改革存在不平衡问题，突出表现为要素市场化改革进程相对滞后于产品市场化改革进程的重大现象，本文将之定义为中国“不对称”市场化改革效应。鉴于中国经济正在全面进入创新驱动发展阶段，制造业企业自主创新能力的提升决定了经济高质量发展模式能否加速形成。因此，当前深入探究中国“不对称”市场化改革效应对制造业企业创新活动可能存在的影响效应及其作用机制，是摆在中国学者面前的重要研究命题之一。

本文在归纳中国市场化进程中暴露出来的一系列典型问题的基础上，构建了一个局部产业均衡理论模型，用以刻画中国背景下“不对称”市场化改革效应对企业创新活动可能产生的影响效应及其内在机制。本文有价值的一系列经验发现是：一方面，中国各省份要素市场化进程滞后于产品市场化进程的程度越大，对区域内微观企业创新投入产生的抑制效应越显著。这就证实了中国的“不对称”市场化改革效应对落实创新驱动发展和促进制造业企业自主创新能力提升等重大战略所具有的突出阻碍作用。而且，我们发现各省份的“不对称”市场化改革效应对微观企业创新活动产生的阻碍效应是多方面的，其不仅仅对企业的内源创新投入和外源创新投入造成抑制效应，对企业技术引进消化吸收也同样产生了显著的抑制效应。另一方面，从机制的角度来看，本文的实证结果支持理论模型提出的“不对称”市场化现象背后产生的利润挤压效应理论假说，证明各省份的“不对称”市场化改革效应对区域内工业部门利润率造成显著的挤压效应。相反，本文的实证结果表明在那些“不对称”市场化改革效应越大的省份，区域内微观企业获得的政府创新补贴越多，对企业创新投入造成的促进效应越显著。由此并未对既有的政府创新补贴政策的扭曲效应的理论假说提供支持证据。

本文的政策含义非常重要，尤其体现在两个方面：一方面，从整体层面来看，要素市场化改革相对滞后，严重抑制了微观企业的创新投入，从而证明了“不对称”市场化改革效应与促进自主创新能力提升和建设创新型国家战略目标之间的不相兼容性，甚至是内在冲突性。更为重要的是，这种抑制效应的作用非常突出，各省份的要素市场相对产品市场的市场化改革滞后程度每增加 1 个百分点，既会导致企业人均创新总投入和人均私人性质创新投入额分别下降 1.200 个和 1.202 个百分点，也会导致企业当年人均内源创新投入和人均外源创新投入分别下降 1.939 个和 0.993 个百分点，更会导致企业当年人均国外技术引进、人均国内技术引进和人均消化吸收经费支出分别下降 0.193 个、0.526 个和 0.349 个百分点。因此，当前阶段突破各地政府对关键要素市场的不合理干预，加快要素市场的全面市场化改革，真正贯彻党的十九大提出的“必须以要素市场化配置为重点”的目标，应该是当前各地政府实施创新驱动发展战略和建设创新型区域和创新型城市的重要举措。另一方面，各地政府对关键要素市场的干预，在相当程度上是由于地方政府官员试图在短期内促进地区经济增长，但是，对关键要素市场的干预，必然会造成这些关键要素的垄断价格，甚至排斥民营企业或中小微企业等公平地进入这些关键要素市场，从而对以工业部门为主的实体经济部门获取正常市场利润形成突出的挤压效应。企业自身的利润积累能力决定了实体经济部门的自主创新能力提升动力。因此，认识到中国“不对称”市场化改革效应对微观企业创新活动所产生的抑制效应的内在机理后，今后中国的市场化改革方向就是，既要加快实施推进关键要素市场化改革的重大举措，更要加快实现以要素自由流动来促进要素价格市场化改革的重点突破。

参考文献

[1] 安同良、周绍东、皮建才，2009，《R&D 补贴对中国企业自主创新的激励效应》，《经济研究》第 10 期。

[2] 白俊红、卞元超，2016，《要素市场扭曲与中国创新生产的效率损失》，《中国工业经济》第 11 期。

[3] 蔡昉、王德文、都阳，2001，《劳动力市场扭曲对区域差距的影响》，《中国社会科学》第 3 期。

[4] 才国伟、杨豪，2019，《外商直接投资能否改善中国要素市场扭曲》，《中国工业经济》第 10 期。

[5] 陈彦斌、马啸、刘哲希，2015，《要素价格扭曲、企业投资与产出水平》，《世界经济》第 9 期。

[6] 陈艳莹、王二龙，2013，《要素市场扭曲、双重抑制与中国生产性服务业全要素生产率：基于中介效应模型的实证研究》，《南开经济研究》第 10 期。

[7] 陈永伟、胡伟民，2011，《价格扭曲、要素错配和效率损失：理论和应用》，《经济学(季刊)》第 10 期。

[8] 戴魁早、刘友金，2015，《要素市场扭曲、区域差异与 R&D 投入——来自中国高技术产业与门槛模型的经验证据》，《数量经济技术经济研究》第 9 期。

[9] 戴魁早、刘友金，2016a，《要素市场扭曲如何影响创新绩效》，《世界经济》第 11 期。

[10] 戴魁早、刘友金，2016b，《要素市场扭曲与创新效率——对中国高技术产业发展的经验分析》，《经济研究》第 7 期。

[11] 樊纲、王小鲁、马光荣，2011a，《中国市场化进程对经济增长的贡献》，《经济研究》第 9 期。

[12] 樊纲、王小鲁、朱恒鹏，2011b，《中国市场化指数——各地区市场化相对进程 2011 年报告》，经济科学出版社。

[13] 樊纲、王小鲁、余静文，2016，《中国分省份市场化指数报告（2016）》，社会科学文献出版社。

[14] 盖庆恩、方聪龙、朱喜、程名望，2019，《贸易成本、劳动力市场扭曲与中国的劳动生产率》，《管理世界》第 3 期。

[15] 盖庆恩、朱喜、程名望、史清华，2015，《要素市场扭曲、垄断势力与全要素生产率》，《经济研究》第 5 期。

[16] 高翔、刘啟仁、黄建忠，2018，《要素市场扭曲与中国企业出口国内附加值率：事实与机制》，《世界经济》第 10 期。

[17] 李德山、邓翔，2018，《价格扭曲、资源错配是否抑制了我国创新生产率？》，《科学学研究》第 4 期。

[18] 李平、季永宝，2014，《要素价格扭曲是否抑制了我国自主创新？》，《世界经济研究》第 1 期。

[19] 李晓龙、冉光和、郑威，2014，《金融要素扭曲如何影响企业创新投资——基于融资

约束的视角》,《国际金融研究》第 12 期。

[20] 李永、王砚萍、孟祥月，2013,《要素市场扭曲是否抑制了国际技术溢出》,《金融研究》第 11 期。

[21] 林伯强、杜克锐，2013,《要素市场扭曲对能源效率的影响》,《经济研究》第 9 期。

[22] 罗德明、李晔、史晋川，2012,《要素市场扭曲、资源错置与生产率》,《经济研究》第 3 期。

[23] 罗来军、蒋承、王亚章，2016,《融资歧视、市场扭曲与利润迷失——兼议虚拟经济对实体经济的影响》,《经济研究》第 4 期。

[24] 龙小宁、王俊，2015,《中国专利激增的动因及其质量效应》,《世界经济》第 6 期。

[25] 吕朝凤、朱丹丹，2016,《市场化改革如何影响长期经济增长？——基于市场潜力视角的分析》,《管理世界》第 2 期。

[26] 苗圩，2018,《中国制造业有韧劲应对风险挑战》,《智慧中国》第 11 期。

[27] 任曙明、张静，2013,《补贴、寻租成本与加成率——基于中国装备制造企业的实证研究》,《管理世界》第 10 期。

[28] 盛誉，2005,《贸易自由化与中国要素市场扭曲的测定》,《世界经济》第 6 期。

[29] 施炳展、冼国明,2012,《要素价格扭曲与中国工业企业出口行为》,《中国工业经济》第 2 期。

[30] 谭洪波，2015,《中国要素市场扭曲存在工业偏向吗？——基于中国省级面板数据的实证研究》,《管理世界》第 12 期。

[31] 唐建新、卢剑龙、余明桂，2011,《银行关系、政治联系与民营企业贷款——来自中国民营上市公司的经验证据》,《经济评论》第 3 期。

[32] 王文举、范合君，2007,《我国市场化改革对经济增长贡献的实证分析》,《中国工业经济》第 9 期。

[33] 王小鲁、樊纲、胡李鹏，2019,《中国分省份市场化指数报告（2018）》，社会科学文献出版社。

[34] 吴延兵，2012,《中国哪种所有制类型企业最具创新性？》,《世界经济》第 6 期。

[35] 冼国明、程娅昊，2013,《多种要素扭曲是否推动了中国企业出口》,《经济理论与经济管理》第 4 期。

[36] 杨国超、刘静、廉鹏、芮萌,2017,《减税激励、研发操纵与研发绩效》,《经济研究》第 8 期。

[37] 杨洋、魏江、罗来军，2015,《谁在利用政府补贴进行创新？——所有制和要素市场扭曲的联合调节效应》,《管理世界》第 1 期。

[38] 杨振、陈甬军，2013,《中国制造业资源误置及福利损失测度》,《经济研究》第 3 期。

[39] 余东华、孙婷、张鑫宇，2018,《要素价格扭曲如何影响制造业国际竞争力》,《中

国工业经济》第 2 期。

[40] 余明桂、回雅甫、潘红，2010，《政治联系、寻租与地方政府财政补贴有效性》，《经济研究》第 10 期。

[41] 张杰、高德步、夏胤磊，2016，《专利能否促进中国经济增长——基于中国专利资助政策视角的一个解释》，《中国工业经济》第 1 期。

[42] 张杰、周晓艳、李勇，2011，《要素市场扭曲抑制了中国企业 R&D?》，《经济研究》第 8 期。

[43] 张曙光、程炼，2010，《中国经济转轨过程中的要素价格扭曲与财富转移》，《世界经济》第 10 期。

[44] 张晓晶、李成、李育，2018，《扭曲、赶超与可持续增长——对政府与市场关系的重新审视》，《经济研究》第 1 期。

[45] 赵文军、于津平，2014，《市场化进程与我国经济增长方式——基于省际面板数据的实证研究》，《南开经济研究》第 6 期。

[46] 赵自芳、史晋川，2006，《中国要素市场扭曲的产业效率损失——基于 DEA 方法的实证分析》，《中国工业经济》第 10 期。

[47] 郑振雄、刘艳彬，2013，《要素价格扭曲下的产业结构演进研究》，《中国经济问题》第 5 期。

[48] 周黎安，2004，《晋升博弈中政府官员的激励与合作——兼论我国地方保护主义和重复建设问题长期存在的原因》，《经济研究》第 6 期。

[49] 周黎安，2007，《中国地方官员的晋升锦标赛模式研究》，《经济研究》第 7 期。

[50] 朱喜、史清华、盖庆恩，2011，《要素配置扭曲与农业全要素生产率》，《经济研究》第 5 期。

[51] Aghion P., Bloom N., Blundell R., Griffith R., Howitt P. 2005. “Competition and Innovation: An Inverted–U Relationship.” *The Quarterly Journal of Economics* 120(2): 701-728.

[52] Ahern K. R., Amy K. D. 2012. “The Changing of the Boards: The Impact on Firm Valuation of Mandated Female Board Representation.” *The Quarterly Journal of Economics* 127(1): 137-197.

[53] Angrist J. D., Jörn–Steffen P. 2009. *Mostly Harmless Econometrics: An Empiricist's Companion*. New Jersey: Princeton University Press.

[54] Angrist J. D., and Jörn–Steffen P. 2015. *The Path from Cause to Effect: Mastering Metrics*. New Jersey: Princeton University Press.

[55] Bhattacharyaa，D., Nezih G., Gustavo V. 2013. “Distortions, Endogenous Managerial Skills and Productivity Differences.” *Review of Economic Dynamics* 16(1): 11-25.

[56] Cai J., Li N. 2019. "Growth through Inter-Sectoral Knowledge Linkages." *The Review of Economic Studies* 86(5): 1827-1866.

[57] Stevenson B. 2010. "Beyond the Classroom: Using Title IX to Measure the Return to High School Sports." *Review of Economics and Statistics* 92(2): 284-301.

[58] Zahra S. A., George G. 2002. "The Net–Enabled Business Innovation Cycle and the Evolution of Dynamic Capabilities." *Information Systems Research* 13(2): 147-150.

（责任编辑：李兆辰）

中国城市化进程与碳排放达峰路径：1995~2035

邵　帅　范美婷　黄　辉*

摘　要：城市化进程加速推进为中国碳减排目标实现带来了巨大压力。本文将城市化作为背景变量引入分析框架，并基于STIRPAT模型构建了碳排放影响因素的潜在类别模型，进而实证考察了在城市化的影响下，相关因素对碳排放变化的动态差异性影响；继而，基于蒙特卡洛模拟对碳排放的潜在演变趋势进行了动态情景分析。研究发现，人均GDP、人口密度、能源强度和能源消费结构对碳排放均具有显著的促增效应，因此中国当前的经济增长方式总体上仍偏向高能耗模式。动态来看，部分影响因素对碳排放的促增效应会随着城市化水平的提升而弱化。在城市化水平提高的过程中，人口密度和能源消费结构对碳排放的促增效应会逐渐下降；在城市化水平较低的地区，外商直接投资（FDI）占比的提高会助推地区碳排放增长，而对大多数城市化水平较高的地区而言，FDI占比的提高具有碳减排效应；第二产业占比提高仅对城市化水平较低地区的碳排放呈现出显著的促增效应。动态情景分析结果表明，在历史基准情景和政策导向情景下，中国较难实现碳排放达峰目标；而在技术突破情景下，基于

* 邵帅，教授，华东理工大学商学院，电子邮箱：shaoshuai8188@126.com；范美婷（通讯作者），助理研究员，上海财经大学城市与区域学院 / 财经研究所，电子邮箱：fanmeiting@163.com；黄辉，四级主任科员，上海市静安区发展和改革委员会，电子邮箱：huanghuiouc@163.com。基金项目：本文是国家社会科学基金重大项目（21ZDA084）的阶段性成果，并得到国家自然科学基金项目（72103125、71922015、71773075）、中国博士后基金面上资助项目（2020M671062）、上海市哲学社会科学规划课题（2019BJB001）及上海市“超级博士后”项目的资助。本文主要内容曾在第二届气候变化经济学学术研讨会上报告，笔者感谢与会者的有益评论，文责自负。

四种城市化演化背景，中国可在不同时间点和碳峰值水平上实现碳排放达峰目标。此外，不同水平的城市化背景下碳排放达峰路径存在明显的差异性，其中较高的城市化水平和“先缓后急”式的城市化发展模式对中国实现碳排放达峰目标更为有利。因此，政府需要在制定稳定的城市化发展战略的条件下，致力于提升低碳技术创新能力，以确保如期实现碳排放达峰目标。

关键词：城市化　碳排放　潜在类别模型　动态情景分析　达峰路径

一　引言

2017年11月，联合国波恩气候变化大会进一步明确了《巴黎协定》的实施细则，这标志着全球气候治理工作踏上了新的征程。作为碳排放第一大国，[①]中国政府在《强化应对气候变化行动——中国国家自主贡献》中作出了将于2030年前后使碳排放达到峰值并争取尽早实现的承诺；党的十九大报告也明确提出推进绿色发展，加快生态文明体制改革，建设美丽中国的新时代愿景。毋庸置疑，中国在碳减排行动上做出的各方面努力彰显了一个发展中大国对全球气候治理工作所尽的责任。同时，碳减排目标和低碳绿色发展战略的提出，也已经成为倒逼中国新旧动能转换、经济发展方式转型的强大推力。

需要注意的是，中国正处于城市化加速推进的关键发展阶段。国务院发布的《国家人口发展规划（2016—2030年）》指出，到2030年中国的城镇人口比重将达到70%，这意味着有近2亿人口将在未来10余年内从农村移居至城镇工作和生活。然而，必须要指出的是，改革开放以来中国的城市化与经济发展历程表现出了明显的要素投入拉动型特征，而以煤炭为主的能源消费结构[②]又直接导致了我国城市化进程具有环境污染排放密集的

① 数据来源于《国际统计年鉴》。若无特殊说明，本文所指的碳排放即为二氧化碳排放。

② 《中国统计年鉴》显示，我国煤炭消费量占化石能源消费总量的比例长期保持在70%以上，直至2011年后才有所降低，但仍然保持在60%左右的高位。

特征。

城市化与工业化相伴相行，以及中国城市化和工业化快速推进过程中形成的高能耗和粗放式的经济增长模式，客观上决定了短期内中国的碳排放难以被大幅削减。从这个意义上来讲，充分理解中国的城市化特征及其推动的一系列经济结构变迁因素对碳排放产生的影响机制和冲击强度，并在此基础之上识别出能够兼顾经济增长的减排路径，进而合理制定和有效实施有针对性的减排政策，无疑有利于中国顺利实现碳排放达峰的庄严承诺，有助于中国践行全球气候治理的大国责任。

目前，学界关于城市化对环境（碳排放）影响的实证研究大部分基于传统的时间序列或面板数据模型而开展。其中，最常见的计量分析思路是将城市化作为一个单独的影响变量与其他相关经济因素一同引入回归模型，以实证考察城市化对环境变量的影响（Liddle，2004；Alam 等，2007；林伯强和刘希颖，2010；杜立民，2010；徐丽杰，2014；范建双和周琳，2019）。从现有研究结果来看，文献并未就城市化对环境的影响方向达成共识。一些研究证实了城市化推进会显著地驱动碳排放量的增长（Cole 和 Neumayer，2004；Alam 等，2007；徐丽杰，2014）。其中，林伯强和孙传旺（2011）指出城市化是仅次于收入而导致现阶段中国碳排放增加的第二大原因。然而，另一些研究却得到了截然相反的结论。Chen 等（2008）以中国城市为样本的实证研究结果显示，城市密度的提升抑制了单位居民的能源消费，而由于能源消费是碳排放最直接和最重要的来源，能源消费的降低会进一步减少碳排放量。基于 Kaya 恒等式和 LMDI 分解法，范建双和周琳（2019）则更直接地检验了城镇化对碳排放的直接影响，他们以 1997~2015 年中国省级层面数据为样本的研究显示，城镇化的推进具有显著的碳减排效应。需要进一步强调的是，现有相关研究不少是基于 STIRPAT 理论框架而展开的（York，2007；Shao 等，2011；吴振信和石佳，2012；Wang 等，2017；Wen 和 Shao，2019）。在 STIRPAT 模型框架下，除城市化指标外，研究通常同时考虑人均 GDP、人口总量、经济结构及能源强度等影响碳排放的其他驱动因素（王锋等，2010；吴振信等，2012；Wen 和 Shao，2019）。然而，城市化对碳排放的作用路径极为复杂，其可通过改变社会生产和人类生活方式，引发能源消费量随之变化（Holtedahl和Joutz，2004），进而导致碳排放变化。因此，简单地将城市化与人均GDP、人口总量等碳排放驱动因素一起纳入实证模型，很难准确识别城市化对碳排放的真实影响。潜在类别混合回归模型可以在考虑背景因素影响的条件下，就其他解释变量对被解释变量的影响予以讨论，从而克服了简单回归模型的逻辑缺陷。

对碳排放影响因素的解析有助于理解碳排放的变化规律，从而把握不同因素对碳排放变化的驱动效应，而情景分析则能够在不同经济环境政策与减排技术条件下，对未来碳排放的演变趋势进行量化模拟，据此探索中国如约达峰的最优路径。事实上，学界不乏利用情景分析对碳排放变化趋势进行解析的研究（Lin和Ouyang，2014）。然而，现有文献的分析思路多集中于将影响因素的变化率设定为固定值，但现实中各因素的实际变化率大多呈现出一定的随机性，因此这种情景分析的思路不能充分反映不确定性条件下碳排放的未来演绎趋势（邵帅等，2017）。作为一种不确定性分析方法（赵昆，2008），蒙特卡洛模拟被广泛应用于随机事件分析中，但应用于碳排放的研究尚不多见（林伯强和刘希颖，2010；董锋等，2015；邵帅等，2017），特别是将蒙特卡洛模拟与情景分析相结合而用以分析全口径碳排放演变趋势的研究尚未出现。由于单一的蒙特卡洛模拟不能揭示不同经济环境政策及城市化阶段下碳排放演变路径的差异，其与情景分析有机结合才能为探索最优碳排放达峰路径提供有效的参考信息。

鉴于此，本文将基于STIRPAT模型构建碳排放影响因素的计量模型，并将城市化视为背景变量引入回归模型，进而采用潜在类别混合回归模型方法，考察在城市化的影响下，其他因素对碳排放的影响；然后，基于蒙特卡洛模拟方法对碳排放的潜在演化趋势进行动态情景分析，从而对中国碳排放达峰的可行路径进行识别。本文旨在通过上述一系列研究，探寻城市化背景下碳排放的关键驱动因素，评估现行碳减排政策的有效性，并识别未来碳减排政策的关键突破点及最优的碳排放达峰路径，从而为中国碳减排政策的合理制定和有效实施提供重要的理论依据与经验参考。

二 模型设定与数据说明

（一）模型设定

1. STIRPAT 模型

STIRPAT 模型是环境污染影响因素研究的基本理论框架，其面板数据形式为 $I_{it}=aP_{it}^{\ b}A_{it}^{\ c}T_{it}^{\ d}e$，其中 I、P、A 和 T 分别表示环境压力、人口规模、富裕程度和技术水平，e 为误差项。对 STIRPAT 模型两边取自然对数后，该模型可变形为：

$$\ln I_{it}=\ln a+b\ln P_{it}+c\ln A_{it}+d\ln T_{it}+\ln e_{it} \quad (1)$$

上述 STIRPAT 模型可将各系数作为参数进行估计，又允许对各影响因素进行适当的分解或改进（邵帅等，2010）。

2. 潜在类别混合回归模型

随着城市化进程的不断推进，城市化带来的环境压力逐渐引起学界的重视。然而，现有研究通常直接将城市化作为一个单独的影响变量引入模型中，尚未能全面捕捉城市化对社会生产及人类生活各方面的影响。鉴于此，本文将城市化作为潜在背景变量引入碳排放影响因素的实证分析中，通过构建潜在类别混合回归模型，分析其他关键因素在城市化影响下对碳排放的影响。所谓潜在变量，其局部独立性定义为：某几个外显变量的关联可以被潜在变量所解释，使得外显变量间的关系在控制潜在变量后，能够维持局部独立性。对此，可表示如下：

$$P\left[X_1,X_2,\cdots,X_K\right]=P\left[X_1\mid\eta\right]P\left[X_2\mid\eta\right]\cdots P\left[X_K\mid\eta\right] \quad (2)$$

其中，X 为随机可观测变量，η 代表潜在变量，$P\left[X_K\mid\eta\right]$ 为 X_K 在 η 下的条件概率。

潜在类别混合回归模型是将有限混合分析运用到潜在类别回归模型之

中，用以研究变量间关系不可观测的异质性。一个典型的潜在类别混合回归模型具有如下结构：

$$(y_i \mid C_i = c) = \beta_{0c} + \beta_{1c} x_i + r_i \tag{3}$$

$$P(C_i = c \mid z_i) = \frac{\exp(a_c + b_c z_i)}{\sum_{s=1}^{K} \exp(a_s + b_s z_i)} \tag{4}$$

在上述典型的模型结构中，若潜在类别变量 C 存在 K 个不同类别，式（3）表示在个体 i 被归类到某一个潜在类别 c 的情况下，连续变量 y 对 x 的回归关系。β_{0c} 和 β_{1c} 为待估参数，r_i 为服从正态分布的随机扰动项。式（4）为潜在类别的类别方程，表示基于连续测度变量 z_i，样本 i 属于类别 c 的概率（Muthen 和 Asparouhov,2009）。a 和 b 为待估参数。

式（3）和式（4）即为潜在类别混合回归模型，其可以同时兼顾对样本个体潜在类别变量的类别归属以及其他可观测变量之间关系的讨论，因此该模型已经被越来越多地应用到社会科学的研究中（Muthen 和 Asparouhov，2009）。

3. 基于 STIRPAT 模型的潜在类别混合回归模型

结合式（1）、（3）、（4），本文将碳排放影响因素潜在类别模型定义为：

$$\ln(ce_{it}) = \sum\nolimits_k \pi_{kit} \ln(ce_{kit}) \tag{5}$$

其中，类别概率 π_{kit} 和属于潜在类别 k 的碳排放 ce_{kit} 分别由如下类别方程和回归方程给出：

$$\pi_{kit} = \Pr\left(class_{it} = k \mid \alpha_k\right) = \frac{\exp(\alpha_{0k} + \alpha_{1k} urb_{it} + \alpha_{2k} gro_{it})}{\sum_{k'} \exp(\alpha_{0k'} + \alpha_{1k'} urb_{it} + \alpha_{2k'} gro_{it})} \tag{6}$$

$$\begin{aligned}\ln(ce_{kit}) = \left[\ln\left(ce_{it}\right) \mid class = k\right] = {} & \beta_{0k} + \beta_{1k}\ln(gdp_{it}) + \beta_{2k}\ln(pop_{it}) + \\ & \beta_{3k}\ln(fdi_{it}) + \beta_{4k}\ln(ter_{it}) + \beta_{5k}\ln(ei_{it}) + \\ & \beta_{6k}\ln(es_{it}) + \eta_i + \varepsilon_{kit}\end{aligned} \tag{7}$$

式（6）~（7）中，α_k 和 β_k 均为待估参数，（$\eta_i + \varepsilon_{kit}$）等同于 $\ln(ce_{kit})$，其他变量将在下文变量选取部分中作进一步解释。至此，本文就构建出以城市化为潜在变量的碳排放影响因素的潜在类别模型。

需要注意的是，式（5）中 π 以几何平均的形式进入方程，而采用这一形式的目的是便于以分类概率为权重，计算各类别中所有相关弹性的算术平均值，以此求得影响因素 x_j（$j=1, 2, \cdots, 6$）的弹性系数 E_{x_j}。以第一个影响因素 gdp 为例，其弹性系数为：

$$
\begin{aligned}
E_{x_j} &= \frac{\partial ce_{it}}{\partial x_{jit}} \cdot \frac{x_{jit}}{ce_{it}} \\
&= \begin{pmatrix} \left(\sum_k \beta_{jk}\pi_{kit}\right)\cdot\left(\prod_k \beta_{0k}^{\pi_{kit}}\right)\cdot gdp_{it}^{\sum_k \beta_{1k}\pi_{kit}-1}\cdot pop_{it}^{\sum_k \beta_{2k}\pi_{kit}-1}\cdot fdi_{it}^{\sum_k \beta_{3k}\pi_{kit}-1} \\ \cdot ter_{it}^{\sum_k \beta_{4k}\pi_{kit}-1}\cdot ei_{it}^{\sum_k \beta_{5k}\pi_{kit}-1}\cdot es_{it}^{\sum_k \beta_{6k}\pi_{kit}-1}\cdot\left(\prod_k e_{kit}^{\pi_{kit}}\right) \end{pmatrix} \frac{1}{x_{jit}^{-1} ce_{it}} \\
&= \frac{\left[\left(\sum_k \beta_{jk}\pi_{kit}\right)\cdot\left(\prod_k \beta_{0k}^{\pi_{kit}}\right)\cdot gdp_{it}^{\sum_k \beta_{1k}\pi_{kit}-1}\cdot pop_{it}^{\sum_k \beta_{2k}\pi_{kit}-1}\cdots es_{it}^{\sum_k \beta_{6k}\pi_{kit}-1}\left(\prod_k e_{kit}^{\pi_{kit}}\right)\right]}{\left(\prod_k \beta_{0k}^{\pi_{kit}}\right)\cdot gdp_{it}^{\sum_k \beta_{1k}\pi_{kit}-1} pop_{it}^{\sum_k \beta_{2k}\pi_{kit}} fdi_{it}^{\sum_k \beta_{3k}\pi_{kit}} \cdots es_{it}^{\sum_k \beta_{6k}\pi_{kit}}\left(\prod_k e_{kit}^{\pi_{kit}}\right)} \\
&= \sum_k \pi_{kit}\beta_{jk}
\end{aligned}
\qquad (8)
$$

按照相同的计算思路，可以得到影响因素力 x_j 的弹性系数为 $E_{x_j}=\sum_k \beta_{jk}\pi_{kit}$。

（二）变量选取及数据来源

本文采用的数据样本由 1995~2017 年中国大陆除西藏外 30 个省级行政地区的面板数据构成，相关数据主要来源于《中国统计年鉴》《新中国六十年统计资料汇编》《中国人口和就业统计年鉴》《中国能源统计年鉴》《中国温室气体清单研究》及各省份统计年鉴等。式（5）~（8）中各变量度量指标的选取说明如下。

1. 碳排放量（ce）

本文所用的碳排放量为能源消费碳排放量。《2006 年 IPCC 国家温室气体清单指南》是温室气体排放核算的重要依据，本文采用其能源卷中的参考方法和参数，结合中国公布的相关参数进行碳排放量数值的估算。估算公式为：$ce=\sum_{i=1}^{17} ce_i=\sum_{i=1}^{17} e_i \times ncv_i \times cc_i \times cof_i \times 44 \div 12$。其中，$i=1, 2, \cdots, 17$

为能源种类[①]，*ce* 为能源消费碳排放总量，*e* 为能源消费量，*ncv* 表示平均低位发热量，*cc* 表示单位热量的含碳水平，*cof* 为碳氧化因子（即能源燃烧时的碳氧化率），44 和 12 分别为二氧化碳和碳元素的分子量。

2. 富裕程度（*gdp*）

根据 STIRPAT 模型理论，以各省份人均生产总值（2000 年价格）作为富裕程度的测度变量。一般而言，富裕程度越高的区域，其经济活动也越集聚，而这往往会增加其碳排放量，因此我们预期富裕程度变量的系数符号为正。

3. 人口密度（*pop*）

对于式（1）中人口规模 *P*，考虑到各省份行政区划面积的差异性，本文采用各省份年末人口密度数作为人口规模的测度变量。人类的生产生活容易加重环境污染（童玉芬和王莹莹，2014），因此我们预期该变量的系数符号为正。

4. 对外开放（*fdi*）

对外开放程度一般由外商直接投资（FDI）所反映，而根据“污染晕轮”和“污染避难所”假说，FDI 对东道国环境质量的影响效果可能具有不确定性。“污染晕轮”假说认为 FDI 可以通过向东道国输出环境友好型产品和技术而提高东道国环境质量（许和连和邓玉萍，2012）；“污染避难所”假说则认为发达国家倾向于向发展中国家转移能耗和污染密集型产业，因此 FDI 会加剧东道国的环境污染问题（陈红蕾和陈秋锋，2006）。本文采用 FDI 占 GDP 的比重来衡量对外开放程度，以考察其对中国能源消费碳排放的影响效果。

5. 产业结构（*ter*）

不同的产业结构产生的生态环境压力不尽相同。相较于第三产业，第二产业对碳排放通常具有更加明显的促增效应，因此本文选取第二产业增加值占 GDP 的比重（*ter*）作为产业结构的度量指标，并预期其系数符号为正。

---

① 本文考虑了 17 种能源种类，包括原煤、洗精煤、其他洗煤、型煤、焦炭、焦炉煤气、其他煤气、其他焦化产品、原油、汽油、煤油、柴油、燃料油、液化石油气、炼厂干气、其他石油制品、天然气。

6. 技术水平（*ei*）

重工业产值占工业总产值比重、固定资产投资水平等可以从侧面反映地区经济技术水平的因素均对能源强度具有显著影响（国涓等，2009），因此参考 Du 等（2012），本文以能源强度代表技术水平。能源强度即单位 GDP 的能源消耗，其为节能减排技术改进及研发投入绩效的直观反映（邵帅等，2016）。能源强度越大，单位产出的能源消费及碳排放就越多，因此预期其系数符号为正。

7. 能源消费结构（*es*）

不同类别能源消耗所产生的环境压力有所差异，其中煤炭类能源的碳排放因子最大（许士春等，2012）。因此，本文参考现有相关研究（Shao 等，2011），将煤炭占能源消费比重作为能源消费结构的替代变量，并预期其系数符号为正。

8. 城市化（*urb* 和 *gro*）

城市化本身就是农村人口向城市转移，从而改变经济发展方式的过程，因而以城市人口比重（*urb*）测度的城市化水平可以最直观地反映出该地区的城市化发展现状。同时，各地区的工业化水平存在明显差异，而工业化水平亦可以影响城市化发展速度（倪鹏飞等，2014）。由于各地的城市化发展速度（*gro*，以城市人口年增长率衡量）对其城市化发展的趋势同样具有测度效力，可以将城市化发展速度作为城市化的另一测度指标。

三　实证结果及讨论

（一）模型估计结果

在对模型进行参数估计前，我们首先需要以一定的适配性选择标准判断模型最优潜在类别数目。Log likelihood 检验和信息评价指标 BIC 是两个用于模型适配性选择的指标，其数值越小表示模型拟合得越好（邱皓政，2008）。此外，Muthen 和 Asparouhov（2009）在对数据进行蒙特卡洛模拟时发现，LMR 检验是对潜在类别的分类最为敏感的指标，其 P 值达到显著水平时，表明 K 个类别的模型显著优于 $K-1$ 个类别的模型。

表 1 报告了基于 Mplus 软件计算的不同潜在类别数目下各模型最终似

然对数值、BIC 值及 LMR 检验 P 值。综合上述适配性选择标准，本文认为潜在类别数目为 4 时的模型是最佳模型。在确定了最优模型之后，再利用 Mplus 对该模型进行参数估计，估计结果见表 2。

表 1　模型适配性选择

潜在类别数目	2	3	4	5	6
最终似然对数值	−325.218	−176.130	−63.296	−34.840	66.325
BIC 值	768.096	535.288	374.985	383.441	246.478
LMR 检验 P 值	0.000	0.000	0.000	0.102	0.001
参数个数	18	28	38	48	58

表 2　模型的估计结果

指标		第一类别		第二类别		第三类别		第四类别	
		参数	t 检验	参数	t 检验	参数	t 检验	参数	t 检验
回归方程	*gdp*	1.183***	31.698	1.061***	37.730	0.721***	29.941	1.035***	35.455
	pop	0.285***	9.094	0.619***	29.111	0.295***	17.198	0.078***	6.267
	fdi	−0.013	−0.533	−0.133***	−11.435	−0.037**	−2.374	0.042**	2.385
	ter	−0.062	−1.231	0.344**	2.368	0.184**	2.051	−0.190	−1.122
	ei	1.139***	21.969	0.943***	26.658	0.422***	6.890	0.857***	14.214
	es	0.078***	2.568	1.676***	14.781	0.054	0.818	1.103***	7.273
	常数	−5.238***	−16.804	−12.272***	−53.204	0.513	1.406	−4.940***	−13.086
	残差	0.013***	11.870	0.013***	11.870	0.013***	11.870	0.013***	11.870
类别方程	*urb*	4.975***	5.888	0.311	0.786	0.617*	1.693	—	—
	gro	−0.002	−0.154	0.011	0.855	0.008	0.459	—	—
	常数	−19.654***	−5.735	−0.629	−0.436	−2.238*	−1.711	—	—

注："***""**""*"分别表示在 1%、5%、10% 的统计水平上显著。

通过分析各潜在类别样本的城市化特征可以发现，从城市人口比重上看，第一类别的城市人口比重普遍较高，其值集中分布在 55%~90%，且均值达到 65.5%，这类城市的城市化水平最高；第二类别样本城市人口比重主要为 15%~70%，均值为 38.6%；第三类别样本城市人口比重主要为 20%~70%，均值为 41.0%；第四类别样本城市人口比重则集中在 15%~60%，均值为 35.2%。

而在城市化发展速度方面，第二类别拥有最快的城市化发展速度，样本均值高达 6.1%；第三类别、第一类别、第四类别的城市化发展速度则以较小差距依次减缓，样本均值分别为 5.9%、4.9%、3.5%。表 3 呈现了上述四类城市不同的城市化发展阶段特征。

表 3　各潜在类别城市化发展特征

潜在类别	城市化水平	城市化发展速度
第一类别	★★★★★	★★
第二类别	★★	★★★★
第三类别	★★★	★★★
第四类别	★	★

注：★的多少表示城市化水平的高低或城市化发展速度的快慢。

就回归结果而言，总体上人均 GDP（*gdp*）、人口密度（*pop*）、能源强度（*ei*）和能源消费结构（*es*）在四个潜在类别中的系数大多显著为正，说明无论样本城市处于何种城市化阶段，该四项影响因素均对碳排放具有显著的促增效应。首先，这一结果表明中国当前的经济增长仍为高能耗模式，环境库兹涅茨假说中的拐点在中国尚未出现；同时，以煤炭为主的能源消费结构对碳减排产生了不利影响；此外，能源强度的提升会显著加重环境负担。其次，FDI 占 GDP 比重（*fdi*）在前三类城市化潜在类别中均呈现负值，这意味着 FDI 占比的提高对中国大多城市化水平较高地区的碳排放具有一定的抑制作用，而城市化水平较低地区则呈现“污染避难所”效应。最后，城市化水平较低地区的第二产业占比（*ter*）对碳排放呈现促增效应。

（二）碳排放影响因素的弹性分析

明确各省份所属潜在类别的演变路径是研究城市化背景下碳排放影响因素弹性变化路径的前提。本文样本的“身份”属性包括省份和年份两个维度，因此通过对各省份不同年度所属潜在类别的概率分布[①]进行归纳，即可得到其所属潜在类别的演变路径。由于各省份所属潜在类别的演变路径呈现出不同特征，为了考察各地区城市化发展现状，以及分析在城市化调节效应下各碳排放影响因素的弹性变化路径，本文以各省份在潜在类别中变化的波动程度为标准将 30 个省份分为城市化类别恒定发展组、稳定发展组及波动发展组。

（1）城市化类别恒定发展组。恒定发展组包含了 23 年间归属于某一潜在类别组的概率未发生变化的省份，包括恒定在第一类别的北京、天津、上海、宁夏，恒定在第二类别的河北，恒定在第三类别的广东和四川以及恒定在第四类别的重庆。

（2）城市化类别稳定发展组。稳定发展组成员为主要在两种城市化类别间变化的省份，主要包括交替从属于第二、三类别的安徽、山东、河南和江苏，在第三、四类别中寻求稳定的山西、内蒙古、黑龙江和新疆，由第二类别逐渐过渡到第一类别的青海，以及在第二、四类别中稳定变化的福建。

（3）城市化类别波动发展组。城市化类别波动发展组包含了城市化归属类别呈现出较大变化或发展路径不够稳定的省份，涵盖了浙江等 12 个省份。其中，浙江、广西、甘肃和江西呈现出相似的发展路径，即逐渐由第四类别过渡到第二类别；湖南、辽宁、云南和陕西则在第二、三、四类别中交替演变，且近年归属类别仍呈现一定的波动状态；贵州和吉林则在前期不稳定的状态下逐渐归属于城市化水平较为落后的第四类别；此外是近年来趋于稳定在第一、二类别的海南和湖北。城市化类别波动发展组内各省份历年所属城市类别概率变更如图 1 所示。[②]

---

① 限于篇幅，未给出 1995~2017 年 30 个省份的所属城市化潜在类别概率分布表，有兴趣的读者可以向笔者索取。

② 限于篇幅，未给出城市化类别恒定发展组、稳定发展组内各省份历年所属城市类别的概率变更图，有兴趣的读者可以向笔者索取。

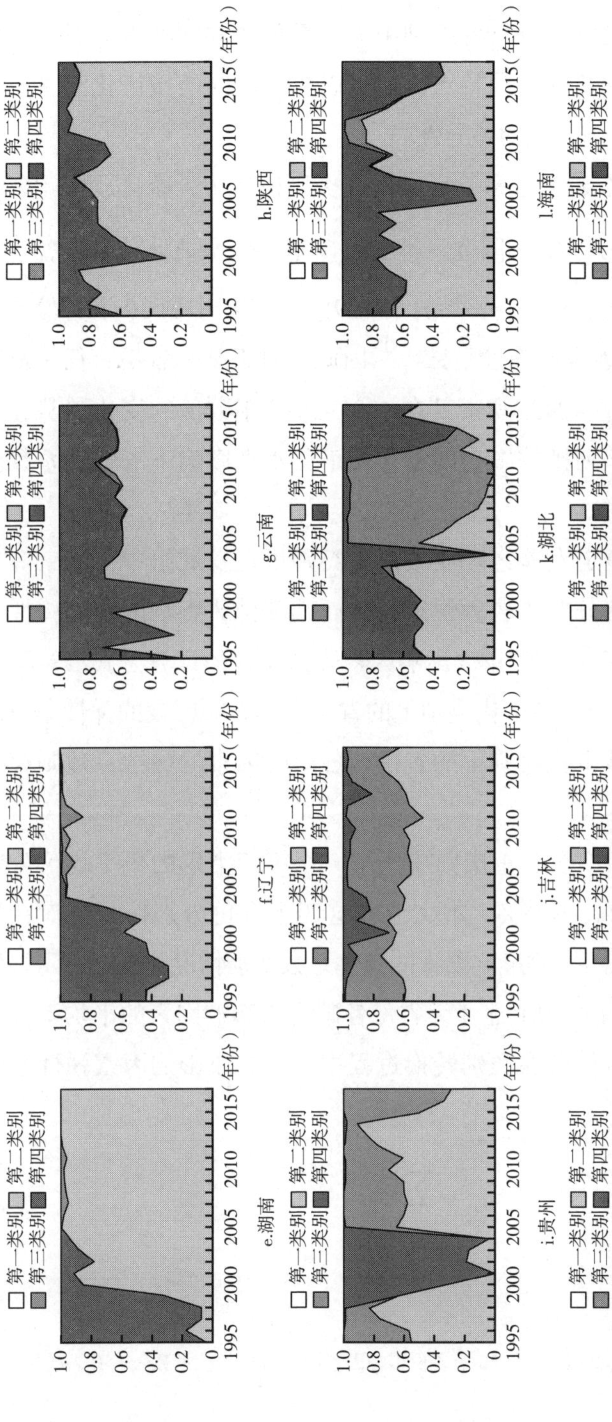

图 1 波动组各省份所属城市化类别的概率变化趋势

城市化背景下各碳排放影响因素的弹性分析将在上述三个发展组别的框架下进行，如此不仅可以分析各组别中弹性系数的共同特点、考察各城市化类别或省份弹性系数的不同特点，还可以探究不同的城市化潜在类别演变路径对环境压力作用方式的差异性。

由式（8）可知，在碳排放影响因素潜在类别模型中，碳排放影响因素 x_j 的弹性系数 $E_{x_j}=\sum_k \beta_{jk}\pi_{kit}$。因此，本文可以基于模型估计结果及各省份所属城市化潜在类别概率分布表，计算出1995~2017年中国30个省份的人均GDP等影响因素的碳排放弹性系数。①因此，对于某一省份、任一影响因素的碳排放弹性系数，通过观察其在1995~2017年数值的变化趋势，我们可以得到该省份、该碳排放影响因素在城市化水平影响下的弹性系数演变路径。

（1）城市化类别恒定发展组。在城市化类别恒定发展组中，北京等省份的所属类别及其概率分布均较为恒定，因而其碳排放影响因素的弹性系数在23年间也无较大变化（碳排放影响因素弹性系数的计算公式决定了这一性质）。同时，对于同一城市化类别下的省份，其影响因素的弹性系数基本一致；但对于不同城市化类别下的省份，各影响因素的弹性系数则存在较大差异。

鉴于上海、河北、广东、重庆归属于第一至第四类别的概率均值分别为100%、93.2%、100%、99.8%，本文选取这四个省份分别作为各潜在类别组的代表性省份，其碳排放影响因素的弹性系数变动情况如图2所示。而表4为基于式（9）所计算的上述4个省份各碳排放影响因素的平均弹性系数表，用于比较在城市化潜在类别转换过程中，碳排放影响因素弹性系数的演变趋势。

$$\overline{E}_{ix_j}=\frac{\sum E_{itx_j}}{23} \tag{9}$$

① 限于篇幅，未给出1995~2017年30个省份影响因素的碳排放弹性系数表，有兴趣的读者可以向笔者索取。

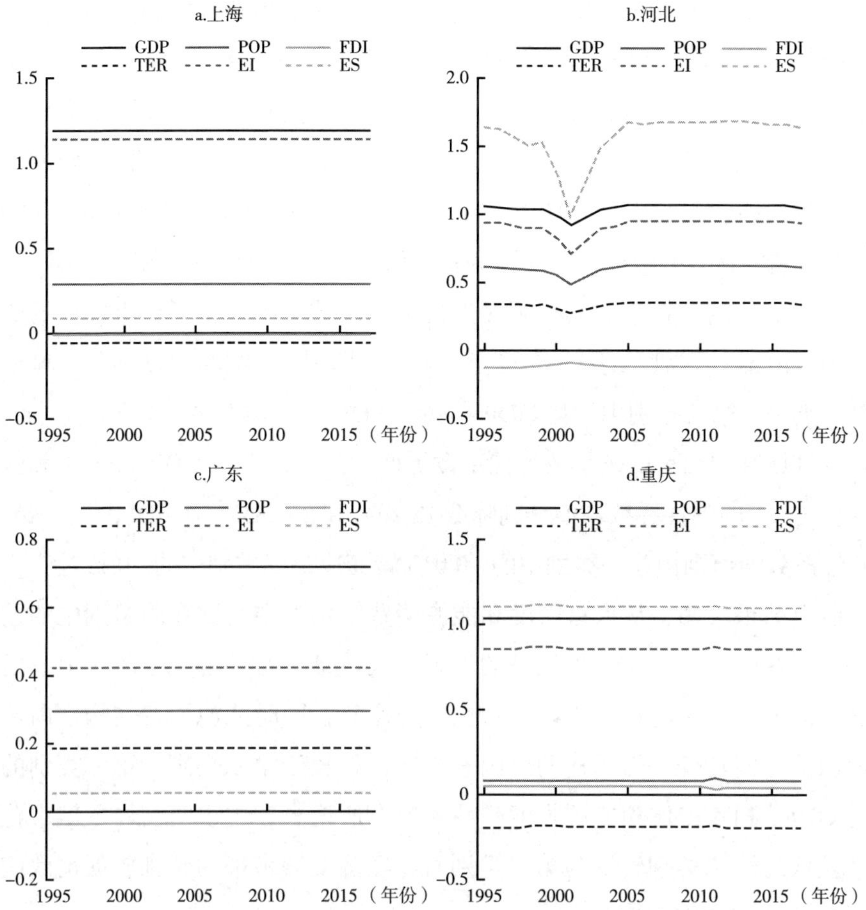

图 2　上海等省份碳排放影响因素弹性系数变化趋势

表 4　上海等省份碳排放影响因素平均弹性系数

影响因素	*gdp*	*pop*	*fdi*	*ter*	*ei*	*es*
上海（第一类别）	1.183	0.285	−0.013	−0.062	1.139	0.078
河北（第二类别）	1.038	0.597	−0.127	0.333	0.908	1.566
广东（第三类别）	0.721	0.295	−0.037	0.184	0.422	0.054
重庆（第四类别）	1.035	0.079	0.042	−0.189	0.857	1.104

上海和河北分别代表着城市人口比重最高的第一类别和城市人口增速最快的第二类别，因此我们首先着重分析上海和河北碳排放影响因素的弹

性系数，以此比较城市人口高占比或高增长类别中各碳排放影响因素弹性系数的差异。从图 2 和表 4 可以看出，上述两种类别各因素的碳排放弹性系数变动趋势存在如下两方面差异：①相较于第二类别，第一类别中人口密度（*pop*）、第二产业占比（*ter*）和能源消费结构（*es*）三个碳排放影响因素的碳排放弹性系数更具有环境友好性特征。其中，人口密度（*pop*）和能源消费结构（*es*）的弹性系数均值分别降低了 52.26% 和 95.02%，而第二产业占比（*ter*）的弹性系数均值则在潜在类别的转变中发生了正负方向的改变：均值由第二类别中的 0.333 转变成第一类别中的 –0.062。②相较于城市化第一类别，第二类别中人均 GDP（*gdp*）、FDI 占比（*fdi*）和能源强度（*ei*）三个碳排放影响因素的碳排放弹性系数更低。其中，人均 GDP（*gdp*）和能源强度（*ei*）的弹性系数均值分别降低 12.26% 和 20.28%，而 FDI 占比（*fdi*）的弹性系数均值则由第一类别中的 –0.013 转变成第二类别中的 –0.127。

以上结果表明，从人口密度和能源消费结构弹性系数在两组别中的差异来看，在中国城市化水平较高的地区，人口集聚对环境产生的压力有所减缓，即人口集聚呈现出更为“绿色”的态势，同时能源消费结构也向着更清洁的方向转变。与上述两个因素不同，相较于第二类别，第一类别的人均 GDP、FDI 占比和能源强度弹性系数有所增大，这表明当样本城市化水平较低的第二类别转变为第一类别时，经济发展带来的碳排放促增效应并不会表现出减缓趋势。

就第二产业占比的弹性系数而言，上海与河北第二产业占比的弹性系数截然相反，这表明第二产业占比对碳排放的影响存在明显的组别异质性，即城市化发展程度影响着第二产业占比对碳排放增长的影响方向。上海作为城市化水平较高且经济较为发达的东部沿海直辖市，受益于较高的环境规制强度和先进的城市管理水平，其第二产业部门中高碳产业比重较小，且呈现不断下降的趋势，即第二产业的发展具有相对低能耗的特点，因此出现其第二产业占比弹性系数为负这一“异常”结果。相反，河北存在以煤炭、钢铁等落后产能为主的传统产业比重过大的问题（杨英法等，2018）。从统计数据来看，2020 年，上海高技术企业营业收入为 7913 亿元，占工业企业总营业收入的比重为 20.02%；

而河北高技术企业的营业收入仅为1712亿元，占工业企业总营业收入的比重也仅为3.96%。[①]尽管高端装备制造等高技术产业归属于第二产业，但其与低能耗的第三产业呈现出相似的特点——对碳排放的促增效应较小。因此总体而言，在经济欠发达地区，由于具有高能耗特点，第二产业的发展往往会偏离环境友好型路径；而在经济发达地区，由于积极引入高端制造业，第二产业内部结构优化通常并不会加大碳排放增长压力。

我们再将关注重点转向上海与重庆FDI占比的弹性系数的正负差异。本文认为两类别省份内部经济发展方式的结构差异是导致其FDI占比弹性系数截然相反的原因。具体而言，在第一类别省份中，本地产业发展已经具备一定的绿色环保特征，如上海2017年第三产业占比已达69.18%，[②]同时金融业、信息技术服务业等高端行业投资“土壤”肥沃，因而FDI投资领域多具有环境友好特征。而对于经济相对落后的第四类别省份而言，FDI投资领域的环境友好特征往往不够明显。因此，对于具有良好城市化发展水平的省份而言，受益于较高的环境规制强度和“绿色”FDI引入，其引进外资的投资领域相对于其他省份更具有环境友好优势。

（2）城市化类别稳定发展组。在城市化类别稳定发展组中，安徽、江苏、山东和河南四省1995~2017年在第二、三类别中交替演变，其各碳排放影响因素的弹性系数也呈现出相似的变化趋势（见图3）。其中，不同于安徽和江苏，山东与河南在2005~2013年以大概率归属于第二类别。因此，上述四省在2005年前各碳排放影响因素弹性系数表现出相同的变化趋势，而2005~2013年山东与河南大部分影响因素的弹性系数要大于安徽和江苏两省。

就稳定发展组的其他省份而言，如图4所示，山西在23年间均在第三、四类别中均衡发展，而同属于稳定发展组的新疆则在2010年前展现出相似的发展特征。因此，前期两者影响因素弹性系数变动趋势表现出相

① 数据来源于《中国高技术产业统计年鉴》《中国工业统计年鉴》。

② 数据来源于《上海统计年鉴》。

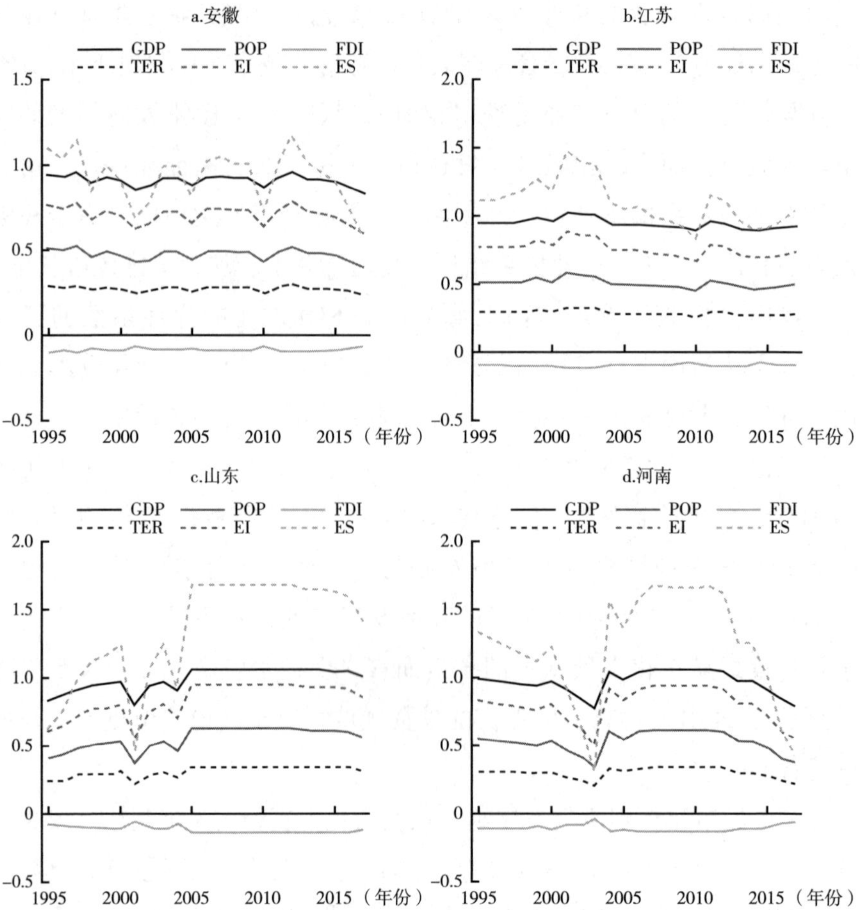

图 3　安徽等省份碳排放影响因素弹性系数变化趋势

似的规律性。同时，黑龙江和内蒙古则分别以 90.2% 和 93.6% 的概率归属于第三、四类别。值得注意的是，在多数稳定的时期中，黑龙江和内蒙古各影响因素的弹性系数均与上文恒定发展组中广东和重庆相应弹性系数的趋势一致。

此外，早期福建和青海各碳排放影响因素的弹性系数均呈现出第二类别占主导的特征，而青海在后期发展中逐渐向第一类别转变。因此，青海在各影响因素弹性系数的演变上展现出上述恒定发展组中河北向上海转变时相关弹性系数的变化路径。这意味着，倘若城市化发

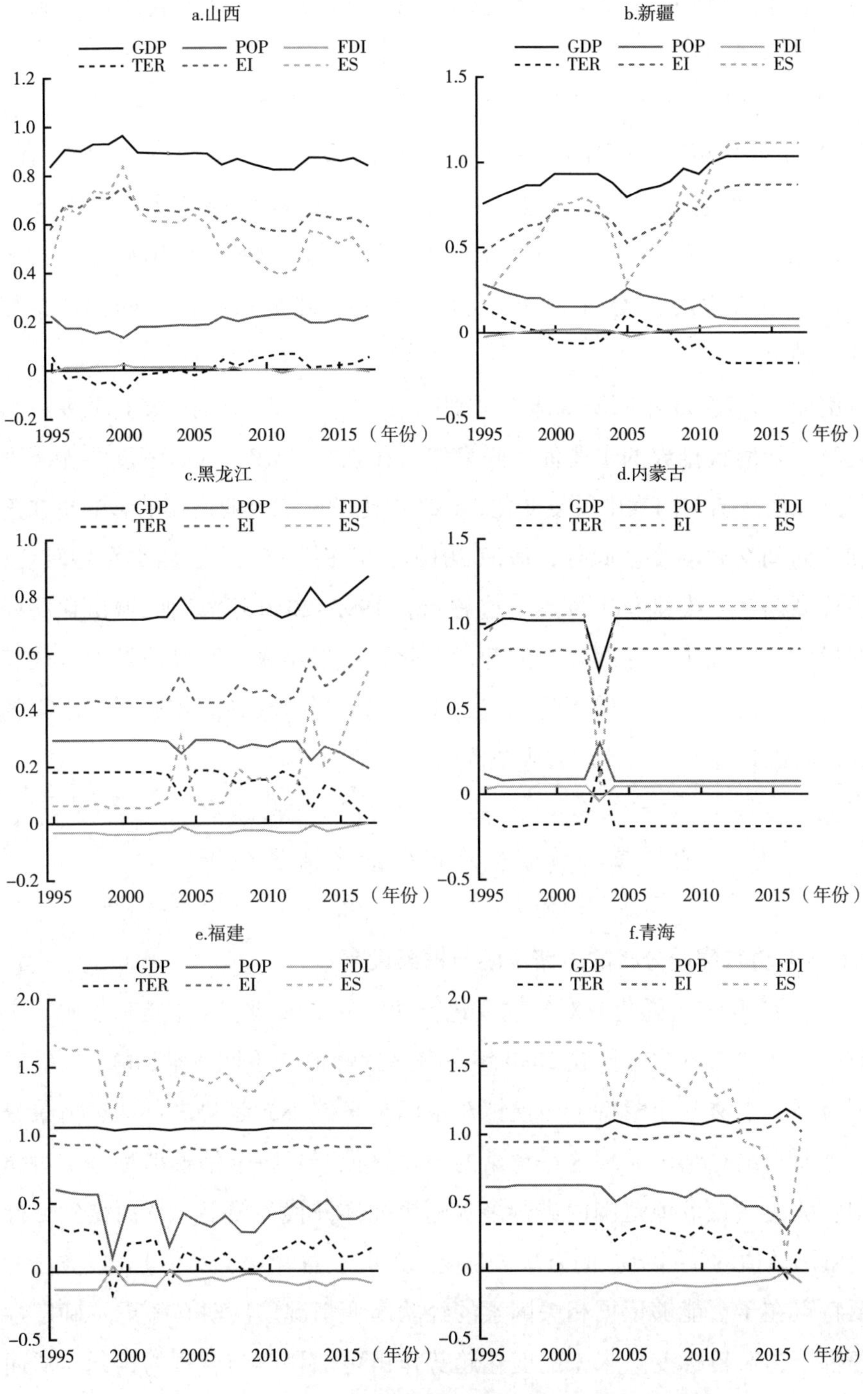

图 4　山西等省份碳排放影响因素弹性系数变化趋势

展的方式在类别的过渡中是渐进的，那么城市化对碳排放的影响路径亦是渐进演变的。

（3）城市化类别波动发展组。在波动发展组的 12 个省份中，各省份在所属城市化类别的概率分布上均出现过三个潜在类别的变迁，而其碳排放影响因素弹性系数的变迁亦随之有较大的起伏。如图 5 所示，城市化这一潜在变量对其他碳排放影响因素的调节作用显得异常明显——当城市化潜在类别发生改变时，其各碳排放影响因素的弹性系数亦随之改变。

例如，云南 23 年间所属潜在类别在第二、三、四类别中交替演变；与此同时，云南碳排放的主要促增因素先后在人均 GDP、人口密度、能源强度、能源消费结构因素中反复变化，FDI 占比及第二产业占比的影响也在正向和负向间交替演变。此外，海南 2010 年前在第一、二、四类别中转变，此后逐渐向第一类别稳定发展。这意味着 1995~2010 年海南的城市化路径尚在摸索调整之中，存在较大的起伏变化；而近年来，其经济发展方式有了较为显著的改变，且城市化模式趋于稳定，同时其各碳排放影响因素的弹性系数也具备了第一类别的典型特点。

四 碳排放演化路径的动态情景分析

（一）动态情景分析的思路说明与框架设定

在 2015 年的《强化应对气候变化行动——中国国家自主贡献》中，中国政府承诺“二氧化碳排放 2030 年左右达到峰值并争取尽早达峰”。针对这一目标，本文基于蒙特卡洛模拟对中国未来碳排放趋势进行动态情景分析，进而归纳总结出兑现这一承诺的演化路径。蒙特卡洛模拟是基于对模型中相关变量在取值范围内进行多次随机抽样并代入模型，从而得到目标统计量函数值的统计分布的方法（赵昆，2008；董锋等，2015）。该方法的主要特点在于，能够依据相关因素的经验演变情况，同时在考虑不确定性的条件下，对目标变量未来的变化趋势作出更加科学与合理的预判，从而识别出最可能的演化路径（邵帅等，2017）。首先，本文基于前文对碳排放

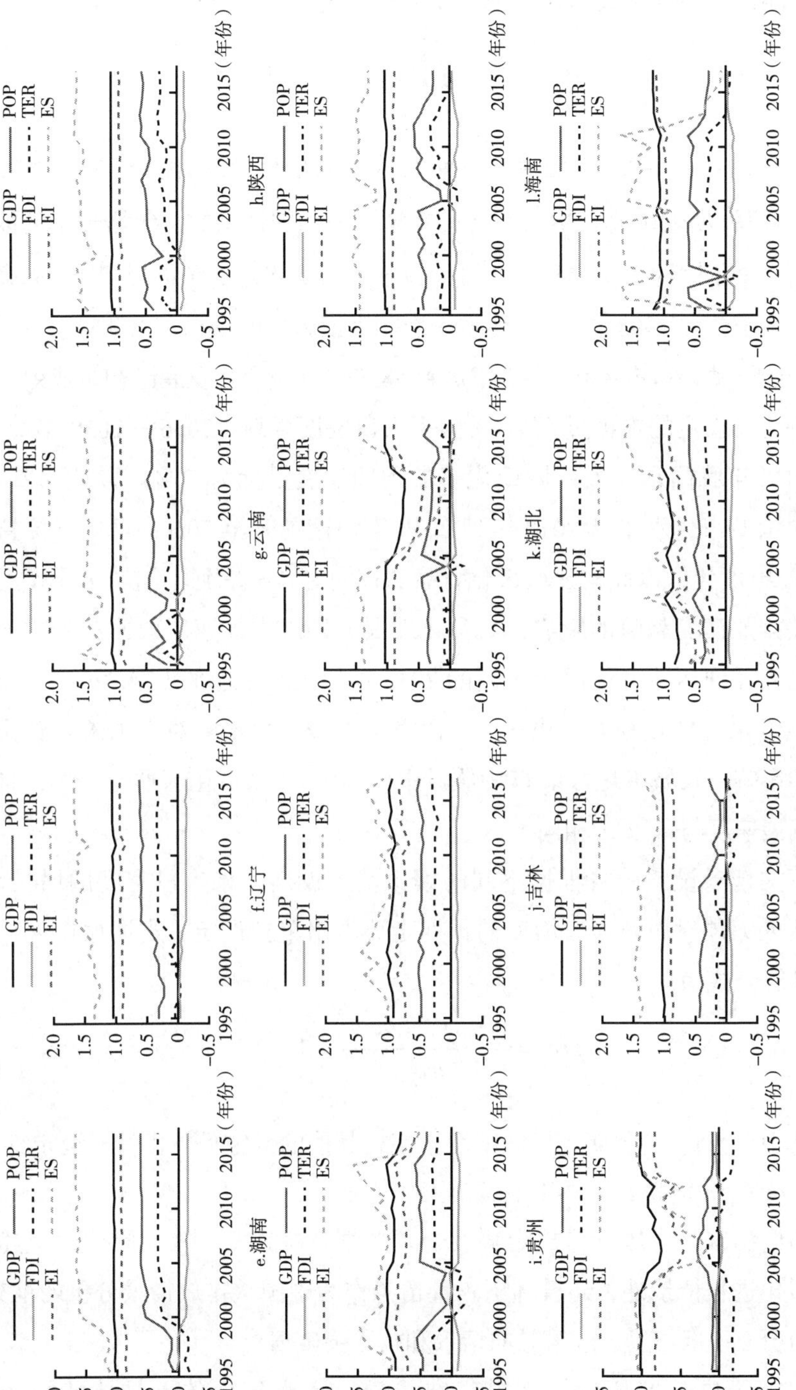

图 5 浙江等省份碳排放影响因素弹性系数变化趋势

及其影响因素弹性系数的估计构造以下模型用于情景分析：

$$ce_{t+1} = ce_t \times \prod_{j=1}^{6}\left(1+\alpha_{t,x_j} E_{t,x_j}\right) \tag{10}$$

其中，ce_{2017} =92.55 亿吨（由前文碳排放估计公式计算得出）；α_{t,x_j}、E_{t,x_j} 分别为 t 期碳排放影响因素 x_j 的年增长率和弹性系数，年增长率的取值将依据未来不同的政策和技术环境而设定（后文将对此予以说明），而弹性系数将基于前文 1995~2017 年各省份影响因素解析的结果予以测算。

中国城镇人口占比在 2017 年达到 58.52%，城市化发展已初具成效，且处于持续而稳定的推进过程中。《国家人口发展规划（2016—2030 年）》提出，2030 年我国常住人口城镇化率的预期发展目标为 70%。以此为基准，假设中国城市化水平从 2018 年到 2030 年匀速提升至 70%，且持续保持该增速至 2035 年，以此构建城市化背景 A；同时，考虑到不同城市化发展速度对碳排放演变趋势的影响，城市化发展分别以先加速后减速及先减速后加速的路径到达城市化背景 A 下的 2035 年的城市化水平（74.42%），由此构建城市化背景 B 和 C。此外，为探究不同城市化水平对中国未来碳排放达峰的影响，在城市化背景 D 中假设中国 2017 年城市化水平为 60%，且城市化发展速度与背景 A 相同。

下文情景设定中将根据不同的模拟情景设定未来人口密度的增长率，因此此处无须对城市人口增速的预期走势做出单独设定，当期城市人口增速的计算公式为：

$$gro_t = \frac{urb_t\left(1+pop_{G,t}\right)}{urb_{t-1}} - 1 \tag{11}$$

其中，$pop_{G,t}$ 为 t 期人口密度增长率，其值的设定见下文情景设定部分；urb_t、urb_{t-1} 分别为 t 及 $t-1$ 期城市人口比重。

为给出未来中国碳排放走势及合理规划达峰路径，本文除构建上述四种城市化进程情景外，还设计了三种情景作为中国碳排放情景分析的框架，分别为历史基准情景、政策导向情景和技术突破情景。

（1）历史基准情景。历史基准情景以历史年份的碳排放特征为依据，并假定未来近20年中国政策环境和技术水与历史平均水平保持不变。在该情景下，碳排放将沿着历史发展的"惯性"继续向前推进，即式（10）中各碳排放影响因素的年增长率将沿袭以往的特征，继续维持经济高速发展、产业结构不够合理、能源利用效率较低、能源消费结构单一的粗放式发展模式。郑石明（2016）指出，越近的周期对于未来的发展轨迹的影响越大，即经济变量通常表现出强烈的"路径依赖"特征。鉴于此，本文参考邵帅等（2017）对于制造业碳排放演变趋势模拟时基准情景的设定，基于中国五年发展规划的周期性特征（郑石明，2016），并结合本文数据的现实情况，将2018~2035年各碳排放影响因素年均增长率的最大值、最小值及中间值分别设定为"十二五"规划期初（2011年）至2017年历年增长率的最大值、最小值及年均增长率（见表5）。

表5　历史基准情景下各影响因素预期年均增长率

单位：%

项目		*gdp*	*pop*	*fdi*	*ter*	*ei*	*es*
2018~2035年	最小值	6.10	0.48	−14.81	−5.34	−5.33	−2.90
	中间值	7.01	0.52	−7.04	−2.16	−4.05	−1.92
	最大值	9.02	0.59	−0.05	0.76	−1.15	1.45

（2）政策导向情景。党的十九大报告明确指出，我国将加快生态文明体制改革，推进绿色发展，加快建立绿色生产和消费的法律制度和政策导向，建立健全绿色低碳循环发展的经济体系。据此，本文以政府一系列相关政策文件为基础，假设各预期发展目标均能如期实现，技术水平有一定的提升，经济发展步入新常态，人口增长压力有所缓解，产业结构有所优化，能源利用效率进一步提升，能源消费结构也由以煤为主向清洁化能源结构发展，从而构建政策导向情景。各影响因素的预期年均增长率如表6所示，其设定依据说明如下。

党的十八届五中全会提出"十三五"时期全面建成小康社会、保持经济中高速增长、到 2020 年国内生产总值比 2010 年翻一番的发展目标。考虑到 2011~2017 年已实现人均实际 GDP 及其增长率目标，本文将 2018~2020 年人均实际 GDP 年均增长率设定在 6.30%，作为该影响因素预期年均增长率的中间值。中央财经领导小组办公室副主任杨伟民在十九大专题新闻发布会上表示，“中国经济发展已转向高质量发展阶段，不再是高速度增长的阶段”，而十九大报告不再提“GDP 翻番”目标是为了“更好贯彻落实新发展理念”。因此，结合 Chen 等（2013）对低碳情景中经济增速的研究，本文认为中国经济增长在未来一段时间内将呈现质量稳步提升但速度逐渐放缓的态势，据此将 2021~2025 年、2026~2030 年、2031~2035 年人均实际 GDP 预期年均增长率分别设定为 5%、4%、3%。考虑到实际经济运行的不稳定性和不确定性，参考林伯强和刘希颖（2010）的做法，预期年均增长率的最大值及最小值分别在中间值的基础上上下浮动 1 个百分点。

表 6　政策导向情景下各影响因素预期年均增长率

单位：%

指标	2018~2020 年			2021~2025 年			2026~2030 年			2031~2035 年		
	最小值	中间值	最大值	最小值	中间值	最大值	最小值	中间值	最大值	最小值	中间值	最大值
gdp	5.30	6.30	7.30	4.00	5.00	6.00	3.00	4.00	5.00	2.00	3.00	4.00
pop	0.61	0.71	0.81	0.11	0.21	0.31	0.11	0.21	0.31	0.11	0.21	0.31
fdi	−9.04	−7.04	−5.04	−7.04	−5.04	−3.04	−5.04	−3.04	−1.04	−3.04	−1.04	0.96
ter	−3.16	−2.16	−1.16	−2.86	−1.86	−0.86	−2.66	−1.66	−0.66	−2.56	−1.56	−0.56
ei	−2.91	−2.51	−2.11	−2.51	−2.11	−1.71	−2.21	−1.81	−1.41	−2.01	−1.61	−1.21
es	−2.34	−1.34	−0.34	−1.90	−0.90	0.10	−1.90	−0.90	0.10	−1.90	−0.90	0.10

《国家人口发展规划（2016—2030 年）》提出“逐步提升总和生育率并稳定在适度水平，2020 年全国总人口达到 14.2 亿人左右，2030 年达到 14.5 亿人左右”的发展目标。基于此，本文推算出 2018~2020 年、

2021~2030 年人口密度的预期年均增长率分别为 0.71% 和 0.21%。并且，假定 2031~2035 年人口密度的年均增长率将延续 2021~2030 年的趋势，故将 2031~2035 年该指标年均增长率的中间值同样设定为 0.21%。进一步地，将人口密度年均增长率的最大值和最小值分别基于中间值上升和下降 0.1 个百分点。

基于历史趋势，FDI 占比和第二产业占比在未来一段时期内的变动将总体趋于平缓，但两者的预期变动情况均无政策性文件可以参考。因此，本文参照邵帅等（2017）的做法，并结合 FDI 占比、第二产业占比的历史性趋势，将两者在 2018~2020 年的年均增长率的中间值设定为 2011~2017 年的年均增长率（分别为 –7.04% 和 –2.16%）。此后，考虑到经济发展对于降低二产占比存在“边际递减效应”，第二产业占比每五年预期年均增长率的中间值依次在上一个五年期的基础上增加 0.3 个百分点、0.2 个百分点、0.1 个百分点，并将其年均增长率的最大值、最小值分别基于中间值上升和下降 1 个百分点。而外商投资的发展更多地受到国际经济周期、一国投资环境等因素的影响，且基于中国历史数据，FDI 占比往往表现出较强的趋势性和波动性。据此，本文设定 FDI 占比每五年预期年均增长率的中间值均在上一期间的基础上提升 2 个百分点，且将其年均增长率的中间值分别上下浮动 2 个百分点以设定其最大值、最小值。

2016 年国务院印发的《“十三五”节能减排综合工作方案》提出了 2020 年全国万元国内生产总值能耗比 2015 年下降 15% 的目标。据此，可以推算 2018~2020 年能源强度预期年均增长率的中间值为 –2.51%。参考林伯强和刘希颖（2010），设定能源强度每 5 年预期年均增长率的中间值依次在上一个 5 年期的基础上分别上升 0.4 个百分点、0.3 个百分点、0.2 个百分点，并将其预期年均增长率的最大值、最小值分别基于中间值上升和下降 0.4 个百分点。

《“十三五”节能减排综合工作方案》要求 2020 年煤炭占能源消费总量比重下降到 58% 以下，而 2017 年这一值为 60.40%。基于此，本文计算出 2018~2020 年能源消费结构预期年均增长率的中间值为 –1.34%。《中美气候变化联合声明》指出，中国非化石能源在一次能源消费结构中的占比预期在 2020 年、2030 年分别提升至 15%、20%。假定石油与天然气结构在此期间保持不变，则可以推算出 2021~2030 年能源消费结构的预期年均增长率为 –0.90%。同时，假定 2031~2035 年年均增长率将延续 2021~2030 年的趋势，故 2031~2035 年该指标年均增长率的中间值同样设定为 –0.90%。进一步地，本文将能源消费结构年均增长率的中间值分别上升和下降 1 个百分点得到其最大值及最小值。

（3）技术突破情景。加强节能减排技术研发并促进其推广，是实现碳排放 2030 年或之前达峰的必要条件，而高排放强度与高能耗行业的减排潜力巨大（何小钢和张耀辉，2012）。因此，我们在政策导向情景的基础之上，对能源强度及能源消费结构的预期年均增长率进行了进一步的强化，以模拟在未来节能减排技术取得较大突破的情景。技术突破情景中各影响因素的预期年均增长率如表 7 所示。需要说明的是，此处技术突破情景的设定仅为中国碳排放实现尽早达峰提供了一条可行路径，并不意味着在未来 20 年中节能减排工作一定能够取得较大技术突破，或者减排技术的突破仅局限于此。

《“十三五”节能减排综合工作方案》提出，到 2020 年，全国万元国内生产总值能耗比 2017 年下降 15%。假设中国在此期间为实现碳达峰承诺，加大在能源技术方面的投入，以期通过推进科技进步、纯技术效率改善来促进减排。考虑到研发技术对于减排压力的缓解效果往往存在一定的时滞，因此假定技术突破情景中 2018~2020 年能源强度年均增长率与政策导向情景保持一致，而在 2021 年科技红利开始逐步显现并得以加强，从而使得能源强度的下降速度在随后 15 年里依然能够保持在 2018~2020 年的水平。基于此，本文设定 2021~2025 年、2026~2030 年、2031~2035 年能源强度的年均增长率中间值均为 –2.51%。与政策导向情景做法一致的是，将能源强度预期年均增长率的最大值、最小值分别基于中间值上下浮动 0.4 个百分点。

表 7　技术突破情景下各影响因素预期年均增长率

单位：%

指标	2018~2020 年			2021~2025 年			2026~2030 年			2031~2035 年		
	最小值	中间值	最大值	最小值	中间值	最大值	最小值	中间值	最大值	最小值	中间值	最大值
gdp	5.30	6.30	7.30	4.00	5.00	6.00	3.00	4.00	5.00	2.00	3.00	4.00
pop	0.61	0.71	0.81	0.11	0.21	0.31	0.11	0.21	0.31	0.11	0.21	0.31
fdi	–9.04	–7.04	–5.04	–7.04	–5.04	–3.04	–5.04	–3.04	–1.04	–3.04	–1.04	0.96
ter	–3.16	–2.16	–1.16	–2.86	–1.86	–0.86	–2.66	–1.66	–0.66	–2.56	–1.56	–0.56
ei	–2.91	–2.51	–2.11	–2.91	–2.51	–2.11	–2.91	–2.51	–2.11	–2.91	–2.51	–2.11
es	–2.34	–1.34	–0.34	–2.34	–1.34	–0.34	–2.34	–1.34	–0.34	–2.34	–1.34	–0.34

随着《巴黎协定》的签署，全球气候治理开启了新的篇章，非化石能源发展迎来新机遇，全球能源消费结构预期将得到显著改善。就中国而言，尽管当前的能源消费结构得到了初步优化，但与世界平均水平相比还存在一定的差距。与能源强度年均增长率演变的设定思路一致，本文将技术突破情景中能源消费结构在 2021~2025 年、2026~2030 年、2031~2035 年的预期年均增长率均设定为 –1.34%，并同样将其最大值、最小值分别在中间值的基础上向上、向下变动 1 个百分点。

以设定的四种城市化背景与三种动态情景中各影响因素的年均增长率为基础，利用 Matlab 软件通过蒙特卡洛模拟技术对各变量的时间演变趋势进行 10 万次随机模拟，并将模拟结果代入式（10），进而计算出不同城市化背景下各动态情景中碳排放的概率分布及期望值。其中，各影响因素预期变化率的随机取值是在特定概率分布的框架下进行的。Ramirez 等（2008）的研究表明，在已知变量的最可能出现结果和可能区间的概率分布形式都未知时，三角形分布最适合作为随机变量取值的预设概率分布。因此，各影响因素的预期变化率将从表 5 至表 7 报告的最小值与最大值构成的区间中随机取值，而中间值则为各因素的最大可能潜在变化率。

（二）达峰路径演绎

基于前文所述的动态情景分析思路，我们估算出四种城市化背景下各情景的碳排放期望值（见表 8），并且绘制了四种城市化背景下各情景碳排放的概率分布图（见图 6）[①]。

在历史基准情景下，即未来近 20 年若中国政策环境和技术水平均延续以往趋势，中国碳排放将沿着过去发展的轨迹持续大幅增长。可以看出，在城市化背景 A 下，2030 年碳排放的可能范围为 77.309 亿 ~294.125 亿吨，且其期望值也达到了 128.693 亿吨。与 2017 年的 92.550 亿吨相比，在历史情景中碳排放的潜在年均增长率达到了 2.57%。因此，过去以牺牲环境为代价的经济发展方式是不可持续的，如果延续这种粗放型的发展方式而不倡导节能减排，中国未来的发展将面临日益严峻的环境形势。因此，加大环境治理力度、制定严格的减排政策势在必行。

表 8　动态情景分析碳排放期望值

单位：亿吨

情景	2019 年	2021 年	2023 年	2025 年	2027 年	2029 年	2030 年	2031 年	2033 年	2035 年
历史基准情景 A	98.181	103.462	109.677	114.242	120.687	127.457	128.693	134.448	141.494	148.357
政策导向情景 A	97.336	102.567	106.271	111.158	114.403	117.791	118.607	118.341	120.518	121.908
政策导向情景 B	97.110	101.863	106.889	111.832	115.036	117.286	118.085	120.183	120.644	122.676
政策导向情景 C	97.220	102.058	106.346	111.756	114.510	117.037	119.737	120.878	119.953	120.867
政策导向情景 D	97.563	101.669	106.971	112.112	115.258	117.167	119.261	120.852	120.905	121.907
技术突破情景 A	97.392	100.734	102.926	105.117	105.731	105.996	105.741	105.167	102.822	100.732
技术突破情景 B	97.584	100.924	103.358	105.582	105.133	105.310	105.760	105.281	102.553	101.184
技术突破情景 C	97.401	101.018	102.806	105.161	105.894	105.633	105.588	104.242	103.271	102.191
技术突破情景 D	97.522	101.276	102.961	105.194	106.072	105.314	105.456	104.303	102.347	101.144

注：A、B、C、D 表示该动态情景分别处于城市化背景 A、B、C、D 之中。历史基准在各城市化背景下均不能于 2030 年或之前实现碳排放达峰，故仅以报告城市化背景 A 下的结果作为代表。

① 限于篇幅，图 6 仅给出了基于城市化背景 A 的各动态情景下碳排放的概率分布，而未给出其他城市化背景与动态情景下的碳排放概率分布图，有兴趣的读者可以向笔者索取。

而在政策导向情景中，尽管在2025年前碳排放与历史基准情景表现出大致相同的增长幅度，但在之后出现了显著放缓态势，如图6所示。在城市化背景A下，2030年碳排放期望值为118.607亿吨。与2017年相比，碳排放的年均增长率约为1.93%。而在2030~2035年，碳排放增长趋势明显放缓。可以预见的是，在政策导向情景下，中国碳排放快速增长趋势将得到有效抑制，且有望在2035年附近出现拐点。然而，这还不足以实现中国政府作出的在2030年或之前实现碳达峰的承诺。因此，制定和实施更为严格的减排政策并加快推进突破性的减排技术创新是确保中国碳达峰承诺能够如期实现的必要前提。

在技术突破情景下，总体来看，四种城市化演化背景下中国均可在2030年或之前实现碳排放达峰的承诺。以城市化背景A为例，中国碳排放在2029年成功达峰，期望值仅为105.996亿吨，此后到2035年则以年均0.97%的速度下降。因此，中国需加强政策引导，加快转变经济增长方式，尤其要着力支持能源及节能减排技术的研发和推广应用，促进能源效率改进和能源消费结构优化目标的提前完成，从而实现碳排放如期甚至提前达峰。

技术突破情景在不同城市化背景下的碳达峰路径存在差异。对于城市化背景A、B、C而言，在背景C下中国能够最早实现碳排放达峰；而城市化背景B下的碳排放达峰时期最晚。比较背景A、B、C的城市化进程特征可知，背景C城市化发展速度呈现“先缓后急”的趋势，而背景B恰恰与之相反。这意味着，在城市化高速发展时期，政府需以推动减排技术创新、优化能源消费结构、提升能源效率为重。否则，在进入城市化建设后期时，即使在政策干预方面“亡羊补牢”，但由于经济变量的“路径依赖”特征，碳排放也将处于相对高位状态，节能减排的“压力”一旦稍有减轻则很可能导致碳达峰承诺难以实现。因此，城市化发展速度、减排技术与相关政策的匹配是有效实现碳排放达峰的必要条件之一。同时，对比城市化背景A与D下的碳达峰路径可以发现，在城市化背景D下，中国同样能够在2027年附近实现碳排放达峰。因此，技术突破情景D给我们提供了另一条可行的碳达峰路径。总结来看，在相同的政策环境和技术水平条件下，较高的城市化水平更容易实现碳排放的如期达峰。

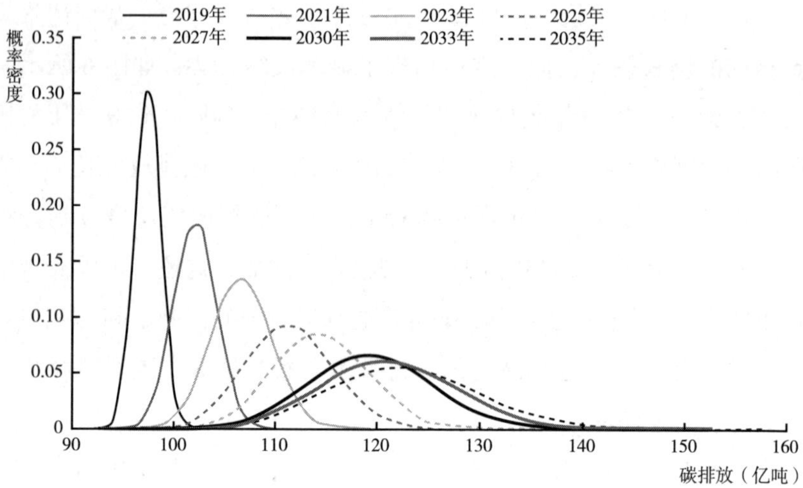

图 6　城市化背景 A 下政策导向情景的碳排放演变趋势

碳排放能否实现 2030 年或之前达峰是由多方面因素综合决定的。上述动态情景模拟结果显示，仅在技术突破情景下中国碳排放能够在不同的时间点和碳峰值水平上确保如约实现目标，在其余两种情景下如期实现碳排放达峰的难度较大或存在较大的不确定性。因此，要确保在 2030 年或更早成功实现碳排放达峰，中国需在节能减排方面制定更加绿色与严格的政策目标，并出台和实施有效的配套措施。

五　结论与政策含义

高能耗与粗放式增长的城市化推进模式，是中国碳排放一直居高不下的重要原因。充分认识中国的城市化特征进而合理制定和有效实施有针对性的减排政策，在很大程度上是中国顺利实现碳达峰承诺、承担大国气候治理责任的前提。本文首先基于 STIRPAT 模型构建了碳排放影响因素的潜在类别混合回归模型，实证考察了在城市化这一背景因素的影响下，相关因素对于碳排放的动态差异性影响，进而基于蒙特卡洛模拟对碳排放的潜在演变趋势进行了动态情景分析。

研究发现：①人口密度、能源强度、人均 GDP 和能源消费结构对碳排放均具有显著的促增效应，表明当前中国的经济增长方式仍属于高能耗模式；FDI 占比的提高对中国大多城市化水平较高地区的碳排放具有一定的抑制作用，而在部分相对落后地区则呈现“污染避难所”效应；第二产业占比对不同城市化水平地区的碳排放的影响方向存在正负差异性。②相较于城市化水平较低的地区，人口密度、第二产业占比和能源消费结构因素对城市化水平较高地区的碳排放的促增效应总体而言更小。其中，人口密度增加可以产生规模报酬效应，这在一定程度上可以抵消由人口增加带来的能源消费增长；城市化水平较低地区的第二产业占比对碳排放呈现正向影响，而在城市化水平较高的地区，第二产业占比的提高对碳排放的影响不再显著；能源消费结构在城市化水平提高的过程中朝着更清洁的方向转变，因此其对城市化水平较高地区的碳排放的促增效应较小。③不同动态情景下的碳排放演化路径存在显著的差异，在历史基准情景和政策导向情景中，中国碳排放在四种城市化背景下均不能实现于 2030 年或之前达峰的目标，且 2017~2030 年的年均增长率分别约为 2.57% 和 1.93%；对于技术突破情景，在四种城市化背景下，均可在 2030 年或之前实现碳排放达峰的承诺，且碳排放峰值约为 106 亿吨。④在不同水平的城市化背景下，碳排放达峰路径存在显著的差异性，其中在较高城市化水平下中国更容易实现碳排放达峰目标，而“先缓后急”式的城市化发展模式也有利于更早地实现碳排放达峰目标。因此，城市化发展与减排技术相关政策的合理匹配是加速实现碳排放达峰的必要条件之一。

上述研究结论对如何有效推进绿色发展、建设美丽中国以及顺利实现碳达峰承诺具有重要的政策含义。第一，各地政府应制定具有方向性的、稳定的城市化发展战略。在城市化发展模式和方向不稳定时，城市化对碳排放的调节影响方式也会存在较大的波动，因而发展模式的不稳定性会使得碳排放的各影响因素亦以波动变化的方式对其产生影响，这会给节能减排工作带来一定的困难。因此，在制定城市发展规划时，就应加强顶层设计，在充分考虑环境约束的条件下，系统确定城市发展目标，科学制定发展轨迹，从而有的放矢地规避相应的环境问题。第二，需重视城市发展质量而非城市化速度。随着中国经济发展进入新常态，中国的城市化进程也呈现出城市化率逐渐上升但城市化发展速度逐渐下降的趋势。在此背景下，在向更高城市化水平目标迈进时，最应重视的不再是城市化发展速度，而是城市发展质量。因而，因地制宜地发展当地最适合的产业，稳步提高城市化水平，应当成为当前城市发展规划的指导方针。第三，促进第二产业增长模式向环境友好型转变。不同的第二产业部门对环境的影响具有一定的差异性，因此各地在抑制高能耗产业发展的同时，要有意识地引导制造业内部产业结构的优化调整，通过发展高质量、环境友好型制造业，最大限度地缓解“金山银山”与“绿水青山”间的矛盾。第四，着力激发技术创新潜力，提高能源利用效率。即使在中国高城市化水平、经济发达的地区，也尚未形成紧凑集约型的城市发展模式，可以说中国的经济发展整体上仍以低技术和低能源利用效率的模式为主。因此，我国亟须加大在能源技术方面的社会投入，鼓励节能减排技术研发并促进新技术推广，以期提前实现政府在提升能源效率、优化能源消费结构方面的目标。第五，若延续先前经济高速增长、产业结构不合理、能源消费结构单一且利用效率较低的粗放式发展模式，则中国碳排放于2030年达峰是极不现实的。所幸的是，现阶段中国政府主动适应经济新常态，突出强调了加快转变经济发展方式的目标，并在构建绿色制造体系方面进行积极尝试。然而，尽管这些政策有助于促进节能减排，同时缓解了碳排放高速增长的压力，但其实施效果与有效程度尚且不够乐观，对于成功在2030年或之前实现碳排放达峰还略显“捉襟见肘”。因此，为尽快实现碳排放达峰目标，我国还须在能源环境政策领域进行更为系统和卓有成效的顶层设计，纵深推进能源与环境领域的体制机制改革，并形成“疏堵结合，奖惩并举”的政策格局。

参考文献

[1] 陈红蕾、陈秋锋，2006，《“污染避难所”假说及其在中国的检验》，《暨南学报（哲学社会科学版）》第4期。

[2] 董锋、杨庆亮、龙如银、程铄博，2015，《中国碳排放分解与动态模拟》，《中国人口·

资源与环境》第 4 期。

[3] 杜立民，2010，《我国二氧化碳排放的影响因素：基于省级面板数据的研究》，《南方经济》第 11 期。

[4] 范建双、周琳，2019，《城镇化及房地产投资对中国碳排放的影响机制及效应研究》，《地理科学》第 4 期。

[5] 国涓、王玲、孙平，2009，《中国区域能源消费强度的影响因素分析》，《资源科学》第 2 期。

[6] 何小钢、张耀辉，2012，《中国工业碳排放影响因素与 CKC 重组效应——基于 STIRPAT 模型的分行业动态面板数据实证研究》，《中国工业经济》第 1 期。

[7] 林伯强、刘希颖，2010，《中国城市化阶段的碳排放影响因素和减排策略》，《经济研究》第 8 期。

[8] 林伯强、孙传旺，2011，《如何在保障中国经济增长前提下完成碳减排目标》，《中国社会科学》第 1 期。

[9] 倪鹏飞、颜银根、张安全，2014，《城市化滞后之谜：基于国际贸易的解释》，《中国社会科学》第 7 期。

[10] 邱皓政，2008，《潜在类别模型的原理与技术》，教育科学出版社。

[11] 邵帅、杨莉莉、曹建华，2010，《工业能源消费碳排放影响因素研究——基于 STIRPAT 模型的上海分行业动态面板数据实证分析》，《财经研究》第 11 期。

[12] 邵帅、李欣、曹建华、杨莉莉，2016，《中国雾霾污染治理的经济政策选择——基于空间溢出效应的视角》，《经济研究》第 9 期。

[13] 邵帅、张曦、赵兴荣，2017，《中国制造业碳排放的经验分解与达峰路径——广义迪氏指数分解和动态情景分析》，《中国工业经济》第 3 期。

[14] 童玉芬、王莹莹，2014，《中国城市人口与雾霾：相互作用机制路径分析》，《北京社会科学》第 5 期。

[15] 王锋、吴丽华、杨超，2010，《中国经济发展中碳排放增长的驱动因素研究》，《经济研究》第 2 期。

[16] 吴振信、谢晓晶、王书平，2012，《经济增长、产业结构对碳排放的影响分析——基于中国的省际面板数据》，《中国管理科学》第 3 期。

[17] 吴振信、石佳，2012，《基于 STIRPAT 和 GM(1，1) 模型的北京能源碳排放影响因素分析及趋势预测》，《中国管理科学》第 S2 期。

[18] 徐丽杰，2014，《中国城市化对碳排放的影响关系研究》，《宏观经济研究》第 6 期。

[19] 许和连、邓玉萍，2012，《外商直接投资导致了中国的环境污染吗？——基于中国省际面板数据的空间计量研究》，《管理世界》第 2 期。

[20] 许士春、习蓉、何正霞，2012，《中国能源消耗碳排放的影响因素分析及政策启示》，

《资源科学》第 1 期。

[21] 杨英法、周子波、陈静，2018，《以文化和智能制造推进先进制造业发展的路径研究——以河北省为例》，《云南社会科学》第 3 期。

[22] 赵昆，2008，《应用蒙特卡洛方法辅助理解计量经济学原理和方法——基于 Eviews 程序设计的两个实例》，《经济研究导刊》第 8 期。

[23] 郑石明，2016，《政治周期、五年规划与环境污染——以工业二氧化硫排放为例》，《政治学研究》第 2 期。

[24] Alam A., Fatima M., Butt S. 2007. "Sustainable Development in Pakistan in the Context of Energy Consumption Demand and Environmental Degradation." *Journal of Asian Economics* 18: 825-837.

[25] Chen H., Jia B., Lau S.S.Y. 2008. "Sustainable Urban Form for Chinese Compact Cities: Challenges of a Rapid Urbanized Economy." *Habitat International* 32(1): 28-40.

[26] Chen L., Yang Z., Chen B. 2013. "Scenario Analysis and Path Selection of Lowcarbon Transformation in China Based on a Modified IPAT Model." *PLoS ONE* 8(10): 677-699.

[27] Cole M.A., Neumayer E. 2004. "Examining the Impact of Demographic Factors on Air Pollution." *Population and Environment* 26(1): 5-21.

[28] Du L., Chen W., Cai S. 2012. "Economic Development and Carbon Dioxide Emissions in China: Provincial Panel Data Analysis." *China Economic Review* 23(2): 371-384.

[29] Holtedahl P., Joutz F.L. 2004. "Residential Electricity Demand in Taiwan." *Energy Economics* 26(2): 201-224.

[30] Liddle B. 2004. "Demographic Dynamics and Per Capita Environmental Impact: Using Panel Regressions and Household Decompositions to Examine Population and Transport." *Population and Environment* 26(1): 23-39.

[31] Lin B., Ouyang X. 2014. "Analysis of Energy-related CO_2 (Carbon Dioxide) Emissions and Reduction Potential in the Chinese Non-metallic Mineral Products Industry." *Energy* 68: 688-697.

[32] Muthen B., Asparouhov T. 2009. "Multilevel Regression Mixture Analysis." *Journal of the Royal Statistical Society* 172: 639-657.

[33] Ramirez A., de Keizer C., Van der Sluijs J.P., Olivier J., Brandes L. 2008. "Monte Carlo Analysis of Uncertainties in the Netherlands Greenhouse Gas Emission Inventory for 1990–2004." *Atmospheric Environment* 42(35): 8263-8272.

[34] Shao S., Yang L.L., Yu M.B., Yu M.L. 2011. "Estimation, Characteristics, and Determinants of Energy-related Industrial CO_2 Emissions in Shanghai (China), 1994–2009." *Energy Policy* 39(10): 6476-6494.

[35] Wang C., Wang F., Zhang X., Yang Y., Zhang H. 2017. "Examining the Driving Factors of Energy Related Carbon Emissions Using the Extended STIRPAT Model Based on IPAT Identity in Xinjiang." *Renewable and Sustainable Energy Reviews* 67: 51-56.

[36] Wen L., Shao H.Y. 2019. "Analysis of Influencing Factors of the Carbon Dioxide Emissions in China's Commercial Department Based on the STIRPAT Model and Ridge Regression." *Environmental Science and Pollution Research* 26: 27138-27147.

[37] York R. 2007. "Demographic Trends and Energy Consumption in European Union Nations, 1960–2025." *Social Science Research* 36(3): 855-872.

（责任编辑：陈星星）

以侨为桥

——侨资企业与中国的外向型发展

陈方豪　熊瑞驰*

摘　要：自 1978 年改革开放以来，中国在非常短的时间内完成了由传统、封闭、计划主导的经济体向现代、开放、市场导向的经济体的转变，成为“世界工厂”与“跨国企业之乡”。本文认为，海外华人华侨以及他们在中国大陆开设的侨资企业在上述转变中发挥了重要的促进作用。本文首先回顾了过往的侨企研究，以具有代表性的南安石材业案例总结提炼出侨资企业在区域产业发展中所发挥的作用。其次，基于侨资企业数据库刻画了自改革开放以来全体侨企进入的时空、行业和组织特征，总结了基本的经验事实，并通过比较侨企与非侨外企的差异突出了侨企的特殊地位。最后，通过定量证据展示了一些侨企在改革开放中可能发挥的溢出作用，并探讨了在国际比较下中国借助侨资实现发展的普适意义，展望了未来可拓展的研究方向。

关键词：侨资企业　华人华侨　外商直接投资　对外开放

一　引言

改革开放以来的 40 多年间，中国的经济总量增长了 200 多倍，人均收

* 陈方豪（通迅作者），助理教授，暨南大学经济学院，北京大学国家发展研究院，电子邮箱：fhchen2017@nsd.pku.edu.cn；熊瑞驰，博士研究生，多伦多大学罗特曼商学院，电子邮箱：ruichi.xiong@rotman.utoronto.ca。本文基于陈方豪博士学位论文的部分章节改写而成，陈方豪特别感谢导师张晓波在其撰写博士论文与本文过程中提供的指导与支持。笔者感谢《中国经济学》审稿快线审稿专家的宝贵意见，文责自负。

入翻了 94 倍，数以亿计的人口脱离贫困，在世界范围内“一枝独秀”。[①] 这份增长记录可以说既是“奇迹”，也是“困惑”——中国究竟是如何做到的？对这个问题的求索引发了学术界延续至今的百家争鸣。其中，较为著名的理论解释有发展战略说（林毅夫等，1994）、制度变革说（周其仁，2004）、官员激励说（周黎安，2007）、区域竞争说（Xu，2011）、集群发展说（张晓波和阮建青，2011）等。相较于过往文献，本文聚焦中国与国际市场之间的社会联系，旨在论证：借助海外华人华侨与其家乡的亲缘关系、在改革开放早期引进侨商投资，是中国得以顺利融入全球化体系、实现快速稳健经济增长的重要举措。做好侨企研究，是理解中国特色外向型发展道路、讲好中国发展故事不可或缺的一部分。

同许多东亚国家类似，中国在改革开放早期采用了外向型发展战略（Radelet 和 Sachs，1997）。具体而言，就是通过开放政策，引进外商直接投资（Foreign Direct Investment，FDI）承接国际上的产业转移，在沿海省份集中通过出口带动经济增长。图 1 显示，改革开放以来，中国吸引的 FDI 和出口占世界的份额稳步提高。在正式加入 WTO 之前，中国在利用外资与出口方面就已经达到了较高的水平。1979~1999 年，中国吸引的 FDI 流入，仅次于美国（Huang，2003）。2007 年，中国首次超越美国，成为世界第一大出口国。通过实施外向型发展战略，中国在非常短的时间内实现了由传统、封闭、计划主导的经济体向现代、开放、市场导向的经济体的转变，成为全球闻名的“跨国企业之乡”与“世界工厂”。世界银行也将中国吸引外资的发展模式树立为鼓励广大发展中国家学习的典范（World Bank，1997）。

然而，从世界范围来看，中国所取得的成功并不是那么理所当然的。第一，发展中国家因为软硬性基础设施的缺乏，在吸引 FDI 上存在天然的劣势。20 世纪 70 年代至今，全球范围内有超过 70% 的 FDI 流向了较为发达的 OECD 成员国，而非广大的发展中国家。[②] 考虑到中国在改革开放之

---

① 根据国家统计局的数据，1978 年，中国国内生产总值为 3645 亿元，人均为 343 元；2020 年，中国国内生产总值为 1015986 亿元，人均为 32189 元。

② 数据来源于 https://data.oecd.org/fdi/fdiflows.htm。

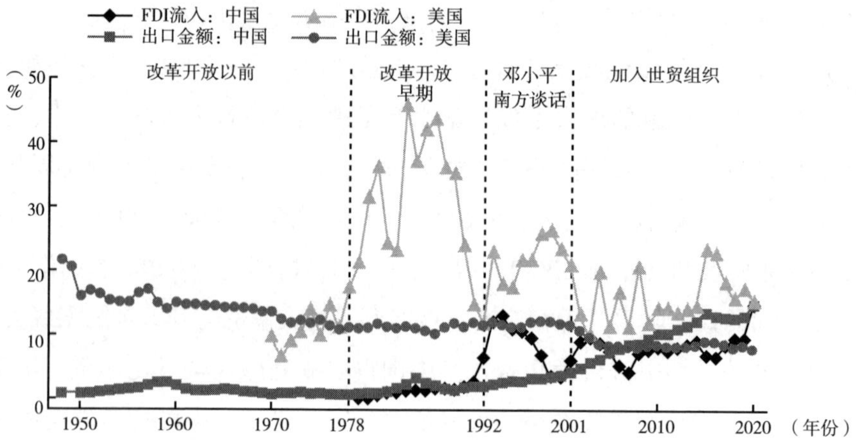

图 1　FDI 流入与出口额占世界整体的百分比：中美比较

前有长约 30 年的封闭期，能够在短时间内成功吸引到大量外资则更属不易。第二，单纯的资本或贸易开放政策并不一定能够带来稳健的经济增长。拉美国家如巴西的案例表明，在贸易自由化之后，本国产业也可能在受到外部冲击后萎缩（Dix-Carneiro 和 Kovak，2017）；而一些关于越南的研究揭示，过度依赖外资，也可能会阻碍本土企业的发展（Kokko 和 Thang，2014）。

要理解中国开放政策的成功，必须关注到的事实是：流入中国的外商投资以海外华人华侨（包括港澳台侨在内）主导的侨商投资（Diaspora Direct Investment, DDI）为主，而且吸引大量侨商投资的沿海省份恰恰是大量海外华人华侨的祖籍地（Lever-Tracy 等，1996）。这并非出自偶然。一方面，中国深远的宗族文化延续在海外华人华侨的血脉里（Kuhn，2008；滨下武志，2021）。尽管客居他乡，海外华人华侨与家乡的社会联系从未断绝。对于家乡的熟悉使得侨企有别于一般的外企，可以更快识别出当地潜在的商业机会，对接国际市场的需求，并利用其与家乡的宗族纽带克服很多交易上的摩擦。这种地域亲缘性赋予了侨企在信息获取、管理、招工、联系本地供应商等方面的优势，降低了进入门槛，反过来增强了其投资意愿（王望波，2005）；同时，早在改革开放之初，中国政府就意识到广大的海外华人华侨群体是助推经济发展的宝贵资源，制定了鼓励海外华人华侨返乡投资的针对性政策，希望借此克服资本、技术、市场上的约束，带动本土产业发展（张秀明，2008；任贵祥，2009）。事实证明，海外华人华侨在帮助中国重返国际市场、实现经济增长上发挥了重要的“先驱”与“桥梁”的作用：他们利用作为非正式制度的宗族网络，克服了外资企业在一个不成熟的市场环境中所面临的进入壁垒，对中国大陆进行了宝贵的先驱投资；他们经营的侨资企业，作为中国大陆与海外市场的纽带，贯通了海内外的信息流、贸易流、资金流，突破了资本屏障、观念屏障、技术屏障、市场屏障，带动了本土产业的形成发展，加快了市场经济制度建设，奠定了中国后来几十年产业高速发展的基础。那些最早接触到侨商投资的地区，如闽粤浙地区，因叠加了其自身优越的自然条件（如沿海）以及与海外的社会联系等优势，长期以来都是我国经济发展最繁荣、对外联系最紧密、制度建设最先进的区域（陆铭，2013）。

总而言之，理解侨资企业在外资企业中的特殊性、梳理总结中国借助侨企实现外向型发展的经验，无疑兼具理论与实践价值。尽管侨资企业的贡献有目共睹，也吸引了大量的定性研究的关注，但细致的机制梳理与严谨的大样本定量分析依然十分稀缺。本文旨在借助 Chen 等（2022）最新的研究成果，利用基于工商注册信息构造的侨资企业数据库突破过往侨企研究的数据瓶颈，从而更好地理解后发国家实现外向型经济发展的“中国经验”。

本文的后续安排如下：第二部分回顾了相关文献并探讨了本文的贡献；第三部分梳理了一个由侨企带动形成的代表性产业集群——南安石材业的发展历程，从中提炼总结借助侨企实现外向型发展模式的典型特征；第四部分基于 Chen 等（2022）构建的侨资企业数据库，刻画描述了自改革开放以来全体侨企进入的时空、行业和组织特征；第五部分比较侨企和非侨外企在进入特征上的异同，从而更好地理解侨企的特殊性；第六部分通过回归的方式，展示了一些侨企在改革开放以来的经济发展中可能发挥的溢出作用（Spillover），以启发后续的研究；第七部分探讨侨企研究在国际视野下的一般性意义；第八部分为总结全文。

二 文献综述

（一）识别与测度侨企

侨资企业因其在改革开放过程中做出的重要贡献，长久以来一直受到学界的广泛关注。但由于高质量数据匮乏，要精确测度侨企存在很多的困难（林金枝，1993a），现存的侨企研究往往以档案资料整理、田野调查、案例分析、访谈记录等定性分析为主。丰富的定性研究成果展现了针对侨资企业的全方面、多角度、富有启发性的观察，从中可以提炼出很多有趣的假说以供实证检验。但是大多数研究还是限于案例式的描述，难以保证结论的普适性，哪怕在研究中运用到了定量分析，也多为转述自官方资料的数据加总，或是缺乏准确来源的模糊数据，不足以支撑严谨的实证检验。

面对侨企数据的缺乏，很多学者也在尽可能的范围内做出了定量的尝试。第一种常见的测量侨企的方法是使用代理变量（Proxy Variable）。一般官方外资数据中能够准确观察的变量仅有其来源地，因此很多研究采用来自海外华人华侨密集国家和地区的FDI作为侨商投资的代理变量。Lever-Tracy等（1996）借鉴Yamaguchi（1993）所使用的Chinese Business Sphere概念，以来自中国香港、中国台湾、新加坡、马来西亚、泰国、印度尼西亚和菲律宾等地区的外商投资加总数据作为侨商投资的近似估计值。此外，很多常用的企业层面数据（如工业企业数据库）会单独区分标识来自港澳台地区的外资企业。[①]Lin等（2009）、Huang等（2013）借助这一数据优势，在各自的研究中均使用港澳台企业指代侨资企业来分析侨资企业与大陆的文化亲近关系对企业的经营绩效和对本地的溢出效应产生的

① 使用工业企业数据库作为侨企研究的样本还具有如下的缺憾：①只涵盖制造业企业，然而自改革开放伊始侨资企业中就有很多从事非制造业行业，如旅馆业、房地产业等（林金枝，1993b；王望波，2004）；②只涵盖营业额500万元以上的企业，然而早期很多的侨资企业只是在进行试探性投资，如很多“三来一补”由于规模较小，并不会被该数据覆盖；③只涵盖1998~2007年存在的企业，而非历史上曾经存在过的企业，因而无法刻画侨资企业从进入、成长到退出的动态变化信息。

影响。

然而，以来源地划分侨企与非侨外企可能会存在严重的偏误。首先，很多外商资本，尤其是在改革开放早期，会使用中国香港作为投资内地的跳板，进行所谓的“中转投资”（Routing Investment）以借道香港回避当局的监管（Lever-Tracy 等，1996），或者利用香港作为亚洲的国际金融中心，在开展融资、换汇、股权交易等金融领域具有的不可替代的优势。事实上跨国企业，不论是侨企与否，在进入中国内地市场之前都倾向于先在香港设立总部，再到内地开设分公司（王望波，2004）。其次，随着国际形势有所缓和，中国对外开放的领域不断扩大、投资法规与环境不断完善，侨商开始从其侨居国直接向中国大陆投资，同时也有越来越多的侨企选择到提供避税服务的自由港注册之后再进入中国大陆（薛承，2006）。总而言之，如果按照传统方法以港澳台侨企作为全体侨企的代理变量，一是会掺杂非侨资的其他外企，二是会忽略来自其他国家和地区的侨企。

第二种应对侨企数据缺乏的解决方案则是牺牲样本的全面性，通过聚焦特定地区的代表性样本来获得局部结论并推广其适用性到全体侨资。代表文献如 Jean 等（2011），使用来自中国台湾的 88 个财团下属的侨企作为研究样本。但依靠这样的小样本数据得到的结论的代表性较弱。

第三种更为常见的方法主要运用于国际贸易的实证领域。这类研究不区分贸易与 FDI 中的侨资（DDI）和非侨资（non-DDI），而是直接引入海外华人华侨在各国的移民存量（Poston 等，1994；庄国土，2011）并以估计引力方程（Gravity Equation）的形式来实证移民网络对于贸易与 FDI 的影响。Rauch 和 Trindade（2002）最早研究了一个国家的海外华人华侨数量对于其与中国双边贸易的影响。Gao（2003）和 Tong（2005）则验证了海外华人华侨网络同样会促进其他国家与中国间的双向 FDI 流动。林勇（2007）和蒙英华（2008）均用更新、更全面的数据再次验证了海外华人华侨网络对 FDI 和贸易的促进作用。其缺点在于混淆了侨资和非侨资两类有明显差异的 FDI，因而只能从宏观加总层面提供一些间接性的证据。

目前最为完善的侨企数据库来自龙登高等（2008）、龙登高和李一苇（2018）。国务院侨办在 2004~2005 年对全国侨资企业做过普查性质的全面调研。上述学者受国务院侨办的委托，开展了“侨资企业数据库的开发与研究应用”，并基于该项数据库构建了全国唯一也是第一个专门性的侨资企业数据。但目前该数据库尚未向一般研究者开放，且该数据只覆盖了调查时刻（2004 年前后）尚在运营的企业，无法还原各年度投资的侨资企业数量和规模，也缺乏侨资企业进入、成长、退出的动态变化信息。此外，该侨资企业数据库距本文撰写时间也过去了 10 多年，侨资企业的最新变化和动态无法得到体现。

总的来说，过往文献使用的侨资企业数据存在数据量少、时间跨度短、样本较为陈旧、行业和规模代表性不强、变量不够丰富、间接法测度不准等缺憾。Chen 等（2022）使用全国工商信息注册数据第一次比较直接准确地识别了侨企。由于工商注册信息数据覆盖了所有自 1980 年以来注册的工商企业并包含丰富的企业层面的变量，本文克服了过往文献中样本量、时间跨度和代表性等问题，使得微观层面的分析和因果识别得以进行。本文还在时空、行业以及组织层面刻画并描述了改革开放以来侨企的进入特征，第一次为侨企的定量研究提供了一些基本的经验事实（Empirical Facts），为后续的研究奠定了基础。

（二）侨企在改革开放中发挥的作用

毋庸置疑，侨企在改革开放中发挥了巨大的作用。关于这方面的定性研究成果十分丰富，吸引了来自经济学、管理学、社会学、人类学、历史学诸多领域学者的兴趣，形成了丰富的成果。按研究视角从宏观到微观，关于侨企的研究大致可以划分为三支文献。

第一支文献结合改革开放进程从整体上梳理了侨企的演变及其历史贡献。其中的代表性文献为薛承（2006）、吴洪芹（2007）和任贵祥（2009）等，介绍了侨企入华的宏观大背景和主要特征，设定了侨企研究的基本课题。

第二支文献则聚焦特定投资区域或来源国。早期代表如林金枝（1983）详细阐述了近代以来福建的华侨投资企业对于当地经济社会发展的贡献。针对改革开放之后进入的侨企的研究则更加丰富，覆盖了闽粤地区（龙登高，1999）、珠三角地区（Graham，2006）、广西（赵和曼，2002）、福建晋江（赵文骝，1999）、福建南安（Tan，2006）、广东江门（任健强，2011）、广东潮汕（陈蕊，2020）、广东番禺（Yow，2006）和浙江青田（韦丹辉，2021）等。与这部分关注侨企所在地的文献相对应，王望波（2004）着重探讨了来自东南亚的华侨投资，Tan（2006）和 Bao（2006）则更进一步细化探讨了马来西亚和泰国的华商案例。

第三支文献则从企业层面观察总结了侨资企业的运营模式及其与投资地的互动。Vogel（1990）就描述了 20 世纪 80 年代早期港澳投资企业在参与生产的过程中“培训”并帮助当地官员、企业家、员工接受市场经济规则的实践。Redding（1995）则一般化地分析了国际华商企业家在经营企业上具有的“弱组织、强关系”的共性特征。Lever-Tracy 等（1996）提供了大型和中小型侨企在开拓中国大陆市场上战略的异同之处。龙登高（2001）则认为“侨乡地方政府与普通民众，通过与海外乡亲的密切联系，一方面获得了与兴办企业、改进管理、开拓海内外市场等相关的经验与资源；另一方面，开阔了眼界，解放了思想，为改革开放的持续发展排除了阻力”。王望波（2005）认为，海外华商因为语言相通、习惯相似，较其他外商更能直接地发挥示范作用。对侨乡民营企业家而言，显然更易于理解和接受华商投资企业的经营管理经验，其适用性也更强。东南亚华商投资企业起到了类似“中间适用技术”的作用。侨商投资的这种“过渡性制度”安排使得中国市场经济在制度和实践上得以最终与世界接轨。龙大为等（2010）分析了海外侨商在侨乡的用工管理机制下如何促成农业社会工业化的转型。龙登高和李一苇（2018）进一步提出，海外华商经营管理模式融会了西方经验和中国文化特色，较好地适应了市场经济转型时期的制度环境，成为本土企业争相学习的对象。

这些定性研究的共同特点是强调侨企作为连接中外的桥梁对中国经济的发展起到了一般外资所无法发挥的作用，而这些作用可以解释中国经济发展的成功。本文利用侨企数据库第一次为上述定性观察提供了数据支撑，并以此探讨当前侨企研究的不足之处与未来可以拓展的空间。

侨资（DDI）从性质上依然归属于 FDI 的范畴，是一个国家借助 FDI 实现经济增长的重要手段，因此，侨企研究还天然与 FDI 溢出效应（FDI spillover）这支经济学文献相关联（Harrison 和 Rodríguez Clare，2010）。传统的 FDI 溢出效应文献注重于识别垂直（vertical）与横向（horizontal）溢出效应（Javorcik 等，2011）及其背后的机制，包括工人流动（Poole, 2013）、知识溢出（Abebe 等, 2018）等。Markusen 和 Venables（1995）构建理论模型阐述了 FDI 如何促成本地产业的发展。针对中国的 FDI，Lin 等（2009）、Lu 等（2017）发现 FDI 对于本土企业的 TFP 具有负向的影响。但他们使用的样本期较晚（1998 年之后），因此略去了侨企作用最显著的改革开放早期阶段。Jiang 等（2018）关注到 FDI 中的合资企业（Joint Venture, JV）具有正向的技术溢出效应。本文对该支文献的贡献在于，在中国改革开放的情境下突出了侨资在 FDI 中的特殊性——扮演了不成熟市场环境中先驱投资者的角色。

（三）中国式发展道路

改革开放 40 多年来中国实现的高速经济增长在世界范围内“一枝独秀”，吸引了大量的学者关注，也激发了丰富的学术思考。很多学者试图从不同的角度对中国奇迹做出理论解释。林毅夫等（1994）认为中国改革开放后得以实现经济高速增长的关键在于扭转了先前赶超式的发展思维，采取了符合我国禀赋优势的发展战略。周其仁（2004）认为改革开放的过程就是制度变迁引致交易成本不断降低的过程。Xu（2011）和周黎安（2007）分别从财政分权、官员晋升角度论证区域间竞争如何促进中国的经济增长。张晓波和阮建青（2011）则认为中国以集群式的发展方式降低了企业的进入门槛，从而实现了快速工业化。相较于过往文献，本文的贡献在于聚焦中国的外向型发展特征，探讨使其得以实现的海外华人华侨网络的重要性。

与本文关联更为紧密的两支文献关注到中国的外向型发展特征和改革具有渐进性的特点。前者的代表为 Perkins（2014），认为通过开放吸引 FDI、以借助外部力量参与国际分工体系是中国经济持续增长的关键；后者的代表则是江小涓（1999），认为渐进性改革弱化了市场制度建设过程中的摩擦，使得改革更容易成功。本文的贡献在于从海外华人华侨与侨资企业特殊性的角度补充说明了上述特征如何得以呈现。

三 侨企与南安石材产业集群

本部分以福建省南安石材业这一代表性的侨乡产业集群为例，探讨侨资企业在区域产业发展中起到的作用，为借助侨资实现外向型发展的模式提供一些直观的理解。

（一）发展历程

南安市地处泉州地区的南部沿海，与厦门经济特区接壤，拥有优越的交通条件和自然资源。南安所在的地区属于泉州市，古称刺桐，是古代海上丝绸之路的起点，与海外做生意已经有百余年的历史。在浓厚的商贸氛围熏陶下，下南洋经商很早就成为很多南安人谋生的手段。时至今日，作为福建最大的侨乡之一，从南安走出去的华人华侨遍布世界各地。和大多数侨乡地区一样，南安人虽然热衷于出海与经商，但受本地浓厚的宗族文化影响，即使迁居海外的华人华侨仍然保留着对族群深厚的认同。即使是移民海外的宗族成员，其去向和后代延续仍然会被族谱记录在册。很多早年侨居海外的第一代移民也很重视将在海外出生成长的第二、第三代移民带回家乡参与宗族祭祀活动，从而增进后代对于祖籍地的情感，以及宗族身份的认同（Tan，2006），对于中国文化的认同得以在海外侨胞族群中赓续延绵（Kuhn，2008）。

虽然在新中国成立后到改革开放前，中国民间与海外的交流往来一度中止，海外华人华侨无法轻易前往侨乡探访亲友，也并不被允许在大陆开办工厂企业，但很多海外华人华侨仍会将饱含对远在故乡亲友情感的信件（侨批）和海外获得的收入（侨汇）一并通过邮政与金融机构寄回家乡。它们是南安华侨与家乡保留深厚社会联系的证据。此外，海外华人华侨对南安的慈善捐资也是从未断绝且居全国前列，大量侨汇与捐赠，改善了南安的教育、医疗、卫生、基础设施的条件，为南安后续的经济发展创造了前提。

南安本地的石材业具有悠久的历史和口碑。当地开采加工石料的历史可以追溯至唐宋时期。国内许多知名建筑，如人民大会堂、毛主席纪念堂、陈嘉庚纪念馆等所采用的石料产品，很多都是出自南安。南安石材业后虽发展一度陷入了停滞，但大体上保留下了技术和人才的基础，为改革开放后的全面发展埋下了伏笔。

改革开放后，普通民众的收入水平有了大幅的提高，修盖楼房、添置家具、改善家居内饰的需求也相应地大幅增长，石材类产品的利润率因此很高。善于经商的南安人很快意识到石材这项具有悠久历史的本地产业将会在市场经济的浪潮中大放异彩，抓住商机纷纷下海创办企业。南安人也没有忘记自身所在侨乡所具备的优势，主动联系海外侨胞，积极了解海外市场信息，开发海外客户和订单。同期，海外侨商对中国大陆投资虽已有苗头，但大多尚处于观望阶段，主要是在祖籍地以“三来一补”[①]的形式作小规模投资，且大多数工厂由其祖籍地的亲属代管。彼时中国大陆与海外的联系已经恢复，相互之间探亲访友、打跨洋电话的活动明显增加，在这个过程中，留守家乡的南安侨亲在与海外侨胞的交流中将很多家乡的发展机会等信息传递了出去。很多的海外侨商因此或多或少地了解到商机，而又通过自身的商业网络传递给其他海外侨商。因此，在南安石材业起飞之前，很多海外侨商早已做好准备，只待政策的东风吹起。

南安石材业发展的转折点则是在1992年邓小平南方谈话之后。全国的市场开始向外资全面开放，大量有实力、有技术的外资企业，包括环球、高时等，开始进驻南安。值得一提的是，这些外资企业几乎都由海外华人华侨（包括港澳台地区）控制的侨资企业构成。这些侨企的创始人和管理层的祖籍很多都可以追溯至本地或者周边的市县。侨资企业能够如此迅速地对市场机会做出反应，一方面离不开官方对于海外华人华侨的

① “三来一补”指来料加工、来样加工、来件装配、补偿贸易，是中国在改革开放初期尝试性地创立的一种企业贸易形式。“三来一补”企业主要的结构是：由外商提供设备（包括由外商投资建厂房）、原材料、来样，并负责全部产品的外销，由中国企业提供土地、厂房、劳动力。中外双方对各自不作价以提供条件组成一个新的“三来一补”企业；中外双方不以“三来一补”企业名义核算，各自记账，以工缴费结算，对“三来一补”企业各负连带责任。

特殊优惠政策，[①] 另一方面归功于开放初期侨亲与侨胞的密切沟通，这些有利条件使得南安石材新兴的商业机会可以广为身处世界各地的海外侨商所知。

侨资企业的到来对当地的产业发展带来以下重大影响：第一，引进了国外先进的设备，提高了当地石材行业整体的工艺水准，促进了地域品牌的打造；第二，将海外市场的信息和订单带回大陆，也让更多的海外客商了解到南安的存在；第三，通过示范效应、上下游分工与贴牌代工，带动本地企业进入产业链，协同进步，孵化了一波诸如东升、溪石、宏发这样的内资龙头企业。

从此之后，石材业逐渐成为南安地区的支柱产业，特别是水头和石井两镇出现明显的产业集聚现象，并逐渐形成供给需求“两头在外”的外向型发展特点。在南安之外，这种在资本极度缺乏、市场环境高度不确定的条件下由侨资企业作为先驱投资、以海外需求带动本地产业的发展模式，在缺乏国有资产但拥有丰富华侨资源的闽粤两地是非常普遍的。类似的历史还曾在晋江的鞋服业、石狮的纺织业中出现（王望波，2004）。

必须指出的是，很多海外华人华侨确实通过投资大陆成功分享到了祖国经济发展的红利，但是事前来看他们的投资行为在商业上并不一定明智。他们的很多举措其实并不能完全由经济动机所解释，或多或少地带有提携乡亲、造福桑梓的美好意愿（龙登高，2001；Tan, 2006）。正如 Kuhn（2008）曾指出的，在中文中，无论在严格的词语意义上，或是从百姓的日常口语中，都找不到一个能够与英文 emigrant 完全准确对应的词语。安土重迁，既“守”又“走”，地域上的分离与情感和经济上的相连并存，就是

① 1985 年发布的《国务院关于华侨投资优惠的暂行规定》提出，对港澳台同胞及其他地区的华侨投资商给予外商投资企业的待遇，如其在经济特区和开发区兴办企业，享受额外 11 项优惠，涉及税收、外汇、退税、土地等多个领域；1988 年发布的《国务院关于鼓励台湾同胞投资的规定》提出，对台胞投资企业生产的出口产品，除国家限制出口的外，免缴出口关税和工商统一税；1990 年发布的《国务院关于鼓励华侨和香港澳门同胞投资的规定》，虽然中止了 1985 年发布的《国务院关于华侨投资优惠的暂行规定》，但进一步规定对于进口用于生产出口产品的原材料、元器件、配件等免缴进口关税和工商税等，在政策层面上为侨商进入大陆市场提供了制度保障和政策激励。

中国迁移文化的基本特征。这种宗族内部相互帮助、相互成就的利他性行为，如 Greif 和 Tabellini（2017）所阐述的那样，反映了根植于中国历史文化的、有别于西方的伦理价值体系和制度基因，也促成了具有中国特色的发展道路。

1999 年，当地政府牵头在福厦公路旁的水头镇建起了全国最大的石材建材专业化市场——闽南建材第一市场（后更名为“中国石材城”），将石材产业加工、贸易、展会、物流、服务的各个环节融为一体。至此，深厚的产业基础、完备的市场信息、完善的市场配套服务和优越的交通条件彻底奠定了南安在国内石材业的领先地位，吸引了全国石材行业的 10 家龙头企业中的 9 家在南安设厂。

南安的石材业在确定国内龙头地位之后又非常幸运地迎来了中国加入世贸组织的绝佳发展时机，再叠加国内房地产与国际原油价格两大上行周期，南安的石材业得以进一步爆炸式增长：国内房地产行业繁荣催生了大量的石材建材需求，而国际原油价格的上行周期则刺激了海外的主要客户——偏爱石材建筑的中东国家客户们的需求，促进其购买南安石材用于修建更多、更高档的清真寺与奢华酒店。

根据意大利 IMM 国际石材公司的统计，2001 年，中国首次超越意大利，成为世界第一的产石大国（费明明，2008）。而贡献了其中 60% 以上产值的南安，也完成了从曾经籍籍无名的小镇向世界石都的身份跨越，在国际上被广誉为“中国的卡拉拉”。[①]

（二）总结：侨企作为“先驱”与“桥梁”

表 1 比较了截至 2008 年包括南安水头在内的国内四大石材产业集群各方面的表现。可以看出，南安水头在从业人数、年加工能力、产值等各个方面都遥遥领先于国内其他石材产业集群。特别地，南安石材业还具有典型的外向型特征——荒料外购率高达 85%，出口额占全国的 60% 以上。深究起来，南安的成功之道就在于其独特的供给需求“两头在外”的外向型

① 卡拉拉地处意大利西北部，濒临地中海，因盛产大理石而被誉为“世界大理石之都”。佛罗伦萨的大教堂、比萨斜塔、圣彼得堡博物馆、纽约世贸中心等世界著名建筑物都使用了产自卡拉拉的大理石。

发展模式，即原材料来自海外，客户主要在海外，将附加值较高的加工与销售环节集中在本地。

表 1　国内四大石材产业集群的对比

指标	南安水头	广东云浮	山东莱州	四川雅安
整体规模				
从业人数（万人）	3	0.5	0.4	0.3
年加工能力（万平方米）	7500	1500	1000	900
产值（亿元）	115	38	12	10
产业结构				
荒料外购率（%）	85	95	20	10
出口额（亿元）	37	16	5	2

注：比较了国内四大石材产业集群在人员规模、产能、产值、产业结构上的异同。
资料来源：费明明（2008）。

“两头在外”模式中，海洋这一交通媒介发挥了决定性作用。对于体积巨大且沉重的原材料荒石而言，采取海运相较于陆运具有明显的规模效应，可以降低运输成本，还可以打破本土荒石的供应约束。此外，对于最终销往海外的制成品板材而言，与在内陆石料产地加工相比，南安还可以节省一笔将板材运送至海港的费用。总而言之，得益于海洋这一交通媒介的存在，南安从运输成本的意义上缩短了与原料产地、海外需求的距离，借助优质的原材料和海外市场的旺盛需求，获得了内陆石料原产地所不具备的优势。

与“两头在外”相搭配的是南安当地精湛的石料加工工艺。南安经过长时间的发展积累，早已形成了围绕石材的单品类世界级产业集群。客商可以在南安轻易地找到完备的石材品类制造商、熟练的产业工人和完整的产业链配套。以当地最大的专业化市场——闽南建材第一市场为例，占地800余亩，汇集了海外矿山公司、生产加工企业、贸易经销商等全产业链的企业，各种荒料、板材、工艺石材、石雕、石材加工机械设备等一应俱全，流通商品囊括了国内外绝大部分知名品牌的石材荒料和成品。

邓小平南方谈话、中国入世的影响是全局性的，不仅限于南安。而政府搭建产业园促进产业升级的做法，在其他地方也屡见不鲜。换言之，这几个条件有利于南安石材业的发展，但并不是其成为世界石都的决定性原因。国内具备类似禀赋条件的地方其实还有很多，为什么偏偏是南安？这就不得不提到和南安有千丝万缕联系的侨商群体。正是他们的存在使得“两头在外”的模式成为可能。

图 2 总结了南安石材业借助侨企实现外向型发展的模式。具体来说，侨商就像纽带一样贯通了国内和国外两个市场。一方面，海外市场的历练培养了一批熟悉国际贸易规则、了解海外需求、具有商业嗅觉的优秀华侨企业家。他们的经验与视野对于南安石材业的出口导向具有决定性的影响。早期，他们通过全球选矿向本地企业示范了“两头在外”模式的可行性，后来又通过在海外开展销会、设立展销中心等形式不断向海外客商宣传推广南安石材。另一方面，对于家乡的熟悉使得他们有别于一般的海外投资者，可以识别出当地潜在的商业机会来对接国际市场的需求，并利用其与家乡的宗族关联克服了很多市场交易摩擦，如公司的管理、招工、联系本地供应商等。这又反过来增强了他们的投资意愿。两相结合之下，南安石材业形成了我们今天所看到的独特发展路径。

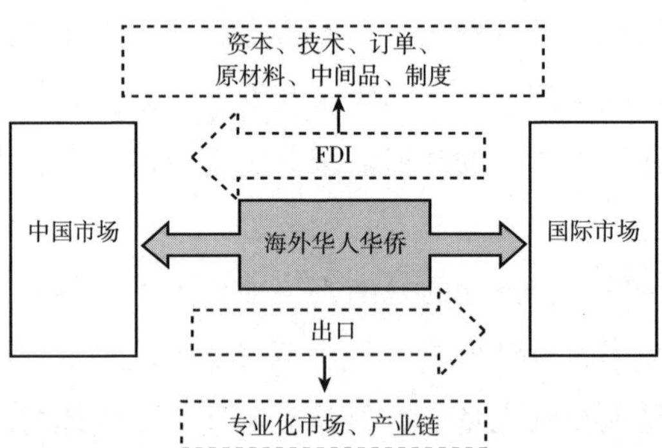

图 2　南安石材业借助侨资实现外向型发展的模式

总的来说，侨资企业在南安石材业的发展历程中发挥了“先驱”与“桥梁”的作用：在产业发展的早期借助宗族网络可以降低侨企的进入门槛，突破本地产业的资本瓶颈；在引进侨企之后可以引入海外市场信息，借助海外市场突破需求瓶颈；在产业发展的后期则可以通过侨企的示范、产业链分工孵化一批具有竞争力的本土企业，在“做中学”（learning by doing）中突破本土企业的技术瓶颈，促进本地产业集群的发展壮大。

四　侨企进入的时空、行业和组织特征

尽管从政府到学界乃至于民间一致认可侨企在改革开放中不可或缺的作用，但迄今为止尚未有文章系统细致地回答以下几个最基础的问题。

（1）侨资企业的规模有多大？其在外资企业中所占比例有多大？随着时间的推移，上述数量和比例如何变化？

（2）港澳台企业在侨企中是否占据了绝大多数？以港澳台企业指代侨资企业是否合适？

（3）侨资企业的广泛存在是否只是少数侨乡省份（如广东、福建）的特殊现象？随着中国改革开放不断深入，侨企涉及的地理范围是否有所扩大？

（4）侨资企业主要从事哪些行业、以什么样的形式进入？上述构成是否随着时间的推移而变化？反映了什么样的信息？

为了全面理解侨企在改革开放中发挥的作用，相关研究者有必要先厘清上述这些最基本的事实。过往的文献受限于数据，没有办法全面地刻画侨企存在和演变的基本趋势。本文借助 Chen 等（2022）以工商注册信息为基础构建的改革开放以来的全量侨企数据库，试图填补此空白，为启发未来的侨企研究总结出一些基本的经验事实。工商注册信息包含了企业法人的姓名及其所有权性质，因此通过华人华侨特有的姓氏找出了所有法人为华人华侨的外资企业，并通过登记的证件类型进一步排除企业法人代表为大陆居民的潜在“假外资”企业（Roundtrip FDI）的影响（Huang，2003），最终得到的企业样本即为全体的侨资企业。

概而言之，侨资企业进入有三个关键节点，包括改革开放（1978 年）、邓小平南方谈话（1992 年）、中国加入世界贸易组织（2001 年）。它们分

别对应于我国利用外资的三个阶段，各阶段有不同的社会经济条件、投资环境与国际背景。由此形成了侨资企业在中国大陆的演进脉络与各个阶段的不同特征，亦折射出中国改革开放的发展进程。

（一）事实1：1980~2014年，侨企在所有新进入外企中的占比不断下降，但该比例基本未低于60%，20世纪90年代甚至超过90%

图3展示了侨资企业数量及其占比的变化趋势。虽然我们对侨企在外企中的高比例已有预期，但数据展示出的比例依然惊人。在20世纪90年代，侨企在所有外资中的占比超过90%，且数量高达3万家之多。这一经验事实揭示了侨企在改革开放早期是外企中的绝对主流。过往的研究往往受限于数据，仅关注到2000年前后进入中国大陆的外资企业（Lu等，2017），无法帮助我们认识侨企在20世纪90年代改革开放进程中所扮演的重要角色，更难以揭示早期侨企的“先驱”效应。同时图3还展示了90年代之后侨企占比随着时间的推移而下降的趋势，伴随着的是其他外资企业数量及其占比的上涨。这一事实显示，随着中国产业不断发展和市场体系不断完善，包括侨商在内的外商不再需要依靠非正式的宗族纽带来克服进入壁垒（Chen等，2022），因此侨企占比逐渐下降的同时非侨外企占比则相对上升，需要注意的是，在中国加入WTO之后，两者数量均有所上升，只是侨企占比提高幅度不再有20世纪90年代那么惊人。

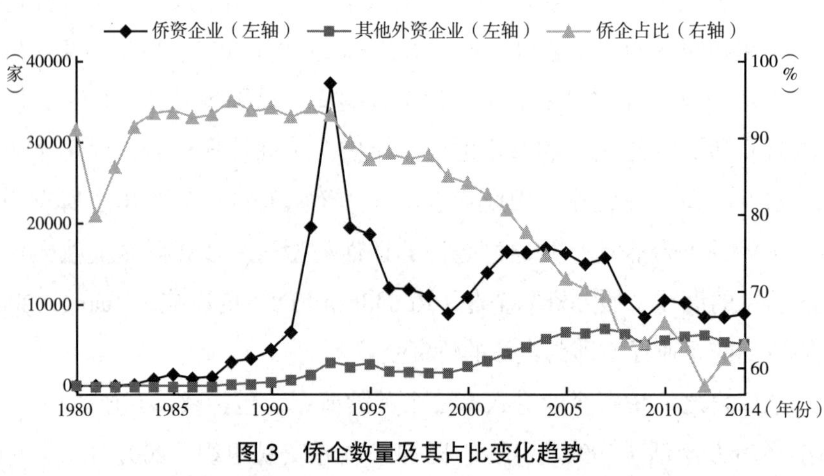

图3 侨企数量及其占比变化趋势

（二）事实 2：港澳台侨企在侨企中的占比即使在 20 世纪 90 年代也仅约为 60%，2000 年后进一步下降至 40% 左右

由于大量的过往研究以港澳台企业作为侨企的近似，单独刻画港澳台企业在所有侨企中的占比具有特别的意义：如果这一比例并不如想象得那么高，我们对以港澳台企业作为侨企的近似并外推至所有侨企的结论就要谨慎看待，这一观察同时也显示出单独识别测算侨企身份的必要性。图 4 展示了我们基于侨企数据库的统计结果。关于港澳台企业的定义依据的是工商总局的注册类型分类。港澳台侨企在侨企中的比例即使在 20 世纪 90 年代也仅约为 60%，2000 年后进一步下降至 40% 左右。另外，由于工商注册数据中并不提供关于外资企业总部所在地的信息，我们无法排除那些借道香港进入内地的非侨外企，而这一类型的外企数量实际上并不少。基于上述理由，我们认为港澳台企业在多数情况下并不能构成侨企的合理近似。事实上，许多使用港澳台侨企作为代理变量的研究关注的时间段多为 2000 年前后，而该时间段侨企占港澳台企业的比例甚至不到 40%。

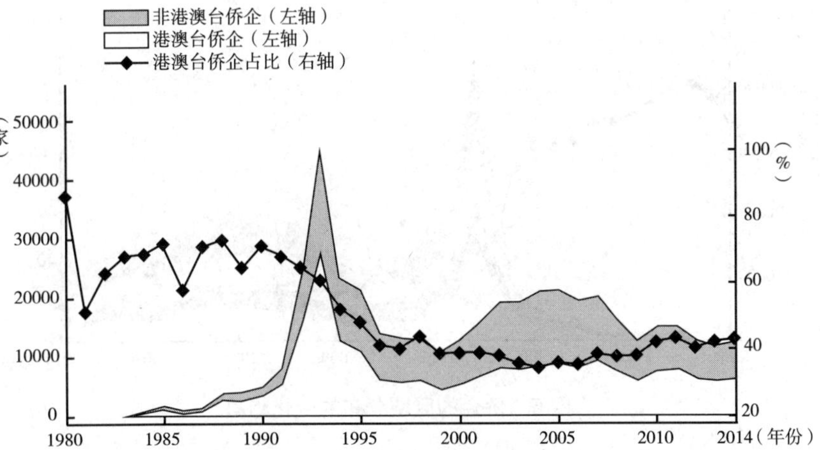

图 4　港澳台侨企在所有侨企中的占比的变化趋势

（三）事实 3：侨企早期大多分布在沿海地区和侨乡，但随着时间的推移进入内地省份的比例不断增加

侨企进入是由大陆以外的海外华人华侨进行的投资活动带动的，如果宗族纽带是吸引这些侨商投资的理由之一，那么我们预期侨企会主要选址于侨乡。然而，由于中国的开放是阶段性分地区的开放，早开放的沿海地区必然会有更多包括侨企在内的外企进入。再加上因为历史上下南洋等对外移民行为也主要发生在沿海地区，侨乡往往和改革开放早期的开放区域重合，更强化了这种外资和侨资区域分布的不平衡。在图5中我们首先发现侨企主要集中分布于侨乡和沿海地区。这显示了宗族纽带和开放程度两个因素对于侨企进入的区域选择都十分重要。图5接着进一步刻画了侨企区域分布的变化趋势。在20世纪80年代，广东、福建两省侨企占比曾高达80%以上。随着进一步的开放，在2000年之后这一比例下降到30%以下。与此同时，我们注意到进入内地省份的侨企也逐渐变多。

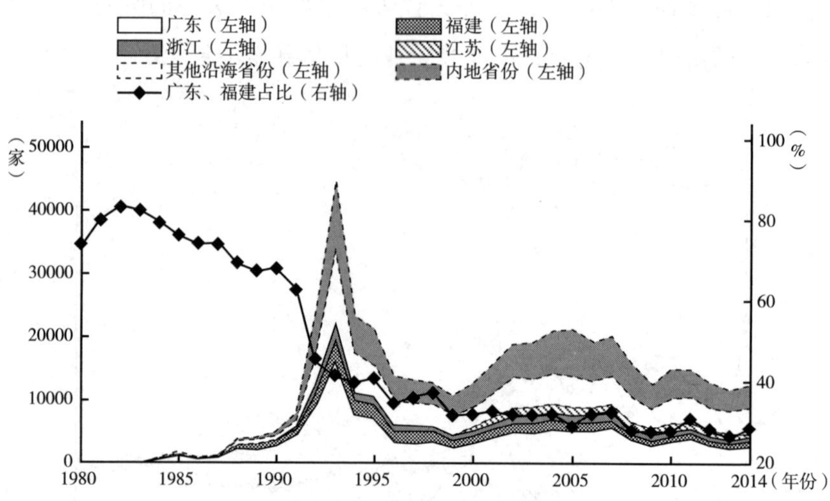

图5 侨企的区域分布的变化趋势

（四）事实4：早期侨企主要从事轻工业，2000年之后侨企主要进入生产服务业

表2将侨企进入的行业分布以五年为一个区间进行统计。我们首先注意到的一个趋势是改革开放早期的20世纪八九十年代，侨企进入最多的行业

是轻工业。这一段时间内，我国主要发展的正是“三来一补”的轻工产业，出口的竞争力也主要体现在廉价的劳动力上。所以侨企的进入是我国“三来一补”产业发展的重要因素之一。这与改革开放以来的产业发展历史是完全一致的。比如，深圳早期就是依靠港商把劳动力成本上升后的香港本地手工组装工厂转移到其郊区农村实现了高速发展（Vogel，1990）。2000 年之后尤其是 2010 年之后，国内需求出现了大幅的增长，侨资开始转变之前以利用要素禀赋（如劳动力、土地）为主的发展策略，采用以日渐增长的国内服务市场需求为主的投资取向，具体表现为侨企进入轻工业的比例不断下降至 10% 以下。相应地，生产服务业中的侨企占比则不断攀升至 70% 以上。

表 2　侨企行业分布的变化趋势

单位：家，%

行业	1980~1984 年	1985~1989 年	1990~1994 年	1995~1999 年	2000~2004 年	2005~2009 年	2010~2014 年
农业	91（7.1）	645（5.7）	2738（2.8）	2312（3.4）	2143（2.6）	1871（2.2）	1043（1.6）
采矿业	17（1.3）	96（0.9）	646（0.7）	309（0.5）	178（0.2）	119（0.1）	29（<0.0）
轻工业	283（22.1）	4790（42.5）	38126（39.1）	20224（29.9）	21164（25.7）	13305（15.8）	5252（8.3）
重工业	139（10.9）	2339（20.7）	18845（19.3）	13107（19.4）	14824（18.0）	10405（12.4）	4470（7.0）
先进工业	93（7.3）	866（7.7）	6452（6.6）	4406（6.5）	6912（8.4）	4466（5.3）	1998（3.1）
消费服务业	101（7.6）	309（2.7）	3745（3.8）	3959（5.9）	5004（6.1）	5587（6.6）	3809（6.0）
生产服务业	556（43.4）	2231（19.8）	26869（27.6）	23254（34.4）	31984（38.9）	48310（57.5）	46879（73.8）
总计	1280（100.0）	11276（100.0）	97421（100.0）	67571（100.0）	82209（100.0）	84063（100.0）	63480（100.0）

注：括号内为该时间段内累计进入的侨资企业的行业占比。

（五）事实5：早期侨企以与本土企业合资为主，1990年后开始出现大量的侨资独资或控股企业，2000年后侨资独资或控股企业占比超过40%；相应地，早期侨企大多以分支机构或办事处的形式出现，1990年之后较多侨企设立了总部，2000年后设立总部的侨企占比增加至30%以上

由于所有制形式和组织类别反映了侨商在侨企经营中的风险承担程度，通过刻画侨资所有制形式和机构类别的分布及其变化趋势能够帮助我们理解侨资进入在不同阶段的投入程度（Commitment）。此外，由于我国也在部分战略行业对外资企业的进入或股份占比进行了限制，上述特征的变化趋势在一定程度上也体现了我国关于外资管制（FDI Regulation）的动态变化。[①] 图6首先刻画了侨资的所有制形式变迁，可以很明显地看出早期侨企主要是以合资形式进入，尤其是在1990年之前。1990年以后，由于相关法律的完善和各方面开放程度的不断提升，开始有侨企以独资或者控股的形式进入，但合资依然是主流。这一趋势显示在这一阶段受大量不确定性因素的影响，众多侨企依然不愿意承担太大的风险。直到邓小平南方谈话后侨企合资的比例才开始逐渐下降，加入WTO则进一步强化了这一下降趋势。2005年以后独资或控股的侨企比例则上升至50%以上。我们也看到早期的侨企基本上都是以办事处或者分支机构的形式运营。邓小平南方谈话之后，越来越多的侨企开始设立总部。加入WTO之后，设立总部的侨企比例进一步上升，不过始终没有超过50%，这可能是因为众多侨企仍然选择在香港设立总部以便于利用香港的国际金融中心和贸易自由港的优势。综合来说，图6反映了侨企在中国大陆市场的投入程度随着开放程度的提高与制度的完善而呈现不断上升的趋势。

五 与非侨外企的比较

如果侨企和非侨外企在中国改革开放进程中的进入模式和分布特征并

---

① 参见各版本的《外商投资产业指导目录》，包括1995年、1997年、2002年、2004年、2007年、2011年、2015年和2017年。

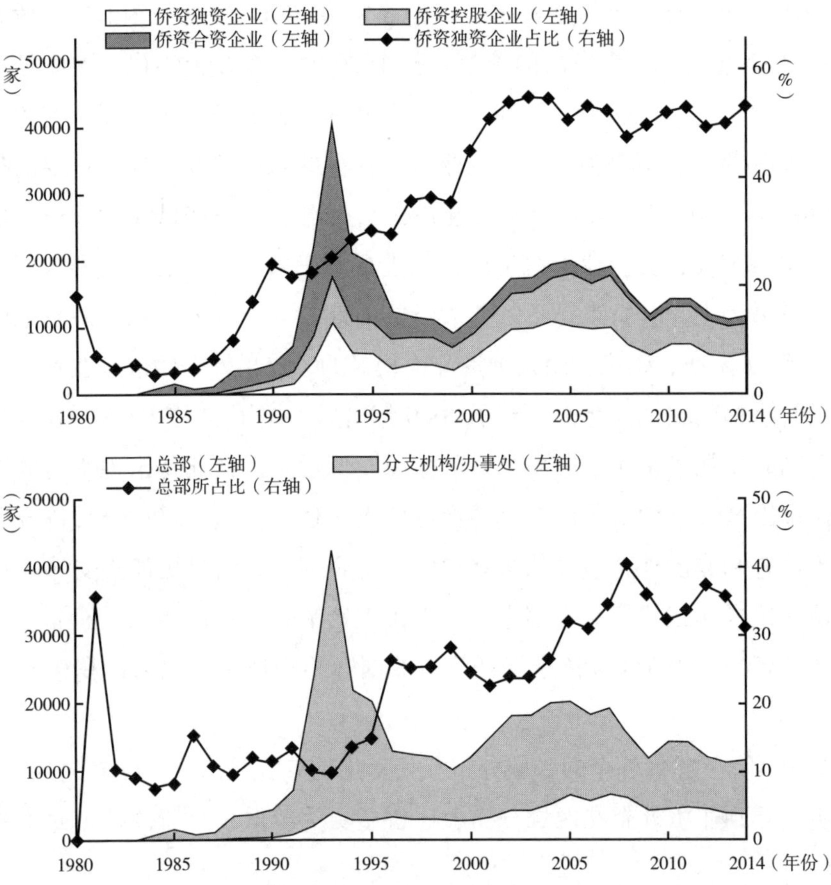

图 6　侨企组织形式的变化趋势

无不同，那么单独研究侨企就没有必要，任何侨企所可能产生的对于中国经济发展的作用都只是一般外商直接投资作用的具体体现。所以在提炼出了关于侨企的五条基本经验事实之后，我们有必要进一步将侨企与非侨外企进行比较。我们发现在同样的时空侨企和非侨外企在行业和组织特征维度上有很大的不同。这意味着在研究 FDI 时，我们应该区分侨资（DDI）和一般外商直接投资（FDI）。正如后文所展示的，它们对于本地经济发展的作用也可能有很大的不同。

我们可以注意到，侨企和非侨外企进入的时间趋势不同。非侨外企的进入大致随着时间的推移而呈上升趋势，而侨企的进入则不是。1992 年邓小平南方谈话对侨企的进入显然有非常大的影响。在这一年前后，侨企的进入数量出现了一个极高的峰值。整个 20 世纪八九十年代，中国处于计划经济向市场经济转型的初期，中国与外部世界的信息不通畅、有关吸纳外商投资的制度不完善，侨资企业与其家乡的宗族关联发挥了重要的作用（Chen 等，2022）。大部分侨资选择在其家乡进行一些试探性投资，借助宗族网络开设合资企业组织生产，以进行“三来一补”的劳动密集型出口加工贸易为主，其特点是不需要大量的前期投入，并充分利用侨乡地区的“三闲”（闲钱、闲房、闲人）资源。相对的，非侨外企的进入在八九十年代只有小幅的增加。然而，到了 2000 年前后，中国加入 WTO 的开放冲击尽管同时增加了侨企和非侨外企的数量，但侨企的占比却出现快速的下降，体现出这一事件对非侨外企的影响要大于侨企。这一对比非常符合我们对于侨企和非侨外企差异的直观理解：侨企因文化纽带更能接受邓小平南方谈话这样非正式但对中国实际上有重大影响的事件的激励，而非侨外企则更信任加入 WTO 这种具有公信力的国际组织所传递出来的积极开放信号。

图 7 展示了非侨外企的区域分布及其变化趋势。对比图 7 与图 5，我们可以明显看到非侨外企在区域分布上比侨企更为分散，且非侨外企并不特

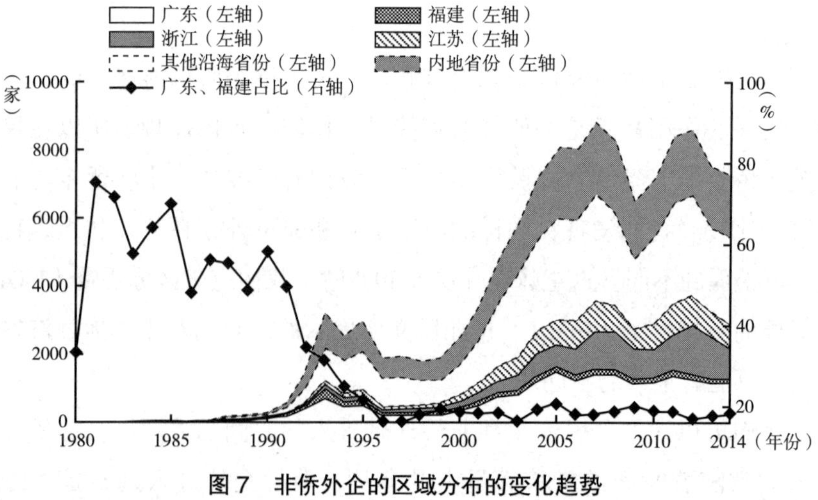

图 7　非侨外企的区域分布的变化趋势

别集中分布于侨乡。1995年之后，非侨外企在广东、福建两省的占比低于20%。而侨企进入这两省的比例则始终维持在30%~40%。更为重要的是，非侨外企在其他沿海省份的比例要远远高于侨企，这反映了非侨外企的地域选择主要是受开放程度和贸易成本等经济因素驱动。侨企和非侨外企在空间选址上的差异也体现了宗族纽带这样的非直接经济因素对于侨企选址确实存在影响。

图8显示了侨企和非侨外企所进入行业情况。首先我们发现在改革开放早期，侨企和非侨外企都集中于轻工业，这与我们前文所发现的侨企进入行业的分布一致。但相对而言，侨企在20世纪90年代集中于轻工业的比例要比非侨外企高约25个百分点。而且侨企大量进入轻工业的时间也比非侨外企要早、增长速度更快，体现了宗族关联有助于侨企在市场不成熟时期获得组织生产活动上的比较优势。其次，侨企和非侨外企在中国加入WTO之后开始快速向服务业转移，但非侨外企在商务服务业中的比例在2010年之后要远远高于侨企在商务服务业中的比例。最后，高新工业在外资中所占的比例并不高，但相对来讲这一比例在非侨外企中还是要显著更高一些。这揭示了侨企与非侨外企在选择进入中国市场的目的上存在差异——前者相对看重中国大陆的廉价要素成本，主要是为了进行出口加工贸

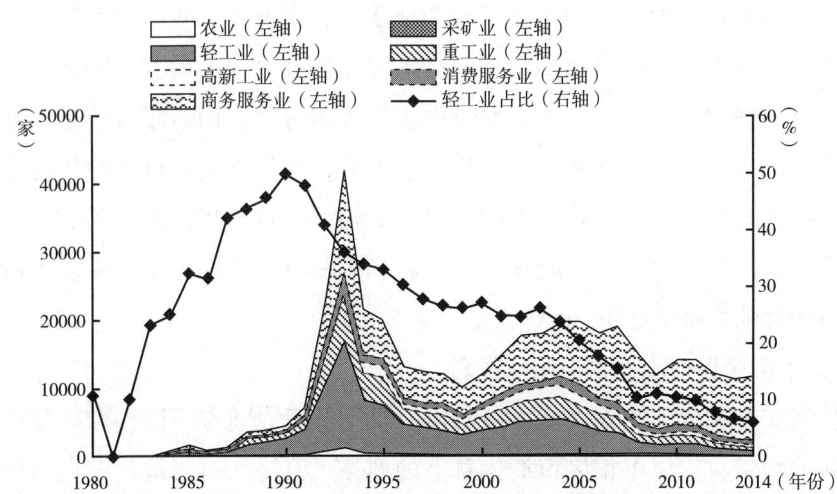

图8　侨企和非侨外企行业分布的变化趋势

易；后者则更为先进，具有更强的市场竞争力，相对看重的是中国大陆的巨大消费潜力，更多的是为了占领市场，这些非侨外企通过大量的商务服务分支机构辅助其母公司产品获取中国市场份额。

六 侨企在改革开放中的溢出作用

除了获取资本和技术、创造就业等直接效应之外，发展中国家引进包括侨资在内的 FDI 的最终目的在于获取其对本土部门广泛的正向溢出效应（Harrison 和 Rodríguez Clare，2010）。本部分旨在为侨企在改革开放进程中产生的独特溢出作用提供启发性的定量证据。我们发现，早期侨企进入的溢出作用是多方面的、长期的。具体而言，它们作为先驱投资者带动了本土企业的进入、促进了本地参与国际贸易、改善了本地营商环境并引导了本土企业向现代企业转型。相对而言，非侨外企并没有类似的长期溢出作用。本部分研究是对过往定性结论的一个补充，也是这一话题定量研究的总览。值得注意的是，本部分展示的回归结果并不能被视作所关注的变量之间因果关系的证据，但仍值得被视为未来侨企乃至 FDI 研究的重要启发。

（一）侨企带动本土企业和非侨外企的进入

为了展示侨企作为开拓者对其他类型企业进入的带动作用，我们挑选了来自广东和福建两省的四个县市作为例子。在图 9 中，我们分别刻画了这四个地方侨企进入、本地私营企业进入和非侨外企进入的变化趋势。一个很明显的规律是，每一个地方都是侨企先大量进入，而后跟着的是本地私营企业的进入，最后是非侨外企进入。另外，非侨外企的进入数量往往比侨企进入和本地私营企业进入的数量要少得多。这些规律揭示的一个可能性是：在改革开放中侨企起到了开拓者和先驱投资者的作用，带动了后续本地私营企业和非侨外企的进入。

（二）侨企促进本地参与国际贸易

从南安石材业的案例我们可以看出，早期侨资企业作为国内和国际市场之间的纽带，克服了很多市场信息上的摩擦，其进入对当地产业参与国际贸易产生了重大影响。这一观察是否具有普遍意义？早期侨企进入是否

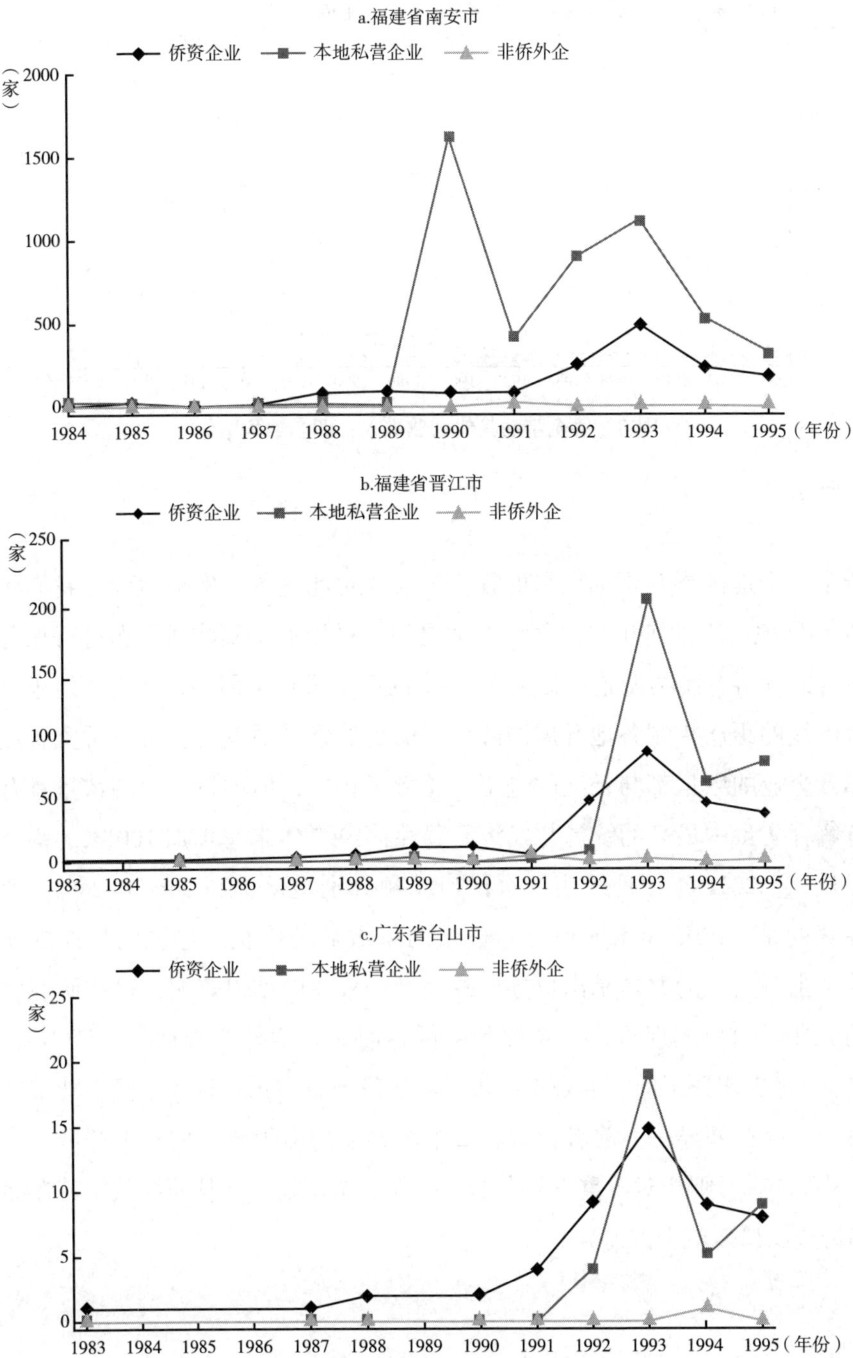
a.福建省南安市
侨资企业
本地私营企业
非侨外企
（家）
（年份）
b.福建省晋江市
侨资企业
本地私营企业
非侨外企
（家）
（年份）
c.广东省台山市
侨资企业
本地私营企业
非侨外企
（家）
（年份）

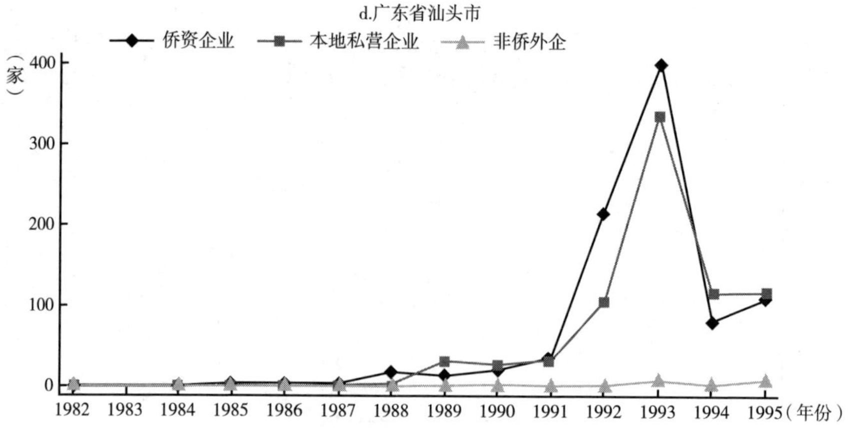

图 9　侨企带动其他企业进入：四个典型案例

影响了一个地区参与国际贸易的程度？表 3 对此进行了实证检验。我们将 2017 年各地级市的进出口总额取对数之后，对根据工商注册数据进行加总后所得的各所有制类型企业在 1992 年末的存量进行了回归，并用各地级市到海岸线的距离控制各地开展国际贸易的自然条件适宜度，发现侨资企业和私营企业的数量都与长期的进出口总额正相关，但侨资企业的数量具有所有解释变量中最高的统计与经济显著性：1992 年末每增加 100 家的侨资企业进入，2017 年该地级市的进出口总额分别显著提高 26% 和 24%。值得注意的是，1992 年末非侨外企数量的系数显著为负，这说明早期的非侨外企主要进入的并非是出口导向的地区。表 3 的结果表明，过往研究发现的 FDI 对出口的促进作用主要是由侨企而非非侨外企带动的（江小涓，2002），这也印证了前文的观点：侨企与非侨外企在选择进入中国大陆市场的目的上存在差异——前者相对看重中国大陆的廉价要素成本以开展“三来一补”，后者则相对看重中国大陆的巨大消费市场——从而导致了其在促进当地进出口效应上的差异。

表 3　早期侨企进入与地区进出口总量

指标	log（2017 年出口总量） （1）	log（2017 年进口总量） （2）
1992 年末国有企业数量	0.001	0.011
	（0.011)	(0.015)
1992 年末集体企业数量	0.008**	0.005
	(0.003)	(0.004)
1992 年末私营企业数量	0.064***	0.092***
	(0.017)	(0.023)
1992 年末非侨外资企业数量	–4.814**	–5.067**
	(1.868)	(2.432)
1992 年末侨资企业数量	0.262***	0.242***
	(0.083)	(0.107)
到海岸线距离	–0.002***	–0.002***
	（0.000）	（0.000）
观测数	275	275
R^2	0.422	0.396

注：作为解释变量的各所有制类型企业数量的单位为百家；括号内为标准差，“***”“**”“*”分别代表结果在 1%、5%、10% 统计意义上显著。

（三）侨企改善本地营商环境

改革开放伊始，经历了 30 年的计划经济后，社会各界都不太了解市场经济是如何运作的。中国市场的先驱投资者——海外侨商其实扮演了示范者的角色。傅高义（2013）对此有着生动的描述。[①] 我们据此推测，在改革开放早期与侨资企业接触交往越多的地区，各

① 官员：“早期的外来投资者为了安排电力、运输、建材和劳动力，拿到各种批文，必须跟不同的政府部门打交道，这让他们不胜其烦。到了 20 世纪 80 年代中期，最能吸引外来公司的地区是那些对政府机构进行重组、将决策集中的地方……”“地方干部发现，过去几年做得好的地方，都是尊重协议的地方……一个地方的干部队伍靠得住，能在早期野蛮的、不讲章法的中国市场上解决不可预期的问题，必要时还能在解决问题时发挥创造性，他们当然愿意继续投资……” 当地管理者：“在外资公司工作的当地经理也学会按时完成任务……学会了现代会计制度——如何编制进度表、如何计算成本、如何使用计算器和后来的计算机……” 工人：“来广东的工厂和商店打工的农村人，很快就学会了守时以及如何在工作中与他人协作。拿计件工资的人学会了如何在给玩具填充海绵或为各种消费品安装零件时提高效率……他们平生头一次跟来自天南海北的工友一起工作，这也使他们的眼界变得开阔。”

利益相关方对市场经济的接纳程度越高，各方面的市场制度就越完善。

表 4 首先考察了早期侨企进入对营商环境的长期影响。为了测度各地区的营商环境，我们选取了由中国人民大学国家发展与战略研究院编制的 2017 年度中国城市政商关系指数（聂辉华等，2018），按 z 值标准化后将总分与各分项得分依次对各所有制类型的企业在 1992 年末的数量进行回归，结果表明侨资企业和私营企业数量越多的地方，其营商环境越佳，且主要体现为政府服务能力和政府透明度越高。与之相关的一个结果是，早期非侨外企进入的地区的营商环境反而相对欠佳，这与一些使用 WTO 前后的外资数据得到的结果相悖（Du 等，2008）。这一发现可能是由侨企与非侨外企在改革开放早期进入中国大陆市场时所选取策略的不同所导致的。具体而言，在市场制度正式化（即加入 WTO）之前，侨企倾向于借助宗族组织来消除进入壁垒，自主地组织生产活动，当地政府更有可能作为服务者而非主导者参与产业发展，长期来看这有利于营商环境的改善；而非侨外企为了突破早期对于外资的严格管制，缺乏宗族关联的它们则需要直接与政府进行谈判，往往以与本地国企合资的形式进入市场（Huang，2003），这种政府主导的产业发展模式长期来看反而不利于营商环境的改善。很多来自欧美的外资企业都曾抱怨地方政府对经营活动的干涉（Branstetter 和 Lardy，2006）。值得注意的是，此处回归系数的含义是，给定其他类型企业的数量条件下的非侨外企与营商环境之间的关系。而非侨外企、私营企业与侨企在绝大部分时候都同时进入一个地区，只是比例有所不同。这里我们比较的是非侨外企比例较高的地区和较低的地区，而不是有非侨外企的地区和没有任何外企的地区。所以不应据此判断非侨外企对营商环境具有绝对的负面作用，只是非侨外企相对于其他类型的企业与本地营商环境之间的关系更倾向于负向。

表 4　早期侨企进入与本地营商环境

指标	2017 年度中国城市政商关系指数							
	综合指标			分项指标				
	政商关系	亲近指数	清白指数	政府关心	政府服务	政府透明	政府廉洁	企业负担
	（1）	（2）	（3）	（4）	（5）	（6）	（7）	（8）
1992 年末国有企业数量	−0.002	0.002	−0.007*	0.002	0.004	−0.007*	−0.002	−0.006
	（0.003）	（0.004）	（0.004）	（0.004）	（0.004）	（0.004）	（0.004）	（0.004）
1992 年末集体企业数量	0.002	0.001	0.002*	0.001	0.000	0.003*	−0.001	−0.001
	（0.001）	（0.001）	（0.001）	（0.001）	（0.001）	（0.001）	（0.001）	（0.001）
1992 年末私营企业数量	0.010***	0.009***	0.007***	−0.001	0.009****	0.008***	−0.001	0.002
	（0.002）	（0.002）	（0.003）	（0.003）	（0.002）	（0.003）	（0.003）	（0.003）
1992 年末非侨外资企业数量	−1.166***	−1.168***	−0.627*	−0.348	−1.152***	−0.778**	0.354	−0.047
	（0.298）	（0.301）	（0.330）	（0.370）	（0.300）	（0.325）	（0.346）	（0.377）
1992 年末侨资企业数量	0.058***	0.059***	0.031**	0.027*	0.052***	0.037***	−0.014	0.034
	（0.012）	（0.012）	（0.014）	（0.015）	（0.012）	（0.013）	（0.014）	（0.025）
观测数	277	277	277	160	280	280	280	271
R^2	0.268	0.253	0.106	0.078	0.257	0.131	0.014	0.037

注：被解释变量为中国人民大学国家发展与战略研究院编制的 2017 年度中国城市政商关系指数（聂辉华等，2018），并进行 z 值标准化；作为解释变量的各所有制类型企业数量的单位为百家。括号内为标准差，“***”“**”“*”分别代表结果在 1%、5%、10% 统计意义上显著。

（四）侨企引导本土企业进行现代化转型

为了进一步考察早期侨企进入对本土企业现代化转型的影响，我们依据既有文献通过两个方面来测度企业的现代化水平：劳动合同的使用和管理人员的专业化。本文根据 2005 年全国 0.2% 人口普查的微观数据构建了地级市层面非国有内资企业签订劳动合同的工人比例、工人与管理人员数量之比作为本地企业现代化转型的测度，将其对各所有制类型的企业在 1992 年末的存量进行回归，结果如表 5 所示。

表 5　早期侨企进入与本土企业现代化转型

指标	2005 年地级市签订劳动合同的工人比例		2005 年地级市工人与管理人员数量之比	
	非国有内资企业	私营企业	非国有内资企业	私营企业
	（1）	（2）	（3）	（4）
1992 年末国有企业数量	0.029	−0.023	−0.229	−0.164
	（0.032）	（0.041）	（0.282）	（0.195）
1992 年末集体企业数量	−0.002	0.003	0.010	0.037
	（0.012）	（0.015）	（0.102）	（0.070）
1992 年末私营企业数量	0.056**	0.079***	−0.326*	−0.220
	（0.022）	（0.028）	（0.195）	（0.134）
1992 年末非侨外资企业数量	−6.008**	−6.423*	54.837**	32.912*
	（2.791）	（3.515）	（24.345）	（16.743）
1992 年末侨资企业数量	0.334***	0.378***	−2.262**	−1.139*
	（0.115）	(0.145)	（1.002）	（0.689）
观测数	327	327	314	314
R^2	0.141	0.097	0.045	0.027

注：2005 年地级市签订劳动合同的工人比例、2005 年地级市工人与管理人员数量之比使用 2005 年全国 0.2% 人口普查的微观数据构造；非国有内资企业包括私营企业和集体企业；作为解释变量的各所有制类型企业数量的单位为百家；括号内为标准差，“***”“**”“*”分别代表结果在 1%、5%、10% 统计意义上显著。

张晓波和阮建青（2011）、李小瑛和赵忠（2012）发现，在改革开放后的工业化初期，我国工人签订劳动合同的比例很低，人们主要借助亲戚老乡之间的非正式的口头协议替代正式的劳动合同关系。这种依赖乡缘宗亲的组织安排，在发展初期降低了企业家创业的门槛，促进了工业化进程（Dai 等 , 2019；Zhang, 2020）。然而宗族组织的封闭性可能会导致来自非宗族成员（如非侨资外企和外地的私营企业）的投资被挤出，并进而导致非人格化制度的建立滞后，阻碍企业和产业的进一步成长（Bloom 和 Van Reenen，2010）。表 5 第（1）和第（2）列的结果表明，1992 年侨资企业数量越多的地方，该地区在 2005 年的非国有内资企业（包括私营企业和集体企业）签订劳动合同的比例就越高，意味着侨资企业从长期来看可能促进了当地非人格化制度的建立，有利于支撑更大规模的经济交换，提高经济整体的效率（North，1990）。

Santamaría（2022）富有启发性的研究表明，随着产业发展的深入，更为复杂的交易引致更高的沟通成本，企业内部需要建立更多的管理层级（Hierarchy）来保证信息沟通的流畅，反映在数据上则是更低的工人 / 管理者比值。现代化企业相对于家族企业或者作坊式企业的一个重要特征即依赖专业的管理人员来进行管理以确保现代化复杂生产的有效执行，我们采用的这个测度因此能够有效地刻画企业在内部管理和组织结构上的现代化转型。表 5 第（3）和第（4）列的结果表明，1992 年侨资企业数量越多的地方，该地区在 2005 年的非国有内资企业中工人与管理人员数量之比越低，意味着侨资企业从长期来看促进了更为高效的现代企业管理模式的普及。

本研究结果启发我们，侨商可能以其特殊的双重文化与制度身份在中国的经济转型期发挥企业现代化转型方面的衔接作用：与本土企业相比，它们经历过国际市场的历练，了解国际贸易的规则和现代企业管理；与其他外资企业相比，它们了解和认同传统的宗族制度（Redding，1995），并被家乡的宗族成员所接纳，且与所在地的嵌入程度（embeddedness）更强，因此更容易在投资后与本地的不断互动中将市场经济理念和最佳实践传播开来。在这个意义上，本文就以侨资企业的案例对 North（1990）“发展中国家如何实现去人格化的制度变迁”提出了基于中国经验的解答。

七　国际比较下的侨企

一种常见的误解是侨资是中国特有的现象，以侨资的作用来解释中国改革开放的成功会陷入中国例外论的窠臼，如此一来我们就不能从中国经验中提炼出可推广的理论供其他国家借鉴。事实上，侨资是广泛存在于全世界有移民史的国家和地区的。思乡恋土的情结在世界各国各民族文化中是共通的，只是表现形式有所不同。中国的特殊性在于我们的海外侨民数量巨大，在侨居国的经济社会地位较高，祖籍地多集中于我国沿海地区，且通过中国文化中特殊的姓氏宗族谱系来维持其与家乡的纽带。尽管越来越多的发展中国家和国际发展机构关注到DDI对于本国发展的重要意义，并制定相关政策予以鼓励（Terrazas, 2010; Rodriguez-Montemayor，2012），但就目前来看，DDI的重要性还未吸引到足够多的学者关注。本文这一部分举例介绍了世界范围内各国侨资（DDI）的情况以及政府为吸引侨资所制定的政策。

一项由世界移民组织（The International Organization for Migration）于2005年所做的调查显示有超过90%的国家推出了针对海外侨民的政策或项目以促进经济发展。[①] 而之所以有这么多国家试图吸引海外侨民对其经济发展做出贡献是因为在很多国家的FDI当中DDI占据了不小的比例。比如在印度，据估计1991~2001年有26%的FDI是来自印度的海外侨民 (Wei和Balasubramanyam, 2006)；而在亚美尼亚，1998~2004年这一比例也高达25% (Riddle等, 2010)。这些来自侨民的直接投资，很多都转化为由侨民控股的外资企业。一项调查估计在格鲁吉亚16%的外资企业是侨民控股的，在菲律宾这一比例则高达37% (Graham, 2019)。

全世界的侨资政策更是不胜枚举，这里我们只挑选具有代表性的进行介绍。欧洲少量的后发国家当中比较有代表性的是爱尔兰。爱尔兰因历史原因有大量的海外侨民，尤其是在美国。2011年爱尔兰政府设立了一个名为Connected Ireland的组织。该组织在全世界现有约68000名代表，他们被政府鼓励去帮助或吸引世界各地的侨民回爱尔兰投资，并且一旦成功就可以从爱尔兰政府处获得奖励。印度作为亚洲除中国以外的发展中国家代表，拥有闻名世界的软件产业。而印度的班加罗尔软件产业集群，完全是由印度从美国硅谷返乡投资的侨民所建立的。早在1992年，硅谷的印度侨民就成立了名为TiE（The indus Entrepreneurs）的组织，这个组织后来发展为全球印度裔企业家联盟，现今拥有约15000名成员。TiE为回印创业的企业家提供创业辅导、社交机会、天使投资渠道等。非洲大陆更是成立了一个服务所有非洲国家的African Diaspora Network（ADN）。该组织的主要目的之一就是促进海外侨民对非洲的投资。自2010年以来，ADN与硅谷

① 报告链接：https://publications.iom.int/system/files/pdf/wmr_2005_3.pdf。

等地的创业者和投资人展开了密切的合作，并举办了较多的峰会和论坛以传递非洲大陆的投资信息给海外的侨民。除上述例子外，还有非常多的专门针对侨民投资者的项目和机构，比如埃塞俄比亚政府专门设立的Diaspora Coordinating Office、韩国政府2001年成立的Korean IT Network以及智利企业家成立的Chile Global Venture。此外，还有世界移民组织这样的专门机构，以及世界银行2007年开展的African Diaspora Program和USAID设立的African Diaspora Marketplace。

DDI在世界范围内的广泛存在显示，通过国际移民和侨民网络，发展中国家可以赢得国际投资的机会，并有机会通过DDI将国际移民产生的“脑力流失”（Brain Drain）转变为“脑力红利”（Brain Gain）（Saxenian, 2006；Agrawal，2014）。未来的一个重要研究方向是探究世界各国海外侨民与其祖籍地之间的社会联系是否发挥了我们在中国案例中发现的相似作用，以及测算DDI对其他发展中国家经济发展的溢出效应。

八　结语

本文以海外华人华侨返乡投资为背景，以全量侨资企业数据库描述了改革开放40多年来侨企进入的时空、行业和组织特征，比较了侨企和非侨外企的异同，探讨了侨企对本地发展的长期溢出作用，从而证实了经济行为中社会结构（Social Structure）的重要性，增进了对于侨商在外商群体中特殊性的理解，并为解释中国经济增长之谜提供了一种有别于既有文献的独特视角。

Granovetter（1985）认为，市场不是一种抽象的建构，而是人与人的关系结成的复杂系统，因此所有的经济行为都必须嵌入（Embed）一定的社会结构而存在。侨商与其他外商相比最为显著的特征就在于其与家乡的宗亲关系，这使得他们可以更好地将自己的投资行为嵌入制度转轨的不确定环境以降低进入成本。本文总结的改革开放后侨商对于家乡的投资偏好以及侨企和非侨外企的差异很好地反映了这一点。与此同时，侨商作为一类跨文化、跨制度的群体，既是被宗族社会所接受认可的成员又是熟稔国际市场制度的实践者，既能在两种社会结构中自如切换又能在潜移默化中帮助其宗族成员接受和掌握市场经济的理念，发挥了嫁接其家乡从宗族制度到市场制度转变的桥梁作用。本文列举的侨企在长期对于本地发展的各类溢出作用可以作为此观点的印证。总的来说，借助侨资企业实现外向型经济增长是中国发展故事中不可或缺的一部分，也是可供广大发展中国家借鉴、复制的宝贵经验。

基于本文的发现与面对当前新时代的发展挑战，笔者提出如下政策建议与研究展望。

第一，发展中国家或经济落后地区在运用非正式制度上是具有比较优势的，应积极加强与海外侨民的社会联系（包括但不限于宗族网络），对“引侨资”予以适当的政策支持，借助外部力量突破产业发展从无到有的瓶颈，实现在经济与制度上的现代化。传统的发展理论片面地强调贸易自由化或者产权私有化对于发展中国家的正面意义，但忽视市场制度的渐变特性在其中产生的摩擦。本文的结果表明侨企可以很好地发挥制度变迁中“润滑剂”的作用。我们期待未来会有更多的识别侨企在建立市场经济体系、完善产业链和孵化现代企业中重要作用的研究，以更好地理解中国道路和讲好中国故事。与此同时，正如本文在国际比较中所揭示的，侨企并非一种特殊的中国现象，但侨商在研究中并没有获得足够的关注。另一个可能的研究方向是通过研究其他发展中国家的侨企并与中国进行国际比较来识别出利用侨资所需要的其他条件。

第二，在全球化的时代以及当前国内迫切需要技术升级的背景下，中国应将分散在世界各国的海外华人华侨视作一种连接世界前沿技术的人才资源（Brain Circulation），而非人才的流失（Brain Drain），积极运用海外侨民网络“聚侨智”，比如鼓励在海外高科技领域学成或工作获得成功的华人华侨回国工作创业，以此引进先进技术、管理理念乃至推动制度完善，最终实现高新产业的本土化，消除关键技术“卡脖子”的发展壁垒（Saxenian，2006）。近年来，中国的技术研发（Research 和 Development，R&D）投入和专利申请量逐年攀高，“中国制造”逐渐向“中国智造”转型（Wei 等，2017）。而这其中有多少增长是由“侨智”所拉动，“聚侨智”的政策又能够多大程度上有助于消除"卡脖子"的技术瓶颈，都是后续十分有潜力的重要研究课题。

第三，跨国移民网络发挥作用的方向可以是双向的。随着中国本土产业的发展壮大，越来越多的中国企业将会走向全世界，成为从事跨国经营的国际集团。中国应借鉴侨企入华的经验，总结中国企业到海外投资所可能面临的壁垒，从而有针对性地开展侨务工作，为中企出海"搭侨（桥）梁"。截至本文撰写的时刻，全球新冠肺炎疫情肆虐，地缘政治冲突不断，全球供应链面临巨大的压力和中断的风险。在这样的背景下，海外华人华侨可以发挥重要的纽带作用，贯通海内外的信息流、贸易流、资金流，其重要性不言而喻。

参考文献

[1]〔日〕滨下武志，2021，《资本的旅行：华侨、侨汇与中华网》，王珍珍译，社会科学文献出版社。

[2] 陈蕊，2020，《关系邻近性视角下的海外华商与侨乡经济——以改革开放后广东潮汕地区为例》，《华人华侨历史研究》第 2 期。

[3] 费明明，2008，《福建省南安市石材产业史研究》，中国地质大学（北京）硕士学位论文。

[4] 傅高义，2013，《邓小平时代》，生活 · 读书 · 新知三联书店。

[5] 福建省华侨志编纂委员会，1989，《福建省华侨志（上篇）》，福建人民出版社。

[6] 江小涓，1999，《体制转轨中的增长、绩效与产业组织变化——对中国若干行业的实证研究》，上海人民出版社。

[7] 江小涓，2002，《中国出口增长与结构变化：外商投资企业的贡献》，《南开经济研究》第 2 期。

[8] 李小瑛、赵忠，2012，《城镇劳动力市场雇佣关系的演化及影响因素》，《经济研究》第 9 期。

[9] 林金枝，1983，《近代福建华侨投资企业的历史及其特点》，《中国社会经济史研究》第 3 期。

[10] 林金枝，1993a，《海外华人在中国大陆投资的现状及其发展趋势》，《华侨大学学报

（哲学社会科学版）》第 1 期。

[11] 林金枝，1993b，《1979~1992 年——海外华人在中国大陆投资的现状及其今后发展趋势》，《华侨华人历史研究》第 1 期。

[12] 林毅夫、蔡昉、李周，1994，《中国的奇迹：发展战略与经济改革》，上海三联书店。

[13] 林勇，2007，《海外华人网络与 FDI 流入中国大陆的实证分析》，《华侨华人历史研究》第 3 期。

[14] 龙大为、任志强、梁晓钟，2010，《海外华商在侨乡企业的管理模式探析——以员工集中管理与内部化服务为中心》，《华侨华人历史研究》第 3 期。

[15] 龙登高，1999，《粤闽侨乡的经济变迁——来自海外社会资源的影响》，《华侨华人历史研究》第 3 期。

[16] 龙登高，2001，《粤闽侨乡先行改革的社会成本分析》，《华侨华人历史研究》第 3 期。

[17] 龙登高、赵亮、丁骞，2008，《海外华商投资中国大陆：阶段性特征与发展趋势》，《华侨华人历史研究》第 2 期。

[18] 龙登高、李一苇，2018，《海外华商投资中国 40 年：发展脉络、作用与趋势》，《华侨华人历史研究》第 4 期。

[19] 陆铭，2013，《空间的力量：地理、政治与城市发展》，格致出版社。

[20] 蒙英华，2008，《海外华商网络与中国对外贸易：理论与证据》，厦门大学博士学位论文。

[21] 聂辉华、韩冬临、马亮、张楠迪扬，2018，《中国城市政商关系排行榜（2017）》，中国人民大学国家发展与战略研究院政企关系与产业发展研究中心。

[22] 任贵祥，2009，《海外华侨华人与中国改革开放》，中共党史出版社。

[23] 任健强，2011，《华侨作用下的江门侨乡建设研究》，华南理工大学博士学位论文。

[24] 王望波，2004，《改革开放以来东南亚华商在中国大陆的投资研究》，厦门大学博士学位论文。

[25] 王望波，2005，《网络 · 社会资本 · 投资：对东南亚华商投资中国大陆特点的分析》，《南洋问题研究》。

[26] 韦丹辉，2021，《浙江青田籍华侨与侨乡文化的互动与变迁》，《八桂侨刊》第 4 期。

[27] 吴洪芹，2007，《从侨资企业看 FDI 在我国经济发展中的作用》，《中国外资》第 8 期。

[28] 薛承，2006，《改革开放以来海外华商在中国大陆的投资及其作用》，《党史研究与教学》第 6 期。

[29] 张晓波、阮建青，2011，《中国产业集群的演化与发展》，浙江大学出版社。

[30] 张秀明，2008，《改革开放以来侨务政策的演变及华侨华人与中国的互动》，《华侨华人历史研究》第 3 期。

[31] 赵和曼，2002，《海外华人与广西侨乡经济建设》，《八桂侨刊》第 3 期。

[32] 赵文骝，1999，《晋江海外联系的变化与经济社会结构改造》，《华侨华人历史研究》第 1 期。

[33] 周黎安，2007，《中国地方官员的晋升锦标赛模式研究》，《经济研究》第 7 期。

[34] 周其仁，2004，《产权与制度变革：中国改革的经验研究》，北京大学出版社。

[35] 庄国土，2011，《世界华侨华人数量和分布的历史变化》，《世界历史》第 5 期。

[36] Abebe G., McMillan M. S., Serafineli M. 2018. "Foreign Direct Investment and Knowledge Diffusion in Poor Locations: Evidence from Ethiopia." NBER Working Paper No.24461.

[37] Agrawal A.2014. "Diaspora Networks, Knowledge Flows, and Brain Drain." WIPO Economic Research Working Paper No.15.

[38] Bao J. 2006. *Lukchin: Chinese Thai Transnational Bridge Builders*. in Tan C. (ed.) , 2006, London: Chinese Transnational Networks, Routledge.

[39] Bloom N., Van Reenen J. 2010. "Why Do Management Practices Differ across Firms and Countries?" *Journal of Economic Perspective* 24: 203-224.

[40] Branstetter L.G., Lardy N.R. 2006. "China's Embrace of Globalization." NBER Working Paper No. 12373.

[41] Chen F., Xiong R., Zhang X. 2022. "Familiar Strangers: Lineage Connection and Diaspora Direct Investments in China." Available at SSRN: https://ssrn.com/abstract=4004159.

[42] Dai R., Mookherjee D., Munshi K., Zhang X. 2019. "The Community Origins of Private Enterprises in China." Mimeo.

[43] Dix-Carneiro R., Kovak B. K. 2017. "Trade Liberalization and Regional Dynamics." *American Economic Review* 107(10): 2908-2946.

[44] Du J., Lu Y., Tao Z. 2008. "Economic Institutions and FDI Location Choice: Evidence from US Multinationals in China." *Journal of Comparative Economics* 36(3): 412-429.

[45] Gao T. 2003. "Ethnic Chinese Networks and International Investment: Evidence from Inward FDI in China." *Journal of Asian Economics* 14(4): 611-629.

[46] Graham B. A. 2019. *Investing in the Homeland: Migration, Social Ties, and Foreign Firms*. Ann Arbor: University of Michigan Press.

[47] Graham E. J. 2006. "Comings and Goings: Pearl River Delta Identities and in an Era of Change and Transformation." in Tan C.(ed.), Chinese Transnational Networks, London: Routledge.

[48] Granovetter M. 1985. "Economic Action and Social Structure: The Problem of Embeddedness." *American Journal of Sociology* 91(3): 481-510.

[49] Greif A., Tabellini G. 2017. "The Clan and the Corporation: Sustaining Cooperation in

China and Europe." *Journal of Comparative Economics* 45: 1-35.

[50] Harrison A., Rodríguez Clare A. 2010. "Trade, Foreign Investment, and Industrial Policy for Developing Countries." in *Handbook of Development Economic* 5: 4039-4214.

[51] Huang Y. 2003.*Selling China: Foreign Direct Investment during the Reform Era*. Cambridge: Cambridge University Press.

[52] Huang Y., Jin L., Qian Y. 2013. "Does Ethnicity Pay? Evidence from Overseas Chinese FDI in China." *Review of Economics and Statistics* 95(3): 868-883.

[53] Javorcik B. S., Özden Ç., Spatareanu M., Neagu C. 2011. "Migrant Networks and Foreign Direct Investment." *Journal of Development Economics* 94(2): 231-241.

[54] Jean R. B., Tan D., Sinkovics R. R. 2011. "Ethnic Ties, Location Choice, and Firm Performance in Foreign Direct Investment: A Study of Taiwanese Business Group FDI in China." *International Business Review* (20): 627-635.

[55] Jiang K., Keller W., Qiu L. D., Ridley W. 2018. "International Joint Ventures and Internal vs. External Technology Transfer: Evidence from China." NBER Working Paper No.24455.

[56] Kokko A., Thang T.T. 2014. "Foreign Direct Investment and the Survival of Domestic Private Firms in Vietnam." *Asian Development Review* 31(1): 53-91.

[57] Kuhn P. A. 2008. *Chinese Among Others: Emigration in Modern Times*. Washington D.C.: Rowman and Littlefield.

[58] Lever-Tracy C., Ip, David, Tracy N. 1996. *The Chinese Diaspora and Mainland China: An Emerging Economic Synergy*. New York: Macmillan Press Ltd..

[59] Lin P., Liu Z., Zhang Y. 2009. "Do Chinese Domestic Firms Benefit from FDI Inflow? Evidence of Horizontal and Vertical Spillovers." *China Economic Review* 20: 677-691.

[60] Lu Y., Tao Z., Zhu L. 2017. "Identifying FDI Spillovers." *Journal of International Economics* 107: 75-90.

[61] Markusen J. R., Venables A. J. 1995. "Foreign Direct Investment as a Catalyst for Industrial Development." *European Economic Review* 43: 335-356.

[62] North D. 1990. *Institutions, Institutional Change and Economic Performance*, Cambridge: Cambridge University Press.

[63] Perkins D. 2014. *New Institutions for a New Development Model, In China: A New Model for Growth and Development*." Canberra: Australian National University and Social Sciences Academic Press China: 17-33.

[64] Poole J. 2013. "Knowledge Transfers from Multinational to Domestic Firms: Evidence from Worker Mobility." *Review of Economic Statistics* 95(2): 393-406.

[65] Poston D. L., Mao M. X., Yu M. Y. 1994. "The Global Distribution of the Overseas Chinese Around 1990." *Population and Development Review* 20(3): 631-645.

[66] Radelet S., Sachs J. 1997. "Asia's Reemergence." *Foreign Affairs* 23: 44-59.

[67] Rauch J. E., Trindade V. 2002. "Ethnic Chinese Networks in International Trade." *Review of Economics and Statistics* 84(1): 116-130.

[68] Redding S. G. 1995. *The Spirit of Chinese Capitalism*. Berlin: Walter De Gruyter Inc.

[69] Riddle L., Hrivnak G. A., Nielsen T. M. 2010. "Transnational Diaspora Entrepreneurship in Emerging Markets: Bridging Institutional Divides." *Journal of International Management* 16(4): 398-411.

[70] Rodriguez-Montemayor E. 2012. "Diaspora Direct Investment: Policy Options for Development." Inter-American Development Bank Policy Brief No. IDB-PB-183.

[71] Santamaría C. 2022. "Small Teams in Big Cities: Are Technology Differences across Cities Optimal?" Mimeo.

[72] Saxenian A. 2006. *The New Argonauts: Regional Advantage in a Global Economy*, Cambridge: Harvard Business School Press.

[73] Tan C. 2006. "The Shishan Ye People in Malaysia and the Ancestral Homeland in China." in Tan C.（ed.）, Chinese Transnational Networks, London: Routledge.

[74] Terrazas A. 2010. "Diaspora Investment in Developing and Emerging Country Capital Markets: Patterns and Prospects." Washington D.C.: Migration Policy Institute.

[75] Tong S. 2005. "Ethnic Networks in FDI and the Impact of Institutional Development." *Review of Development Economics* 9(4): 563-580.

[76] Vogel E. 1990. *One Step Ahead in China: Guangdong under Reform*. Cambridge: Harvard University Press.

[77] Wei S., Xie Z., Zhang X. 2017. "From 'Made in China' to 'Innovated in China': Necessity, Prospect, and Challenges." *Journal of Economic Perspectives* 31(1): 49-70.

[78] Wei Y., Balasubramanyam V. N. 2006. "Diaspora and Development." *World Economy* 29(11): 1599-1609.

[79] World Bank. 1997. *China Engaged: Integration with the World Economy*. Washington D.C.: World Bank Publications.

[80] Xu C. 2011. "The Fundamental Institutions of China's Reforms and Development." *Journal of Economic Literature* 49(4): 1076-1151.

[81] Yamaguchi M. 1993. *The Emerging Chinese Business Sphere*. Tokyo: Nomura Research Institute.

[82] Yow C. 2006. "Transforming an Old Qiaoxiang: Impacts of the Chinese Diaspora on

Panyu, 1978–2000." in Tan C. (ed.), Chinese Transnational Networks, London: Routledge.

[83] Zhang C. 2020. "Clans, Entrepreneurship, and Development of the Private Sector in China." *Journal of Comparative Economics* 48(1): 100-123.

（责任编辑：陈星星）

医疗保险的道德风险问题

——来自中国的经验

黄　炜　沓钰淇*

摘　要：医疗保险的道德风险问题一直是学术界关注的热点话题。目前国外已有一系列关于道德风险的研究成果，这些研究将估计医疗保健需求的价格弹性作为研究重点。相比之下，国内的相关研究还比较有限，需要更多的研究来分析国内医保领域出现的问题。虽然目前对于道德风险的存在已经基本达成共识，但是在道德风险的大小和性质方面仍然需要进一步探讨。基于最近几年的研究成果，本文对中国医保政策存在的一些问题进行了初步思考，主要体现在分析个体医疗保健的时间成本、估计患者对即期价格和未来价格的反应、区分道德风险和收入效应以及估算医疗保险的一般均衡效应四个方面。本文认为，基本中国现实情况，中国学者能够挖掘出更多新的研究问题和研究视角。本文研究能够推动卫生经济学关于道德风险研究的发展，为完善我国医疗保障体系提供参考依据，并给其他国家医疗保障体系的发展提供宝贵经验。

关键词：医疗保险　道德风险　时间成本　收入效应　一般均衡效应

一　引言

健康经济学（Health Economics）是经济学领域中的重要分支。根据医

* 黄炜，助理教授，北京大学国家发展研究院，电子邮箱：huangweipku@vip.163.com；沓钰淇，博士研究生，北京大学国家发展研究院，电子邮箱：yqta2017@nsd.pku.edu.cn。感谢匿名审稿专家的宝贵意见，文责自负。

疗卫生领域运行的参与者，可以将健康经济学的研究问题分为需求端、供给侧和医疗保险三个方面。对于需求端，相关研究主要关注影响健康的因素和健康水平变化带来的影响，如死亡的决定因素，健康水平对个体收入水平的影响等。对于供给侧，医生行为和医疗机构组织等相关问题是研究重点，包括医疗机构在组织上是整合还是分散，医疗机构间的竞争程度及其带来的影响，医生行为如何受到激励机制的影响等。对于医疗保险，研究问题则往往包括医疗保险对个体健康水平、财务负担和风险的影响，医保支付方式对供方行为的影响等。

在讨论医疗保险时，道德风险问题被广泛提及。“道德风险”这一术语往往被用于描述医疗保险的覆盖会通过降低个体的医疗成本而增加其对医疗保健使用的现象（Pauly，1968）。道德风险之所以能成为学术界关注的热点话题，是因为对道德风险的研究具有重要的理论意义和现实意义（Einav 和 Finkelstein，2018）。在理论层面，道德风险的存在、大小和性质是设计医疗保险合同时需要考虑的关键因素。保险的价值在于为居民提供了一种消费平滑机制，将居民的消费从收入边际效用较低的状态（如个体健康的时候）转移到收入边际效用较高的状态（如个体生病的时候）。在第一最优的保险合同中，居民在不同状态中拥有相等的边际效用。然而，如果存在道德风险，即个体对医疗保健的使用价格作出反应，且潜在的健康水平不可契约时，医疗保险的成本会随之上升，造成个体不愿意支付完全保险下收支平衡的价格（Pauly，1968）。因此，道德风险的存在会造成第一最优没法实现。而从现实层面来看，探究医疗保险的道德风险问题对于控制过快上涨的医疗费用具有启示意义。道德风险的存在实际上提供了一种控费手段，即通过提高患者成本分担程度（Cost Sharing）来增加个体面临的医疗保健价格。但是，过高的患者成本分担程度也有悖于设立医疗保险的初衷。因此，与道德风险相关的研究问题已经成为学者和政策制定者热议的话题。比如，如何设置合理的医疗保险报销水平以平衡控制医疗费用和为居民提供财务保障的双重目标，控费手段的设计应该从需求端入手还是从改变供方激励机制入手，等等。

随着医疗数据的不断积累，国外关于医疗保险道德风险的研究已经初具规模，但国内相关研究方兴未艾。纵览现有文献，美国和欧洲关于医疗保险道德风险的研究最多，对于道德风险的存在已基本达成共识，并将度量医疗保健需求的价格弹性作为研究重点。相比之下，其他国家的相关研究还比较有限，且大多数局限于分析医疗保险的引入对医疗保健需求的影响，较少能上升到量化估计价格弹性的研究高度。

在我国，由于城镇职工医疗保险、新型农村合作医疗保险和城镇居民医疗保险这三大公共医疗保险的存在，已基本实现医疗保险的人口全覆盖。虽然医保覆盖在一定程度上缓解了居民“看病贵、看病难”的问题，但是医疗费用的快速增长也随之而来。《中国卫生健康统计年鉴 2021》显示，中国卫生总费用占 GDP 的比例从 2008 年的 4.6% 上涨到 2020 年的 7.1%。2012~2017 年，中国卫生总费用年均增速约为 10.9%，远高于同期 GDP 增速（6.5%）（Yip 等，2019）。快速增长的医疗费用已经给医保基金的持续性带来严重挑战。《中国统计年鉴 2020》显示，2019 年，河南、山西、西藏等地的医疗保险基金已经出现收不抵支的情况。

我国医疗费用的快速增长不仅仅来自人口老龄化和经济增长带来的需求增加，还有一部分来自医疗保险扩张所带来的道德风险问题（封进等，2015）。需要强调的是，老龄化和收入上升带来的医疗费用增加是市场均衡的结果，并不会带来无谓损失；而道德风险引致的费用增加会造成社会资源和效率的损失。因此，理解、估计和控制医疗保险的道德风险问题对我国医疗保险改革和控制医疗费用非常重要。目前，国内关于医疗保险的道德风险问题的研究处在蓬勃发展阶段，从 2000 年初期的定性研究到初步的定量研究，再到现在更为精准的定量研究，国内学者做出了不少有意义的研究。然而，相对于日益增长的医疗需求和层出不穷的问题而言，国内相关研究还远远不够。并且，相较于存在性，医疗保险道德风险的大小和性质等方面仍有许多值得探讨的问题。

本文的写作重点不是试图回顾关于道德风险的大量理论和实证文献，而是从道德风险的概念本身出发，提出现有文献中还没有予以解释和澄清的问题，思考如何通过中国医保场景和数据对这些问题进行回答，以进一步理解和精准估计医疗保健需求价格弹性，更好地清晰界定道德风险问题。

本文的余下部分安排如下。第二部分介绍道德风险的定义，对文献中使用的概念进行评述，而后从理论和实证研究层面讨论道德风险的存在性问题。第三部分回归到道德风险概念本身，提出现有文献研究中尚未明晰的问题，讨论如何使用中国独特的政策和数据优势来对这些新问题予以可能的解答，并给出对未来相关研究的启示。第四部分是总结性评论，并对未来研究提出展望。

二 什么是道德风险？

（一）道德风险的含义

Arrow（1963）在分析医疗保险市场时首次提出“道德风险”这个概念，并将其描述为“医疗保险使得医疗保健的需求增加”。后续文献关于道德风险的定义主要有两种：事前道德风险和事后道德风险。事前道德风险指的是，医疗保险可能会导致个体减少维持自身健康的（不能观测到的）努力，因为它承担了部分由不健康行为所带来的医疗负担（Ehrlich 和 Becker，1972）。具体体现在，个体在拥有医保后，可能会出现减少运动频率、吃更多芝士汉堡或吸更多烟等行为。目前文献对事前道德风险的讨论比较少，有的发现这种道德风险并不存在（Finkelstein 等，2012），有的则发现了它存在的证据（傅虹桥等，2017；彭晓博和秦雪征，2015）。

事后道德风险是目前医疗保险相关文献普遍讨论的道德风险类型。具体来说，它描述的是不考虑医疗保险对个体健康投资的影响，在给定健康水平的情况下，当医疗保健的价格降低时，个体会选择消费更多医疗保健的现象（Pauly，1968）。使用道德风险来刻画这一现象，实际上有轻微滥用这一术语中“隐藏行为”（Hidden Action）含义的嫌疑。医保部门、保险公司和研究者实际上可以通过看病记录来观测到个体医疗保健的使用情况。[①]

① 在信息经济学中，信息不对称带来的委托代理问题一般被区分为两种类型：“隐藏行为”（Hidden Action）和“隐藏信息”（Hidden Information）（Arrow，1986）。“隐藏行为”也被称为“道德风险”，用于描述交易中委托人由于难以完全观测到代理人的行为和努力而带来的风险。“隐藏信息”则是指委托人的行为是可以观察到的，但是委托人并不知道行为是否是最合适的，即代理人比委托人拥有更多信息（如代理人的个体特征等）。

因而，在医疗保险带来医疗保健消费水平上升的场景中，这种信息不对称问题可能更接近于“隐藏信息”（Hidden Information）——个体健康状况信息被隐藏（Einav 和 Finkelstein，2018）。

综观过去文献关于道德风险问题的讨论，经济学者更多地将它看作与道德不相关的中性概念，而一些非经济文献可能会使用这一术语描述不道德的行为来扩散其隐含的修辞含义（Rowell 和 Connelly，2012）①。比如，Pauly（1968）指出保险中的“道德风险”问题与道德无关，可以用正统的经济学工具来分析。同时，Arrow（1968）指出（事后）道德风险对于医疗保健市场来说并不是社会最优的，暗示着道德风险这个概念不仅是经济学感兴趣的话题，而且对于社会利益的探讨而言也是重要的。而 Hale（2009）认为道德风险这个概念描述了一个道德问题，即因（过度）提供保险而带来的道德危机。为了与现有经济学文献保持一致，本文使用“道德风险”来表示个体关于医疗保健的需求对自付价格是敏感的。

图 1 展示了因拥有医疗保险而带来的道德风险。当没有医疗保险时，个体面临的医疗保健价格为 P_0。当个体有医疗保险后，其面临的医疗保健价格为 P_1，$P_1<P_0$。给定医疗保健是正常品，随着价格下降，个体医疗保健的消费量会从原来的 Q_0 上升到 Q_1。假定医疗市场是完全竞争的，则医疗保健的供给曲线是平行于 X 轴的直线，医疗保健的边际成本为 P_0。那么，医疗保险带来的道德风险实际上是无谓损失（Dead Weight Loss），可用图中的阴影区域来表示。通过估计医疗保健需求价格弹性，并结合价格变化的大小，可以计算出无谓损失的大小。

（二）“道德风险”是否存在?

在理论上，医疗保险中的道德风险问题是否存在并不明确。传统经济学理论告诉我们，医疗保健的需求曲线是向下倾斜的，当医疗保险使个体面临的自付价格下降时，个体会倾向于多消费医疗保健。另一种观点则认为，医疗保健和传统商品不一样，其需求是由个体的“需求”决定的，而

① Rowell 和 Connelly（2012）详细回顾了“道德风险”相关的历史以及该术语在概率文献、保险行业文献和经济学文献中的相关发展，感兴趣的读者可以阅读。

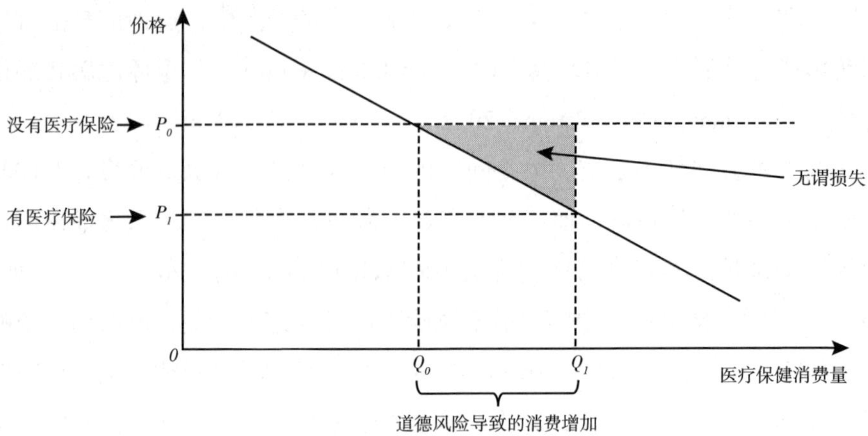

图 1　道德风险是医疗保险带来的无谓损失

不是由经济因素决定的。个体只有生病了才会去看病，对医疗保健的需求是没有价格弹性的。还有一种观点认为，当医疗保健自付价格下降时，个体对医疗保健的需求是下降的。这是因为，医疗保险能让个体接受及时有效的医疗护理，比如预防性服务或慢性病管理，从而改善个体的健康水平。这种健康状况的改善反过来会降低个体对医疗保健的使用率。因此，理论上会出现三种相互竞争的观点：医疗保险会增加个体医疗保健支出、不影响个体医疗保健支出、减少个体医疗保健支出。这意味着，要回答医疗保险中道德风险的存在性问题，需要使用实证数据进行检验。

国外已有一系列实证文献给出了道德风险存在的证据。两个大型随机实验证实了医疗保险对医疗保健支出的影响。20 世纪 70 年代开始的兰德实验，将约 6000 人随机分配到不同的成本分担程度（0%、25%、50% 和 100%）的医疗保险计划中。实验结果发现，成本分担程度较高的群体（相比于免费使用医疗服务的群体）对医疗服务的使用较少（Manning 等，1987；Aron–Dine 等，2013）。2008 年开展的俄勒冈医疗补助实验从约 9 万名低收入个体中随机抽取 3 万名中奖者为其提供医疗保险。分析该实验第一年的数据发现，因中奖获得医疗保险的个体住院的概率和预防性服务的使用率比没有医疗保险的个体高（Finkelstein 等，2012）。后续许多使用政策冲击构造“准自然实验”（Quasi-natural Experiment）[①] 的文献基本也发现，拥有医疗保险或医疗保险报销水平上升会带来个体对医疗服务使用和医疗费用的增加（Chandra 等，2010；Chandra 等，2014；Fukushima 等，2016；Shigeoka，2014）。这些实证研究估算出的医疗保健需求价格弹性的范围在 –0.5 ~ –0.1（Cutler 和 Zeckhauser，2000）。

国内学者关于基本医疗保险实施的实证研究也发现了参加医疗保险后出现医疗服务使用增加和医疗费用增加的证据。比如，关于新型农村合作医疗的研究（Lei 和 Lin，2009；Wagstaff 等，2009），关于城镇居民医疗保险的研究（潘杰等，2013）。同时，国内也有一些实证研究通过构建准自然实验尝试估计了国内医疗保健需求的价格弹性，这些研究计算得出的价格弹性范围为 –0.7 ~ –0.1（Feng 等，2020；沓钰淇等，2020；王贞等，2019；赵绍阳等，2015）。Lu 等（2019）运用聚束（Bunching）方法研究了农村居民对非线性医疗报销的反应。他们静态响应模型的估计结果显示，完全取消报销会带来居民每次就诊总支出减少 34.5%，医疗费用的弹性大约为 0.4。

值得注意的是，医疗需求价格弹性本身并不完全等同于道德风险。道德风险代表的是因价格扭曲带来的社会福利损失和社会负担增加，而医疗需求价格弹性不仅包含了道德风险的影响，而且可能包含了其他诸多因素的影响，如时间成本、收入效应、供方反应等。区分道德风险和医疗需求价格弹性两者的差别，能够帮助我们更好地理解道德风险的大小和性质，也能给我们提出新的研究问题和方向。

三　关于“道德风险”的新思考：来自中国的证据

综观目前关于医疗保险道德风险的相关研究，主要集中在发达国家或

① 国内一般将 Quasi-natural Experiment 译作“准自然实验”或“准实验”，本文采用了更直接的译法“准自然实验”。关于“准自然实验”（Quasi-natural Experiment）和“自然实验”(Natural Experiment) 的区别，DiNardo（2010）在书中进行了详细的说明，感兴趣的读者可以阅读。

地区，如美国和欧洲等。但是，国外医疗体系和我国差异较大，其实证研究的相关结论是否能够应用到中国的场景则需要进行验证。相比之下，发展中国家，如中国的相关研究还处在起步阶段，大部分局限于分析引入医疗保险对医疗费用和服务使用的影响，而估算医疗保健需求价格弹性的研究还比较少。同时，尽管目前文献对于医疗保险道德风险问题的存在已经基本达成共识，但是在道德风险的大小和性质上仍然有许多问题需要探讨。比如，如何正确定义和估计医疗保健需求价格弹性，医疗保健需求价格弹性和道德风险的区别，医疗保险对供给侧行为的影响，等等。本部分将结合已有文献，讨论四个值得思考的新问题：个体的医疗保健成本只有金钱成本吗？个体面临非线性医保计划时会对即期价格还是未来价格作反应？医疗保险带来的医疗保健消费上升都是道德风险吗？医疗保险扩张的一般均衡效应有多大？

（一）个体的医疗保健成本只有自付费用吗？

在谈论个体的医疗保健成本时，已有文献强调的往往是医疗保健的金钱成本。然而，对于个体来说，当选择使用医疗保健时，面临的不仅仅是医疗保健的金钱成本，还有研究者无法观测到的时间成本。在现实生活中，这些现象并不少见：上班族担心请病假会影响后续工作，选择“小病躲、大病扛”；即将迎接考试的学生族担忧看病会耽误备考时间，只能选择“熬一熬”；面临论文或基金申请截稿日期的学者们为了赶进度，生病了只能选择“扛一扛”。由此可见，许多人选择不去看病可能不是因为看病费用太高，而是考虑到没有足够时间去看病和治疗。将时间成本纳入对医疗保健使用的分析，评估时间成本在医疗保健消费中的重要程度，将有助于拓展我们对传统医疗保健需求价格弹性的认识和理解；进一步地，针对不同时间成本的个体，能够构建更为准确的医疗保健消费需求函数。

将时间成本纳入医疗保健需求价格弹性的分析框架，可以借鉴 Aguiar 和 Hurst（2005），该文指出支出并不等于消费，支出仅刻画了金钱投入，而消费还需要时间投入。对于一般性商品的消费，比如食品消费，金钱投入和时间投入存在替代关系：退休后时间成本下降，个体会用购买和准备饭菜的时间去替代曾经的金钱投入，出现食品支出下降的现象。与一般性商品不同，医疗保健消费中的金钱投入和时间投入更可能是互补关系：个体无法出钱雇人替其去医院挂号看病，也无法出钱雇人替其去住院。具体来说，假设个体选择集中有 n 种消费品（c^1，c^2，…，c^n），包括医疗消费和其他商品消费。个体面临一个时间可分、严格凹的效用函数 $u=u(c^1, c^2, \cdots, c^n)$。其中，个体对商品 i 的消费量（c^i；i=1，2，…，n）均需要金钱投入 x^i 和时间投入 h^i，即 $c^i=f^i(x^i, h^i)$。假设商品生产函数均规模报酬不变。令 X 代表总可支配收入，H 代表总可支配时间，则个体最优化期望效用的现值，其面临的预算约束包括金钱约束（$\Sigma_i p^i x^i \leqslant X$）和时间约束（$\Sigma_i h^i \leqslant H$）。令 w 代表时间成本（比如工资率），σ^i 代表消费商品 i 的时间投入和金钱投入的替代弹性，S_h^i 代表个体花在消费商品 i 的时间占总可支配时间的比例，则时间成本变动对商品 i 的金钱投入影响可以表示为：$\frac{d\ln x^i}{dw}=S_h^i(\sigma^i-\frac{u_i}{-c^i u_{ii}})$。对于医疗服务，时间投入和金钱投入之间是互补的，即 $\frac{d\ln x^i}{dw}<0$。给定个体一生的资源约束，从理论上可以预测：退休后，时间成本下降会带来医疗服务使用的上升。

中国法定退休年龄的外生性和城镇职工医保待遇在退休前后的连续性为识别医疗保健时间成本的影响提供了很好的机会。第一，对于大部分城镇职工，我国退休制度规定了明确的法定退休年龄，一般男性为 60 岁、女性为 50 岁或者 55 岁。如图 2（a）所示，在政策规定的男性 60 岁退休年龄处，X 市男性工作的概率出现了明显的断点，其工作的可能性下降 15~18 个百分点。相比之下，国外许多国家实行的是弹性退休制度，职工可以根据自身情况在一个年龄区间内选择合适的时间点办理退休手续。比如在美国，提前退休（年满 62 岁）可以领养老金（带有一定折扣），在正常退休年龄退休可以领全额养老金，延迟退休可以在原有养老金基础上获得奖励性收益（Behaghel 和 Blau，2012）。

因此，美国不会像中国一样在正常退休年龄段出现居民工作概率显著而明确的跳跃。同时，退休年龄也成为美国雇员的内生选择，不那么外生。

第二，我国城镇职工在退休后一般都会自动继续参与城镇职工基本医疗保险，并且大部分城市的职工在退休前后享受的医疗保险待遇比较类似，住院自付比例往往只会小幅下降 2~3 个百分点。从图 2（b）可以看出，X 市男性没有医疗保险的比例在 60 岁前后没有明显的跳点。而在美国，大部分雇员在 65 岁之前的医疗保险由企业承担，享有所在企业从商业保险公司购买的医疗保险计划，一部分其他雇员和非雇员只能由自己或家人购买商业保险（或者没有医疗保险）。在 65 岁之后，大多数美国居民开始享受政府提供的老年人医疗保险 Medicare。因而，分析美国的相关文献会发现，医疗保险的覆盖程度在 65 岁处有显著变化（Card 等，2009）。医保状态在 65 岁的剧烈跳点会带来金钱投入对居民医疗服务使用的干扰，使得美国场景不适用于识别时间成本的影响。

运用 X 市 50~70 岁城镇男性职工的医疗数据和断点回归（Regression Discontinuity），本文有以下三点发现。第一，城镇男性职工的住院概率在 60 岁处有显著的上升［见图 3（a）］，但是看门诊的概率在 60 岁处没有明显的跳点［见图 3（b）］。一方面，这说明退休后时间成本的下降的确会使人们对医疗保健的使用增加；另一方面，这也说明对于不同医疗保健，时间成本具有差异性：门诊服务一般花半天到一天的时间，而住院至少需要花几天时间。这种时间成本的差异最终带来男性城镇职工在退休前后对门诊服务和住院服务使用强度变化的差异。第二，高工资水平职工的住院概率在 60 岁处有较大的跳跃，而低工资水平职工的住院概率在 60 岁处的跳跃相对较小。异质性分析说明，退休前不同收入水平人群的时间成本是不同的，时间成本较高的人群的反应更大。第三，在接受住院服务的群体中，60 岁左右人群的住院天数变化不大，但是因为住院导致工作天数受影响的情况在 60 岁后明显下降。这进一步说明，时间成本是个体使用住院服务的重要考虑因素，男性职工在退休前少住院主

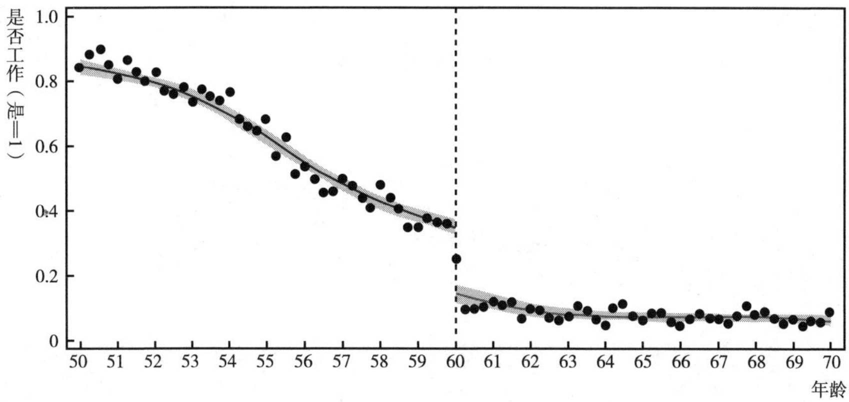

（a）工作的概率

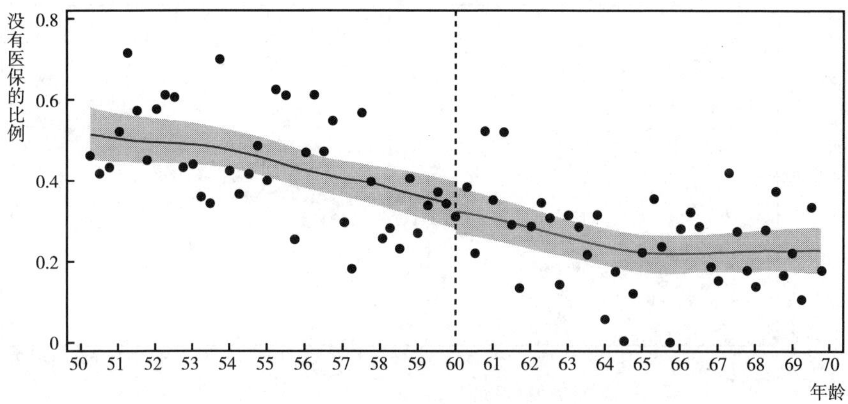

（b）没有医保的比例

图 2　X 市男性职工的劳动供给和医保状态随年龄变化的情况

要不是因为身体好、病情不严重，而是因为担心会因住院而耽误工作。

以上初步分析的结果对未来医疗保险的研究有两点启示。首先，在估计个体的医疗保健成本时，应该采用更全面的视角。研究者不仅要考虑传统的自付价格，而且要意识到时间成本也是个体做医疗服务使用决策时考量的重要因素。如果忽略了时间成本，那么研究中估计出来的医疗保健需求价格弹性很有可能是有偏差的。其次，不同人群时间成本的差异和不同医疗保健的时间成本的差异值得深入研究。时间成本在不同人群中的差异可能体现在不同地区、不同年龄段、不同受教育程度、不同职业、不同收入水平等方面。不同医疗保健，比如不同科室的门诊服务、不同科室的住

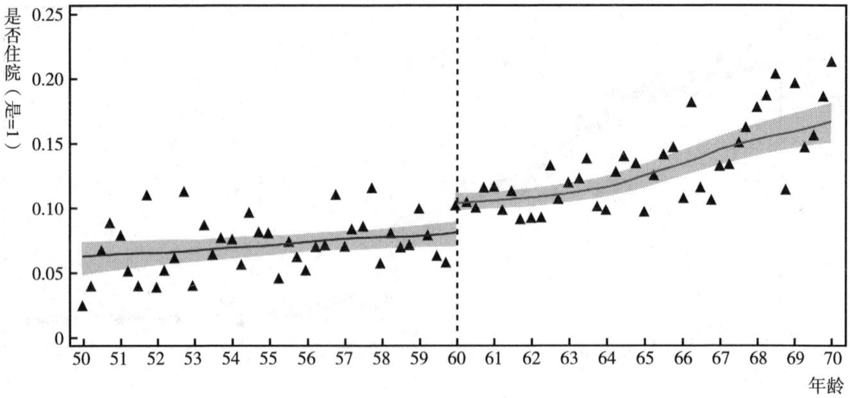

（a）住院

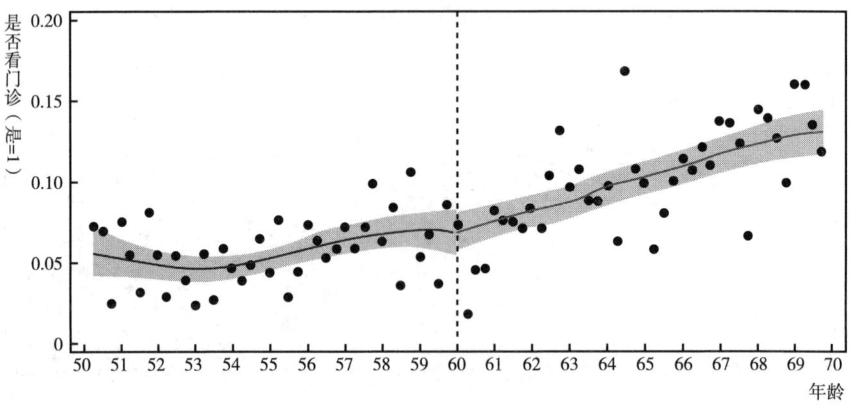

（b）门诊

图 3　X 市男性职工医疗服务使用随年龄变化的情况

院服务和体检服务等的时间成本也可能存在差异。更好地理解医疗保健时间成本的差异性，能够有助于解释不同人群对医疗保险行为反应的异质性，也能够为了解不同人群医疗服务的需求、制定精准化医疗救治和保障政策提供参考依据。

（二）如何正确定义个体面临的价格?

个体如何对医疗保健的金钱成本作出反应是政策制定者和学者很感兴趣的问题。目前已有一些研究估计了患者关于医疗保健需求的价格弹性（Cutler 和 Zeckhauser，2000）。但是，医疗保险计划在现实生活中往往是非线性的，这使得单一的价格弹性估计可能并不能完全刻画医保政策变动对个体医疗费用的影响（Aron–Dine 等，2015）。以美国为例，在达到起付线前的自付比例为 100%，超过起付线后的自付比例变为 10% ~ 20%，一旦累积的自付费用达到自付封顶线，则自付比例为 0（Aron–Dine 等，2013）。由于国外往往采取医保年度内费用累积的形式进行报销，患者在不同时点面临的价格与其累积的医疗费用高度相关——随着医疗费用增加，患者面临的实际价格呈现下降趋势。这使得研究者在计算价格弹性时，需要考虑使用哪种价格才能刻画患者的真实反应。

目前研究患者动态激励（Dynamic Incentive）的文献主要讨论两种价格：即期价格（Spot Price）和未来价格（Future Price）。即期价格指的是患者当期就诊时面临的自付价格（费用）。未来价格，有时候也被称为期望年底价格（Expected End–of–year Price），则是指患者预期在超过起付线后的平均自付价格（费用）。如果患者是短视的，则只会对即期价格作出反应。如果患者具有一定前瞻性，则其医疗消费不仅会受即期价格的影响，也会受到预期未来超过起付线后的价格的影响。如果患者完全理性并且没有预算约束限制，则只会对未来价格作出反应。一些国外研究发现，患者会对即期价格（Abaluck 等，2018；Dalton 等，2020；Guo 和 Zhang，2019）作出反应。另一些研究则指出患者对未来价格（Aron–Dine 等，2015；Einav 等，2015）作出反应。比如，Dalton 等（2020）通过结构估计发现，患者在进行 Medicare Part D 的医疗消费决策时并没有将预期年末的价格纳入考虑范围，暗示患者是短视的。Aron–Dine 等（2015）却发现患者不是短视的。由于美国 Medicare Part D 会在每年 1 月重置年度起付线，在医保会计年度内早加入医保计划的个体与晚加入的个体相比，拥有更多时间累积医疗费用以达到起付线。因而，早加入医保计划的个体面临相同的即期价格但是更低的未来价格。利用这个现象，学者们比较了在同一家企业工作但在一年中不同月份加入医保计划的个体的医疗服务使用情况，结果发现个体会对未来价格作出显著反应，说明患者具有一定前瞻性。

由于文献中对于患者究竟是短视还是有远见的并没有一致结论，在计算医疗保健需求价格弹性时，部分研究假设患者是有远见的，使用年末价格计算弹性（Keeler 和 Rolph，1988；Eichner，1997）。另一些研究考虑到患者可能有即时偏误（Present Bias）和行为偏误（Behavioral Bias）而不能完全理解医保的非线性，或者面临流动性约束，因而在分析时假设患者是短视的，选择使用患者实际面临的价格而不是期望年末价格计算弹性。一般利用工具变量（Eichner，1998；Kowalski，2016）或推算反事实的自付费用（Shigeoka，2014；Fukushima 等，2016）来缓解因医保非线性而带来的价格内生性问题。但是，在一个研究中同时讨论患者如何对即期价格和未来价格作出反应的文献比较少。例外的是，Brot–Goldberg 等（2017）利用一家大型企业强制雇员换成高起付线的医疗保险计划的冲击，研究发现给定真实的期望年末价格和上一年的年末边际价格，患者在低于起付线时的医疗消费支出仍然减少约 42%。这表明，个体对就诊时的即期价格反应更大。因此，总体来看，目前文献中关于个体对即期价格和未来价格的反应的实证证据还比较少，个体在面临非线性医保计划时的动态激励反应问题值得继续探索。

本文尝试使用中国某城市城镇职工医疗保险退休人员的数据，为估计患者对即期价格和未来价格的反应提供中国证据。图 4 展示了我国 A 市城镇职工医疗保险门诊服务的报销待遇，其制度设计具有非线性的特点：在医保年度内的门诊医疗费用超过起付线 d 前，患者的自付比例为 100%；在门诊医疗费用超过起付钱 d 后，患者的自付比例变为 c%。美国 Medicare Part D 或其他

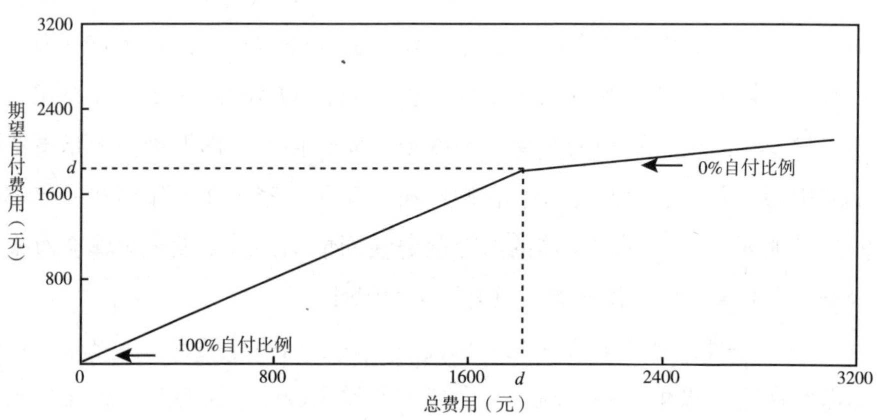

图 4　A 市城镇职工医疗保险门诊服务的报销待遇

职工医疗保险计划一般会基于日历年（每年 1 月 1 日至 12 月 31 日）重置起付线。而 A 市则把医保会计年度定为每年 4 月 1 日至次年 3 月 31 日，在每年 4 月 1 日重新计算门诊服务费用的起付线。本文使用 A 市城镇职工医保的相关数据设计了两个准自然实验，并将分析样本限定在医保会计年度内门诊总费用超过起付线的退休职工。

准自然实验 1 利用起付线来构造存在即期价格变化但没有未来价格变化的实验。首先，A 市的城镇职工医疗保险的起付线和自付比例是预先确定的并公布给大众，退休人员起付线的高低取决于所处的年龄组，年龄较大组别的退休人员的起付线比年龄较小组别低一些。由于使用的样本是在年度内门诊总费用超过起付线的城镇职工医保退休职工，在距离起付线的不同时间点，这些个体面临的门诊医疗服务即期价格是不同的，但是未来价格没有发生变化。图 5（a）展示了使用数据计算在准自然实验 1 中即期价格和未来价格随距离到达起付线的时间点的不同而变化的情况。其中，未来价格的计算方式采用了 Aron–Dine 等（2013）、Aron–Dine 等（2015）两种计算方式。可以看到，未来价格几乎没有发生变化，而即期价格在到达起付线后出现明显下降。基于准自然实验 1，可以通过使用事件分析法（Event Study Approach），估计达到起付线的时间点变动对门诊费用和服务使用的影响，从而计算出个体的即期价格弹性。

准自然实验 2 则利用医保在每年 4 月 1 日重置起付线来构造即期价格和未来价格都出现变化的实验。具体而言，在新的医保会计年度开始时（每年 4 月 1 日），退休人员的门诊医疗费用面临新一轮起付线计算，不再依赖上一年门诊医疗费用，其面临的即期价格和未来价格都会出现上升。因而，如果从数据中观察到退休人员的门诊医疗费用在 4 月 1 日前后发生变化，则这些变化是由患者对即期价格和未来价格的反应共同驱动。值得说明的是，A 市的起付线重置政策具有一些优点。首先，相比于美国重置时间为 1 月 1 日，以 4 月 1 日作为重置时间受到其他混杂因素的影响较小。其次，退休人员不需缴费就能免费享有城镇职工医疗保险，没有动力取消医保。同时，虽然住院起付线也在每年 4 月 1 日同步重置，但是住院起付线相比退休人员平均年度住院费用来说较低。因而，4 月 1 日前后门诊医疗费用的变化受到住院服务价格变化的影响较小。准自然实验 2 中 4 月 1 日前后即期价格和未来价格的变化趋势汇报在图 5（b）中。图 5（b）的计算结果显示，在到达重置起付线的 4 月 1 日后，即期价格和未来价格都有明显的上升。基于准自然实验 2，可以使用断点回归估计即期价格和未来价格的联合变动对门诊费用和服务使用的影响，从而计算得出即期价格和未来价格的联合弹性。

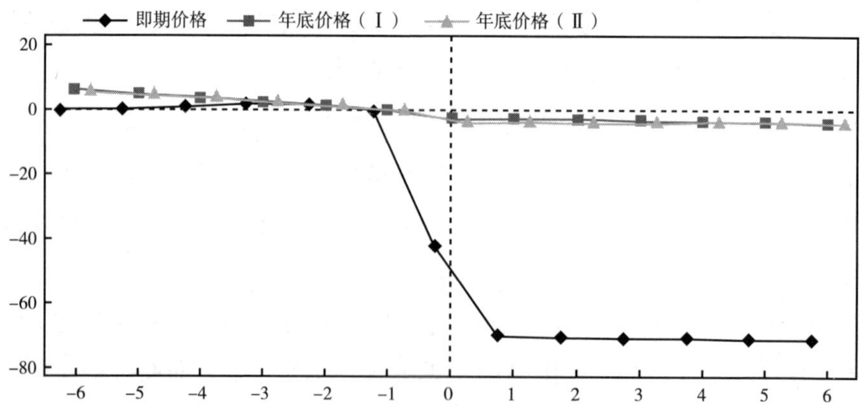

（a）准自然实验1：达到起付线

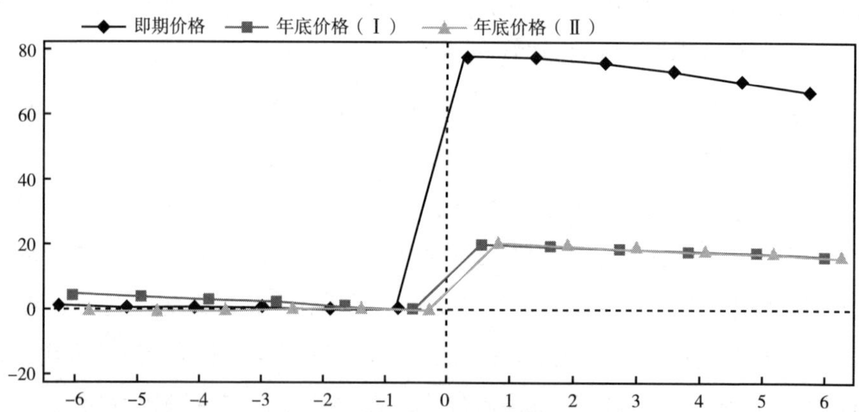

（b）准自然实验2：4月1日重置

图 5　两个准自然实验中即期价格和未来价格的变化情况

注：年底价格 (I) 表示利用 Aron–Dine 等（2013）的方法计算的年末价格，年底价格 (II) 表示利用 Aron–Dine 等（2015）的方法计算的年末价格。数据分析时，根据门诊就诊日期将样本中患者的门诊服务使用情况按照 5 天为单位进行加总。

利用上述两个准自然实验，使用事件分析法和断点回归的分析结果显示：在第一个实验中，达到起付线后，退休人员面临的即期价格下降了约132%，而未来价格几乎没有发生变化，门诊医疗费用和看门诊的次数显著上升；在第二个实验中，在4月1日，退休人员面临的即期价格上升了165%~171%，未来价格上升了48%~51%，门诊医疗费用和看门诊次数显著下降；利用两个实验估计出来的即期价格弹性为–0.14 ~ –0.09和未来价格弹性为–1.01~ –0.92，说明患者对未来价格的反应较大。

已有文献和本文的初步分析结果均说明，在非线性报销设计的医保计划下，个体的动态激励反应是需要重视的问题。医疗保险计划的组成部分，如起付线、封顶线、会计年度起付线重置等，让个体面临的成本分担程度不再是简单的线性形式。这些非线性特征要求研究者在研究过程中更加细致地定义个体面临的价格，考虑在不同医保政策的变化下，个体究竟是对边际价格（即期价格）作出反应，还是对平均价格（未来价格）作出反应。正确地定义个体面临的医疗保健价格，将有助于我们得到可靠且具有经济意义的医疗保健需求价格弹性。同时，探究个体的动态激励反应对预测中长期和长期的医疗费用水平和增长情况具有重要启示意义。这些分析结果能让我们了解个体是如何理解复杂的医疗保险待遇设计并作出反应，以及如何进行跨期就医决策，从而为优化当前医保待遇组合设计和控制医疗费用不合理增长提供参考依据。

（三）“道德风险”到底有多大？

前文主要从个体面临的价格问题切入提出新的研究视角，现在我们把目光转向无谓损失，重新审视道德风险的大小。在分析医保扩张或医保报销比例变动对居民医疗保健消费影响时，我们容易理所当然地将医保带来医疗服务使用的上升都看作道德风险。但是，医保与医疗服务使用上升的关系真的仅仅是道德风险（无谓损失）带来的吗？

当一件商品的价格出现下降时，实际上存在两种效应：替代效应（Substitution Effect）和收入效应（Income Effect，或者称为流动性效应）。替代效应指的是某种商品的名义价格变化导致消费者在其购买的商品组合中将该商品与其他商品进行替代。一般来说，替代效应会被看作由价格扭曲导致的市场行为扭曲，会带来效率损失和产生无谓损失，即道德风险。而收入效应则是指由商品的价格变动带来消费者实际收入水平的变动，进而引起对商品需求量的变动。价格下降时，收入效应的存在本质上提高了消费者的隐性收入，并没有造成市场扭曲。按照类似的逻辑，价格下降导致居民的医疗保健消费量上升，有可能是以上两种效应的叠加结果。

有必要区分替代效应和收入效应，是因为这两种效应对政府政策的福利结果有截然不同的影响：替代效应刻画的是对个体边际成本和社会边际成本之间出现楔子的社会次优反应，而收入效应是对纠正信贷和保险市场失灵的社会有益反应（Chetty，2008）。考虑到中国的国情，区分这两种效应也具有重要的现实意义。虽然中国目前已步入中高收入国家的队列，但是国内仍然有不少低收入困难群体。医疗保险带来医疗保健的价格下降，使得中国居民的医疗消费上升。笼统地将消费上升归结为道德风险实际上混淆了两种效应：一方面，的确存在过度消费医疗资源的现象，这部分应该被计入“替代效应”，属于道德风险；另一方面，医疗保险可能使原来许多看不起病的人能够去看病，那么对于这些低收入困难群体来说，价格下降的效果与收入上升类似，应当被计入“收入效应”，算作社会收益而不是道德风险。因此，在中国的场景下，利用传统方法估计医疗保健需求价格弹性时高估道德风险的现象可能更为明显。

那么，要如何分解替代效应和收入效应呢？根据 Chetty（2008），分解的原理来自斯勒茨基方程（Slutsky Equation）。假设个体 i 关于医疗保健的马歇尔需求函数为 x_i（p_i，y），希克斯需求函数为 h_i（p_i，u）。其中，P_i 是个体 i 面临的医疗保健价格，y 是收入，u 是效用。斯勒茨基方程告诉我们，个体 i 面临的医疗保健价格下降所产生的需求变化可以做如下分解：$\frac{\partial x_1}{\partial p_1}=\frac{\partial h_1}{\partial p_1}-x_i\frac{\partial x}{\partial y}$。在这个方程中，$\frac{\partial h_1}{\partial p_1}$ 为替代效应，而

$-x_i\dfrac{\partial x}{\partial y}$ 则是收入效应。将斯勒茨基方程写成弹性形式可以得到：$\epsilon_i=\xi_i-a_i\eta_i$。其中，$\epsilon_i$ 是医疗保健需求的价格弹性，ξ_i 是希克斯需求价格弹性，a_i 代表医疗保健的支出占总收入的比重，η_i 是医疗保健需求的收入弹性。从实证分析来看，虽然没有办法直接知道 ξ_i 的大小，但是可以通过外生性的价格变动和收入变动对 ϵ_i 和 η_i 进行准确估计，并从实际数据中计算出 a_i。从具体操作的难度来看，相比于估计医疗保健需求价格弹性 ϵ_i，要准确地估计医疗保健需求收入弹性 η_i 并进行分解具有更大挑战。

从已有文献来看，国外学者（Manning 等，1987；Chandra 等，2010；Shigeoka，2014）和国内学者（赵绍阳等，2015；王贞等，2019；沓钰淇等，2020）均对医疗保健需求价格弹性进行了估计。Hall 和 Jones（2007）、Acemoglu 等（2013）对收入弹性进行了估计。但是，基于同一样本估计价格弹性和收入弹性的研究还比较少。这是因为，在分解医疗保健需求价格弹性时面临着三个难点：第一，收入的外生冲击不如医疗保险体系的外生冲击多；第二，大多数收入冲击是短暂的或一次性的，并不是持续性的；第三，受到收入冲击的群体和受到医疗保健价格冲击的群体往往不是同一批群体。

为了找到适合分解替代效应和收入效应的研究场景，通过调研了多个城市，我们发现我国某省会城市（S 市）的退休职工能够较好地满足研究要求。S 市从 2011 年开始对城镇职工医疗保险制度进行了改革，80 岁及以上老年人能够享受免费的住院治疗。这一改革为研究提供了价格变动情景。图 6（a）展示了 S 市 75~85 岁退休职工医疗服务产品和价格的外生性变动。在 2011 年以前，75~85 岁退休职工的住院费用实际的自付比例约为 22%，在 80 岁处并没有出现断点。在 2011 年以后，80 岁及以上老年人的自付比例平均约为 11%，下降了近一半。因而，利用住院服务自付比例在 80 岁处的断点，能够运用断点回归识别医疗保健需求价格弹性。

为了估计医疗保健需求收入弹性，本文利用养老金每年增长时间点作为冲击，使用事件分析法进行估计。使用这一实证策略要求养老金增长时间点冲击相对于个体而言是外生的，即要求领取养老金的个体不能准确地预计养老金发放的时间。在我国，这一条件基本能够得到满足。首先，每年养老金增加的月份并不完全相同，个体较难形成稳定的预期；其次，每年养老金改革的流程是复杂的，造成个体较难预测到养老金发放的具体时间。

具体来说，关于养老金改革首先需要国务院常务会议做出决策，然后通过人力资源和社会保障部以及财政部联合发文，接着省级政府开始授权各地政府落实文件要求，之后地方政府根据当地财政盈余情况和经济发展状况来制定政策细则，最后才通过银行账户转账或现金方式将养老金发放给个体。图6（b）展示了S市两个出生队列（1935年出生和1940年出生的人）2009~2018年每月实际养老金（实线）和政策规定发放水平（虚线）随时间变动情况。从左图来看，S市10年间共经历了11次养老金的增长：2009年2月、2010年2月、2011年2月、2012年5月、2013年5月、2014年4月和10月、2015年4月、2016年10月、2017年7月和2018年7月。其中，养老金每年的涨幅大约为8%，图中的大“尖刺”是由推迟发放的养老金需要将前几个月拖欠的金额一次性补齐导致的，小“波动”是由养老金发放过程中遇到一些情况没有发放到位而需要之后补齐等导致的。右图进一步展示了距离养老金政策变动月份的不同期数下，老年人养老金的实际情况和政策规定情况。类似地，可以发现在政策发生的当期（月），老年人实际的养老金收入出现较大的跳跃，之后趋于比之前高一些的水平；而政策要求的养老金收入在政策发生当期也有向上跳跃，但跳跃幅度没有实际情况大。

利用上述的价格冲击和收入冲击，本文对S市75~85岁老年人住院费用数据进行了初步分析，主要有三点发现。其一，关于价格弹性。断点回归分析的结果显示，2011年后，在80岁处，老年人住院的自付比例显著下降约49%，住院总费用显著上升约15%，住院总费用的价格弹性约为-0.32。其二，关于收入弹性。事件分析法的结果显示，养老金收入增

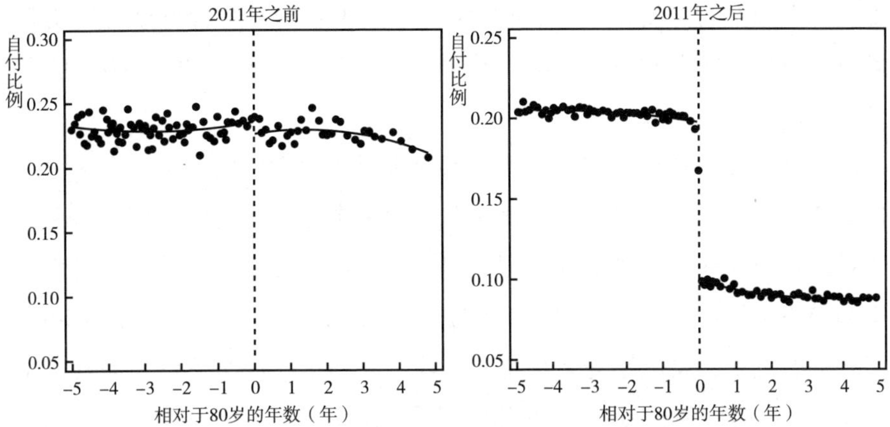

（a）2011年前后S市老年人住院费用的自付比例变动

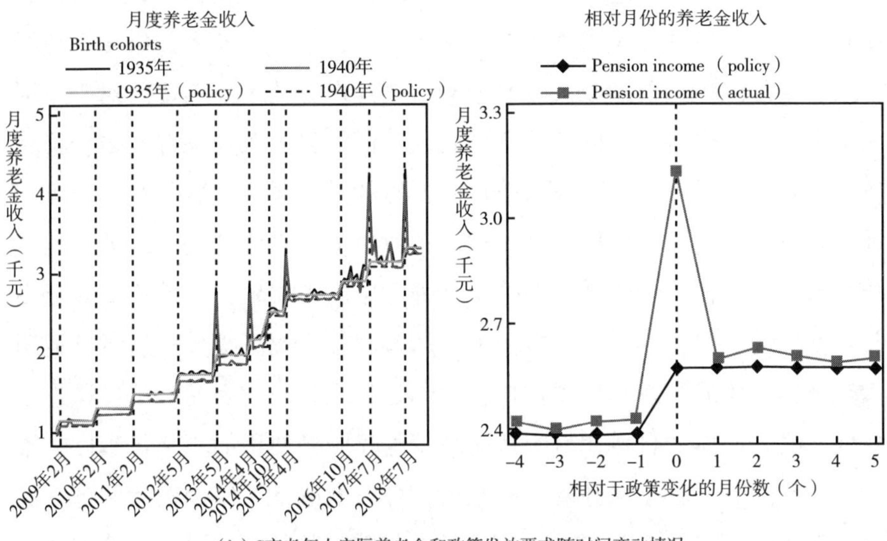

（b）S市老年人实际养老金和政策发放要求随时间变动情况

图 6　S 市老年人住院费用自付比例和养老金发放情况

注：图 6（a）中每个点代表的是不同年龄（月度）人群的自付比例均值。然而，80 岁及以上人群在 2011 年以前的样本量较小，为此本文利用样本数加权计算（Stata 的 binscatter 命令中的修正方式），故右边点数较少。

加 1 个百分点，老年人住院总费用平均将增加 1.96 个百分点，这意味着住院总费用的收入弹性约为 1.96。其三，关于分解。从实际数据可知，S 市 75~85 岁老年人住院总费用占总收入的比重约为 7.14%，收入效应约为 0.14（0.0714×1.96）。运用弹性形式的斯勒茨基方程计算可知，替代效应

约为 -0.19。综合这三点发现可知，医疗保健需求价格弹性可被分解为替代效应（道德风险）和收入效应，其中替代效应占价格弹性的 58%，收入效应占价格弹性的 42%。

以上分解价格弹性的结果为未来研究提供了两点方向。第一，传统医疗保健需求价格弹性不等同于道德风险，而是会因收入效应的存在而高估道德风险。为了评估我国医疗费用支出的效率和公平性，将需求价格弹性分解为带来无谓损失的替代效应和增进福利的收入效应是非常有必要的。运用分解的结果，将能够为平衡道德风险带来的医疗资源浪费和提升居民健康公平性进而完善相关医保政策提供有益启示。

第二，未来研究中进一步对价格弹性的分解进行异质性分析，将能为医保制度精细化设计提供参考依据。关于异质性分析可参考的维度，包括但不限于享受医保人群的收入水平差异、医疗保健的不同维度。对于不同收入水平的医保受益者，倘若观测到收入较低的群体医疗保健需求价格弹性较大，其中的原因可能是收入较低的群体的道德风险程度较高，也可能是其面临较大的流动性约束。基于这两种原因的政策建议是不同的：前者意味着道德风险在收入较低的群体价格弹性中的占比较大，政策应该提高该收入群体的自付比例，从而减少道德风险和社会福利损失；后者则说明收入较低的群体的价格弹性中占比较大的是收入效应，因而政策应该进一步降低该收入群体的自付比例，从而减少医疗服务使用的不平等程度，增进社会福利。对于医疗保健的不同维度，可以考虑是否使用医疗服务、选择什么类型的医院（三级 / 二级 / 一级）、住院时间长短、总医疗费用和费用细项结构（如服务费用、药品费用、耗材费用和检查费用）等。

（四）医疗保险的一般均衡效应

自兰德实验以来，对医疗保险的研究主要集中在需求端（患者）。比如，医疗保险覆盖对患者医疗费用、医疗服务使用、自付费用、健康结果等的影响。但是，探究医疗保险覆盖（扩张）对供给侧影响的研究相对较少。Finkelstein（2007）是少有的讨论医疗保险对整个医疗市场影响的研究。该文利用美国不同地区在 1965 年引入老年人医疗保险之前的商业医疗保险覆盖率差异来识别 Medicare 的出现对医院部门的影响。据该文估计，1970

年即实施 Medicare 后 5 年的医疗总费用（不仅仅是 Medicare 的医疗费用）比没有实施 Medicare 时高约 37%。根据这个估计结果粗略计算可以得到，医疗保险扩张可以解释 1950~1990 年将近一半的人均实际医疗支出增长问题。相比之下，兰德实验的结果则预测 Medicare 的实施将使医院医疗总费用上升约 5.6%，只能解释人均实际医疗支出不到 1/10 的部分。为什么会有这样大的差异？很重要的原因是，兰德实验是一个随机实验，在保持医疗服务环境恒定不变的条件下估计医疗保险对个体医疗费用的影响，反映的是需求侧个体选择的结果，得到的是局部均衡效应。而 Finkelstein（2007）的分析估计的是全局效应，或者称为一般均衡效应，即 Medicare 作为美国规模最大的医疗保险，其引入不仅会影响个体选择，也会带来医院和医生行为的改变。

中国医院层面数据的可得性和过去 20 多年医疗保障体系的改革，为探究医疗保险的一般均衡效应开启了一扇窗户。一方面，中国医疗服务的主要提供者是公立医院，公立医院需要向政府相关部门上报卫生财务统计报表的具体数据，比如收入和支出、设备购置等信息。《2021 年中国卫生健康统计年鉴》显示，2020 年中国公立医院总费用（支出）占医院总费用（支出）的比重约为 83.87%，公立医院总收入占医院总收入的比重约为 86.12%。由此可见，公立医院在整个国内医院市场中扮演着重要角色。研究者有机会通过接触公立医院的运行数据了解中国医院市场的（近乎）整体情况。而在西方发达国家，政府很少系统性地收集医院行为的微观数据，并且许多医院是民营（非营利性或营利性）医院，没有义务和责任向政府或研究者无偿提供医院运作和投资行为的数据记录。因此，国外进行医疗保险扩张对供给侧影响的相关研究难度较大。

另一方面，中国的医疗保障体系仍在不断完善中，新型农村合作医疗的全面推开等大型医保扩张冲击为研究者提供了丰富的素材。在 20 世纪 80 年代以前，欧美发达国家基本完成了大型的医疗保险改革，后续医疗保险的扩张较少见。中国于 1998 年开始开展城镇职工基本医疗保险以保障正式就业人群利益，2003 年开始开展新型农村合作医疗保险（以下简称“新农合”）以保障农村居民利益，2007 年开始开展城镇居民基本医疗保险以保障非正式就业人群、儿童和老人利益。《2020年全国医疗保障事业发展统计公报》显示，我国基本医疗保险覆盖95%以上的人口，基本实现医保全覆盖。除了基本医疗保险的扩张外，后续的医保改革，如2012年城乡居民大病医疗补充保险的推行、2016年整合城乡基本医疗保险制度的正式推向全国、2019年以来国家相继启动30个城市DRG付费试点和71个DIP付费试点等，也为研究者探究医保待遇最优设计和支付方式对供方行为的影响提供了机会。

目前分析新农合影响的文献，基本集中在探究对需求端的影响（Chen和Jin，2012；程令国和张烨，2012；Lei和Lin，2009）。为了分析中国基本医疗保险扩张的一般均衡效应，本文利用新农合在全国各区县先后铺开实施的冲击，使用微观调查数据、公立医院财务报表数据和企业数据进行分析。新农合是我国覆盖人数最多的医疗保险项目，从2003年开始，参与人数从最初的数千万人增加到2010年的约8.3亿人。我国不同区县实施新农合的时间并不完全一样：2004年有314个区县实施新农合，2006年有1450个区县，2008年则达到2800个区县，基本实现全覆盖。利用新农合推行年份的差异，本文采用双重差分法（Differences-in-Differences）和事件分析法来估计大型医疗保险扩张对居民、医院和药企的影响。初步分析结果显示：首先，对于需求端来说，新农合的推行显著增加了居民医疗保险的参与率，降低了老年人的死亡率。其次，对于公立医院来说，新农合的推行显著增加了总诊疗人次数、医院总收入（尤其是医疗收入）、医院总支出、病床使用率和流转率。分住院和门诊来看，增加的主要是住院人数和医院住院收入（检查、服务、药品等）。分支出类别来看，主要增加的是耗材和设备费用，同时医院员工的人均福利津贴也显著上升。最后，对于医药行业来说，新农合的推行显著增加当地药企的专利数量和新创企业数量。因而，医疗保险扩张实际上不仅影响了居民个体的就医选择和健康结果，而且对整个医院和医药行业产生连锁反应。

将供方行为纳入分析医保对医疗保健影响的框架，从局部均衡分析扩展到一般均衡效应视角，对未来研究有三点启示。第一，大型医疗保险扩张在影响需方行为的同时，实际上也改变了供方行为，一般均衡效应和局部均衡效应是不同的。传统道德风险文献一般假设完全竞争的要素市场，假定市场价格等于边际社会成本。但是，真实的故事和内在机制可能是更复杂的：需求侧的研究只看到了在医保扩张后患者看病次数增加和使用更多的医疗服务；结合供方行为的研究才能知道患者流的增加让更多收入流向医院，在正向收入冲击下的医院有动机使用更多耗材、药品和设备，最终将医保扩张的正向冲击传导到医药企业。结合需求端和供给侧的评估，能让我们更清晰地知道实行医保扩张后，政府花出去的钱到底流向哪里，从而做出更为精准的福利分析。

第二，供方道德风险值得进一步研究。目前争议很大但仍然尚未解决的问题是：道德风险到底是怎么产生的，在多大程度上是由患者驱动的，在多大程度上是由医生驱动的。患者去不去医院可能主要是个人决策。但是，当医患双方在进行治疗方案选择时，其所起的作用大小是很难被观测到的。识别需方道德风险和供方道德风险以及理解这两类道德风险的相互关系，既具有学术价值，也对于设计有效的控费政策具有重要启示意义。在中国，公立医院是最主要的医疗服务提供方，政府部门对医疗价格进行管制。一方面，为了避免患者有过大的就医负担，政府将医疗服务价格压得很低；另一方面，为了让公立医院能够自负盈亏，政府允许医院提供药品时有 10% ~ 15% 的加成，使用耗材时可以有 5% ~ 10% 的加成。在扭曲的医疗价格体系下，“过度诊疗”问题在中国层出不穷，大处方、大检查带来医疗费用快速上升和医疗资源浪费（Eggleston 等，2008）。近年来，政府接连出台药品零加成、耗材零加成、实行支付方式改革等供方改革措施，尝试从供给侧入手控制快速上涨的医疗费用。这些改革为研究者识别供方道德风险提供了宝贵的素材。

第三，引入供方的行为反应，能够使对医疗保健需求价格弹性和道德风险（社会无谓损失）的估计结果更准确。考虑供方的反应后，在原来的道德风险示意图中，供给曲线不再是一条与 X 轴平行的直线。因为，此时医疗保健的边际成本会由供方的行为反应所决定。使用医院相关数据分析医院对医保改革所带来的价格变动的反应程度，能够估计新的边际成本曲线和供给曲线，从而估算出更可靠的医疗保健需求价格弹性和道德风险。

四 总结和讨论

自从健康经济学代表作之一 Arrow（1963）发表以来，关于医疗服务和医疗保险市场运作的文献呈现井喷式增长，其中讨论最多的是道德风险问题。回顾已有研究中关于道德风险的定义，可以发现文献中谈论的道德风险主要指的是事后道德风险，关注在给定健康水平下个体医疗保健需求对自付价格的反应。而对于另一种道德风险——事前道德风险，即医疗保险可能会改变个体健康投资行为的讨论相对较少。沿用主流文献的定义，本文也将事后道德风险简称为“道德风险”。医疗保险是否会增加医疗保健的使用率和费用在理论上并没有明确的预测，但是一系列随机实验和准自然实验的研究均已无可辩驳地证实：医疗保险中道德风险的影响的确是存在的。

尽管道德风险的存在性在文献中基本达成共识，但是关于道德风险的大小和性质问题依然存在不少争议，需要更多的研究帮助我们更好地理解什么是道德风险并对道德风险进行更精准的估计。在发达国家或地区，如美国和欧洲，医疗保险扩张的大型冲击大多在 20 世纪 80 年代以前出现，之后大规模的医保冲击较少。而在中国，医疗保障体系仍然处在不断完善中，层出不穷的医疗保险改革冲击和独特的数据优势为研究者回答关于道德风险的新问题提供了机会。本文展示了如何使用中国的医保场景和数据，对新的研究问题进行界定和讨论。

从个体面临的医疗保健成本出发，可以延伸出两个新的研究问题：一是医疗保健成本是否只有金钱成本，二是个体面临的医疗保健金钱成本（自付价格）到底是边际价格（即期价格）还是平均价格（未来价格）。

对于问题一，本文利用中国退休制度将 60 岁规定为男性法定退休年龄这一外生冲击，使用某城市城镇职工医疗保险 50~70 岁男性样本构造断点回归模型。初步分析结果发现，在 60 岁处男性住院概率显著上升。这说明，退休带来的时间成本下降会使个体对医疗保健的需求增加，启示研究者在未来研究中需要将时间成本纳入对医疗保健需求的分析。

对于问题二，国外已有文献讨论个体医疗保健需求对即期价格或未来价格的反应，但是较少有文献能够同时讨论即期价格和未来价格的影响并比较个体对两者反应的大小。本文借助中国某城市的城镇职工医疗保险门诊待遇报销起付线的设置和会计年度重新计算门诊起付线的冲击，分别设计了两个准自然实验。实验 1 中只有即期价格变化而没有未来价格变化，实验 2 中即期价格和未来价格同时发生变化，从而帮助我们估计即期价格弹性和未来价格弹性。为了约束个体过度使用医疗保健，医疗保险计划常常会设置起付线、封顶线等，使得个体面临的医保报销待遇呈现非线性特征。本文的估计结果显示，在非线性医保待遇设计下，个体对不同价格的反应是不同的：城镇退休职工的即期价格弹性为 –0.14 ~ –0.09，未来价格弹性为 –1.01 ~ –0.92。这暗示，研究者在未来研究中需要更加谨慎地考虑所分析的医保场景中个体会有怎样的动态激励反应。

除了个体面临的医疗保健成本外，道德风险的大小也是值得进一步讨论的问题。传统上，当观察到价格下降导致居民的医疗保健消费量上升时，一般会将这种现象当作道德风险存在的证据。文献中也往往通过估计医疗保健需求价格弹性来试图量化道德风险。但是，价格下降对商品消费量的影响包含了替代效应和收入效应。我们所强调的道德风险实际上是替代效应，即因价格扭曲而带来的社会无谓损失。而收入效应本质上放松了个体的流动性约束，属于社会福利，不应该被记入社会无谓损失中。本文利用中国某城市住院报销水平变动的冲击和养老金发放年份的变化来构造两个准自然实验，试图将传统医疗价格需求弹性分解为带来社会无谓损失的道德风险和带来社会福利的收入效应。断点回归和事件分析法的分析结果显示，替代效应占价格弹性的比重约为 58%，收入效应占价格弹性的比重约为 42%。这说明，不能简单地将传统医疗需求价格弹性等同于道德风险，研究者在进行医疗保险改革福利分析的时候，既需要讨论道德风险带来的社会成本，也需要讨论收入效应可能带来的社会收益。

本文还讨论了医疗保险的一般均衡效应问题。现有文献在分析医疗保险的道德风险问题时，往往使用的是局部均衡框架，在假定整个医疗市场不变的条件下，讨论医疗保险扩张或医保报销水平变动对居民各种结果变量的影响。然而，在医疗市场中，医疗保险改革不仅会改变需求端个体就医决策，而且会改变供给侧的行为。本文关于新农合扩张的影响的分析结果发现，新农合的扩张不仅影响了居民的就医需求和健康，同时也显著影响了公立医院的收入和支出，更是显著增加了医药行业的新创企业数量和专利申请数量。这些初步分析结果说明，医疗保险对供方行为的激励问题是不容忽视的。研究者在未来应拓宽分析视角，对医疗保险的一般均衡效应问题作进一步探索。

随着新技术的应用和数字经济的发展，我们相信，中国学者能够利用中国医保场景和数据，挖掘出更多新的研究视角。这些中国经验对于文献发展和各国医疗保障体系的完善都具有深远意义。从健康经济学关于道德风险的文献来看，一方面，发达国家已有研究的结论对发展中国家的适用性有待检验，而中国作为最大的发展中国家，其相关研究的发现能够补充发展中国家方面的相关证据；另一方面，中国独特的数据优势和丰富的医保改革冲击场景也为分析关于道德风险的新问题提供了更多的研究机会。因而，中国经验和中国数据对于推动健康经济学文献的发展具有宝贵的价值。从各国医疗保障体系实践来看，利用我国医保体系改革冲击和数据作进一步细致分析，不仅能够为我国制定有效的控费政策和设计符合国情的医保政策提供参考，而且能为当今世界医疗改革难题提供来自中国的参考建议。

参考文献

[1] 程令国、张晔，2012,《“新农合”：经济绩效还是健康绩效？》,《经济研究》第 1 期。

[2] 封进、余央央、楼平易，2015,《医疗需求与中国医疗费用增长——基于城乡老年医疗支出差异的视角》,《中国社会科学》第 3 期。

[3] 傅虹桥、袁东、雷晓燕，2017,《健康水平、医疗保险与事前道德风险》,《经济学(季刊)》第 16 期。

[4] 潘杰、雷晓燕、刘国恩，2013,《医疗保险促进健康吗？——基于中国城镇居民基本

医疗保险的实证分析》,《经济研究》第 4 期。

[5] 彭晓博、秦雪征,2015,《医疗保险会引发事前道德风险吗?理论分析与经验证据》《经济学(季刊)》第 1 期。

[6] 沓钰淇、傅虹桥、李玲,2020,《患者成本分担变动对医疗费用和健康结果的影响——来自住院病案首页数据的经验分析》,《经济学(季刊)》第 4 期。

[7] 王贞、封进、宋弘,2019,《提升医保待遇对我国老年医疗服务利用的影响》,《财贸经济》第 6 期。

[8] 赵绍阳、臧文斌、尹庆双,2015,《医疗保障水平的福利效果》,《经济研究》第 8 期。

[9] Abaluck J., Gruber J., Swanson A. 2018. "Prescription drug Use under Medicare Part D: A Linear Model of Nonlinear Budget Sets." *Journal of Public Economics* (164): 106-138.

[10] Acemoglu D., Finkelstein A., Notowidigdo M. J. 2013. "Income and Health Spending: Evidence from Oil Price Shocks." *Review of Economics and Statistics* 95(4): 1079-1095.

[11] Aguiar M., Hurst E. 2005. "Consumption Versus Expenditure." *Journal of Political Economy* 113(5): 919-948.

[12] Aron-Dine A., Einav L., Finkelstein A. 2013. "The RAND Health Insurance Experiment, Three Decades Later." *Journal of Economic Perspectives* 27(1): 197-222.

[13] Aron-Dine A., Einav L., Finkelstein A. et al. 2015. "Moral Hazard in Health Insurance: Do Dynamic Incentives Matter?" *Review of Economics and Statistics* 97(4): 725-741.

[14] Arrow K. J.1963. "Uncertainty and the Welfare Economics of Medicine Care." *American Economic Review* 53(5): 941-973.

[15] Arrow K. J. 1968. "The Economics of Moral Hazard: Further Comment. " *The American Economic Review* 58(3): 537-539.

[16] Arrow K. J. 1986. "Agency and the Market." *Handbook of Mathematical Economics* 3: 1183-1195.

[17] Behaghel L., Blau D. M. 2012. "Framing Social Security Reform: Behavioral Responses to Changes in the Full Retirement Age." *American Economic Journal: Economic Policy* 4(4): 41-67.

[18] Brot-Goldberg Z. C., Chandra A., Handel B. R. et al. 2017. "What does a Deductible Do? The Impact of Cost-sharing on Health Care Prices, Quantities, and Spending Dynamics." *The Quarterly Journal of Economics* 132(3): 1261-1318.

[19] Card D., Dobkin C., Maestas N. 2009. "Does Medicare Save Lives?" *The Quarterly Journal of Economics* 124(2): 597-636.

[20] Chandra A., Gruber J., McKnight R. 2010. "Patient Cost-sharing and Hospitalization Offsets in the Elderly. " *American Economic Review* 100(1): 193-213.

[21] Chandra A., Gruber J., McKnight R. 2014. "The Impact of Patient Cost-sharing on Low-income Populations: Evidence from Massachusetts." *Journal of Health Economics* 33: 57-66.

[22] Chetty R. 2008. "Moral Hazard Versus Liquidity and Optimal Unemployment Insurance." *Journal of Political Economy* 116(2): 173-234.

[23] Chen Y., Jin G. Z. 2012. "Does Health Insurance Coverage Lead to Better Health and Educational Outcomes? Evidence from Rural China." *Journal of Health Economics* 31(1): 1-14.

[24] Cutler D. M., Zeckhauser R. J. 2000. "The Anatomy of Health Insurance." *Handbook of Health Economics* 1: 563-643.

[25] Dalton C. M., Gowrisankaran G., Town R. J. 2020. "Salience Myopia, and Complex Dynamic Incentives: Evidence from Medicare Part D." *The Review of Economic Studies* 87(2): 822-869.

[26] DiNardo J. 2010. "Natural Experiments and Quasi-natural Experiments." London: Palgrave Macmillan.

[27] Eggleston K., Ling L., Qingyue M. et al. 2008. "Health Service Delivery in China: A Literature Review." *Health Economics* 17(2): 149-165.

[28] Ehrlich I., Becker G. S. 1972. "Market Insurance, Self-Insurance, and Self-Protection." *Journal of Political Economy* 80(4): 623-648.

[29] Einav L., Finkelstein A., Schrimpf P. 2015. "The Response of Drug Expenditure to Nonlinear Contract Design: Evidence from Medicare Part D." *The Quarterly Journal of Economics* 130(2): 841-899.

[30] Einav L., Finkelstein A. 2018. "Moral Hazard in Health Insurance: What We Know and How We Know It." *Journal of the European Economic Association* 16(4): 957-982.

[31] Eichner M. J. 1997. "Medical Expenditures and Major Risk Health Insurance." Massachusetts Institute of Technology.

[32] Eichner M. J. 1998. "The Demand for Medical Care: What People Pay Does Matter." *American Economic Review* 88(2): 117-121.

[33] Feng J., Song H., Wang Z. 2020. "The Elderly's Response to a Patient Cost-sharing Policy in Health Insurance: Evidence from China." *Journal of Economic Behavior & Organization* 169: 189-207.

[34] Finkelstein A. 2007. "The Aggregate Effects of Health Insurance: Evidence from the Introduction of Medicare." *The Quarterly Journal of Economics* 122(1): 1-37.

[35] Finkelstein A., Taubman S., Wright B. et al. 2012. "The Oregon Health Insurance Experiment: Evidence from the First Year." *The Quarterly Journal of Economics* 127(3):

1057-1106.

[36] Fukushima K., Mizuoka S., Yamamoto S. et al. 2016. "Patient Cost Sharing and Medical Expenditures for the Elderly." *Journal of Health Economics* (45): 115-130.

[37] Guo A., Zhang J. 2019. "What to Expect When You are Expecting: Are Health Care Consumers Forward-looking?" *Journal of Health Economics* 67: 102-216.

[38] Hale B. 2009. "What's so Moral about the Moral Hazard?" *Public Affairs Quarterly* 1: 1-25.

[39] Hall R. E., Jones C. I. 2007. "The Value of Life and the Rise in Health Spending. " *The Quarterly Journal of Economics* 122(1): 39-72.

[40] Keeler E. B., Rolph J. E. 1988. "The Demand for Episodes of Treatment in the Health Insurance Experiment." *Journal of Health Economics* 7(4): 337-367.

[41] Kowalski A. 2016. "Censored Quantile Instrumental Variable Estimates of the Price Elasticity of Expenditure on Medical Care." *Journal of Business & Economic Statistics* 34(1): 107-117.

[42] Lei X.Y., Lin W. J. 2009. "The New Cooperative Medical Scheme in Rural China: Does More Coverage Mean More Service and Better Health?" *Health Economics* 18(S2): S25-S46.

[43] Lu Y., Shi J., Yang W. 2019. "Expenditure Response to Health Insurance Policies: Evidence from Kinks in Rural China." *Journal of Public Economics* 178: 104049.

[44] Liu H., Zhao Z. 2014. "Does Health Insurance Matter? Evidence from China's Urban Resident Basic Medical Insurance." *Journal of Comparative Economics* 42(4): 1007-1020.

[45] Manning W. G., Newhouse J. P., Duan N. et al. 1987. "Health Insurance and the Demand for Medical Care: Evidence from a Randomized Experiment." *American Economic Review* 77(3): 251-277.

[46] Modigliani F. , Miller M. H. 1958. "The Cost of Capital, Corporate Finance, and the Theory of Investment." *American Economic Review* 48(3): 261-297.

[47] Myers S. C. , Majluf N. S. 1984. "Corporate Financing Decisions when Firms Have Information Investors Do not Have." *Journal of Financial Economics* 13(2): 187-221.

[48] Pauly M. V. 1968. "The Economics of Moral Hazard: Comment." *American Economic Review* 58(3): 531-537.

[49] Rowell D., Connelly L. B. 2012. "A History of the Term 'Moral Hazard'." *Journal of Risk and Insurance* 79(4): 1051-1075.

[50] Shigeoka H. 2014. "The Effect of Patient Cost Sharing on Utilization, Health, and Risk Protection." *American Economic Review* 104(7): 2152-2184.

[51] Wagstaff A., Lindelow M., Jun G. et al. 2009. "Extending Health Insurance to the Rural

Population: an Impact Evaluation of China's New Cooperative Medical Scheme." *Journal of Health Economics* 28(1): 1-19.

[52] Yip W., Fu H., Chen A. T. et al. 2019. "10 Years of Health-care Reform in China: Progress and Gaps in Universal Health Coverage." *The Lancet* 394(10204): 1192-1204.

[53] Yip W., Hsiao W. 2009. "China's Health Care Reform: A Tentative Assessment." *China Economic Review* 20(4): 613-619.

（责任编辑：焦云霞）

战略性新兴产业政策成功的条件与机制

——三个典型产业案例的初步研究

范保群　陈小洪　刘　超*

摘　要：本文以显示、集成电路、新能源汽车三个产业的发展政策为案例，研究战略性新兴产业政策成功的条件与机制。基于笔者提出的以产业链和价值链分析为基础的整合性政策分析方法（ICVC-HPA），本文利用产业链价值链政策矩阵梳理了政策与企业的产业链价值链的关系，考察政策着力点何在，进而根据代表企业的规模、技术水平和效益及补贴数据，对产业发展水平及政策效果进行了评估。研究发现：战略性新兴产业政策是在一定内外条件下，为促进特定产业发展和结构升级，政府与市场及多种因素互动的结果；战略性新兴产业政策是包括目标、工具的政策体系，需要根据政策目标和产业链价值链特点进行政策工具及其组合的设计及实施，并适时动态调整；政企互动是推动战略性新兴产业政策形成、调整和完善的重要因素与必要机制；三个战略性新兴产业的发展政策都已初步成功；战略性新兴产业政策成功的必要条件是关键政策及体系能立足于国情并与市场机制和企业能力提升有机结合。

关键词：战略性新兴产业　产业政策　政企互动

* 范保群，金光讲席研究员，北京大学中国经济研究中心，北京大学国家发展研究院，电子邮箱：bqfan@nsd.pku.edu.cn；陈小洪，研究员，国务院发展研究中心，电子邮箱：chhochen@126.com；刘超（通讯作者），助理研究员，北京大学中国经济研究中心，北京大学国家发展研究院，电子邮箱：cliu@nsd.pku.edu.cn。感谢匿名审稿专家的宝贵意见，文责自负。

一 前言

战略性新兴产业是“以重大技术突破和重大发展需求为基础，对经济社会全局和长远发展具有重大引领带动作用，知识技术密集、物质资源消耗少、成长潜力大、综合效益好的产业”。[①] 政府文件明确了新一代信息技术、高端装备制造、新材料、生物、新能源汽车、新能源、节能环保产业七类战略性新兴产业，而后又增加了数字创意产业。[②] 战略性新兴产业政策就是政府促进战略性新兴产业发展和结构升级的公共政策。

学术界对产业政策、战略性新兴产业政策有不同的评价和看法。持“怀疑论”的学者认为，政府制定政策存在不完善性，很多政策的“管制性”特征使市场竞争受阻，不利于企业创新（江飞涛和李晓萍，2010）；产业政策容易被地方“无差别复制”，造成经济效率受损（吴意云和朱希伟，2015）；产业政策往往只能在产业起步阶段带来盈利优势，产业规模扩张后，产业政策无法持续激励企业进行深层次的研发投入，从而导致产业技术创新较缓慢（张同斌和高铁梅，2012）。持“中立论”的学者认为，产业政策有利于解决市场失灵问题，关键在于政策如何设计和实施（陈文俊等，2018）；产业政策对企业或行业有“双刃剑”效应，政策有效具有边界条件（杨瑞龙和侯方宇，2019；钟茂林，2019）。持“支持论”的学者认为，产业政策可以弥补市场机制的缺陷，帮助企业投融资、提升企业研发生产效率甚至提升全要素生产效率、引领产业转型升级（Luiten 和 Blok, 2004; 刘守俊和蔡敏，2020；刘元雏和华桂宏，2020；林毅夫，2011；张新鑫等，2017）。

本文主要基于显示、集成电路、新能源汽车三个战略性新兴产业发展及有关政策事实，研究这些政策的意义、效果及作用机制。中国明确发展

① 参考《国务院关于加快培育和发展战略性新兴产业的决定》（国发〔2010〕32号）。

② 参考《“十三五”国家战略性新兴产业发展规划》（国发〔2016〕67号）。

战略性新兴产业的任务及政策已超过 10 年，但基于中国实践，针对战略性新兴产业及政策实际来讨论政策的作用及效果和机制的研究还很少。因此，本文不讨论政策应支持产业的选择问题，而着重剖析三个都需要政策支持的典型战略性新兴产业的政策实践，重点聚焦战略性新兴产业政策能够成功的条件与机制，即需要什么样的产业政策、政策体系构架如何、政策实施效果如何、如何产生更好的产业政策。

二　文献综述：产业政策的意义和有效条件

（一）产业政策与“站立成本”

陈小洪、范保群（2019）认为研究中国战略性新兴产业政策，可参考发展经济学、克鲁格曼的新贸易经济学[①]、弗里曼（Freeman）的国家创新系统（冯之浚，1999）、熊彼特（Schumpeter）的创新经济学（熊彼特，1991）、产业政策的“站立成本”（伊藤元重等，1988）和波特的国家竞争优势（Porter，1991）等理论。

日本学者针对产业培育政策提出的站立成本（Set-up Cost）理论尤为值得关注。产业培育政策与战略性新兴产业政策的目标相近、思路相似，都强调采取选择性的支持措施来促进产业发展。该理论的提出者主要为 20 世纪 80 年代前后从美国回到日本的学者，按小宫隆太郎（1999）的说法，他们主要用博弈论、信息经济学等新的经济学理论来讨论政策依据，说明政策的意义、条件及问题；该理论的提出也与日本战后崛起及 20 世纪七八十年代“美日摩擦”有关。站立成本理论认为，追赶中国家的企业为获得基于动态规模经济性（Dynamic Economics of Scale）和干中学（Learning by Doing）的时间经济性（Economics of Time）引起的动态效益，必须解决产业的站立成本问题。站立成本是企业发展到按国际价格可以赢利时必须付出的成本；站立成本与企业进入市场的时间有关，先进入国家的企业建立

① 有关理论及其综述见保罗·克鲁格曼（1986）主编的第 2、3 章，案例研究认为日本 20 世纪 70 年代半导体的发展和欧洲空客的成功证明了理论的合理性。也可以参考克鲁格曼（2003）第 6 章。

了进入壁垒，后进入国家的企业要生存下来就必须要解决站立成本问题。解决的条件之一是企业能达到克服站立成本障碍的必要规模；条件之二是有相应的产业政策，如有保护本土企业的国内市场、给予一定时间的保护期和资本支持政策。解决站立成本问题，对大国的企业而言比较有利的是，大国基于经济体量的规模优势，往往更容易达到克服站立成本障碍的必要规模。站立成本理论为产业政策的意义、有效条件提供了较好的理论解释。

一些基于产业政策实践的研究认为，产业政策能有积极作用有两个基本原因。一是政策以市场机制为基础。小宫隆太郎等（1988）认为日本二战后产业政策总体来说是对民间活动的补充、诱导。Hamberg（1966）对8个行业的研究发现，其中6个行业中政府补贴具有明显的激励效应，能显著刺激企业增加研发投资，提升自身市场竞争力。郭玥（2018）指出产业政策中的创新补助会促使获补助企业的“积极信号溢出”，帮助企业聚集社会资源，增加企业研发投入及带来实质性创新产出的增加。二是企业家精神和企业自身努力。[①] 日本产业政策的作用总体上看是支持性、激励性甚至只是补充性的；但在站立成本问题没有得到解决的产业，有关的产业政策却是产业发展的必要条件（伊藤元重等，1988）。

（二）政策有效的条件：选择、工具和机制

一些学者认为政策效果与政策作用方式及工具选择有关。政策可以是选择型的，即选择性支持重点发展的产业及项目；政策也可以是功能型的，重在帮助提高企业的发展及创新能力，包括改进企业创新环境、鼓励研发，不搞选择性支持（林毅夫等，2018；赵玲，2017）。陈小洪和范保群（2019）归纳中国学者的研究，认为实际的产业政策都是选择型与功能型的结合，后发优势使中国具有产业政策选择方面的有利条件。

产业政策选择涉及两个基本问题：选择支持产业和选择政策工具。如何选择支持产业？林毅夫倡导的新结构经济学理论主张按禀赋和比较优势进行选择，中国社科院工经所团队（如吕铁和贺俊，2019）主张按照“要

① 尾高煌之助的研究指出，日本1955~1971年实施的机构振兴法支持的日本汽车零部件产业有150家企业基本都发展成功，其重要原因是支持企业有多家；企业在二战前的统治经济时代就有生产经验；经营者年龄一般为45~60岁，经营感觉良好。

素、匹配、层次”模型，根据主导技术成熟度、市场成熟度和国家战略进行选择。

所要支持的产业或者领域确定后，就要选择相应的政策工具。存在多种政策工具可选，如财政补贴、政府投资、政策性融资、税收优惠、土地优惠、标准及有关规制等。根据 Rothwell 和 Zegveld（1988）的研究，政策工具按作用及其激励指向分为三类：供给激励政策，其作用是帮助提高企业的供给能力；需求激励政策，其作用是帮助企业获得并扩大市场；环境基础面政策，从环境方面激励企业发展，包括发展公共基础设施和研发机构，建立影响供求及利益相关者行为的规则（如互联互通规则）。政策工具选择的标准，理论上应该是在能解决站立成本问题的前提下，政策成本小、信息成本低且激励相容。表 1 分类列出了部分政策工具。

表 1　政策工具举例

类型	政策工具
供给面政策工具（直接影响技术及企业供给因素的政策工具）	①财务支持：补助、贷款、贴息、风险投资、投资（财政、政府组织的基金等） ②人力支持：教育、训练、招聘、有关的补贴 ③技术支持：政府出资企业和事业单位、研发组织、研发专项、信息
需求面政策工具（影响需求因素的政策工具）	①创造需求：委托研究、政府采购、示范展示 ②影响需求：关税、技术标准（如环境、节能、质量标准）、消费补贴、贸易代理
环境基础面政策工具	①建立产业基础：公共服务、公共性的研发机构 ②激励创新：税费优惠、专利、奖励 ③引导创新的管制：经济管制、技术管制（如互联互通标准）、贸易管制、外资管制

资料来源：陈小洪和范保群（2019）。

政策机制是指政策的作用机制和形成调整机制。政策机制的中心问题是如何选择支持对象以及如何确定政策工具。青木昌彦等（1998）认为合适的方式是利用市场机制进行选择，即对于有动态竞争优势的产业，选择市场竞争的领先者并给予支持；实行基于客观标准的相机性租金（Contingent Rents）或以绩效为基础的租金（Performance Based Rents）支持政策；支持政策可以有补贴、政策金融、税收、投资等多种工具，并且政府要有较强的政策制定及协调能力。东亚国家及地区（如韩国钢铁、石化及电子产业）的发展经验表明，合适的支持政策有助于产业成功。政策对企业的支持可以只针对企业价值链的某个环节，也可以针对价值链整体（见图1）。产业政策的选择不是政府决定谁是市场的赢家，而是选择支持的方向和企业能力培养的着力点。形成企业能力后，即使该企业经营出现问题，甚至失败了，其相关能力也可以通过分离存续或者被收购及产业整合等方式继续在产业中发挥作用。

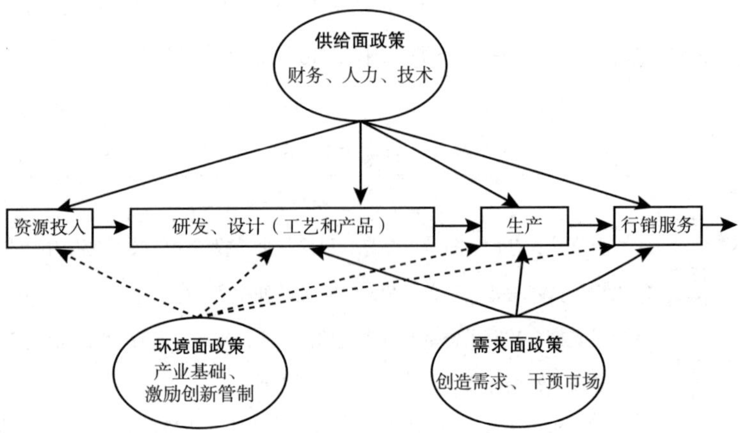

图1　政策对企业价值链的影响

资料来源：徐作圣（1999）。

政策的形成及调整机制更为重要。在这个机制中，政企互动尤为关键，即政府就产业政策及相关的思路、规划、项目等与企业进行交流讨论。互动是信息、知识的双向交流，政府和企业均可以是互动的发起者。在政企互动中，涉及很多深入细致的研究，分别从政府、企业及其互动视角切入探讨政策成功的有效机制。基于政府视角，有学者如Evans等（1992）、Evans（1995）借鉴“镶嵌”（Embedded）概念提出“嵌入自主性”（Embedded Autonomy），通过该概念他们解释了一些政府官员制定的发展政策更有效的原因，并认为政府在保持自主性（不受外部压力制约）的同时还需要与市场（特别是企业家和技术专家）进行适当连接。只有当政府“官僚自主性”与“社会镶嵌性”相结合时，经济才能实现较好发展。Wade（1990）、Block 和 Negoita（2016）提出需要构建具有自主性的政府体系，在该体系下政府具有较好的组织自主性与认知自主性，且政府有强烈的发展导向、能维持科层制内的一致性和自主性，以及拥有良好的专业素养与协同能力。当政府具有上述特征并且能构建有效反腐体系时，发展政策就会成功。基于企业视角，研究者发现企业家可以成为政策创新的推动者，他们可通过游说、联盟、压力、协议、试验等机制实现政策创新，同时企业也需要保持自主性和经济理性（Roberts 和 King, 1991；李娉和杨宏山，2020；张建君，2012）。还有企业的政治参与、政治关联、信息和物质刺激等都能影响政府活动和政策行为。而从互动视角看，需要构建有效协同的政企关系，其中企业充分展示市场行为和创新力，并与政府及其他主体保持紧密的网络信息交流，而政府只有基于自主性、专业性和社会嵌入性进行政策活动，才会有较好的政策成功性（Chen 等 , 2019; Danlu 和 Zong, 2020; Inzelt, 2004；李娉和杨宏山，2020）。诺贝尔经济学奖得主拉丰（Laffont）和梯若尔（Tirole）共同创立的新规制经济学理论的政治决策三层模型认为，有竞争关系者和独立专家参与的决策，有利于防止“管制者被俘虏”，能提升决策的合理性，还有利于防止监管机构因选择性提供信息而误导政治家和大众。

已有一些对战略性新兴产业中相关政企互动的研究，例如史俊等（2015）以无锡物联网产业发展过程为例，指出战略性新兴产业政策及项目决策过程中，政企互动有三方面的功能：企业提供信息，支持政府制定政策；企业通过互动，降低政策的不确定性；政府根据企业行为及其结果信息，判断政策的合理性及是否需要调整。研究发现，政策号召、新兴企业的能动性与社会福利需要都能够推动战略性新兴产业政策的制定（王伊攀和何圆，2019）。政企互动对于企业行为、绩效及产业变迁也具有重要的影响。政企互动遵循了市场规律，产业发展就会较好；反之，产业发展可能较差甚至出现衰退（李拂尘，2016）。钟茂林（2019）发现整体上战略性新兴产业政策促进了企业的创新投资，但企业所在的地区特点、企业产权性质、管理者薪酬结构、政府支持力度等都会影响政策对企业创新投资的激励效果，产业发展的成效是产业政策与企业行为共同作用的均衡结果。在战略性新兴产业领域，政企互动已经成为中国政策形成及调整、完善的基本机制。不少学者指出存在多种政企互动模式和复杂的过程（史俊等，2015；李娉和杨宏山，2020）。陈小洪和范保群（2019）发现不少领先企业（家）通过与政府的互动推动了政策的调整，改进了企业或产业发展的政策环境。当然，战略性新兴产业中政企互动的研究整体上仍比较缺乏，很有必要深入探讨相关的典型经验、实践和作用机制。

三　研究方法：案例选择及研究分析方法

（一）案例选择

本文通过显示、集成电路、新能源汽车三个产业案例，研究战略性新兴产业政策的作用和形成调整机制。研究实际的产业案例有利于掌握具体情况进而深入分析内在机理；多产业案例研究及相关比较，则有利于提升认识的全面性。本文所选择的显示、集成电路、新能源汽车三个产业——国民经济意义重要、规模大、产业链长，都是战略性新兴产业政策的重点支持产业；[①] 产业发展阶段及条件差异较大，都是依靠国内市场起步的竞争性产业，[②] 通过对比有利于深化认识。案例研究聚焦五个问题：描述产业及其发展状况、说明政策体系结构及其特点、说明政企互动的作用及其对政策的影响、对政策效果进行初步评估、讨论政策实施机制。

① 集成电路、新能源汽车在国家战略性新兴产业的“十二五”发展规划、“十三五”发展规划中都是支持产业。液晶显示在“十二五”发展规划中是重点支持产业，在“十三五”发展规划中不是支持对象。

② 通信设备、高铁也是国家战略性新兴产业政策的支持重点，但关于这两个产业的发展政策问题，在 2010 年战略性新兴产业政策出台以前就已经基本解决，并且市场结构特点亦有所不同。

（二）研究工具：产业链价值链政策矩阵

表 2 所示的产业链价值链政策矩阵是本文研究政策与产业关系的基本工具。该矩阵是以产业链和价值链分析为基础的整合性政策分析方法（Industrial Chain and Value-Chain based Holistic Policy Analysis，ICVC-HPA）使用的基本工具。ICVC-HPA 方法是陈小洪和范保群（2019）以徐作圣（1999）提出的价值链政策分析方法为基础，增加了产业链方面的政策分析因素构造出的兼顾产业链价值链因素的政策分析方法。该矩阵，纵向反映产业链的基本情况，帮助选择产业链各环节的代表企业（或领先企业），根据代表企业情况评估产业链能力提升政策的重点所在；纵向同时反映产业链各环节代表企业价值链的情况，通过研究企业价值链整体或者关键环节能力的状况，提出针对性政策；横向反映的是政策工具选择；两方面的政策分析相结合，帮助形成基于企业需求、覆盖产业链价值链整体同时有重点的政策体系。

（三）政策效果评价方法

评价政策效果的基本方法是分析产业发展目标及实际情况与政策的关系。产业发展结果及政策的作用，可以通过产业发展指标和产业领先企业或者代表企业与国际先进企业的比较进行评估。

表 2　与产业链价值链相协调的政策工具选择分析框架

政策工具 / 产业链价值链		供给				需求					环境			
		技术	设备	人力	财务	创造			扩大		设施	创新	规制	财务
						示范	规制	财务	规制	财务				
下游产业	研发													
	生产													
	市场													
中游产业	研发													
	生产													
	市场													
上游产业	研发													
	生产													
	市场													

资料来源：陈小洪和范保群（2019）。

四　案例：政策背景、实际情况和主要发现

（一）战略性新兴产业政策：意义、若干特点及出台背景

战略性新兴产业政策明确产业发展重点和政策工具框架，具体政策根据实际情况陆续出台。2010 年之前只有专项政策、部门政策或地方政策，如发展集成电路的《国务院关于印发鼓励软件产业和集成电路产业发展若干政策的通知》（国发〔2000〕18 号文）、新能源汽车的“十城千车”计划等。里程碑式的政策是 2010 年发布的国家级、综合性的国务院文件——《国务院关于加快培育和发展战略性新兴产业的决定》（国发〔2010〕32 号文）。该政策的出台，有多方面的意义。第一，政治意义重大，反映中央已形成发展战略性新兴产业的战略共识。第二，为后续出台更有针对性的、具体的产业政策提供了依据。例如，虽然对于集成电路、新能源汽车在 2010 年之前国家科技专项就给予了积极的支持，但基本的产业政策问题并没有解决，后续又针对性地出台了相应政策。第三，引导意义较强，为地方政府及企业有关决策提供了指引。

战略性新兴产业政策出台主要是国内因素和国际因素综合影响的结果。国内因素是在战略性新兴产业客观存在巨大的市场需求，但主要问题是本土企业技术能力还不够，国家较早就明确了发展高新技术产业和传统产业的升级技术与绿色发展技术，部分领先企业也希望和要求国家出台有关支持政策。国际因素表现为国际领先企业对中国的示范效应及其学习拉动作用；中国进入 WTO 以后，美国一方面继续限制对中国的高技术出口，另一方面又批评中国劳动密集型产品出口及人民币汇率问题，2008 年美国开始主导 TPP 谈判后通过转移全球供应链遏制中国发展的态势也日益明显；2008 年国际金融危机也使中国进一步认识到需要加快向战略性新兴产业转型发展。

（二）三个战略性新兴产业的基本情况及政策目标[①]：产业链、市场结构和发展情况

表 3 描述了三个产业的基本情况，后续正文对产业发展情况进行了具体说明。

① 由于篇幅所限，本文仅阐述若干重要的事件、节点与脉络。

表 3　三个产业：产业链、市场结构和产业发展

产业	产业链	市场结构与产业发展
显示	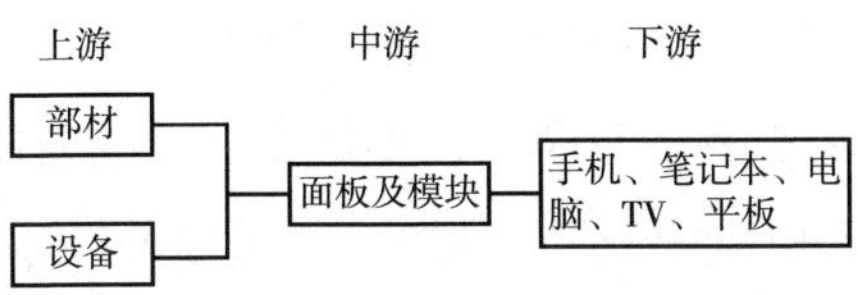	寡占竞争型市场。2003 年京东方通过收购进入产业，2005 年企业规模为前三名平均规模的 5%，2020 年液晶屏产销量居全球第一、OLED 产销量居全球第二。电子玻璃、芯片等产业链基本形成。中国产业营收 2020 年占全球的 40.3%、关键材料国产化率为 54%。国内领先企业有京东方、华星光电、天马
集成电路	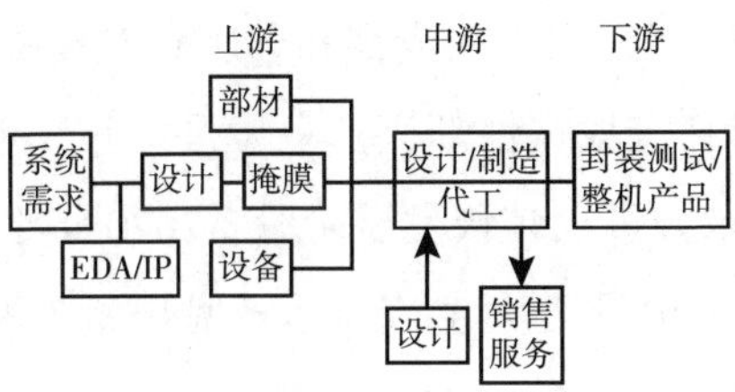	2000 年《国务院关于印发鼓励软件产业和集成电路产业发展若干政策的通知》出台，产业发展较快。2014 年设立“大基金”后产业发展提速。半导体产业产值 2000 年约为 100 亿元，2013 年为 2508 亿元，2020 年为 8848 亿元。2020 年中国市场约占全球的 34%，但中国企业销售额仅占全球的 5%、占中国市场的 15%。产业设计、制造和封测比例为 42.7：28.9：28.4，改变了过去以封测为主的结构，设计及制造环节正在较快“爬坡”，材料、设备实力仍较弱。海思、展讯、中芯国际、华虹、华润微电子、长江存储及新芯、长电科技及北方华创为中国领先企业
新能源汽车（以纯电动汽车为代表）	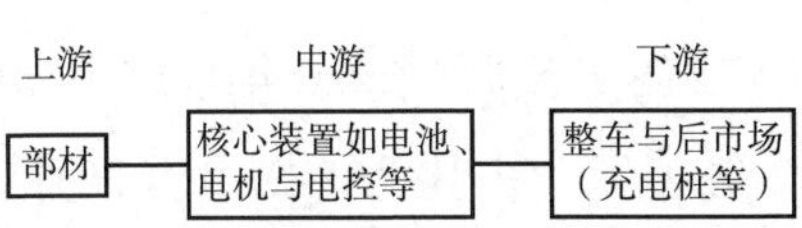	产业及市场 2009 年后开始形成。与国外企业相比，中国企业在主体技术方面差距较大，在纯电动汽车方面差距较小，在“电池、电机、电控”核心部件方面差距很大；2010 年产量为 0.72 万辆，2020 年产量为 136.7 万辆，其中纯电汽车产量为 111 万辆。市场规模方面，中国 2019 年以前一直居全球第一，2020 年占全球的 41%，被欧洲（占 44%）超过。比亚迪、通用五菱销量分别居全球第三和第四。动力电池全球出货份额前 10 位中，4 家中国企业占 41%、3 家韩企占 32%、松下占 20%，全球最大企业宁德时代占 26%

资料来源：笔者整理。

1. 显示产业[①]

显示产业链的上游是设备、材料及零组件，中游是面板与模块，下游是显示屏。显示产业链主要环节的市场结构多为寡占竞争型结构：中游面板制造属于资本、技术双密集型，但模块组装属于劳动密集型；上游主要部材、核心器件（如驱动芯片）属于高集中寡占竞争型；多数环节资本和技术门槛较高，在下游显示屏制造环节，大规模投资是进入产业的前提条件和关键。

中国显示产业的产业化元年是2003年，京东方收购了韩国现代液晶部门开始进入显示产业，合资的上广电液晶项目也开启。当时中国液晶显示市场规模为全球最大，但产品依靠进口。2005年京东方耗资近百亿元建成了中国第一条5代液晶面板生产线，产能规模仅为全球前三名平均规模的1/10，时盈时亏，融资困难；2009年京东方在成都和合肥政府投资支持下，又建了两条生产线。2010年中国制定战略性新兴产业发展政策，明确液晶显示产业是支持对象，自此，京东方进入较快发展阶段。2020年平板电脑、智能手机、显示器、笔记本电脑、电视五大主流显示产品出货量和市场占有率均稳居全球第一，新一代显示器OLED产能已形成，正规模化量产。2006年开始生产液晶模组的TCL在深圳市政府支持下成立的华星光电2010年初开始了第一条液晶面板产线建设。2020年中国显示产业规模已达4460亿元，占全球的40.3%，液晶面板规模居全球第一，AMOLED已批量出货，关键材料国产化率已达54%并有较大幅度的上升空间。京东方、华星光电、天马是中国显示行业的领先企业。

2. 集成电路产业

据世界半导体贸易统计组织（WSTS）数据，2020年全球半导体销售额为4408亿美元，集成电路为3612亿美元，占比为82%，是产业主体。集成电路产业链：上游是材料和设备，属于技术和资本双密集型；中游的晶圆制造需要巨额投资，属于资本和技术双密集型，装测技术的资本密集度稍低，也有较高技术含量；设计属于技术密集型，投资要求较大。集成电

① 液晶产业资料，2018年前的数据根据Disply Search及IHS计算机整理，转自陈小洪、范保群（2019），2020年数据见公司年报和工信部王志军副部长在合肥世界显示产业大会上的讲话（电子信息网，2021年6月17日）。

路产业各环节都属于寡占竞争型：美国的半导体产业企业最强，市场份额约占全球的一半，产业链很全。韩国、欧洲、中国台湾企业各有所强。细分市场都是寡占竞争型市场。

中国是全球最大的IT电子产品制造基地，2020年半导体进口3500亿美元。中国市场销售额及其全球占比方面，2015年分别为1340亿美元和28.8%，2020年上升到1515亿美元和34.4%，均居全球第一。中国产业的发展始于20世纪五六十年代，八九十年代开始布局集成电路项目，2000年鼓励集成电路发展的《国务院关于印发鼓励软件产业和集成电路产业发展若干政策的通知》发布后，海归创业、地方和专项投资发展较快；2008年国家科技重大专项对该时期企业的发展给予了较大支持。2014年《国家集成电路产业发展推进纲要》出台，产业获得了更快发展。纲要明确了集成电路产业发展的目标及政策，设立了集成电路产业投资基金（以下简称“大基金”，首期规模1400亿元），以制造为重点进行全产业链投资，产业较快成长。根据中国半导体协会的数据和叶甜春（2021）的观点，中国集成电路产业销售收入2014年为2509亿元，2020年上升到8848亿元，年均增长率20%；同期，设计、制造、封测收入占比分别由34.7%、23.6%、41.7%调整为42.7%、28.9%、28.4%，改变了过去以封装为主的收入结构，结构优化成效显著；2015年上游设备产业销售收入的全球占比仅1.9%，2020年实现243亿元，占全球的6%，估计很快会超过10%，甚至20%；材料产业220~230种粗分类材料整体进入本土产线的已有123种，2020年销售额为388亿元；中国大陆产业占全球的比重持续上升，设计2015年为6.1%，2020年上升到13%，晶圆制造2016年为11.7%，2020年上升到19.9%，封测仅次于中国台湾，居全球第二；产业企业中，外企、台企所占份额很大（晶圆制造外企、台企2016年占56%，2020年大幅上升到72%）。[①]

国际机构一致认为，由于市场大、产业链开始形成、晶圆制造产能还在“爬坡”，未来5年中国产业会持续较快增长。例如，美国半导体协会（SIA）

① 中国半导体行业协会网站有中国半导体及集成电路产业发展和设计、制造及封测发展的基本数据。到2020年中国集成电路晶圆制造和上游设备、材料产业的发展数据及外企台企晶圆制造发展情况，见中国半导体协会副理事长叶甜春（2021）。

估计2020年中国占全球半导体市场的34%，中国企业（总部在中国）销售收入占全球的5%强、中国的15%；Gartner估计2025年中国企业的国内市场份额可达30%，代工产能居全球第二；IC insights估计中国产能的全球占比2025年可能上升到25%。①

3. 新能源汽车产业（以纯电动汽车为代表）②

纯电动汽车产业约占新能源汽车产业的80%。纯电动汽车产业链结构：上游是部材，包括制造动力电池的电解液、隔膜、锂材等，制造电机的稀土材料和锂钴等各种资源；中游是所谓的“三电”部件，即电池、电机、电控系统及半导体功率器件等重要器件；下游是整车制造及销售服务、不可或缺的充电桩等基础设施网络。由于新能源汽车日益IT化及自动驾驶技术的发展，控制、通信等IT技术及有关的组件、模块及系统的设计制造已成为产业链的重要组成部分。

中国新能源汽车产业发展始于2009年。2008年比亚迪推出纯电动汽车样车，2009年中国实施推进新能源汽车产业化的“十城千车”计划。随着有关购车补贴、研发支持、公用汽车先行及扩大准入、发展充电桩等政策陆续出台，产业发展加快，企业技术进步明显。中国新能源汽车2010年产量为0.72万辆，低于日本；2020年新能源汽车和纯电动汽车产量已分别达137万辆和111万辆，居全球第二，占比40.7%（排第一的是欧洲，占比43.8%）。2020年全球销量前10名中，中国企业有4家，比亚迪、上海通用五菱分别居第三、第四名。中国动力电池装机量的产业规模居全球第一，宁德时代位居第一，市场份额为26%。动力电池全球出货份额前10名中，有4家为中国企业，合计份额为41.1%，3家韩国企业合计份额为31.8%，松下为20.2%。

中国纯电动汽车（包括乘用车、客车）开始起步时，参与企业众多

① 叶甜春（2021）指出中国集成电路产业存在问题，但会持续发展，与SIA、Gartner、IC insights的判断大体一致。

② 数据来源于中国汽车工业协会，电池技术和成本数据为电动汽车百人会提供，参考陈小洪、范保群（2019），以及公司年报和调查机构EV Sales（新能源汽车）、SNE Research（动力电池）公布的数据。

（包括国企民企、传统汽车企业和跨界进入的“新势力”企业），整车及中游部件产业集中度都很低（2017 年动力电池及其配套企业就有 98 家）。近些年产业集中度较快上升，出现了市场份额较大的头部企业。“三电”及上游产业的市场集中度更高。在整车、动力电池、上游及资源加工业及自动驾驶、网联技术等领域都有一批具备全球竞争力的中国企业。

综上所述，战略性新兴产业政策是在一定条件下，为促进战略性新兴产业发展和结构升级，政府与市场及多种因素互动的结果。它的成功需要政府与市场、企业有较大的“社会嵌入性”，当政府决策较具前瞻性与发展意愿且内外条件良好时，相关发展政策能有力地带动产业发展和结构升级。

（三）政策内容与结构

1. 政策内容

表 4 利用产业链价值链政策矩阵展示了显示、集成电路、新能源汽车三个产业按供给、需求和基础设施分类的主要政策情况。

供给政策：技术政策有的是财务性政策，主要指研发补贴、政府研发采购（如开发军品和政府用品的研发采购），有的是规划政策主要指有关的科技规划、产业技术规划，规划往往与资金支持有关，同时还有信息引导作用；提高制造能力的重要政策是进口设备减免税政策；资本政策重在帮助企业提高资本实力，其中投资政策是指政府投资公司、风投和产业基金等支持政策；土地政策是指产业园区及相应的土地优惠政策。

需求政策：国内市场保护政策较少使用。显示产业 2009 年后关税税率曾经提高了 1~2 个点，2010 年后的产业规划有引导外资在华投资的作用；锂动力电池产业在一个阶段限制独资外企进入；芯片业仅在军品领域有资质限制规则。创造和扩大维度的财务性政策有政府采购，如新能源汽车针对出租车、公交车和消费者的购车补贴及减免税政策；规制政策指采购的资质要求，如新能源汽车只有符合中国技术标准才有补贴的规定等。

基础环境：国家对中科院、行业技术机构和高校的专业研究机构及科研专项的支持，对三个产业的发展都有技术支持的作用。规则中的特定规则仅指针对特定产业的专门规则，如新能源汽车基础设施方面有这类规则；

一般规则是指案例产业企业都能享受到支持高新技术产业发展的规则，有时一开始是针对特定企业的特定规则，经过调整变成一般规则（如证监会调整定向增发规则支持了京东方与地方政府的合资发展，调整后的规则后来成为一般规则）。

三类政策存在配套协调关系。其中，需求政策与供给政策的协调最为重要。在开放的市场，当本国企业技术能力很弱时，单纯的需求鼓励政策的最大受益者可能是国际领先企业，而非政策希望支持的本国企业。

2. 政策结构：有共性，亦有差异

各产业链政策的共性是都不同程度地覆盖了整个产业链；都有支持研发的科技专项和财务鼓励补贴及税收激励政策；都能得到地方政府改善投资环境的园区及土地政策的支持。

不同产业使用的政策工具存在结构性差异。①政府投资，特别是大规模的投资主要发生在资本和技术双密集型、中国企业刚起步与国际领先企业差距较大的集成电路和显示两个产业；在新能源汽车产业，地方政府有直接投资，但不是主要投资者，参考国家产业政策积极进行投资的部分国企成为主要投资者。②大规模实行需求补贴政策的产业只有新能源汽车产业。③基于技术标准的补贴政策是发展电动汽车的重要政策工具。④科技专项支持政策在各产业都有重要作用，尤其是对于集成电路产业而言。

3. 政策的产业链价值链分布

政策按产业链布局有两种基本模式。其一，重点突破型模式，即先重点支持既有需求又能拉动产业链发展的关键环节的企业，再逐步布局支持产业链其他环节的企业。显示产业政策与这种模式相近，政策先重点投资显示屏企业（京东方），而后开始支持上游其他企业。其二，产业链协调发展型模式，即政策开始就按全产业链布局，支持产业链多个环节的关键企业，推动产业链的整体发展。2014 年出台的集成电路政策和 2010 年以后逐步完善的新能源汽车政策就是这种模式。选择哪种模式，与产业链特点及发展内外环境、主要企业条件和政策资源有关。以地方政府为主导出台的政策，通常属于重点突破型模式。

表 4　显示（液晶）、集成电路、新能源汽车产业政策结构

类别		供给政策						需求政策				基础环境			
		技术		设备	资本		土地	保护		创造和扩大		设施	技术机构	规则	
		财务	规划		投资	财务		财务	规制	财务	规制			特定	一般
显示（液晶）	屏板	√	√	√	○		√	√	√				√	√	√
	材料零件	√	√	√	○		√						√	√	
	设备	√	√	√	○		√						√	√	
集成电路	设计	√		√	●		√	√	√	√	√		√	√	
	制造	√	√	√	●	√	√						√	√	
	材料	√	√	√	●		√						√	√	
	设备	√	√	√	●		√						√	√	
新能源汽车	整车	√	√	√	○	√	√		√	√	√	√	√	√	
	电池	√	√	√	○	√	√						√	√	
	材料	√	√		○	√	√						√	√	

注："√"，中央有政策或在中央授权范围内地方有政策。"●"，中央有大规模投资（基金等）。"○"，地方政府投资和企业投资。空格表示没有政策或者笔者没有掌握。"财务"是指投资补贴、税收返还等财务性措施，不包括针对研发、设备进口等专项的财务性措施。

资料来源：根据有关政策文件和企业调查整理，部分主要政策文件见附录。

政策的价值链分布结构反映了政策的着力点以及是否能解决企业发展中的短板与痛点。

（1）支持研发。科技专项、引进有技术的团队创业、引进技术人才补贴，一直是支持企业提高研发能力的主要政策。在明确发展战略性新兴产业之前，国家"十一五"科技（重大）专项就开始支持集成电路和新能源汽车的技术研发。

（2）支持形成制造能力。对于新兴产业发展而言，形成制造能力与产品开发能力同样重要。支持设备引进（减免税）和产能投资，是帮助企业形成制造能力的主要政策。在资本、技术双密集型行业，产能依赖于巨额的投资，因而投资政策显得特别重要，甚至可能是产业政策能否成功的关键。显示产业发展，先靠地方政府投资起步，但真正的大规模投资却是2010年国家发展战略性新兴产业政策出台后引发的。根据京东方年报数据，截至2017年，京东方累计投资于显示产业2700亿元，形成了全球领先的产能规模，但近90%的资金是2010年以后获得的。华星光电也是靠地方投资起步的。2012年地方出台显示产业专项规划支持上游核心及配套材料、元器件及重要装备的研发，使产业链众多企业都能得到更多的科技专项支持。集成电路产业方面，2000年以后，地方及外资是主要的投资者。如果仅有科技专项的支持，而没有大规模社会投资支持，企业很难真正做大。2014年“大基金”政策出台以后，情况发生重大变化，有专家估计第一期“大基金”1400亿元撬动了数倍的社会资金流入集成电路产业。中芯国际在政府和社会资金支持下，总资产由2014年的58亿美元上升为2020年底的313亿美元，而负债率只有30%。新能源汽车产业方面，国家虽没有出台专门的投资支持政策，但购车补贴政策为企业直接提供了资金和进行社会融资创造了基本条件。据调查，业内专家估计2010~2020年新能源乘用车产业获得的政府补贴约为3150亿元。地方政府采用投资及补贴方式支持整车和动力电池及部材龙头企业扩大产能，如宁德时代2020年获得的39亿元补贴主要来自按期完成基地产能建设的地方政府奖励。

（3）支持市场发展的政策。三个产业中，显示和集成电路产业的主要问题是供给能力，新能源汽车产业则还有市场培育问题。购车补贴政策帮助企业打开了市场，同时为企业获得市场及社会资金提供了条件，还拉动了产业链上游企业的发展。

4. 政策调整

图2说明有关产业政策一直在调整，主要体现在以下四个方面。

（1）调整支持对象及重点。有“退出”，液晶产能2010年是政策支持对象，2016年以后因产业发展成熟就不再是支持对象了。有“进入”，显示产业2016年以后重点支持AMOLED等新型显示产品及材料、设备技术，2019年集成电路二期“大基金”明确要加大材料及设备投资、支持化合物半导体和高技术含量的产品与技术发展，2016年新能源汽车“三电”发展的重点明确为高效率电机、高能量高功率电池，支持智能网联、自动驾驶及能源回馈技术的研发和发展。

（2）调整政策工具及其使用方式和机制。首先，根据需要调整及丰富政策工具。发展新能源汽车的政策工具，开始主要是国家的科技专项支持和公用车补贴，而后增加了消费者购车补贴和税收优惠政策。2014 年国办《关于加快新能源汽车推广应用的指导意见》从 8 个方面提出了 30 条具体措施，特别是统一新能源汽车标准和目录及放宽整车生产资格、支持社会资本及有技术创新能力的企业进入、支持互联网等企业利用信息技术参与产业等措施，得到产业各界的高度肯定。其次，与市场机制结合调整政策方式及工具。2010 年以后乘用车购车补贴是鼓励新能源汽车发展最重要的需求激励政策之一。随着企业发展，补贴标准不断下降，电动汽车国家补贴额 2010 年为 6 万元，2017 年降至 2 万元。2017 年 9 月工信部等五部门出台《乘用车企业平均燃料消耗量与新能源汽车积分并行管理办法》，决定从 2018 年 4 月 1 日开始实行双积分制度。[①] 实行双积分制度的好处是：促进包括传统车企在内的整个产业转型；对燃油车企不搞“一刀切”，低油耗汽车也可以积分为正，有利于企业发挥优势进而逐步转型；减少财政补贴；由于有新能源汽车积分比例要求，传统车企油耗水平已很低的，也还要重视发展新能源汽车。

（3）调整技术标准。电动汽车补贴的技术标准不断提升，补贴下限 R 值（续航公里）开始为 80~150 公里，2018 年 6 月补贴下限提高到 150 公里以上。工信部等五部门 2020 年 6 月公布的《关于修改〈关于加快新能源汽车推广应用的指导意见〉的决定》明确新能源汽车 2021~2023 年的积分比例分别提高到 14%、16%、18%。政策的技术标准调整，一方面限制了性能低的产品生产，另一方面期望给予主流性能更好的产品更大的支持。

（4）改进政策管理模式。新能源汽车的补贴方面，曾出现钻政策空子的“骗补”等问题，为此改进了补贴管理方式。实行双积分制度，对管理方面的要求很高，2017 年政策出台时就重视政策及信息管理平台的建设，

① 方法要点：①依据乘用车企业平均燃料消耗量（CAFC）与不断提高的达标值的差及汽车销售量的乘积计算企业积分，达不到达标值则积分为负。②新能源汽车积分（NEU）计算，混合动力和续航里程 50 公里以上 80 公里以下纯电动汽车为 2 分，纯电动汽车随续航里程增加则积分增加，超过 250 公里为 5 分，燃料电池乘用车为 4 分。③如果企业积分为负，企业将被停车，企业使积分为正的办法是生产低于达标值的燃油汽车、生产新能源汽车、向有正积分的企业购买积分。④对新能源汽车积分有比例要求，规定 2019 年为 10%，2020 年为 12%。⑤与此同时购车补贴逐步“退坡”（2020 年决定 2022 年停止补贴）。

既对实际的汽车销量按标准进行核准，还要公示有关信息、接受监督。

适时调整是政策有效的重要条件。2010年中国出台鼓励新能源汽车发展的补贴政策，2011年出台的《外商投资产业指导目录》将外商投资能量型动力电池项目的股权限制在50%以内；2015年工信部出台的《汽车动力蓄电池行业规范条件》明确对行业实行公告管理，符合条件的企业按自愿原则申请进入规范条件目录（白名单）。《新建纯电动乘用车企业管理规定》明确只有使用白名单企业的电池，才能享受购车补贴；2019年中国取消了前述限制。这种需求激励与进入限制结合的政策，加上中国已有的汽车及电池产业链、信息技术能力向新能源汽车领域快速转移的现实，再与科技专项支持、地方积极招商引资结合，共同推动了中国新能源汽车产业和企业的较快成长。

5. 中央政府和地方政府的政策角色有所不同

中央政府的主要作用是明确政策方向、目标、规划、可选的政策工具，提供研发专项支持和必要的资本支持。地方政府基于中央明确的战略、政策工具框架，结合本地情况，出台地方的资金、税收优惠等支持政策，给予必要的土地政策支持。中央政策对地方政策有方向指导作用，具体政策“央地”未必完全同步。在显示、集成电路、新能源汽车产业方面，地方政府制定的支持政策甚至比中央政府还早，也存在与“央地政策”偶有摩擦或冲突的情况，此时多方的互动沟通对政策调整优化、产业发展的作用非常重要。

根据以上案例实践和现实，我们发现，战略性新兴产业政策及其组合政策，应根据政策目标、政策工具性质和产业链价值链特点进行设计和实施，并且予以适时调整。政策要具有动态适应性，需要根据产业链价值链的现实情况进行调整适应，帮助企业实现更好的技术演进与创新，推动产业升级与发展。

（四）政企互动①：战略性新兴产业政策形成及调整完善的过程和动力机制

政企互动对产业政策的形成及调整有重要影响，是战略性新兴产业政

① 笔者参加过显示、半导体产业有关政策的研究，了解有关情况，“金履忠建议”有关情况见中国经济网《汽车老人上书温总理 建议扶持比亚迪电动汽车》。

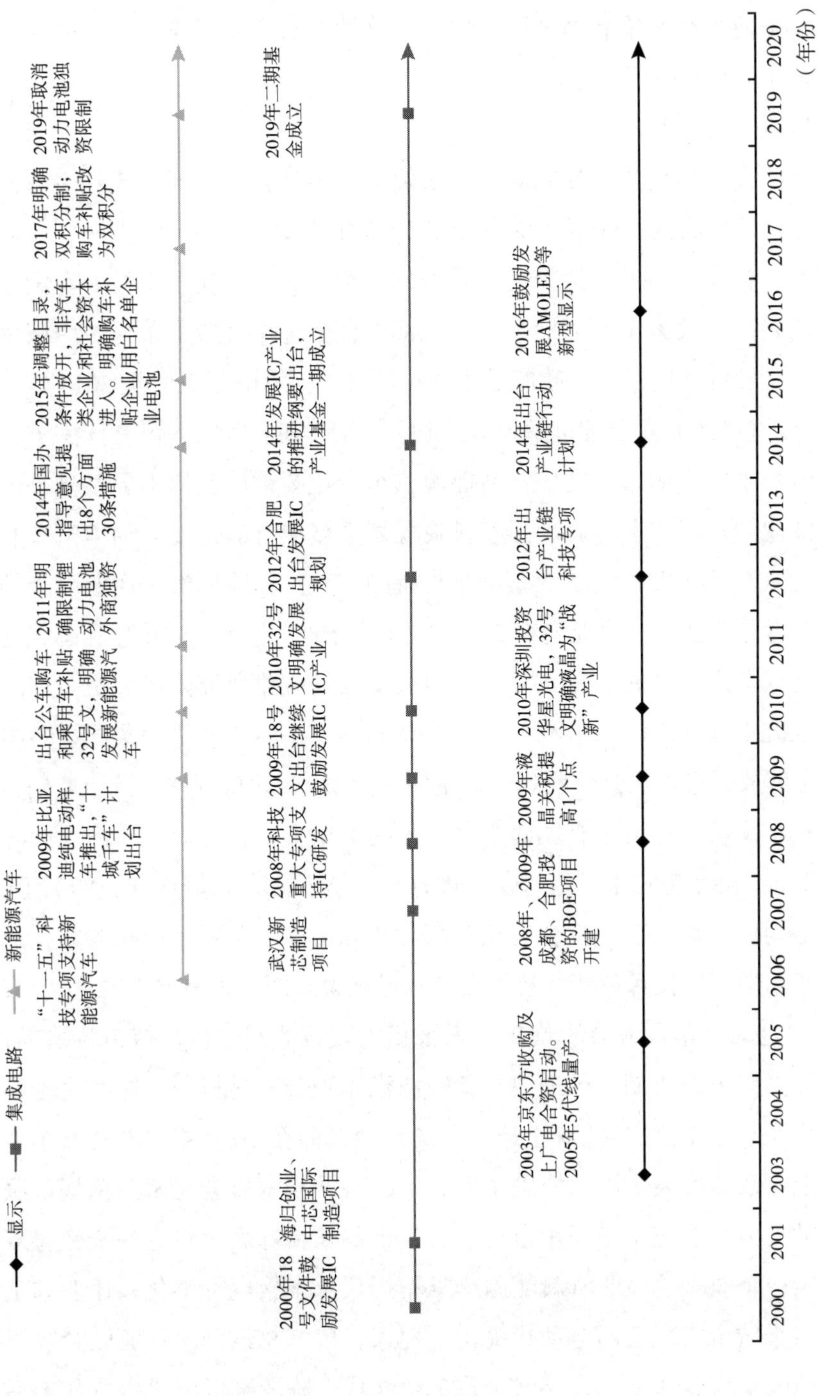

图2　三个产业链重要政策事件出台时序

资料来源：笔者整理绘制。

策制定与完善的重要条件和机制。在史俊等（2015）研究基础上，根据公开信息、企业介绍及笔者的调研，中国战略性新兴产业政策形成及调整过程中政企互动具有以下特点。

1. 影响政策形成

主要的方式是企业与专家通过会议发言等多种方式呼吁、建议主管部门考虑出台有关的支持政策。京东方在2003年收购进入液晶产业时，发展面临困难，企业利用不同的渠道与政府部门沟通，以期获得支持，在国家战略性新兴产业政策出台以前，就与成都、合肥合作创造了条件。中国集成电路产业发展早期，中央政府是主要推动者。但影响很大的是2014年的《国家集成电路产业发展推进纲要》，企业（家）和专家的建议是国家支持政策出台的重要影响因素之一。新能源汽车产业政策出台的重要基础是国家的科技规划，但"十一五"国家科技规划重点支持的是混合动力汽车和燃料电池汽车的研发，电动汽车不是支持的重点。新能源汽车产业政策的重要推动者是比亚迪。比亚迪在21世纪初开始研发电动汽车并呼吁国家支持纯电动汽车产业发展。2008年7月科技部科技战略研究院研究员金履忠与工程院院士郭孔辉、原中汽公司总经理李刚到比亚迪调研后共同撰写报告《一个解放思想走在时代前列的自主创新典型》，建议国家支持企业创新及电动汽车发展，这成为有关政策制定被提上议事日程进而出台的原因之一。同时，"电动汽车百人会"成为政府与市场进行有效信息传递的通道，每次"电动汽车百人会"都会有相关部委领导出席、重要企业家参加，成为政企互动中探索技术革新、政策支持的最优模式的一种重要途径。例如，2016年"电动汽车百人会"指出，未来相关政策的制定应坚持市场取向，建立产业发展长效机制，推进建立新能源汽车积分交易机制。这些讨论和建议指引了后续2017年"双积分制"的出台；而在2020年"电动汽车百人会"上，政府代表全国政协副主席、中国科学技术协会主席万钢提议服务民用的充电企业应享受民用电价，工信部部长苗圩表示将进一步完善双积分政策；企业家代表北汽新能源李玉军提议探索换电标准化，比亚迪王传福对未来城市实现全面电动化提出了建议，广汽总经理冯兴亚则分享了搭建的纯电专属GEP平台；高校或研究机构代表陈清泰提出"2025年前后电动车的性价比可以超过燃油车”，欧阳明高强调“热管理与快充取得技术突破，15 分钟充满 75%”等。这些角色不同的参与者的互动讨论，探讨了技术路线选择、政策方向等问题，构建了多元信息互通的紧密网络，共同推进了电动汽车行业的发展和政策创新，这让企业能对未来做好充分准备，也是政策形成和调整的重要基础。上述企业和“联盟”，又都是产业创新者和先行者，有推动政策出台的动力，又能用自己的行动及成果促进政策出台或者调整。

2. 推动政策的调整完善

开始时政策未必完善，政策实施过程中实际情况也会发生变化。以新能源汽车政策为例，实际执行中出现了购车补贴“骗补”问题，因此就要调整改进有关政策措施；为了支持造车“新势力”企业及投资者进入，也调整了过去的严格限制进入的目录管理办法。2017 年出台“双积分制”并明确有关的技术和经济标准、2020 年出台有重要标准调整的新政策及决定将购车补贴延长到 2022 年底等，都是政府有关部门与产业界多次沟通协商的结果。

3. 政企互动从个体行为变成集体与个体并行的行为

行业集体与政府互动日益成为重要的政企互动模式。行业集体与政府的互动，过去主要是指各种行业协会与政府的沟通。现在有更多的集体沟通方式，例如各种企业联盟与政府的互动沟通。政府部门也日益重视各种组织的作用，特别是重视在产学研环节都有很多重要成员参加的组织。“电动汽车百人会”是新能源汽车产学研各界的平台型组织。该组织在每年的“电动汽车百人会”年会召开时，都会有主管部委领导、重要企业家和专家学者参加，年会也因此成为反映企业声音、政企互动凝聚共识的平台。国内类似的平台越来越多。

4. 政企互动是功能作用不同的多种组织共同参与政策的过程

这些参加者，包括中央政府、地方政府、企业、企业团体、咨询机构等，由于功能职责、信息、利益的不同，政策诉求未必完全一致，在政企互动过程中的作用也不尽相同。政府和企业是主角，政策咨询研究机构亦有重要作用，专家、资深官员及各种意见领袖往往也有重要影响。在显示、新能源汽车、集成电路产业政策形成和调整的过程中，各类组织都发挥了重要作用。互动沟通还是分层的，不同层次的互动参与的组织不尽相同。解决政策方向问题要与高层级政府部门沟通，解决具体政策问题要与主管部门沟通，解决政策落实落地问题要与地方部门沟通。

基于这些事实，政企互动是推动战略性新兴产业政策形成、调整和完善的重要因素和必要机制。在这个过程中，政府、企业及相关主体都扮演着重要角色，既需要企业进行产品、技术研发和创新，还需要政府充分嵌入社会，与企业等主体进行交流沟通，制定并适时调整符合产业发展规律和促进企业能力提升的政策。

（五）政策效果

总体来看，三个产业的发展政策都已经初步成功，标志是三个产业中的主要企业虽然还存在发展不平衡问题，但如前所述在政策支持下都已有较好的发展。

基于综合实力，并结合技术水平及效益指标，中国领先企业与国际领先企业的规模比指标可以大致反映产业站立成本问题的解决程度。表5数据表明，显示和动力电池产业已经基本解决站立成本问题。京东方、宁德时代与韩国LGD和LG化学2020年的产量规模相当，基本技术水平相当，研发费占收入的比重居同等量级，两家企业占全球市场的份额都达到20%及以上。京东方销售利润率不高，补贴仍不少，这与产品结构调整（AMOLED正在量产“爬坡”）、科技专项支持及关键部件国产化率还处于“爬坡”期都有关系。宁德时代利润率较高，与企业本身技术能力较强和部件国产化率较高有关。

表5　中国领先企业的数据及与国际领先企业的规模比较

指标	京东方	中芯国际	汇顶科技	中微半导体	安集	比亚迪	宁德时代
	显示	IC代工	IC设计	IC设备	IC材料	新能源汽车	动力电池
营业收入（亿元）	1355.5	274.7	66.9	22.7	4.2	1566.0	503.2
净利润（亿元）	50.4	40.2	16.6	4.9	1.5	42.3	55.8
研发费（亿元）	94.4	46.7	17.5	6.4	0.9	85.6	35.7

续表

指标	京东方	中芯国际	汇顶科技	中微半导体	安集	比亚迪	宁德时代
	显示	IC 代工	IC 设计	IC 设备	IC 材料	新能源汽车	动力电池
5 年补贴率（%）	1.9	5.7	0. 6	8.3	3.8	1.2	1.8
规模比（%）	同等	8.7	同等	5	3	36	同等

注：数据保留小数点后 1 位。业绩、研发等数据均为 2020 年数据。“5 年补贴率”为 2016~2020 年累计补贴占累计营收的比例。补贴为计入损益的补贴，科技专项拨款和高新技术成果转化拨款是补贴的重要来源，还有环境政策补贴、招商引资补贴、临时补贴等多种补贴。“规模比”反映中国企业规模与国际领先企业规模的比值，“同等”指规模偏差在 10%~20%，百分数为中国企业相对于国际领先企业的规模比例，规模指标是产量或销量或出货量或收入或市场份额。

资料来源：企业数据来源于各公司年报。规模比根据年报、调查公司及媒体公布的全球排序数据计算。

新能源汽车初步解决站立成本问题。比亚迪、上海通用五菱 2020 年的销量都已居全球前列（分别为第 3、第 4 位），发展势头良好，已可以依靠自身力量实现发展，但销量规模分别只有特斯拉的 36% 和 34%，收入及利润则差距更大，与净利润相比补贴也不低，还面临来自整车规模是其 10~20 倍的汽车巨头（如大众 2020 年汽车产量是比亚迪 20 多倍，新能源汽车销量年增长 162%，增速也超过比亚迪）的巨大竞争压力。

中国集成电路产业企业初步具备了竞争基础，但真正解决站立成本问题还需时日。规模比指标表明，中芯国际规模约为台积电的 8.7%，中微半导体、安集的一些产品在细分市场已有较强的国际竞争力，但由于产品线较窄，规模都还是国际巨头规模的 5% 甚至 3% 以下，在技术水平及其全面性方面都还有差距，研发补贴支持政策还比较重要。华为海思是中国最强的芯片设计企业，2018 年规模已超过 AMD 居全球芯片设计企业第 5 位，但由于美国打压，2019 年以后已经排到第 10 名之后。在主流芯片领域，中国已有实力较强的展讯等企业，在某些细分芯片领域也有些竞争力较强的企业（如触控芯片领域的汇顶科技），但总体水平还不高。

三个产业的政策不仅促进了本土企业的发展，还促进了外企、台企在中国大陆的发展，从而推动整体产业的发展。在显示产业方面，京东方发展起来之前，国际主流显示企业都不在中国大陆对液晶面板及其上游进行投资，直到 2010 年政府明确支持显示产业发展以后才开始大规模投资。据 ITTBANK 统计，到 2017 年底，外企、台企在中国大陆的各种规格的 7 条产线基本都是 2010 年以后建成的。集成电路产业方面，2014 年前国际主流企业在中国大陆已有投资，但规模较小、档次较低，2014 年以后新建扩产投资迅速增加，外企、台企晶圆制造收入 2016~2020 年增长 2.2 倍，同期收入占比从 56% 上升到 72%，而内资企业仅增长 0.6 倍，收入占比从 44% 下降到 28%。新能源汽车产业方面，2010 年后发展较快的是本土企业，2019 年后外资企业发展较快，2020 年在中国销量及营收最高的企业是特斯拉，其他外资合资企业也已开始在中国市场发力，动力电池及上游部材企业发展较快。中国已经成为全球新能源汽车主要生产国之一。

产业政策涉及的科技专项、政府投资、需求补贴、技术标准规制等措施对产业的发展都起到了积极作用。在显示和集成电路产业方面，政府投资的作用重要，由于国际环境的变化，中国很难实施日本和韩国都曾使用过的高关税市场保护加政策性贷款的政策组合。①

对政策的经济效果进行系统评估，不是本文的重点。但根据前述研究可以进行定性评估。这三个产业的产业政策都取得了较好的经济效果：微观上看，基于企业数据可以认为产业已基本解决或者初步解决站立成本问题，或者具备解决站立成本问题的基础，各产业都出现了一批具有国际竞争力的企业；产业整体发展较快，至少在规模上在国际产业版图中已居前列或者有大幅进步；拉动了产业链上游发展并强化了对产业链下游的支撑，提升了中国企业在全球产业链价值链中的地位；推动终端消费品价格的下降和加速推出高性价比的创新产品，给中国乃至世界民众直接带来了福利；强化了市场竞争性，印证了菲利普·阿吉翁（2016）所言——支持创新追赶的产业政策有鼓励竞争的作用。政策成本方面，突出的是投资成本和补贴，微观及宏观产出水平与国际巨头庞大的资本支出相比并不算高，是可以接受的；政府补贴有研发补贴、招商引资补贴、环境政策补贴、临时补贴等，

---

① 高岛煌之助（1996）指出日本 150 家主要汽车零部件企业 1955~1971 年根据产业政策都平均获得 3 次开发银行的政策性贷款。

表5比较了5年补贴率与产业站立成本情况，对差距较大的产业需要政策重点支持，其补贴率高一些也是合理的。

之所以取得较好的政策效果，是因为有较好的政企互动，在政策制定和调整时能针对相关产业链价值链环节进行适应性设计和引导。在不同产业的关键环节都有相关政策支持，这些政策主要用来解决产业内的关键问题。例如，针对显示产业链中的上游，2017年《新材料产业发展指南》指出提升新材料的保障水平，《国家发展改革委关于修改〈产业结构调整指导目录（2011年本）〉有关条款的决定》鼓励开展高性能液晶材料等新型精细化学品的研发和生产；新能源汽车在“三电”领域的政策，包括《促进汽车动力电池产业发展行动方案》（动力电池）、汽车电机电器的“十二五”规划及针对核心“三电技术”的严密监控政策。根据产业发展及站立成本问题解决情况可以对有关政策进行必要的调整：对于站立成本问题还没有解决的产业，需要继续给予全面的支持；对于站立成本问题初步解决的产业，在必要时可以给予资金支持（如政策性贷款），重点是支持研发及上游产业链技术的开发；对于站立成本问题已解决的产业，主要针对短板环节给予必要支持。

根据以上事实及分析，追赶中国家的战略性新兴产业政策成功的条件是政策能解决关键问题且适时调整。

（六）成功的机制：关键政策与市场机制的有机结合

政策支持的产业不仅要有战略意义，还要有市场需求和具备发展的基础。

政策支持的企业都是在市场竞争中脱颖而出的领先者，同时政策一般不进行独家支持。如国家集成电路产业基金的投资依据主要是企业方向与政策符合程度及竞争力，而不看企业所有制。乘用车补贴和积分制政策对中企、外企一视同仁，2020年新能源汽车销售应清算补贴资金和积分最高的前两名分别是特斯拉和比亚迪。

政策工具重视与市场机制相结合。政府投资主要是以投资公司、基金的方式进行，重视按商业条件评估和与市场化的社会资金合作。乘用车补贴从直接补贴改成积分制有利于更好地发挥市场机制的作用。支持地方政府发展战略性新兴产业也有利于发挥市场机制的作用。因为在新兴产业成长初期，地方政府往往更了解企业信息，区域竞争使地方政府更重视市场。京东方、华星光电、新芯、比亚迪都是起步时先得到地方政策的支持，而后才得到国家政策支持。

当然，这三个战略性新兴产业的政策也还有一些问题，也存在争论。主要有：地方政府可能依据政策进行盲目投资；政策补贴的科学性、合理性和适当性问题；提高政企沟通的广泛性、时效性和规范化水平等。对这些问题和争论，我们的看法是：第一，国家有必要对产业政策出台后可能出现的地方盲目投资行为给予必要的指导，但要避免过度行政管制。在战略性新兴产业发展初期或者快速成长期，政府政策应以信息指导、指南指导和择优支持为主，可以有重点支持，但不宜过度使用行政管制手段限制非重点企业发展。因为竞争性产业政策总体来看应该以激励政策为主；在产业发展初期，很多问题还不清楚，过度行政管制往往依据不足；中国过去在过度行政管制方面也有很多教训（例如汽车目录管理限制了中国民营汽车企业发展），不少产业都是企业先发展、地方先支持，而后产业才发展起来的。第二，补贴政策的科学性、合理性和适当性问题不仅与政策机制及政策成本有关，还与正在进行的 WTO 规则改革、中国承诺的竞争中性政策和正在申请加入 CPTPP 要求的规则调整改革有关。补贴政策设计有以下重点：一是政策要立足于国情，同时也要与国际规则接轨。二是理顺补贴机制。如推进新能源汽车双积分制度设计表明补贴与市场机制是能够结合且可行的。第三，提高政府企业沟通水平最重要的措施是改进政府决策规则、建立更透明的政府审议会制度和提高政府企业互动沟通的广泛性及规范化水平。

根据以上论述，本文认为战略性新兴产业政策成功的必要条件是关键政策及体系能立足于国情并与市场机制和企业能力提升进行有机结合。

五　总结

（一）本文的贡献

以三个产业为案例，对战略性新兴产业的政策特点及其效果、机制作出了分析评估。本文有以下主要发现。

三个战略性新兴产业政策都取得了基本成功或者初步成功。

政策成功的原因：一是政策有前瞻性与可行性，这源于国家和地方政府追赶发展的抱负、利用后发优势、政企互动，来源于政策能结合中国国情实现迭代调整优化；二是政策与市场机制有机结合，政策确定具体支持对象的原则是选择市场竞争的领先者，确定具体的支持政策时考量实际情况和重视企业的意见建议。

三个产业的政策体系有两个共同特点：国家政策及规划重在明确方向和政策框架体系及协调机制，具体政策通过专项政策规划落地；政策能够动态调整且持续改进。

政策有针对性的标志是能从国情出发解决企业靠自身力量解决不了的关键问题，能根据新情况、新形势适时调整。

政企互动是战略性新兴产业政策形成、调整及完善的重要因素和必要机制。

（二）政策启示

在战略性新兴产业中，技术日趋复杂，不确定性也越来越大，政府如何制定政策以促进产业发展？根据本文的案例研究，我们认为，有以下政策启示值得参考。

第一，在以追赶为主阶段可以根据站立成本、发展环境及政策机制判断政策的合理性、可行性。站立成本可以根据代表企业的综合实力和技术能力来判断。发展环境与政策选择的关系也十分密切。针对科技变革和产业变革的发展，以及美国对中国实行各种“断链”等逆全球化措施，中国的产业政策必须有相应的调整。政策机制很重要，最主要的还是政策要与市场机制结合，政府要与企业合作。对于我国政府而言，针对战略性新兴产业中站立成本问题还没有解决的产业，需要继续给予全面的支持；对于站立成本问题初步解决的产业，重点是支持研发及上游产业链技术的开发；对于站立成本问题已解决的产业，主要针对短板环节给予必要支持。

第二，为了更好地应对不确定性，相关的产业政策制定需要保持动态适应性，尊重产业、企业发展规律，力图把政策导向与发展需要有机地结合在一起。基于政企互动的政策形成及调整改进机制十分重要。显示、新能源汽车、集成电路产业案例表明，政企互动对政策形成及调整、完善起了积极作用。在战略性新兴产业领域，中国已经确立了市场决定资源配置的基本原则，充分认识到政府的信息有限性，中国现在基本都是以政企互动为基础进行决策，命令式的政府决策较少。但中国仍需完善制度规则，并提高决策的透明度，让更多利益相关者，尤其是有竞争利益关系者和独立的有识之士、专家参与决策，以提高政企互动质量。这将有利于新技术发现及其市场应用。在一些特殊情况下，也可以利用“试验区”进行政策动态调整。

第三，使用产业链价值链分析的整合性政策分析方法有助于进行客观的政策分析、恰当的政策评估与有针对性的政策设计。针对不同产业链价值链环节进行政策设计具有重要意义，产业政策需要与产业链和企业价值链相协调；要合理确定政策架构、工具包（供给激励政策、需求激励政策及环境基础政策）；需要处理好政策引导与地方政府积极性及市场机制的关系。中国战略性新兴产业以追赶为主，首先要有供给激励政策，没有企业时要支持企业家创业设立企业，支持企业研发和形成生产能力并且予以持续提升。集成电路产业近年能取得规模和结构方面的突破性发展，其中重要的原因是21世纪以来国家对集成电路产业的研发专项支持，“大基金”及其拉动地方和社会资金开始大量进入集成电路产业。而在大众需求度高的新能源汽车领域和信息不对称、进入学习成本很高的关键器件及系统部件领域，不同类型的需求激励政策也都很重要。

（三）局限性和未来研究方向

本文存在一些局限性，这也是需要进一步研究的方向。其一，本文的政策案例研究在某种意义上是对产业发展实际和政策文件信息映射关系的研究，得出的结论仅是一个初步的、探索性的结果。将来需要更多的资料挖掘与田野调查，以更清楚地说明战略性新兴产业政策的作用、效果与机制。同时，本文仅考察了三个较典型的战略性新兴产业，产业政策成功的相关结论和实践规律是否适用于其他战略性新兴产业值得深入探讨。本文认为，不同的战略性新兴产业具有不同的情境和结构。在战略性新兴产业中，站立成本问题是所有产业需要时刻关注的，产业政策主要帮助企业更好地实现转型升级，要根据站立成本、发展环境及政策机制判断政策的适应性。通过对战略性新兴产业政策的成功实践分析，本文发现，需要产业政策进行框架性指引，同时政策也需要适时调整。特别对于数字创意产业及相关绿色产业，其不确定性很大，需要充分的政企互动和包容性政策提升整个产业链价值链能力，如新进入者的敏感度更高，为此，如果在准入方面（如本文中的新能源汽车产业）降低对新企业的限制，那么可能会在新技术产生和创新应用及扩散上取得较好成果。一个成功的战略性新兴产业政策需要与市场机制、企业能力提升相结合。其二，研究政企互动及其对政策的影响，需要更深入地研究中国行政体制和相关的治理机制。其三，政策调整的条件及机制也是下一步需要深入研究的重要问题。本文认为站立成本、产业链价值链整合分析都有助于研究的深入，也有必要做更深入的研究。其四，本文指出不同的政策工具在不同的产业及其发展阶段的作用不尽相同，目前采取的是用具体事例进行说明，下一步可以进行更深入的研究，包括但不限于通过实证研究来验证不同政策及其组合有效的条件以及量化政策的经济效果。

参考文献

[1] 陈小洪、范保群，2019，《战略性新兴产业政策的理论、实践与机制》，中国社会科学出版社。

[2] 陈文俊、彭有为、贺正楚、胡心怡，2018，《中国生物医药产业发展水平综合评价及空间差异分析》，《财经理论与实践》第 3 期。

[3] 冯之浚，1999，《完善和发展中国创新系统》，《中国软科学》第 1 期。

[4]〔法〕菲利普·阿吉翁，2016，《产业政策和竞争》，李艳萍、江飞涛译，《比较》第 2 期。

[5]〔日〕高岛煌之助，1996，《机振法和汽车零部件：关于高成长期时期产业政策的效果》，《经济研究》（日）第 4 期。

[6] 郭玥，2018，《政府创新补助的信号传递机制与企业创新》，《中国工业经济》第 9 期。

[7] 江飞涛、李晓萍，2010，《直接干预市场与限制竞争：中国产业政策的取向与根本缺陷》，《中国工业经济》第 9 期。

[8] 李拂尘，2016，《政企互动与产业变迁：基于晋江男装的分析》，《公共管理评论》第

1期。

[9] 李娉、杨宏山，2020,《政企互动与规制重建：企业家如何推进政策创新？——基于深圳改革经验的实证分析》,《公共管理学报》第3期。

[10] 林毅夫、张军、王勇、寇宗来，2018,《产业政策：总结、反思与展望》，北京大学出版社。

[11] 林毅夫，2011,《新结构经济学——重构发展经济学的框架》,《经济学(季刊)》，第1期。

[12]〔日〕两角良彦，1966,《产业政策的理论》(日文)，日本经济新闻社。

[13] 刘守俊、蔡敏，2020,《战略性新兴产业政策的实施提高了企业全要素生产率吗?——基于双重差分模型的分析》,《南方金融》第4期。

[14] 刘元雏、华桂宏，2020,《企业集团能否改善政府补贴对创新产出的激励作用——来自战略性新兴产业上市公司的经验证据》,《科技进步与对策》第18期。

[15] 吕铁、贺俊，2019,《政府干预何以有效：对中国高铁技术赶超的调查研究》,《管理世界》第9期。

[16]〔美〕迈克尔·波特，1990,《国家竞争优势》，李明轩、邱如美译，中信出版社。

[17]〔日〕青木昌彦、金滢基、奥野-藤原正宽，1998,《政府在东亚经济发展中的作用：比较制度分析》，中国经济出版社。

[18] 邱明英，2018,《烧结烟气多污染物一体化控制工艺的应用》,《中国环保产业》第4期。

[19] 史俊、田志龙、谢青，2015,《政府如何制定战略性新兴产业政策——以物联网产业为例》,《中国科技论坛》第1期。

[20] 王伊攀、何圆，2019,《战略性新兴产业政策是如何推进的?——基于政企互动的视角》,《产业组织评论》第1期。

[21] 吴意云、朱希伟，2015,《中国为何过早进入再分散：产业政策与经济地理》,《世界经济》第2期。

[22]〔日〕小宫隆太郎、奥野正宽、铃村兴太郎，1988,《日本的产业政策》，国际文化出版公司。

[23]〔日〕小宫隆太郎，1999,《日本的产业·贸易的经济分析》(日文)，东洋经济新报社。

[24] 徐作圣，1999,《国家创新系统与竞争力》，联金出版社。

[25] 杨瑞龙、侯方宇，2019,《产业政策的有效性边界——基于不完全契约的视角》,《管理世界》第10期。

[26] 叶甜春，2021,《中国集成电路制造产业发展现状与展望》(2021年11月2日在中国集成电路制造年会高峰论坛上的讲话)，观察者网，11月9日。

[27]〔日〕伊藤元重、清野一治、奥野正宽、铃村兴太郎，1988，《产业政策的经济分析》（日文），东京大学出版会。

[28]〔美〕熊彼特，1991，《经济发展理论》，邹建平译，商务印书馆。

[29] 张同斌、高铁梅，2012，《财税政策激励、高新技术产业发展与产业结构调整》，《经济研究》第 5 期。

[30] 张新鑫、侯文华、申成霖，2017，《价格管制、战略性创新激励与创新药市场绩效》，《科研管理》第 10 期。

[31] 张建君，2012，《嵌入的自主性：中国著名民营企业的政治行为》，《经济管理》第 5 期。

[32] 赵玲，2017，《中国产业政策变革》，中国财政经济出版社。

[33] 钟茂林，2019，《战略新兴产业政策扶持是否促进了企业创新投资》，华东政法大学博士学位论文。

[34] Block F., Negoita M. 2016. "Beyond Embedded Autonomy: Conceptualizing the Work of Developmental States ." In: Chu Y. (eds) *The Asian Developmental State.* New York: Palgrave Macmillan.

[35] Chen Y., Zhang J., Tadikamalla P. R., Gao X. 2019. "The Relationship among Government, Enterprise, and Public in Environmental Governance from the Perspective of Multi-player Evolutionary Game." *International Journal of Environmental Research and Public Health* 16(18): 3351.

[36] Danlu B., Zong L. 2020. "Interaction between the Government and the Market and Enterprise Strategy Realization: Empirical Evidence of China's Road Confidence in BOE." *Journal of Finance and Economics* 46(8): 108-123.

[37] Evans P. B. 1992. "The State as Problem and Solution: Predation, Embedded Autonomy, and Adjustment." In Haggard S. and Kaufman R. R.(eds.), *The Politics of Economic Adjustment.* Princeton, NJ: Princeton University Press.

[38] Evans P. 1995. *Embedded Autonomy*. Princeton: Princeton University Press.

[39] Hamberg D. 1966. *Eassys on the Economics of Research and Development*. New York: Random House.

[40] Inzelt A. 2004. "The Evolution of University–industry–government Relationships during Transition." *Research Policy* 33(6-7): 975-995.

[41] Luiten E., Blok K. 2004. "Stimulating R&D of Industrial Energy-efficient Technology, Policy Lessons-impulse Technology？" *Energy Policy* 32(9): 1087-1108.

[42] Porter M. E. 1991. *The Competitive Advantage of Nations*. New York: Free Press.

[43] Roberts N. C., King P. J. 1991. "Policy Entrepreneurs: Their Activity Structure and

Function in the Policy Process." *Journal of Public Administration Research and Theory* 1(2): 147-175.

[44] Rothwell R. O. Y., Zegveld W. 1988. "An Assessment of Government Innovation Policies." In Roessner J.D. Ed., *Government Innovation Policy*. London: Palgrave Macmillan.

[45] Wade R. 1990. *Governing the Market: Economic Theory and the Role of Government in East Asian Industrialization.* Princeton: Princeton University Press.

附录：战略性新兴产业政策文件节选（部分）

1. 战略性新兴产业

国务院，2010,《国务院关于加快培育和发展战略性新兴产业的决定》（国发〔2010〕32 号）。

国务院，2012,《国务院关于印发“十二五”国家战略性新兴产业发展规划的通知》(国发〔2012〕28 号)。

国务院，2016,《“十三五”国家战略性新兴产业发展规划》(国发〔2016〕67 号)。

国务院,2006,《国家中长期科学和技术发展规划纲要 (2006—2020 年)》。

科技部、国家发改委，2006,《国家“十一五”科学技术发展规划》。

国家发改委，2016,《战略性新兴产业重点产品和服务指导目录》。

国家发改委，2019,《产业结构调整指导目录（2019 年本)》。

国家发改委、商务部，2011,《外商投资产业指导目录》。

国家发改委，2020,《关于扩大战略性新兴产业投资 培育壮大新增长点增长极的指导意见》。

2. 显示产业

科技部，2012,《新型显示科技发展“十二五”专项规划》。

国家发改委、工信部，2014,《2014—2016 年新型显示产业创新发展行动计划》。

财政部、海关总署、国家税务总局，2012,《财政部海关总署税务总局关于进一步扶持新型显示器件产业发展有关税收优惠政策的通知》。

安徽省政府 ,2012,《安徽省战略性新兴产业“十二五”发展规划》。

四川省政府 ,2011,《四川省“十二五”战略性新兴产业发展规划的通知》。

3. 集成电路产业

国务院，2000，《国务院关于印发鼓励软件产业和集成电路产业发展若干政策的通知》(国发〔2000〕18号文)。

国务院，2011，《国务院关于印发进一步鼓励软件产业和集成电路产业发展若干政策的通知》(国发〔2011〕4号)。

国务院，2014，《国家集成电路产业发展推进纲要》(国发〔2014〕4号文)。

国务院，2020，《国务院关于印发新时期促进集成电路产业和软件产业高质量发展的若干政策的通知》(国发〔2020〕8号文)。

合肥市发改委，2012，《合肥市集成电路产业发展规划(2013—2020年)》。

4. 新能源汽车（电动汽车）产业

财政部、科技部，2009，《关于开展节能与新能源汽车示范推广试点工作的通知》。

科技部、财政部、发改委、工信部，2009，“十城千辆节能与新能源汽车示范推广应用工程”。

国务院，2009，《汽车产业调整和振兴规划》。

国务院，2012，《节能与新能源汽车产业发展规划（2012—2020年)》。

国务院，2015，《关于加快电动汽车充电基础设施建设的指导意见》。

国务院，2020，《新能源汽车产业发展规划（2021—2035年)》。

财政部、科技部、工信部、国家发改委，2010，《关于开展私人购买新能源汽车补贴试点的通知》。

财政部、科技部、工业和信息化部、国家发改委，2010，《私人购买新能源汽车试点财政补助资金管理暂行办法》。

国家发改委、工信部，2015，《新建纯电动乘用车企业管理规定》。

工信部，2015，《汽车动力蓄电池行业规范条件》。

工信部、财政部、商务部、海关总署及质监总局，2017，《乘用车企业平均燃料消耗量与新能源汽车积分并行管理办法》。

（责任编辑：白延涛）

数字基础设施与企业融资约束

华　岳　金　敏　张　勋*

摘　要：破解企业融资难和融资贵问题，是推动中国经济高质量发展的关键举措。数字经济持续高速增长背景下，数字基础设施建设具有缓解企业融资约束的重要潜力。本文基于“宽带中国”示范城市的设立，利用2005~2019年中国上市公司数据进行实证检验，探讨了数字基础设施对企业融资约束的影响。研究结果表明，“宽带中国”示范城市政策有效降低了企业融资约束指数，这种缓解作用主要通过降低企业外部信息不对称和降低企业内部融资成本两种渠道得以实现。此外，“宽带中国”示范城市对于企业融资约束的缓解效应主要集中于民营企业、低杠杆率企业和服务业企业，表明数字基础设施具有缩小不同产权类型企业“融资鸿沟”、校正银企借贷过程中“属性错配”和助力第三产业数字化转型等作用。本文为企业“降成本，促融资”问题提供了基于数字经济发展视角的解决方案，为实现“数字强国”战略目标提供了来自微观企业层面的经验证据与政策启示。

关键词：数字基础设施　企业融资成本　信息不对称　“宽带中国”

---

* 华岳，副教授，湖南大学经济与贸易学院经济系，电子邮箱：huayue@hnu.edu.cn；金敏，硕士研究生，湖南大学经济与贸易学院，电子邮箱：jinmin741@hnu.edu.cn；张勋（通讯作者），教授，北京师范大学统计学院金融统计系，电子邮箱：zhangxun@ bnu.edu.cn。本文获得国家自然科学基金青年项目“我国高校经济学科研机构如何影响学术表现和公共政策参与：理论机制与实证研究”（No. 71803043）。感谢《中国经济学》第一期审稿快线参会专家及匿名审稿人提出的宝贵意见，文责自负。

一 引言

“双循环”新发展格局下，持续激活市场主体成为经济高质量发展的关键举措。然而，作为我国市场经济的构成主体，相当部分企业面临融资难和融资贵问题，严重阻碍了我国经济实现平稳良性发展（田国强和赵旭霞，2019）。一方面，民营企业由于自身经营风险大、可抵押资金少，存在较高的融资需求却难以获得外部融资；另一方面，国有企业现金流充沛且更容易获得外部信贷资金支持（Sandra 等，2010；吴秋生和黄贤环，2017；张璇等，2017），由此存在明显的融资错配问题。为此，2020年中国银保监会联合工信部等发布了《关于进一步规范信贷融资收费　降低企业融资综合成本的通知》，明确提出要进一步规范信贷融资各环节管理，降低企业综合融资成本，从而更好地服务于实体经济平稳健康发展的目标。

近年来，数字经济已成为中国经济发展的新引擎。2020年，数字经济核心产业增加值占国内生产总值的比重达到7.8%，有效地缓解了新冠肺炎疫情及国内外宏观经济环境变化对社会经济产生的负面冲击。数字基础设施建设所带动的数字经济发展可能起到缓解企业融资约束的作用。《“十四五”数字经济发展规划》明确提出深化数字经济和实体经济融合发展，要求通过紧密围绕市场需求，最大限度激发数据要素潜力。从数字基础设施与企业融资约束的关系来看，一方面，数字基础设施对于企业金融信息的处理和企业管理效率的提高具有重要推动作用，能够促使企业在运营过程中更加注重要素资源的共享，减少资源闲置，增加贷款可抵押物，从而降低融资成本；另一方面，数字基础设施建设可以促进企业与银行等金融机构更有效地运用数字化技术手段进行联结，推动金融服务信息在银企间有效传递，从而发挥数字化在外部融资中的核心媒介作用，形成信息的高效流转循环，进而缓解信息不对称，降低企业融资成本。

从以往文献来看，一系列研究讨论了数字基础设施建设的经济效应。数字基础设施建设不仅能够推动地区全要素生产率的提升，促进企业技术知识扩散（薛成等，2020；刘传明和马青山，2020；邱子迅和周亚虹，2021），更有利于推动网络强国建设，促进企业数字化转型升级，从而更快实现我国经济高质量发展（赵涛等，2020）。也有一系列文献研究了企业融资约束的影响因素。徐思等（2019）、颜剩勇等（2021）发现，共建“一带一路”可以显著降低沿线地区企业的融资约束，提升沿线企业资金运营效率。钱雪松和方胜（2021）的研究表明，伴随着法律制度条件的改善，民营企业融资约束问题有所缓解。潘越等（2019）发现地区内宗族文化越浓厚，区域内部民营企业融资约束越弱。民营企业面临着严格的外部融资环境，企业创新产出缺乏抵押品以获得银行信贷支撑，会进一步影响民营企业的健康发展（Brown 等，2009；余明桂等，2019）。从影响企业的内外部发展环境来看，杨畅和庞瑞芝（2017）基于不完全契约理论，发现契约环境改善可以有效缓解企业债务融资约束。姜付秀等（2016）发现企业内专职从事信息披露工作的高管在拥有财务经历时，可以较好地降低信息不对称性，进而降低企业的融资约束。考虑到税收对企业存在约束效应，采用柔性税收征管可以通过降低信息不对称和提高企业声誉发挥激励效应，缓解企业融资约束（孙雪娇等，2019）。其他研究表明，企业高管存在的政治关联会带来“政策偏祖”，从而帮助企业获得更多的银行信贷支持（Sapienza，2004；Firth 等，2009），而在“政策偏祖”效应之后，会导致企业获得的补贴下降，加剧企业的融资约束（卢盛峰和陈思霞，2017）。从其经济效应来看，企业融资约束会影响员工收入水平（邵敏等，2013）、企业技术创新能力（王贞洁，2016）以及企业金融化进程（顾雷雷等，2020）。当前文献中鲜有研究将两者结合起来，讨论数字基础设施与企业融资约束的关系，本文致力于弥补这一缺憾。

具体来说，本文以新时期我国数字经济持续高速增长为研究背景，重点探讨数字基础设施建设如何影响企业融资约束这一问题。本文将“宽带中国”示范城市的设立作为城市层面数字经济发展与数字基础设施建设的外生冲击，采用双重差分方法实证探讨“宽带中国”示范城市的设立对于企业融资约束的影响，基于信息不对称及融资成本角度深入分析政策影响的可能机制路径，并进一步讨论“宽带中国”政策在企业产权性质、杠杆率和不同行业等层面产生影响的差异性。相比现有文献，本文的研究贡献主要体现在以下三个方面。第一，现有相关文献已初步涉及对于数字经济如何影响企业发展的探讨，但极少有文献基于企业“融资难”“融资贵”这一新发展阶段中市场主体面临的核心现实问题，探讨城市数字化发展对企业融资约束的影响。企业融资约束往往被作为因果关系中的机制变量加以研究（Buchak 等，2018；赵瑞瑞等，2021；张嘉伟等，2022）。本文聚焦数字基础设施建设如何影响企业融资约束这一具体问题，弥补了数字经济与城市数字化发展在微观经济影响层面的研究空缺。第二，目前国内相关文献多采用北京大学数字普惠金融指数进行指标构建（郭峰等，2020），探讨数字金融对居民消费（易行健等，2018；张勋等，2020）、创业（谢绚丽等，2018）、区域创新（聂秀华等，2021）等经济结果的影响，或以数字化融合程度、信息化资产设备使用情况等作为企业数字化的代理变量（刘政等，2020）。本文将“宽带中国”示范城市作为外生政策冲击，一定程度上克服了上述指标潜在的内生性问题，拓宽了适用于数字基础设施微观影响研究的实证方法。第三，基于信息不对称与企业融资成本的相关理论，本文在机制分析层面细致检验数字基础设施建设影响企业融资约束的可能渠道，同时基于企业性质、杠杆水平、所属行业等关键因素展开异质性分析，为深入理解数字基础设施如何影响企业内部融资行为与外部融资环境提供了重要参考，为系统把握不同类型企业如何受到数字基础设施相关政策的冲击提供了依据。

本文后续章节安排如下：第二部分为制度背景与研究假说；第三部分为实证研究设计，包含模型、变量与数据介绍；第四部分为“宽带中国”政策影响企业融资约束的主要结果和影响机制；第五部分为基于不同类型企业的拓展性分析；第六部分为本文结论。

二　制度背景与研究假说

（一）“宽带中国”战略与企业数字化转型

数字基础设施为数字经济的持续健康发展提供了基础保障与动力来源。当前我国数字化与信息化基础设施建设处于世界领先行列，已建成全球规模最大的光纤通信网络、第四代移动通信网络和第五代移动通信网络。《“十四五”数字经济发展规划》显示，“十三五”期间，我国宽带用户普及率明显提高，光纤用户占比超过 94%，移动宽带用户普及率达到 108%，互联网协议第六版（IPv6）活跃用户数达到 4.6 亿。然而，作为数字经济发展的底层支持，我国宽带网络仍然存在“公共基础设施定位不明确、区域和城乡发展不平衡、应用服务不够丰富、技术原创能力不足、发展环境不完善”等突出问题。2013 年 8 月，国务院根据《2006—2020 年国家信息化发展战略》印发了《“宽带中国”战略及实施方案》，提出了“两个目标节点、三个发展阶段”的宽带基础设施建设方案。根据这一战略方案，以“宽带应用水平大幅提升，移动互联网广泛渗透，网络与信息安全保障能力明显增强”为目标，我国到 2015 年应初步建成适应经济社会发展需要的下一代国家信息基础设施，持续提升城市和农村家庭宽带接入能力，加快实现城市光纤到楼入户、农村宽带进乡入村，不断提高家庭固定宽带、第三代移动通信及其长期演进技术的用户普及率，基本实现学校、图书馆、医院等公益机构宽带接入。到 2020 年，以“宽带应用深度融入生产生活，移动互联网全面普及，技术创新和产业竞争力达到国际先进水平，形成较为健全的网络与信息安全保障体系”为目标，我国宽带网络应全面覆盖城乡，家庭固定宽带、第三代移动通信及其长期演进技术继续广泛普及，城市和农村家庭宽带接入能力继续提高，与发达国家差距不断缩小，国民得以充分享受信息基础设施优化带来的经济增长、服务便利和发展机遇。

为落实这一数字基础设施建设方案，我国分别于 2014 年、2015 年和 2016 年分三批确定了 120 个“宽带中国”示范城市（见表 1）。这些示范城市以“推进区域宽带网络协调发展、加快宽带网络优化升级、提高宽带网络应用水平、促进宽带网络产业链不断完善、增强宽带网络安全保障能力”为重点任务，率先开展宽带基础设施优化建设。可以看到，第一批示范城市主要集中分布于东部发达地区，少数位于中西部地区，而第二批及第三批示范城市则主要位于中西部地区，反映了我国数字基础设施建设由发达地区向落后地区逐步推动、由高等级城市向一般城市逐步铺开的空间发展基本格局。“宽带中国”战略的基本目标之一是以实现产业链上下游协调发展，提高产业配套能力，基本原则之一是加强宽带网络发展与产业支撑能力建设的协同，加快建立以企业为主体、市场为导向的技术创新体系。因此，“宽带中国”战略对于推动我国企业数字化转型升级具有重要意义及深远影响。信息网络基础设施的优化能够有效强化企业数字化思维，驱动企业有意识地将数字化转型升级融入自身发展战略。宽带设施的优化还有助于提升员工数字技能和数据管理能力，并进一步推动企业信息通信技术（ICT）的进步，从而全面推动企业研发设计、生产加工、经营管理、销售服务等业务数字化转型（Erik 等，2000；Chen 等，2016；李坤望等，2015）。《“十四五”数字经济发展规划》明确指出，对于大型企业，基于宽带基础设施打造的数字化平台能够整合企业内部信息系统，强化全流程数据贯通，加快全价值链业务协同，形成数据驱动的智能决策能力，从而提升企业整体运行效率。对于中小企业，宽带基础设施优化带来的数字化赋能可以加快推进线上营销、远程协作、数字化办公、智能生产线等应用，降低技术和资金壁垒，加快企业数字化转型。可以看出，以“宽带中国”示范城市建设为代表的数字基础设施发展战略能够立足不同企业特点和差异化需求，推动传统产业全方位、全链条数字化转型，以提高全要素生产率的形式全面赋能经济发展和服务社会民生。

表 1 “宽带中国”示范城市

批次	设立时间	城市
第一批	2014 年 9 月	北京市、天津市、上海市、长沙市、株洲市、湘潭市、石家庄市、大连市、本溪市、延边朝鲜族自治州、哈尔滨市、大庆市、南京市、苏州市、镇江市、昆山市、金华市、芜湖市、安庆市、福州市（含平潭）、厦门市、泉州市、南昌市、上饶市、青岛市、淄博市、威海市、临沂市、郑州市、洛阳市、武汉市、广州市、深圳市、中山市、成都市、攀枝花市、阿坝藏族羌族自治州、贵阳市、银川市、吴忠市、阿拉尔市
第二批	2015 年 10 月	太原市、呼和浩特市、鄂尔多斯市、鞍山市、盘锦市、白山市、扬州市、嘉兴市、合肥市、铜陵市、莆田市、新余市、赣州市、东营市、济宁市、德州市、新乡市、永城市、黄石市、襄阳市、宜昌市、十堰市、随州市、岳阳市、汕头市、梅州市、东莞市、重庆市江津区、重庆市荣昌区、绵阳市、内江市、宜宾市、达州市、玉溪市、兰州市、张掖市、固原市、中卫市、克拉玛依市
第三批	2016 年 7 月	阳泉市、晋中市、乌海市、包头市、通辽市、沈阳市、牡丹江市、无锡市、泰州市、南通市、杭州市、宿州市、黄山市、马鞍山市、吉安市、烟台市、枣庄市、商丘市、焦作市、南阳市、鄂州市、衡阳市、益阳市、玉林市、海口市、九龙坡区、北碚区、雅安市、泸州市、南充市、遵义市、文山壮族苗族自治州、拉萨市、林芝市、渭南市、武威市、酒泉市、天水市、西宁市

资料来源：根据工业和信息化部网站（https://www.miit.gov.cn/）的数据收集整理。

（二）理论机制与研究假说

关于企业投融资问题，Modigliani 和 Miller（1958）提出的经典 MM 理论认为，在完美的市场环境下，企业的投资决策行为与自身资本结构无关，企业内外部资本之间是一种替代关系。然而结合现实市场情况考虑，MM 理论关于企业投融资信息是完整和对称的这一假设过于严格，企业的内外部融资成本之间是存在差异的，当企业的外部融资存在限制时，便产生了融资约束问题。数字基础设施建设作为企业数字化发展的重要支撑，能够依靠互联网平台，利用现代信息通信技术实现信息资源的共享与传输，从内外部推动实现企业的数字化融合发展，为企业融资约束缓解提供可能。

首先，从企业内部运营来看，数字化发展对于企业金融信息的处理和企业管理效率的提高具有重要促进作用（赵璨等，2020）。具体来说，数字化可以利用大数据、移动网络等技术，实现企业内部人力、物力、财力等资源要素的科学合理调配，提升企业数字化管理能力。更为重要的是，数字化发展可以改变企业的传统管理理念，促使企业在整体运营发展过程中更加注重要素资源的共享，从而减少资源闲置，增加贷款可抵押物，降低融资成本。2020 年 4 月，国家发展改革委印发《关于推进“上云用数赋智”行动　培育新经济发展实施方案》，明确提出大力培育数字经济新业态，深入推进企业数字化转型，打造数据供应链，以数据流引领物资流、人才流、技术流、资金流，形成产业链上下游和跨行业融合的数字化生态体系，构建涵盖“设备—生产线—车间—工厂—企业—产业链”的全套数字化生产管理范式。由此可见，推动数字基础设施建设，对提升企业管理效率、促进资源优化配置大有裨益。同时，数字经济推动以数字金融为代表的新金融服务模式快速发展。数字金融具有共享、便捷、低成本、低门槛等特征，且具有明显的普惠性和包容性（张勋等，2019）。相较于传统银行信贷，数字金融可以提高金融机构的资金筹集水平（Gomber 等，2018），通过数字化运作强化其金融中介功能，打破传统金融的藩篱，进而缓解企业的融资约束（Fuster 等，2019；解维敏等，2021）。综上所述，以“宽带中国”示范城市为代表的数字基础设施建设能够促使企业提高数字化管理水平，提升运营效率，通过科学合理调配内部资源以增强融资能力，降低融资成本；数字基础设施建设能够通过推进数字金融发展，使得企业更加便捷地接触到低成本、低门槛的金融服务，从而有效缓解企业（尤其是中小微企业）的融资约束。基于以上分析，本文提出研究假说 1：数字基础设施建设能够通过降低内部融资成本缓解企业融资约束。

其次，企业融资约束的重要来源之一在于信息不对称。根据信号传递理论，在信息不对称下，企业管理当局作为“内部人”，能够充分掌握与企业发展有关的内部信息，而投资者更多被当作“外部人”，只能获得企业已经披露的信息。这种信息传递渠道存在明显的不对称，从而导致市场失灵。从企业融资约束角度，银行作为企业外部融资来源的重要中介机构，由于缺乏企业成长发展潜力的相关信息，基于安全性经营的考虑，会更多依据抵押品给企业投放信贷资金。外部投资者为了弥补信息差可能带来的利益损失而提高溢价水平是导致企业外源融资成本显著高于内部融资的重要原因。因此，相较于国有企业，私营企业面临更大的融资约束；相较于大型企业，处于初创期的中小微企业难以从外部融资获得其生存发展所需的资金支持。为了解决这一问题，2019 年 2 月，国务院办公厅印发《关于加强金融服务民营企业的若干意见》，指出要强化融资服务基础设施建设，着力破解民营企业信息不对称、信用不充分等问题，有效提高企业融资可获得性。所以，如何打通银企信号传递的“堵点”，解决信息不对称问题是放松企业融资约束的关键举措。而数字基础设施建设可以运用数字化技术手段联结企业与银行等金融机构，促使信息在银企间有效传送，从而发挥数字化在外部融资中的核心媒介作用，形成信息的良性流转循环，进而缓解信息不对称问题（Hubbard，1998；Lin 等，2013；申丹琳，2021）。同时，伴随着数字基础设施的建设，企业使用互联网的频率会增加，从而拓宽信息的受众面，进一步实现交互式、共享式的信息传递模式。以“宽带中国”示范城市为代表的数字基础设施建设能够有效缓解银企之间的信息不对称问题，从而推动金融机构更加精准合理地进行信贷决策。综合以上分析，本文提出研究假说 2：数字基础设施建设能够通过降低外部信息不对称来缓解企业融资约束。

基于以上分析，图1展示了本文研究的理论机制，以直观说明“宽带中国”战略的实施可能通过降低企业外部信息不对称和提高企业内部融资能力来缓解企业的融资约束。

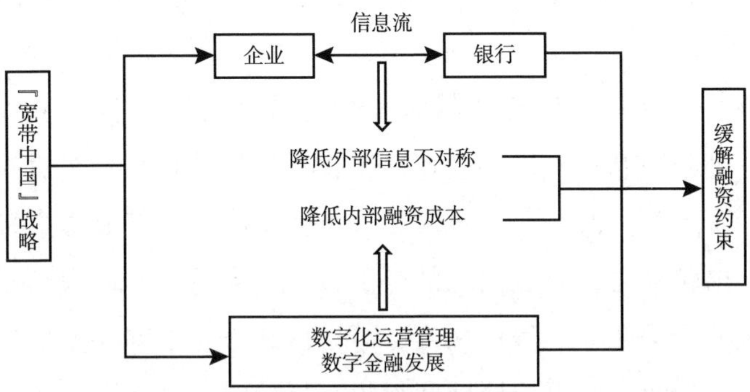

图1　理论机制导图

三　研究设计

（一）模型与变量

本文将“宽带中国”政策作为外生冲击，探索数字基础设施建设对企业融资约束的影响。“宽带中国”示范城市的确定不受企业融资约束的影响，为本文的实证研究提供了良好的自然试验。我们将位于“宽带中国”示范城市的企业作为处理组，将位于非“宽带中国”示范城市的企业作为控制组，采用连续DID识别策略，构建如下实证模型：

$$FC_{ict} = \alpha_0 + \beta_1 policy_{ct} + \theta X_{ict} + \mu_i + \pi_c + \lambda_t + \varepsilon_{ict} \tag{1}$$

其中，FC_{ict}代表C城市企业i在第t年的融资约束水平；$policy_{ct}$为二值虚拟变量，若企业注册地在2014年、2015年或2016年被选定为“宽带中国”示范城市，则取值为1，否则取值为0；X_{ict}是一系列企业层面控制变量；μ_i、π_c 和 λ_t 分别代表企业固定效应、城市固定效应和时间固定效应，以缓解模型中潜在的遗漏变量问题。β_1 是本文关注的核心系数，反映了“宽带中国”城市政策实施前后企业融资约束的变化状况，根据理论机制与研究假说，我们预期 β_1 系数为负，即“宽带中国”示范城市的设立可以改善地区企业的融资约束状况。模型中各变量的具体设定说明如下。

（1）核心因变量。现有文献对于企业融资约束的衡量主要有以下两种方式，一是采用利息支出和企业获得银行授信等代理变量进行测度（江静，2014；张璇等，2017）。利息支出与企业获得信贷成本直接相关，当企业利息支出较高时，企业面临的外部融资约束较少；而银行授信反映银行在特定时期授予企业的信用额度，可以反映银企之间长期借贷关系的质量，因此，当企业可以更便捷地获得银行授信时，其融资约束越小。上述代理变量虽然与企业融资约束存在较大相关性，但无法全面准确地对企业融资约束进行测度，存在较大的系统性测量误差。二是使用 SA(Size-Age)指数（Hadlock 和 Pierce，2010）、KZ 指数（Kaplan 和 Zingales，1997；魏志华等，2014）、WW 指数（Whited 和 Wu，2006）等综合性指标。相较而言，SA 指数基于企业规模和企业年龄两个具有较强外生性的企业特征变量构建，较好地避免了 KZ 指数、WW 指数等包含内生性金融变量的问题，并且 SA 指数还可以从长期角度描述企业的融资约束特征。因而本文选择 SA 指数作为融资约束的主要衡量方式，并参照经典文献构建 SA 指数表示为：

$$SA = -0.737 \times size + 0.043 \times size^2 - 0.04 \times age \tag{2}$$

其中，*size* 代表企业规模，采用总资产（百万元）的自然对数表示；*age* 为企业年龄，采用研究年份与企业上市时间的差值进行衡量。SA 指数从企业的生命周期角度来解释融资约束问题，具体来说，企业的发展会经历初创期、成长期、成熟期和衰退期四个阶段，随着初创期企业逐渐发展并向成熟阶段迈进，其面临的财务限制一般会逐渐下降，最终，这种关系会趋于平稳。SA 指数一般为负值，其值越大，代表企业面临的融资约束越小。为对实证结果进行更为直观的解释，本文对 SA 指数进行取绝对值处理，取绝对值后的 SA 指数越大，代表企业的融资约束越大。

（2）控制变量。基于具体研究问题，本文选取如下企业层面控制变量：企业盈利能力，采用净利润与普通股总股数之比进行衡量；企业市场价值，采用账面市值比和托宾 Q 值进行衡量；企业成长能力，采用销售收入增长率进行衡量；公司治理情况，采用监事会规模和前十大股东持股离散程度进行衡量。一般来说，企业的盈利和成长能力越强，市场价值越高，企业面临的融资约束越小；而企业的治理状况越好，对企业融资约束改善效果也越明显（张成思和刘贯春，2018；徐思等，2019；罗长远和曾帅，2020；顾雷雷等，2020）。

（二）数据与样本

本文选取 2005~2019 年中国沪深两市 A 股上市企业为研究样本。所使用的企业层面数据来自国泰安数据库（CSMAR）及 Wind 数据库。三批“宽带中国”示范城市的数据整理自工信部及发改委发布的相关公告。将上述数据进行合并整理，最终得到涵盖 215 个地级及以上城市的面板数据。数据处理方面，考虑到特别处理类企业（ST）面临退市风险，特别转让类企业（PT）由于财务经营问题达到《中华人民共和国公司法》中关于连续 3 年亏损这一限制条件，对这些企业进行剔除；同时，参考以往研究（肖文和薛天航，2019；罗长远和曾帅，2020），考虑到金融企业本身的特殊性和内生性问题，也对其进行了剔除；此外，基于企业会计准则进行考虑，若企业总负债与总资产之比大于 1，表明企业资产结构存在严重问题，对此类企业也予以删除。为了消除极端值影响，本文对因变量 SA 指数进行了上下 1% 的缩尾处理，最终样本中包含 1220 家上市企业。

表 2 给出了主要变量的描述性统计信息，企业融资约束 SA 指数（取绝对值后）的均值为 3.636，标准差为 0.254，最小值为 2.964, 最大值为 4.148，数据存在明显的波动。此外，样本期内受到“宽带中国”政策冲击的企业

观测值占比为24.5%，其余各变量取值均在正常范围内，符合上市公司现实状况。

表 2 主要变量描述性统计

变量	定义	样本量	均值	标准差	最小值	最大值
SA	融资约束 SA 指数	17949	3.636	0.254	2.964	4.148
Policy	“宽带中国”虚拟变量	17949	0.245	0.430	0	1
Profit	企业盈利能力	16807	0.349	0.553	–1.069	2.874
Q	托宾 Q 值	16381	1.894	1.308	0.862	8.758
Growth	企业成长能力	16759	0.232	0.782	–0.650	6.175
MB	账面市值比	16381	0.673	0.257	0.114	1.161
Board	监事会规模	16807	3.957	1.237	2	8
HHI10	前十位股东持股离散程度	16810	0.086	0.105	0	0.453
Size	企业规模（自然对数）	17949	8.415	1.378	5.305	12.135
Owner	所有者权益增长率	16734	0.128	0.306	–0.503	1.837
Top1	第一位股东占比	16811	35.966	15.327	8.600	74.980

四 实证结果分析

（一）基准结果分析

表3报告了“宽带中国”示范城市对企业融资约束影响的基准结果，列（1）为仅保留核心自变量，不加入任何控制变量的结果，可以发现，“宽带中国”示范城市显著降低了企业的融资约束。列（2）和列（3）在逐步加入企业盈利能力、企业市场价值、企业成长能力和公司治理情况等控制变量后，核心解释变量的系数在1%的水平下显著为负。控制变量最为完整的列（3）结果表明，在实施了“宽带中国”示范政策的城市中，企业融资约束降低了0.014，鉴于SA指数本身波动不大，标准差较小（0.266），该系数具有较为明显的经济意义（吴秋生和黄贤环，2017；孙雪娇等，2019）。上述基准结果初步证实了“宽带中国”示范城市的设立确实可以促进企业降

低融资约束，突破融资障碍，从而在一定程度上提高企业运营效率，加强数字基础设施建设，有利于缓解企业融资压力。

表 3　基准结果

变量	(1) *SA*	(2) *SA*	(3) *SA*
Policy	−0.013** (0.005)	−0.015*** (0.005)	−0.014*** (0.005)
ln*Profit*		0.005*** (0.001)	0.005*** (0.001)
ln*Q*		−0.098*** (0.022)	−0.097*** (0.022)
ln*Growth*		0.005* (0.002)	0.004* (0.003)
MB		−0.197*** (0.048)	−0.198*** (0.049)
ln*Board*			−0.015 (0.012)
*HHI*10			−0.070*** (0.019)
企业固定效应	是	是	是
城市固定效应	是	是	是
年份固定效应	是	是	是
N	16823	14638	14638
R^2	0.845	0.862	0.863

注：*SA* 为企业融资约束 SA 指数取绝对值，回归中包括了常数项系数，但综合考虑并没有报告常数项系数。括号内为聚类到城市层面的标准误。“***”“**”“*”分别表示系数在 1%、5% 和 10% 的水平下显著。

（二）平行趋势检验

双重差分识别的有效性基于平行趋势假定，即在“宽带中国”示范政策实施前，各企业的融资约束变动处于相对稳定水平。为进行平行趋势检验，本文构建分年份模型：

$$SA_{ict} = \alpha_0 + \sum_{d \geqslant -1}^{7} \beta_d policy(d) + \theta X_{ict} + \mu_i + \lambda_t + \varepsilon_{ict} \quad (3)$$

基于式（3），首先进行了事件分析，二值虚拟变量 *policy* 表示该城市是否为“宽带中国”示范城市，令 j_c 表示城市 c 被选定作为“宽带中国”城市试点的年份（结合本文研究的内容，j_c=2014，2015，2016），定义当 $t-j \leqslant -6$ 时，*Policy*(−6)=1，否则为 0；当 $t-j=d$ 时，*Policy* (*d*)=1，否则为 0，$k=-6$，−5，−4，−3，−2，−1，0，1，2，3，4；当 $t-j \geqslant 5$ 时，*Policy*(5)=1，否则为 0，回归结果见表 4。同时为了更直观地对结果进行分析，图 2 绘制了分年份回归系数 β_P 的变化趋势图。可以发现，“宽带中国”示范城市设立之前，企业融资约束 *SA* 围绕 0 值上下浮动，即企业融资约束变动幅度并不明显；而在政策实施后，企业融资约束 SA 指数出现了明显的下降趋势，较好地满足了平行趋势假定，同时也证实了本文使用 DID 作为主要识别策略的有效性。

表 4　平行趋势检验

变量	*SA*	变量	*SA*
6 年前	−0.000 (0.007)	设立当年	−0.007* (0.004)
5 年前	0.000 (0.006)	1 年后	−0.009** (0.004)
4 年前	−0.002 (0.005)	2 年后	−0.013** (0.005)
3 年前	−0.006 (0.004)	3 年后	−0.014** (0.006)
2 年前	−0.005 (0.003)	4 年后	−0.022*** (0.007)
1 年前		5 年后	−0.031*** (0.010)
控制变量	是	控制变量	是
企业固定效应	是		
时间固定效应	是		
N	14181		
R^2	0.822		

注：“宽带中国”城市实施一年前作为基准组，括号内为聚类到城市层面的标准误，“***”“**”“*”分别表示系数在 1%、5% 和 10% 的水平下显著。

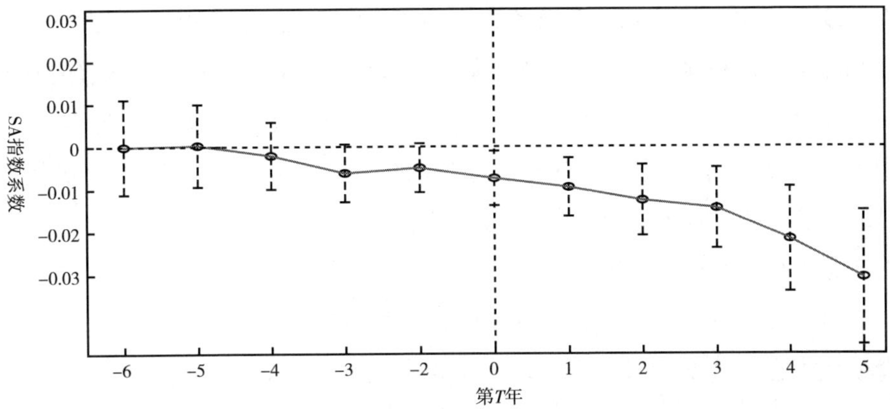

图 2　平行趋势示意图

（三）稳健性检验

为了进一步验证结果的有效性，本文通过倾向性得分匹配、更换融资约束衡量方法、更换控制变量和固定效应、改变样本窗口期以及排除竞争性假说等进行了稳健性检验。

1. 倾向得分匹配－双重差分模型（PSM−DID）

现实情况表明，“宽带中国”示范城市的选择虽然外生于企业融资约束，但依然可能在其他经济社会维度层面具备较强非随机性，为尽可能缩小处理组企业与控制组企业的初始差异，消除潜在的选择性偏误，本文采用 PSM–DID 方法进行稳健性检验。具体来说，首先以该城市是否为“宽带中国”示范城市为因变量，估计二元选择 Logit 模型，从而得到每个样本对应的倾向性得分，随后采用主回归模型中控制变量的 2005 年初始值作为二阶段匹配的协变量，匹配算法为 1∶3 近邻匹配。平衡性检验结果显示，匹配后所有协变量的标准差有了较大幅度的降低，处理组和对照组的差异显著缩小。表 5 列（1）报告了 PSM–DID 结果，可以看到，核心自变量 *policy* 的系数仍然在 1% 的水平下显著为负，说明选择性偏误问题并没有对本文结果造成影响。

2. 更换融资约束的衡量方式

参照 Kaplan 和 Zingales（1997），通过构建 KZ 指数来替代 SA 指数描绘企业的融资约束状况。KZ 指数构建指标主要包括现金股利、资产负债率和托宾 Q 值等指标，一般而言，KZ 指数越大，代表着企业面临的融资约束越大。

控制变量方面，考虑到相关财务指标的高度相关性，回归中包含的控制变量删除了托宾Q值，并增加了企业规模、投资收益率、所有者权益增长率指标，同时，鉴于KZ指数变动差异较大，在回归中进行了取对数处理。表5中列（2）结果显示，核心自变量*policy*的系数为–0.057，在5%的水平下显著为负，所得基本结论不变。

3. 更换控制变量和固定效应

对于控制变量的选取，不同文献衡量标准存在较大差异，为进一步处理模型潜在的遗漏变量偏误，本文对相关控制变量的选取进行了调整，参考孙雪娇等（2019），增加控制了资本结构，并将前十位股东持股离散程度调整为第一大股东持股比例，从而更好地控制股权集中程度，同时，企业进行技术创新会提升运营效率，因此本文进一步控制了企业的研发能力。此外，模型中控制行业与年份交互的固定效应，从而更好地控制行业特征。表5列（3）和列（4）分别报告了更换控制变量和固定效应后的结果，本文的基准结论仍然成立。

4. 改变样本窗口期和排除同期政策干扰

考虑到2007年1月1日起企业会计准则进行了变更，这可能会对本文的实证结果造成影响，因此本文将2007年之前的样本进行了剔除处理；为了推进我国数字化建设进程，2016年国家发改委等部门发函批复，同意在贵州省建设国家大数据综合试验区，同年10月，又批复京津冀等地区推行试点，为了排除国家大数据综合试验区可能带来的影响，本文将国家大数据综合试验区虚拟变量（*Bigdata*）加入回归方程进行控制，上述稳健性检验的结果与前文保持一致。

表5　稳健性检验

变量	（1） PSM–DID	（2） *KZ*	（3） 控制变量	（4） 固定效应	（5） 样本窗口期	（6） 同期政策
Policy	–0.014*** (0.005)	–0.057** (0.027)	–0.014*** (0.005)	–0.012** (0.005)	–0.012** (0.005)	–0.011** (0.005)
Bigdata						–0.023*** (0.006)

续表

变量	（1） PSM-DID	（2） *KZ*	（3） 控制变量	（4） 固定效应	（5） 样本窗口期	（6） 同期政策
控制变量	是	是	是	是	是	是
企业固定效应	是	是	是	是	是	是
城市固定效应	是	是	是	是	是	是
行业—年份固定效应	否	是	否	是	否	否
年份固定效应	是	否	是	否	是	是
N	14629	11174	14638	14638	12764	14638
R^2	0.864	0.144	0.866	0.885	0.847	0.864

注：*KZ* 代表企业融资约束（取对数）。控制变量增加控制资本结构和研发能力，并将股权离散度指标用股权集中度进行替代。固定效应将年份固定效应调整为行业—年份固定效应。改变样本窗口期删除了 2007 年前的样本。同期政策排除了 2016 年国家大数据综合试验区建设的影响。括号内为聚类到城市层面的标准误。“***”“**”“*”分别表示系数在 1%、5% 和 10% 的水平下显著。

（四）机制检验

主要实证结果已经表明，“宽带中国”示范城市政策试点对缓解区域内企业的融资约束具有明显效果，本部分进一步依据理论机制分析部分研究假说，从降低融资成本与降低信息不对称两方面探究数字基础设施影响企业融资约束的机制渠道。

1. 降低融资成本

基于理论机制的分析，参照现有文献，本文采用财务费用与总负债之比（王贞洁，2016）以及企业财务费用率（肖文等，2019；江红莉等，2021）两项指标来衡量企业融资成本。从企业的债务成本角度进行分析，财务费用支出会影响企业的经营与财务状况，而企业总负债可以直接反映企业进行债务融资时需要承担的债务总额，因此通过财务费用与总负债之比可以捕捉企业因借款而发生的债务性利息和筹资费用支出，从而较好地反映企业融资成本。财务费用与总负债之比越大，表明企业的融资成本越高。财务费用率是衡量企业财务发展状况的重要指标之一，通过计算企业在筹资过程中产生的费用与主营收入之比，可以合理反映企业获得融资支付的各种费用。财务费用率越大，表明企业的融资成本越高。表 6 报告了使用上述两项指标进行机制检验的结果。

表 6 机制检验：降低融资成本

变量	(1)	(2)
Policy	−0.013** (0.006)	−0.012** (0.006)
*Cost*1 × *Policy*	−0.166** (0.082)	
*Cost*2 × *Policy*		−0.075** (0.028)
控制变量	是	是
企业固定效应	是	是
城市固定效应	是	是
年份固定效应	是	是
N	14638	14638
R^2	0.863	0.840

注：*Cost*1 为企业财务费用 / 总负债。*Cost*2 为企业财务费用率。括号内为聚类到城市层面的标准误。“***”“**”“*”分别表示系数在 1%、5% 和 10% 的水平下显著。

从实证结果来看，*Cost*1 × *Policy* 的系数为 −0.166，*Cost*2 × *Policy* 的系数为 −0.075，两者均在 5% 的水平下显著为负。数字基础设施的完善能够直接提高企业数字化运营与管理能力，提升企业内部资源利用效率，减少资源闲置，增加企业获取贷款可抵押物的概率，为企业融通更多资金提供了可能，进而降低企业财务费用与总负债之比；同时，伴随着数字基础设施优化带来的数字金融发展，商业银行可借贷资金增加，企业能够以更低的成本获得资金，减少了融资过程中产生的费用支出，降低了企业财务费用率。本部分结果验证了研究假说 1，即数字基础设施建设能够通过降低融资成本缓解企业融资约束。

2. 降低信息不对称

信息是资本市场借贷过程中的重要资源要素，信息分析的机构与人员可以凭借自身的专业知识与能力，促使信息在银企之间高效传播。为了探索数字基础设施的建立能否通过降低信息不对称来缓解企业的融资约束，本文参照现有文献的思路，采用分析师关注度作为信息不对称的代理变量（姜付秀等，2016；解维敏等，2021）。以往研究表明，分析师不仅可以通过企业财务报表等公开披露的信息对企业真实财务状况进行分析，而且可以通过实地调研或与企业管理层进行深度交流，获得企业非公开披露信息；进一步地，分析师凭借自身专业技能对企业信息进行深入分析与鉴别，再向市场与投资者传递经过收集与分析的公司特质信息，可以提高上市公司信息透明度，从而有效地缓解银企信息不对称（谭松涛等，2015；Bushman 等, 2001；Arya 等, 2007；He 等, 2013）。结合以上分析，较高的分析师关注度表明企业信息能够很好地实现传递，银企信息不对称程度较低；而较低的分析师关注度表明银企的信息不对称程度较高。

相关研究表明，企业通过承担社会责任，可以向外界传递自身发展状况的信号，降低信息不对称，进而拓宽外部融资渠道（曹亚勇等，2013）。企业社会责任基于企业与社会其他成员之间的资源交换关系而建立，企业积极主动承担社会责任，不仅以自愿性信息披露的方式降低信息不对称导致的“逆向选择”问题（孙伟等，2012），而且能够向投资者传递自身经营发展的状况，获得资源禀赋，减少资金约束（顾雷雷等，2020）。本文因此采用企业社会责任来衡量信息不对称。伴随着信息化发展，企业社会责任传播途径和传播工具呈现多元化发展趋势，使企业社会责任披露实现了从“一维”到“多维”发展的嬗变（沈弋等，2014）。邢小强等（2021）以字节跳动作为研究案例，发现企业通过数字化平台可以更好地履行社会责任，创造共享价值。本文采用的社会责任数据来自和讯网发布的上市公司社会责任报告。本文选取社会责任总得分和企业股东责任两个变量，其中，社会责任总得分可以综合各方面要素全面衡量企业社会责任，而企业股东责任可以从企业经营发展角度衡量社会责任。由于和讯网发布的上市公司社会责任报告最早开始于 2010 年，本部分将样本研究时间限定为 2010~2019 年。

表 7 结果表明，企业分析师关注度与 *policy* 的交互项系数在 1% 的水平下显著为负，表明“宽带中国”示范城市的建立有效推动了企业信息的

披露与传递。借由数字基础设施建设带来的便利，分析师能够更便捷地了解企业状况、搭建信息桥梁、促进银企沟通，进而降低信息不对称；同时，社会责任总得分（*Csr*1）、股东责任（*Csr*2）与 *policy* 的交互项系数也均在 1% 的水平下显著为负，表明数字基础设施建设对于企业活动的影响具有一定外溢性，能够促进企业与政府及市场其他主体更为高效地进行信息共享，促使企业更为便捷地履行社会责任，从而形成更好的社会声誉，为企业融资提供竞争优势。本部分结果验证了研究假说 2，即数字基础设施建设能够通过降低信息不对称缓解企业融资约束。

表 7　机制检验：降低信息不对称

变量	（1）	（2）	（3）
Policy	0.024*** (0.006)	0.021*** (0.008)	0.082*** (0.018)
Analyst × *Policy*	−0.028*** (0.004)		
*Csr*1 × *Policy*		−0.014*** (0.004)	
*Csr*2 × *Policy*			−0.033*** (0.007)
控制变量	是	是	是
企业固定效应	是	是	是
城市固定效应	是	是	是
年份固定效应	是	是	是
N	14638	9091	9278
R^2	0.869	0.801	0.805

注：*Analyst* 表示企业的分析师关注度。*Csr*1 表示企业社会责任总得分。*Csr*2 表示企业股东责任。括号内为聚类到城市层面的标准误。“***”“**”“*”分别表示系数在 1%、5% 和 10% 的水平下显著。

五　拓展性分析

（一）企业产权异质性

我国企业在产权属性层面存在明显差异，产权性质导致的资源禀赋、管理模式及政策环境等诸多方面的差异又会对企业融资约束水平产生重要影响。一般认为，国有企业获得的政策扶持更多，税收优惠更大，同时能更加便捷地获得社会资金，因此面临的融资约束较小；而私营企业尤其是中小微企业的资金周转相对困难，融资难和融资贵等问题凸显，近年来持续受到政策及研究层面的关注（张璇等，2017）。为探讨“宽带中国”政策对不同产权性质企业的影响，本文首先将样本企业划分为国有企业和非国有企业。

表 8 列（1）与列（2）的结果显示，国有企业样本的系数虽然为负，但在统计层面并不显著，而非国有企业系数则显著为负，表明“宽带中国”示范城市这一政策对于企业融资约束的缓解作用更多集中于非国有企业。正如前述，相比于非国有企业，国有企业本身面临较为宽松的融资约束，因此数字基础设施建设对国有企业融资约束的影响并不明显，是符合现实情况的结论。反观以私营企业为主体的非国有企业，迫切需要在政策层面激发其市场主体活力，健全融资增信体系，降低综合融资成本。从结果来看，数字基础设施的完善与优化可以更好地促进私营企业数字化发展，通过降低信息不对称与降低融资成本等渠道缓解私营企业融资约束。因此，不断推进地区数字基础设施建设，有利于弥合国有企业和非国有企业的融资“鸿沟”，对于私营企业“降成本”这一问题的解决发挥重要作用。

（二）企业杠杆率异质性

杠杆率是影响企业在财务与资金层面平稳健康运行的重要指标。国务院于 2016 年 10 月发布的《关于积极稳妥降低企业杠杆率的意见》明确指出，要强化自我约束、盘活存量资产、优化债务结构、积极稳妥降低企业杠杆率，助推供给侧结构性改革。现实情况及现有研究表明，我国企业在杠杆率层面存在较大区别，可能成为企业融资约束差异的重要驱动因素（刘晓光等，2019）。一般来说，杠杆率越低，表明企业所面临的融资约束越大。为此，本文将资产结构（总负债 / 总资产）作为杠杆率的衡量指标，并按照其中位数对样本进行分组。若杠杆率水平小于中位数，企业属于低杠杆率企业；若杠杆率水平大于中位数，企业则属于高杠杆率企业。

表 8 列（3）与列（4）结果显示，低杠杆率组自变量 *Policy* 的系数在 5% 的水平下显著为负，即“宽带中国”示范城市的设立有效缓解了低杠杆率企业的融资约束；同时，“宽带中国”示范城市试点的设立对高杠杆率企业的融资约束的影响在系数维度上为负，但在统计层面并不显著。以上分析表明，数字基础设施建设能够有效纠正传统银行借贷过程中存在的“属性错配”问题，随着数字技术与传统金融发展模式不断融合，能够合理引导银行信贷资金更为精准地流向低杠杆率企业，优化资金配置结构，同时间接推动高杠杆率企业降低杠杆，从而有效推进供给侧结构性改革进程中“去杠杆”目标的实现。

表 8　企业产权及杠杆率异质性

变量	（1） 国有企业	（2） 非国有企业	（3） 低杠杆率	（4） 高杠杆率
Policy	–0.011 (0.012)	–0.013** (0.006)	–0.012** (0.005)	–0.014 (0.010)
控制变量	是	是	是	是
企业固定效应	是	是	是	是
城市固定效应	是	是	是	是
年份固定效应	是	是	是	是
N	4695	10152	7752	7030
R^2	0.836	0.843	0.931	0.786

注：低杠杆率和高杠杆率按杠杆率（总负债 / 总资产）的中位数进行分组。括号内为聚类到城市层面的标准误。“***”“**”“*”分别表示系数在 1%、5% 和 10% 的水平下显著。

（三）行业异质性

不同行业中的企业由于行业特征及相关产业政策的差异，可能面临不同的融资约束。本文依据证监会 2012 年修订的《上市公司行业分类指引》（与国民经济行业分类目录一致），将研究样本中的企业按照行业进行分类，主要划分为 C（制造业）、D（电力、热力、燃气及水的生产供应业）、F&I（批发零售业，信息传输、软件和信息技术服务业）、G（交通运输、仓储和邮政业）和 O（包括建筑业、住宿和餐饮业等其他行业）。表 9 报告了分行业样本的回归结果。

分行业样本回归结果显示，“宽带中国”示范城市的设立有效改善了交通运输业及信息技术服务业企业的融资约束，相应的 *Policy* 系数均在 10% 的水平下显著为负。同时，“宽带中国”政策的实施对于制造业企业与生产供应业企业的融资约束具有负向影响，但经济维度远小于交通运输业及信息技术服务业企业，且相应系数在统计层面并不显著。总体来看，数字基础设施优化对于第三产业企业融资约束的影响大于第二产业企业。以第三产业营业收入占比排名第一的批发零售业为例，近年来，随着信息技术的不断完善和各大电商平台的快速发展，相关企业的线上整体营销网络持续扩大、运营效率持续提升，这些都有助于降低企业融资约束。研究结果显示数字基础设施建设的红利尚未有效助力制造业企业缓解融资约束，表明数字基础设施与实体经济深度融合还存在一定障碍。

表 9　企业所属行业异质性

变量	C	D	F&I	G	O
Policy	−0.007 (0.006)	−0.003 (0.021)	−0.025* (0.013)	−0.035* (0.019)	−0.021 (0.014)
控制变量	是	是	是	是	是
企业固定效应	是	是	是	是	是
城市固定效应	是	是	是	是	是
年份固定效应	是	是	是	是	是
N	7806	975	1804	743	3877
R^2	0.903	0.839	0.899	0.914	0.788

注：括号内为聚类到城市层面的标准误。“***”“**”“*”分别表示系数在 1%、5% 和 10% 的水平下显著。

六　研究结论及政策建议

在当前我国数字经济高速发展背景下，本文研究了数字基础设施建设如何影响企业融资约束。以“宽带中国”示范城市设立作为数字基础设施建设的外生冲击，本文实证分析结果表明，首先，数字基础设施建设能够有效降低以 SA 指数和 KZ 指数等经典指标衡量的企业融资约束，结果通过了平行趋势检验及一系列稳健性检验。其次，机制分析发现，数字基础设施优化主要通过降低企业内部融资成本和降低银企信息不对称两种途径来缓解企业的融资约束。最后，异质性分析结果表明，"宽带中国"示范城市更多降低了非国有企业、低杠杆率企业和第三产业企业的融资约束，说明数字基础设施建设能够有效缩小不同产权属性企业间的融资差距，有助于解决传统银行信贷的"领域错配"问题，同时助推第三产业数字化发展转型。

基于上述研究结论，本文认为我国应坚持推进数字基础设施建设，稳步提升基础设施网络化、智能化、服务化、协同化水平，持续推行以"宽带中国"示范城市建设为代表的城市数字化转型升级政策，促进城市与产业新旧动能转换，并充分把握数字基础设施建设对于企业高质量发展的重要意义，能为新发展格局下市场主体的持续健康成长注入强大动力。同时，政府应着力破解企业融资难和融资贵问题，积极推动企业充分享有数字基础设施建设的红利，通过合理举措引导企业利用数字化手段降低外部信息不对称与内部融资成本，从而缓解企业融资约束。企业也应主动求变，积极适应外部发展环境的变化，优化管理，提升效率，强化数字化思维，融入数字化时代，全面塑造自身发展新优势。此外，政策应关注到数字基础设施建设的微观经济效应具有明显的非均衡性，尤其是数字基础设施建设对于缓解制造业企业融资约束的效果尚不明显。以"宽带中国"示范城市建设等为契机，我国应积极推动数字经济发展，带动制造业向更广范围、更高水平、更深层次进行数字化转型，真正实现数字化发展与制造业深入融合，实现更高水平的"中国智造"。

参考文献

[1] 曹亚勇、刘计含、王建琼，2013，《企业社会责任与融资效率》，《软科学》第 9 期。

[2] 顾雷雷、郭建鸾、王鸿宇，2020，《企业社会责任、融资约束与企业金融化》，《金融研究》第 2 期。

[3] 郭峰、王靖一、王芳、孔涛、张勋、程志云，2020，《测度中国数字普惠金融发展：指数编制与空间特征》，《经济学（季刊）》第4期。

[4] 姜付秀、石贝贝、马云飙，2016，《信息发布者的财务经历与企业融资约束》，《经济研究》第6期。

[5] 江红莉、蒋鹏程，2021，《数字金融能提升企业全要素生产率吗？——来自中国上市公司的经验证据》，《上海财经大学学报》第3期。

[6] 江静，2014，《融资约束与中国企业储蓄率：基于微观数据的考察》，《管理世界》第8期。

[7] 李广子、刘力，2009，《债务融资成本与民营信贷歧视》，《金融研究》第12期。

[8] 李坤望、邵文波、王永进，2015，《信息化密度、信息基础设施与企业出口绩效——基于企业异质性的理论与实证分析》，《管理世界》第4期。

[9] 刘传明、马青山，2020，《网络基础设施建设对全要素生产率增长的影响研究——基于"宽带中国"示范政策的准自然实验》，《中国人口科学》第3期。

[10] 刘晓光、刘元春，2019，《杠杆率、短债长用与企业表现》，《经济研究》第7期。

[11] 刘政、姚雨秀、张国胜、匡慧姝，2020，《企业数字化、专用知识与组织授权》，《中国工业经济》第9期。

[12] 卢盛峰、陈思霞，2017，《政府偏袒缓解了企业融资约束吗？——来自中国的准自然实验》，《管理世界》第5期。

[13] 罗长远、曾帅，2020，《"走出去"对企业融资约束的影响——基于"一带一路"倡议准自然实验的证据》，《金融研究》第10期。

[14] 聂秀华、江萍、郑晓佳、吴青，2021，《数字金融与区域技术创新水平研究》，《金融研究》第3期。

[15] 潘越、宁博、纪翔阁、戴亦一，2019，《民营资本的宗族烙印：来自融资约束视角的证据》，《经济研究》第7期。

[16] 钱雪松、方胜，2021，《〈物权法〉出台、融资约束与民营企业投资效率——基于双重差分法的经验分析》，《经济学（季刊）》第2期。

[17] 邱子迅、周亚虹，2021，《数字经济发展与地区全要素生产率——基于国家级大数据综合试验区的分析》，《财经研究》第7期。

[18] 冉戎、王丁、谢懿，2016，《非政府组织关联、责任战略延续性与融资约束》，《南开管理评论》第3期。

[19] 邵敏、包群、叶宁华，2013，《信贷融资约束对员工收入的影响——来自我国企业微观层面的经验证据》，《经济学（季刊）》第3期。

[20] 申丹琳，2021，《互联网普及与资本市场信息效率——基于股价同步性的证据》，《金融论坛》第11期。

[21] 沈弋、徐光华、王正艳，2014，《“言行一致”的企业社会责任信息披露——大数据环境下的演化框架》，《会计研究》第 9 期。

[22] 孙伟、周瑶，2012，《企业社会责任信息披露与资本市场信息不对称关系的实证研究》，《中国管理科学》第 S2 期。

[23] 孙雪娇、翟淑萍、于苏，2019，《柔性税收征管能否缓解企业融资约束——来自纳税信用评级披露自然实验的证据》，《中国工业经济》第 3 期。

[24] 谭松涛、崔小勇，2015，《上市公司调研能否提高分析师预测精度》，《世界经济》第 4 期。

[25] 田国强、赵旭霞，2019，《金融体系效率与地方政府债务的联动影响——民企融资难融资贵的一个双重分析视角》，《经济研究》第 8 期。

[26] 王贞洁，2016，《信贷歧视、债务融资成本与技术创新投资规模》，《科研管理》第 10 期。

[27] 魏志华、曾爱民、李博，2014，《金融生态环境与企业融资约束——基于中国上市公司的实证研究》，《会计研究》第 5 期。

[28] 吴红军、刘啟仁、吴世农，2017，《公司环保信息披露与融资约束》，《世界经济》第 5 期。

[29] 吴秋生、黄贤环，2017，《财务公司的职能配置与集团成员上市公司融资约束缓解》，《中国工业经济》第 9 期。

[30] 肖文、薛天航，2019，《劳动力成本上升、融资约束与企业全要素生产率变动》，《世界经济》第 1 期。

[31] 解维敏、吴浩、冯彦杰，2021，《数字金融是否缓解了民营企业融资约束？》，《系统工程理论与实践》第 12 期。

[32] 谢绚丽、沈艳、张皓星、郭峰，2018，《数字金融能促进创业吗？——来自中国的证据》，《经济学（季刊）》第 4 期。

[33] 邢小强、汤新慧、王珏、张竹，2021，《数字平台履责与共享价值创造——基于字节跳动扶贫的案例研究》，《管理世界》第 12 期。

[34] 徐思、何晓怡、钟凯，2019，《“一带一路”倡议与中国企业融资约束》，《中国工业经济》第 7 期。

[35] 薛成、孟庆玺、何贤杰，2020，《网络基础设施建设与企业技术知识扩散——来自“宽带中国”战略的准自然实验》，《财经研究》第 4 期。

[36] 颜剩勇、王典，2021，《“一带一路”企业社会责任、融资约束与投资效率》，《财经科学》第 2 期。

[37] 杨畅、庞瑞芝，2017，《契约环境、融资约束与“信号弱化”效应——基于中国制造业企业的实证研究》，《管理世界》第 4 期。

[38] 易行健、周利，2018，《数字普惠金融发展是否显著影响了居民消费——来自中国家庭的微观证据》，《金融研究》第 11 期。

[39] 余明桂、钟慧洁、范蕊，2019，《民营化、融资约束与企业创新——来自中国工业企业的证据》，《金融研究》第 4 期。

[40] 张成思、刘贯春，2018，《中国实业部门投融资决策机制研究——基于经济政策不确定性和融资约束异质性视角》，《经济研究》第 12 期。

[41] 张嘉伟、胡丹丹、周磊，2022，《数字经济能否缓解管理层短视行为？——来自真实盈余管理的经验证据》，《经济管理》第 1 期。

[42] 张新民、张婷婷、陈德球，2017，《产业政策、融资约束与企业投资效率》，《会计研究》第 4 期。

[43] 张勋、万广华、吴海涛，2021，《缩小数字鸿沟：中国特色数字金融发展》，《中国社会科学》第 8 期。

[44] 张勋、杨桐、汪晨、万广华，2020，《数字金融发展与居民消费增长：理论与中国实践》，《管理世界》第 11 期。

[45] 张勋、万广华、张佳佳、何宗樾，2019，《数字经济、普惠金融与包容性增长》，《经济研究》第 8 期。

[46] 张璇、刘贝贝、汪婷、李春涛，2017，《信贷寻租、融资约束与企业创新》，《经济研究》第 5 期。

[47] 赵璨、曹伟、姚振晔、王竹泉，2020，《"互联网 +"有利于降低企业成本粘性吗？》，《财经研究》第 4 期。

[48] 赵涛、张智、梁上坤，2020，《数字经济、创业活跃度与高质量发展——来自中国城市的经验证据》，《管理世界》第 10 期。

[49] 赵瑞瑞、张玉明、刘嘉惠，2021，《金融科技与企业投资行为研究——基于融资约束的影响机制》，《管理评论》第 11 期。

[50] Arya A. , Mittendorf B. 2007. " The Interaction among Disclosure, Competition between Firms, and Analyst Following." *Journal of Accounting & Economics* 43(2-3)：321-339.

[51] Brown J. R. , Fazzari S. M. , Petersen B. C. 2009. "Financing Innovation and Growth: Cash Flow, External Equity, and the 1990s R&D Boom." *The Journal of Finance* 64(1): 151-185.

[52] Bushman R.M. , Smith A. J. 2001. "Financial Accounting Information and Corporate Governance." *Journal of Accounting & Economics* 32(1): 237-333.

[53] Buchak G., Matvos G., Piskorski T., Seru A. 2018. "Fintech, Regulatory Arbitrage, and the Rise of Shadow Banks." *Journal of Financial Economics* 130(3): 453-483.

[54] Chen W. , Kamal F. 2016. "The Impact of Information and Communication Technology Adoption on Multinational Firm Boundary Decisions." *Journal of International Business*

Studies 47(5): 563-576.

[55] Diamond D. W. , Verrecchia R. E. 1991. "Disclosure, Liquidity, and the Cost of Capital." *The Journal of Finance* 46(4): 1325-1359.

[53] Erik B., Hitt L.M. 2000. "Beyond Computation: Information Technology, Organizational Transformation and Business Performance." *Journal of Economic Perspectives* 14(4): 23-48.

[57] Fazzari S. M. , Hubbard R. G., Petersen B. C. 1988. "Financing Constraints and Corporate Investment." Brookings Papers on Economic Activity . 1988: 141-206.

[58] Firth M., Chen L., Liu P. , Wong S. M. L. 2009. "Inside the Black Box: Bank Credit Allocation in China's Private Sector." *Journal of Banking & Finance* 33(6): 1141-1155.

[59] Fuster A., Plosser M., Schnabl P., Vickery J. 2019. "The Role of Technology in Mortgage Lending." *The Review of Financial Studies* 32(5): 1854-1899.

[60] Gomber P., Robert J.K.,Chris P., Bruce W.W. 2018. "On the Fintech Revolution: Interpreting the Forces of Innovation, Disruption, and Transformation in Financial Services." *Journal of Management Information Systems* 35(1): 220-265.

[61] Hadlock C. J., Pierce J. R. 2010. "New Evidence on Measuring Financial Constraints: Moving beyond the KZ Index." *The Review of Financial Studies* 23(5): 1909-1940.

[62] He J., Xuan T. 2013. "The Dark Side of Analyst Coverage: The Case of Innovation." *Journal of Financial Economics* 109(3): 856-878.

[63] Hubbard R.G. 1998. "Capital Market Imperfections and Investment." *Journal of Economic Literature* 36(1): 193-225.

[64] Kaplan S. N., Zingales L. 1997. "Do Investment-cash Flow Sensitivities Provide Useful Measures of Financing Constraints." *Quarterly Journal of Economics* 112(1): 169-215.

[65] Lin M. , Prabhala N. R. , Viswanathan S. 2013. "Judging Borrowers by the Company They Keep." *Management Science* 59(1): 17-35.

[66] Sandra P.,Walter S.,Hylke V. 2010. "Financial Constraints in China: Firm-level Evidence." *China Economic Review* 21(3): 411-422.

[67] Sapienza P. 2004. "The Effects of Government Ownership on Bank Lending." *Journal of Financial Economics* 72(2): 357-384.

[68] Stewart C.M., Nicholas S.M. 1984. "Corporate Financing and Investment Decisions when Firms Have Information that Investors Do Not Have." *Journal of Financial Economics* 13(2): 187-221.

[69] Whited T. M. , Wu G. 2006. "Financial Constraints Risk." *The Review of Financial Studies* (2): 531-559.

（责任编辑：焦云霞）

人口健康红利

——促进经济增长的重要源泉

李　军　郑晓瑛*

摘　要： 中国作为人口大国，如何充分利用好人力资源，如何延续人口红利，已经是至关重要的现实问题。本文旨在论证人口健康红利的存在性并且是促进经济增长的重要源泉。传统的"人口红利"的内涵指劳动力"数量"占优的人口结构为经济增长提供了有利的机会和条件，但是在此内涵中劳动力"质量"的因素没有被考虑。而在度量劳动力质量的指标中，健康有着特殊的重要性。为此，本文将人口健康因素作为相对独立的问题提出来。通过建立含有总产出、国民储蓄率和人口结构变量的数理经济模型，并采用理论推导和计量经济分析相结合的方法，本文对人口健康红利和经济增长的关系进行了深入研究。研究发现，在经济增长过程中不仅有"人口红利"，而且存在"人口健康红利"，其中人口健康红利由劳动力健康红利和老龄健康红利构成。本文推导出了国民储蓄率与人口结构的数量关系，并从理论上证明了提高人口健康水平有延续人口红利的效应。研究表明，中国经济增长的特征同中国人口结构和特征有非常密切的关系。

关键词： 人口红利　人口健康红利　老龄健康红利　经济增长

---

* 李军（通讯作者），研究员，中国社会科学院数量经济与技术经济研究所，电子邮箱：junli@cass.org.cn；郑晓瑛，中国医学科学院/北京协和医学院群医学与公共卫生学院，电子邮箱：xzheng@pku.edu.cn。本文获得国家社科基金重大项目"以健康中国战略为基础实施积极应对人口老龄化国家战略"（21ZD107）的资助。感谢匿名审稿专家的宝贵意见，文责自负。

始于1978年的改革开放，使中国经济社会发展进入了新的阶段。回顾过去40多年的中国经济增长历程，可以发现2010年是中国经济增长的“拐点”年份。2010年之前中国经济处于长时期高速增长状态，而2010年以后中国经济转变为中低速增长状态。具体地说，在1980~2010年的30年里，中国经济实现了高速增长，其间GDP年均增长率高达10.1%，由此中国成为同期世界上经济增速最快的国家之一。然而，在2010年之后的10年里，中国经济增速出现了下降趋势，2010~2020年GDP年均增长率下降至6.8%，较之前30年的GDP年均增长率下降了3.3个百分点，即此期间中国经济增速出现了较大幅度的下降。其中，2020年受新冠肺炎疫情的影响，GDP年度增长率下降至2.3%，是自1978年以来中国年度经济增速的最低值。①

是什么原因导致改革开放以来中国经济增长的“拐点”出现在2010年？蔡昉（2020）认为，在改革开放以来的前30年里，中国经济的高速增长同时伴随着一个人口转变过程，可以说这个时期的经济增长来自人口红利。可见，此观点表明了人口红利曾经是中国经济实现高速增长的重要原因。现在的问题是：如果2010年之前的中国经济高速增长的确是来自人口红利，那么2010年之后的中国经济增速出现下降的局面，是否表明中国经济增长由此开始失去人口红利？如果中国过去的经济高速增长确实是来自人口红利，那么中国作为人口大国，如何充分利用好人力资源，如何延续人口红利，就成为一个至关重要的现实问题。本文的研究发现，人口健康红利是人口红利的延续，是促进经济增长的重要源泉。

一 相关问题研究的现状

（一）关于人口红利问题

人口红利（Demographic Dividend）的概念，是由Bloom和Williamson在1998年提出的，主要指人口年龄结构年轻化提供的经济增长的机会。这

① 本段数据来源于《中国统计年鉴2021》表3-4，或根据该表中的数据进行计算而得。

两位学者在研究东亚 1960~1990 年的经济增长奇迹后认为，劳动年龄人口增长相对较快而产生有利于增加劳动力供给和提高国民储蓄水平的机会，由此成为促进这些区域经济增长的重要因素。自此，关于人口红利对经济增长作用的问题，得到了学术界的广泛重视，许多学者对人口红利问题进行了多方面且富有成效的研究，以至于目前关于人口红利问题的有关文献成果是非常丰富的。如原新等（2019）对中国知网的论文进行检索的结果显示,2003 年 1 月至 2019 年 4 月，题目含有“人口红利”的论文为 1185 篇，主题包含“人口红利”字段的论文达 3790 篇。

归纳起来，现有的文献多数是支持“改革开放后的中国经济实现高速增长得益于人口红利”这一结论的。如蔡昉（2020、2009、2004）、杨晨姊等（2020）、车士义等（2011）的研究成果，均支持这一结论。这些观点的核心内容是：在中国改革开放后的前 30 年时间里，主要是 1980~2010 年，中国拥有数量巨大而成本低廉的劳动力资源，由此成为这个时期中国经济实现高速增长的重要基础。对此，学界称此期间的中国经济增长获得了“人口红利”。

（二）从“人口红利”到“人口质量红利”

简而言之，目前的人口红利理论主要是基于对劳动力“数量”优势论而形成的认识，而没有从劳动力“质量”提高论进行认识。这里的劳动力“数量”优势论是指由于劳动年龄人口的数量增加相对快于非劳动年龄人口的数量增加，相应导致劳动力供给数量增加而有利于经济增长。而劳动年龄人口增加对应着年轻化的人口结构，因此这表明年轻化的人口结构是有利于经济增长的人口结构。由于劳动力的数量与劳动年龄人口的数量是呈正相关关系的，劳动年龄人口增加通常被视为等同于劳动力数量增加，即人口年轻化可以给经济增长带来红利。

然而，这种基于劳动力数量增加而有利于经济增长的“人口红利”，是存在明显不足的。这是因数量相同而质量不同的两类劳动力，对经济的贡献必然是不同的。例如，文盲劳动力和拥有良好科学技术知识与技能的劳动力，这两类劳动力对推动技术进步的作用必然是不同的。可见，现行的人口红利理论没有考虑劳动力质量提高的效应，必然不能正确反映人口红利的效应。因此，已经有许多学者注意到了应该考虑含有人口质量因素的人口红利问题。如黄凡和段成荣（2022）提出了“从人口红利到人口质量红利”的问题。他们认为，人口受教育程度大幅提升、人口健康水平明显改善，人口质量红利替代人口数量红利会对经济发展起到更积极的作用。郭俊缨和张伊杨（2021）、王树（2021）、詹韵秋和王军（2020）等学者也都从人口质量方面如何挖掘人口红利问题进行了研究。

（三）目前对“人口红利”和“人口质量红利”问题研究存在的不足

总的来看，目前关于人口红利和人口质量红利的有关问题仍需要继续深入研究。如赵雨等（2017）提出了关于“人口红利”的反思与再定义的问题。他们认为“人口红利”应该被定义为：在人口转变开始后，由人口年龄结构变动与人口质量提升共同作用形成的、有利于经济增长的人口条件。这一观点表明，需要将人口质量变动的因素纳入人口红利的内涵。吴雄周和彭秀丽（2011）通过文献检索后认为需要对人口红利的本质做更权威的界定，认为尽管学者们从“机会”“期限”“源泉”“过程”等不同的角度或侧重点界定了人口红利的本质，但似乎都没有完全抓住其本质特征，这就需要学术界继续深入探讨人口红利的本质内涵。

事实上，直到目前，关于人口红利和人口质量红利的概念及其内涵的界定，仍处于定性表述状态，而没有通过严格的数学方式体现其含义。没有数学关系的表示，就难以反映有关要素之间的严格逻辑关系是怎样的。这一状况实际上导致至今对人口红利和人口质量红利的本质未形成广泛统一认识。

归纳起来，目前关于人口红利和人口质量红利的研究主要存在三个方面的不足：一是没有对人口红利和人口质量红利的概念进行严谨的数学方式表述，而是停留于定性表述层面，由此导致难以对这两个概念及其内涵进行深入、清晰、系统性的阐明。二是人口质量红利如何影响经济的机制是不明确的，特别是还没有建立起宏观经济层面的人口质量红利与经济增长关联机制的理论。三是在现行的文献中关于人口红利与人口质量红利彼此之间有怎样的关系是不明晰的。人口红利与人口质量红利两者之间是并行的关系，还是怎样的包含关系？这些问题都还没有被很好地解决。

（四）“人口健康红利”问题的重要性

人口质量红利的内涵并非单一的内容，而是需要从多维视角进行考察的。或者说，对人口质量的评价需要有多维的评价指标体系，而不是单一评价指标的问题，如人口的人均受教育程度或年限、平均预期寿命、文盲率、幼儿死亡率、慢性病患病率等，都可以是评价人口质量状况的指标。

然而，尽管人口健康状况是评价人口质量的一个至关重要的方面，但是鉴于人口健康问题的重要性，特别需要将人口健康作为独立的评价人口质量的因素提出来。这是因为人口健康因素的特殊性在于，健康状况是决定个人所具有的潜能及其发挥情况的最基础的重要因素。如果没有健康，评价人口质量的其他指标就没有实际意义了。

关于健康的重要性，无论怎样说都是不为过的，因为所有评价人口质量的指标都必然是建立在人口健康基础之上的。对此，关于健康的重要性，在现实生活中常见这样的比喻：健康是“1”，事业、财富、婚姻、名利等都是“1”后面的“0”；如果没有健康这个“1”，其他再多也只是“0”；没有健康就没有一切，所有的“0”都是健康“1”的外延和扩展。人口健康问题并不适宜将其简单地归结为人口质量问题，而是需要将人口健康作为相对独立的重要因素体现出来。需要深入研究人口健康红利问题，而不是将人口健康红利简单地归结为人口质量红利的一部分。为此，本文讨论的重点内容就是人口健康红利的内涵及其对经济增长的作用。

总体上看，目前关于人口健康红利问题的研究是非常不足的。对中国知网的论文进行检索的结果表明，截至 2022 年 2 月，尚没有出现主题包含“人口健康红利”字段的论文，其中主题包含“健康红利”字段的论文也仅有 70 余篇，并且这些文章主要是有关“个人”与“健康红利”关系的讨论，而没有涉及“健康红利”与宏观层面的经济增长关系的研究。其中一些研究主要涉及健康如何给人们带来各种福利的问题，如研究健康对经济收入、医疗成本乃至幸福感的影响。如王玲然（2019）对河北省贫困地区的农村居民进行了健康对收入影响的研究，结果表明：健康状况对收入有显著的影响，其中健康状况为“健康”的农户贫困发生的概率大约是健康状况为“不健康”的农户的 1/3。陈静思（2016）的实证分析结果表明，健康对个人收入具有显著的促进作用。常金良等（2009）研究了健康对个人家庭收入的影响，其结论是在发展中国家，收入与健康之间存在极强的正相关关系。同时，健康也是人力资本的重要组成部分，如杨建芳等（2006）的研究将教育和健康看作两种人力资本，并分别研究了这两种资本对经济增长的作用，其中一个结论是在一定的条件下健康投资比物质资本投资更有利于推动经济增长。而胡鞍钢（2016）论述了健康红利与增进人民福祉的关系。

本文认为，现行的人口红利主要是基于劳动年龄人口数量变动的人口结构情况来分析的，而没有从人口健康方面对人口红利的概念及其内涵进行更为深入的认识。事实上，在现行传统的人口红利分析中，还没有纳入人口质量因素，特别是没有纳入人口健康因素，这等同于视人口内部是个体无差异的，显然是脱离实际的。中国已经进入老龄社会阶段，在此背景下基于劳动年龄人口的数量变化对人口红利的认识，已经显现出很大的局限性。本文认为人口健康红利是人口红利的重要组成部分。因此，基于劳动力数量的人口红利减弱，并不表明基于劳动力质量的人口红利也减弱。事实上，人口健康红利是有着巨大潜力的人口红利，是有待挖掘的人口红利，特别是对人口老龄化背景下的经济增长有着非常重要的现实意义。

（五）本文的基本逻辑

本文主要从人口健康层面出发，对人口红利及其相关问题再认识，以此为基础讨论人口健康红利与经济增长的关系。经济学的生产函数理论表明，经济增长来源于生产要素的投入，在宏观总量层面归结为资本积累和劳动投入。因此，本文对人口健康红利与经济增长的关系研究，遵循两个途径的逻辑关系，即遵循资本积累和劳动投入这两个途径来考察人口健康因素对经济增长的影响。

首先，资本积累方面的逻辑关系是：经济增长来源之一是资本积累，资本积累来源于投资，投资来源于储蓄，而储蓄率是决定储蓄多少的关键因素，储蓄率与消费率有关，消费率同人口结构有关，因为不同类别的人口的消费倾向和消费偏好不同，如老年人口与劳动力的消费行为存在差异，因此老年人口与劳动力这两类人口的数量比例（人口结构的一种度量形式）同消费率有关；而这两类人口的数量比例受人口健康因素的重要影响，因为健康的老年人口可以成为劳动力的一部分，非健康的劳动年龄人口实则不在劳动力之列。可见，按此逻辑关系，可以得出人口健康因素最终影响经济增长的结论。

其次，劳动投入方面的逻辑关系是：劳动投入也是经济增长的重要来源之一。显然，劳动投入与劳动者的健康状况有关，如健康状况直接影响劳动者的体力、精力乃至精神和智力。在经济学中，劳动投入指投入使用的劳动者的劳动时间的总和，而不是指投入使用的劳动者的数量。只有当假定劳动者彼此是无差异时，对劳动投入的度量才等同于对投入使用的劳动者数量的度量。因此，当考虑到人口健康因素时，健康劳动者和非健康劳动者就是有区别的不同类别的人口。健康劳动者可以通过增加劳动时间或提高劳动强度而增加劳动投入，而非健康劳动者则可能因病请假甚至直接退出劳动力队伍而减少劳动投入。因此，在数量相同的不同劳动力队伍中，因劳动者健康状况不同，可以导致不同量的劳动投入。可见，按此逻辑关系，可以得出人口健康因素可以直接影响劳动投入进而影响经济增长的结论。那么在现实中，中国的经济增长和人口结构是怎样的关系，便是接下来要讨论的问题。

二　改革开放以来中国经济增长与人口结构变化的基本情况

1978 年改革开放以来，中国经济社会发展取得了巨大的成就。在经济增长方面，按可比价计算，2020 年中国 GDP 是 1978 年的 40.2 倍，2020 年中国人均 GDP 是 1978 年的 27.2 倍。① 根据世界银行的数据，按 2010 年美元价格计算，中国 GDP 早在 2005 年时就已经位居世界各国 GDP 由高至

① 数据来源：《中国统计年鉴 2021》表 3-5。

低排序中的第二位。[①] 在人均 GDP 指标方面，按照来源于世界银行的人均 GDP 数据（2010 年不变价美元）计算，1978 年在有数据的 122 个国家或地区人均 GDP 由高至低的排序中，中国居第 116 名，对此可折算为 100 个国家或地区中的第 95 名；而 2020 年在有数据的 195 个国家或地区人均 GDP 由高至低的排序中，中国居第 72 名，对此可折算为 100 个国家或地区中的第 37 名。[②] 然而，1978~2020 年，中国经济增长的实际轨迹并非平稳的曲线，而是有较大的波动性。

（一）改革开放以来中国 GDP 年度增长率曲线及其特点

图 1 是 1979~2020 年中国 GDP 年度增长率曲线。该曲线清晰地展现了改革开放以来，中国经济增长率的实际变动轨迹。图 1 显示，1980~2020 年，中国 GDP 年均增长率为 9.2%，这意味着在此期间中国经济总体上实现了快速增长。然而，在不同的时期，中国经济增长的状况是不同的。例如，1984 年中国 GDP 年度增长率达到 15.2%，是改革开放至 2020 年经济增长率最高的年份，而 1990 年中国 GDP 年度增长率为 3.9%，是除了 2020 年以外经济增长率最低的年份。

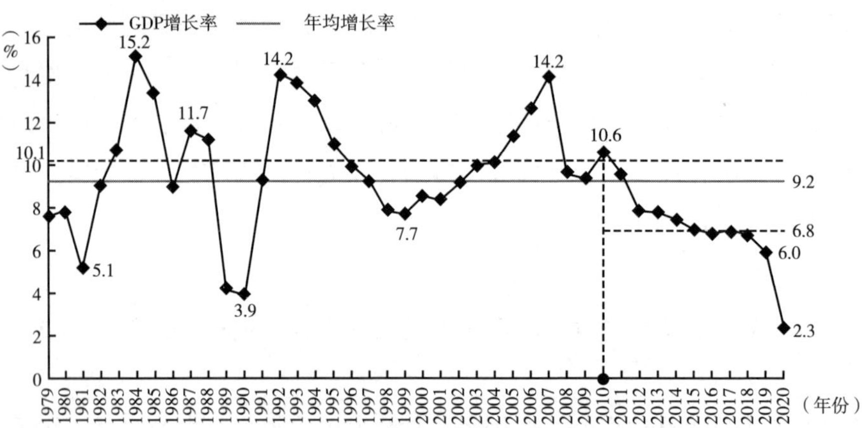

图 1　1979~2020 年中国 GDP 年度增长率变化趋势

资料来源：《中国统计年鉴 2021》表 3-4。

① 数据来源：世界银行 2022 年数据库，https://api.worldbank.org/v2/zh/indicator/NY.GDP.MKTP.KD?downloadformat=excel。

② 数据来源：世界银行 2022 年数据库，https://api.worldbank.org/v2/zh/indicator/NY.GDP.PCAP.KD?downloadformat=excel。

值得注意的是，图 1 的曲线形态表明，2010 年是改革开放以来中国经济增长趋势转变的“拐点”年份。从 2011 年起，中国 GDP 年度增长率呈现出几乎是下降的趋势，仅 2017 年略有回升。2011~2020 年中国经济增长有以下三个特点：一是 GDP 年度增长率进入低于 10% 的区间；二是 GDP 年度增长率连续下降的时间是改革开放以来相对最长的；三是其间的 GDP 年均增长率降幅较大，即使以 2019 年同 2010 年相比，GDP 年度增长率降幅也达到了 4.6 个百分点。基于上述三个特点，可以将 2010 年作为中国经济增长趋势转换的“拐点”年份。

总的来看，2010 年之前的中国经济是处于有较大波动性的高速增长期，而 2010 年之后的中国经济则处于不断降速的中低速增长期。虽然图 1 显示，1992~1999 年中国 GDP 年度增长率也曾经历了持续性下降的情况，但是这是在 1992 年中国经济高速增长基础上的下降，是因当时经济“过热”而需要不断“降温”的过程。在此经济“降温”的过程中，中国 GDP 年度增长率是从 1992 年的 14.2% 下降至 1999 年的 7.7%，即降低了 6.5 个百分点。而 2010~2020 年，中国 GDP 年度增长率是从 2010 年的 10.6% 下降至 2020 年的 2.3%，即降低了 8.3 个百分点。

（二）从生产要素方面探究中国经济增长原因的必要性

1978 年改革开放后的中国经济能够实现快速增长，其原因是多方面的。从总体上看，毫无疑问，成功地实施了改革开放政策，可以说是居首位的重要因素。由于实施了改革开放政策，经济建设成为中国发展中的工作重心，劳动者的积极性得以释放，生产要素资源实现合理、优化配置成为可能。

然而，如果仅停留在改革开放政策层面来理解以往中国经济实现快速增长的原因，是远远不够的。这主要是因为，经济增长最终需要通过生产要素的投入才能够实现。改革开放政策固然是至关重要的因素，但是政策主要解决的是什么“可以干”和什么“不可以干”的问题，是属于决策层面的问题。毕竟，现实中的产品终究是需要通过生产要素的投入和一定的生产过程才能够被生产出来。因此，从生产要素的层面探究经济增长的来源是非常重要和必要的，不仅可以对经济增长来源及其方式进行识别，而且可以掌握有效促进经济增长的经验与关键点。

（三）改革开放以来中国人口结构的变化：劳动年龄人口比重变动的情况

经济增长最终需要生产要素的投入，其中劳动力是最基本的生产要素。在现实经济中，劳动力主要来自劳动年龄人口。因此，一个国家或地区的劳动年龄人口状况，可以体现该国家或地区的人力资源情况。图 2 是 1982~2020 年中国 15~64 岁劳动年龄人口比重的变化趋势。数据起始年选为 1982 年，是因为 1982 年为中国改革开放后首次进行人口普查的年份。在其之后，1990 年、2000 年、2010 年及 2020 年也都是中国人口普查年份。

从图 2 可以清楚地看到，中国 15~64 岁劳动年龄人口比重出现由升转降的“拐点”恰好也是 2010 年。这意味着改革开放以来中国经济增长率趋势变化的“拐点”与中国 15~64 岁劳动年龄人口比重变化的“拐点”，均出现在 2010 年。图 2 还显示，在 2010 年之前，中国 15~64 岁劳动年龄人口比重总体上呈现明显的不断上升态势，即 1982 年为 61.5%，1990 年升至 66.7%，2000 年升至 70.1%，2010 年升至 74.5%，这是中国改革开放以来的最高值，比 1982 年的比重高出了 13 个百分点，表明在 1982~2010 年中国劳动力资源增加是非常显著的。然而，在 2011 年以后，中国 15~64 岁劳动年龄人口比重开始出现持续性下降。到 2020 年，该比重下降至 68.6%。由此可见，从 15~64 岁劳动年龄人口比重这一指标看，2010 年是中国人口结构出现重要变化的“拐点”年份，这一说法是成立的。

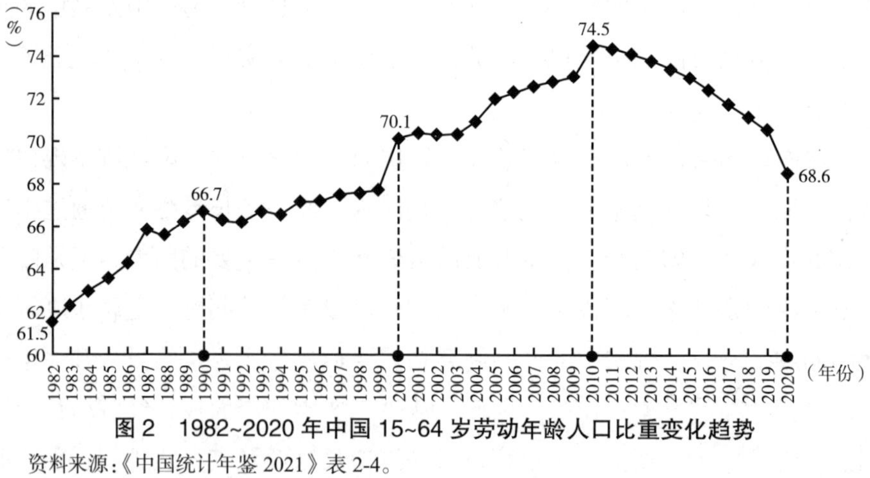

图 2　1982~2020 年中国 15~64 岁劳动年龄人口比重变化趋势

资料来源：《中国统计年鉴 2021》表 2-4。

实际上，图 2 所展现的情况也是对中国“人口红利”变动状态的一种直观体现。从图 2 看到，1982~2010 年，中国 15~64 岁劳动年龄人口比重总体上呈现持续上升的趋势，这意味着在此期间中国劳动力资源的数量是处于显著增加状态，同时也意味着在此期间中国劳动力的稀缺性是不断下降的。从经济资源的方面看，表明在 1982~2010 年的中国劳动力资源不构成对中国经济运行的约束条件。在此背景下，投资成为约束中国经济增长的主要因素。此时的劳动力如同“蓄水池”中的水，投资则如同可以吸水的“海绵”，只要投资这块可以吸水的“海绵”投入经济中，劳动力便可以被吸纳到经济中。投资越多，经济所吸纳的劳动力就越多。因此，此期间的中国经济增长表现为投资拉动型。但是，这种投资拉动型的经济增长模式的形成，其背后是以劳动力充分供给为基础的，表明人口红利支持了此期间的中国经济增长。

中国经济增长的“拐点”，同中国劳动年龄人口比重由升转降的“拐点”均出现在 2010 年，这是一种巧合，还是表明中国经济增长与人口结构的确有内在的关系？对此问题的回答，需要明确人口结构同经济增长的关系。而国民储蓄率是连接人口结构与经济增长关系的重要中间变量，因此下面进行有关国民储蓄率与人口结构关系问题的讨论。

三　中国国民储蓄率的计算及其同人口结构的数据关系分析

人口结构对经济增长的影响，或者说人口红利同经济增长关系的分析，需要通过两者同国民储蓄率的关系实现关联。因此本部分主要讨论中国国民储蓄率的数据计算问题，在此基础上分析中国国民储蓄率同人口结构之间的数据关系。

（一）国民储蓄率的计算公式及中国国民储蓄率的数据计算

国民储蓄在经济学中的定义是总产出用于消费后的剩余。因此，对国民储蓄率的计算可以利用国民收入核算恒等式（National Income Accounts Identity) 进行。国民收入核算恒等式具体表示为（Mankiw，1994）：

$$Y = C + I + G + EX - IM \tag{1}$$

其中，Y 表示总产出，C 表示居民消费，G 表示政府消费（Government Purchases），I 表示总投资，EX 表示出口，IM 表示进口。

根据国家统计局所采用的国内生产总值支出法，国内生产总值可表示为：

国内生产总值＝最终消费支出＋资本形成总额＋货物和服务净出口 （2）

其中，（2）式中的最终消费支出对应（1）式中的居民消费 C 与政府消费 G 之和，资本形成总额对应总投资 I，货物和服务净出口对应 $EX–IM$。为了方便起见，下文以 C 表示最终消费支出（总消费），即变量 C 表示（1）式中的居民消费与政府消费之和。于是，国民储蓄 S 表达式为：

$$S = Y - C \tag{3}$$

而根据（1）式，$Y - C$ 的表达式：

$$Y - C = I + EX - IM \tag{4}$$

因此，国民储蓄 S 可以表示为：

$$S = I + EX - IM \tag{5}$$

由于国民储蓄率是国民储蓄与总产出的比率，即国民储蓄率 $s = \frac{S}{Y}$，因此根据（3）式和（4）式，国民储蓄率 s 的计算公式为：

$$s = \frac{S}{Y} = \frac{Y - C}{Y} = \frac{I + EX - IM}{Y} \tag{6}$$

（6）式表明，国民储蓄率可用支出法 GDP 与最终消费支出的差值同支出法 GDP 之比进行计算；或者用资本形成总额与货物和服务净出口之和同支出法 GDP 之比进行计算。因此，（6）式就是国民储蓄率的一种计算公式。利用《中国统计年鉴 2021》中的数据以及（6）式，可计算出 1978~2020 年的中国国民储蓄率的数值结果，具体计算结果如表 1 所示。

表 1　1978~2020 年中国的国民储蓄率（计算结果）

单位：%

年份	国民储蓄率	年份	国民储蓄率	年份	国民储蓄率	年份	国民储蓄率
1978	38.1	1989	36.0	2000	36.1	2011	49.4
1979	36.3	1990	36.7	2001	37.8	2012	48.9
1980	34.6	1991	38.1	2002	38.8	2013	48.6
1981	33.4	1992	40.2	2003	41.9	2014	47.7
1982	33.6	1993	41.5	2004	44.6	2015	46.3
1983	32.7	1994	41.5	2005	45.7	2016	44.9
1984	34.3	1995	40.7	2006	47.5	2017	44.9
1985	35.0	1996	39.7	2007	49.1	2018	44.7
1986	35.2	1997	40.1	2008	50.0	2019	44.2
1987	37.3	1998	39.3	2009	49.8	2020	45.7
1988	38.0	1999	37.1	2010	50.7		

资料来源：根据《中国统计年鉴 2021》表 3-10 的数据计算。

（二）中国国民储蓄率的数据曲线及其“拐点”年份

图 3 是根据表 1 的数据绘制的中国国民储蓄率的曲线图。改革开放至 2020 年，中国国民储蓄率的最小值是 1983 年的 32.7%，最大值是 2010 年的 50.7%。特别需要指出的是，图 3 显示 2010 年同样是中国改革开放以来国民储蓄率的“拐点”年份。

图 3 表明，1978~2010 年中国国民储蓄率呈现出显著的波动性，但是总体趋势是不断升高的。特别是在 2000~2010 年，国民储蓄率从 2000 年的 36.1% 持续上升至 2010 年的 50.7%，成为改革开放以来的最高值。2010 年同 1983 年的最低值比较，国民储蓄率提高了大约 18 个百分点。中国国民储蓄率长期保持在高位水平，使中国储蓄问题成为世界关注的一个焦点问题，对此学术界称为“中国储蓄之谜”（Chinese Saving Puzzle）。

虽然 2010 年中国国民储蓄率出现了由升转降的“拐点”，但是其绝对值依然处于相对较高的位置。如 2019 年中国国民储蓄率虽然下降至 44.2%，

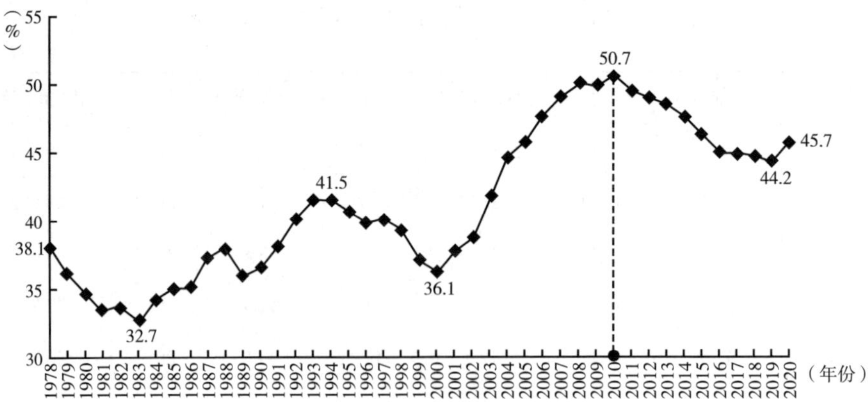

图 3　1978~2020 年中国国民储蓄率

资料来源：同表 1。

但是这一水平依然远高于西方国家的国民储蓄率。而 2020 年美国国民储蓄率为 19.2%，德国为 27.2%，日本为 27.5%。①

然而，本文关注的重点是 2010 年也是中国国民储蓄率由升转降的“拐点”年份。这意味着中国经济增长的“拐点”、劳动年龄人口比重的“拐点”以及国民储蓄率的“拐点”，均出现在 2010 年。为了具体展现国民储

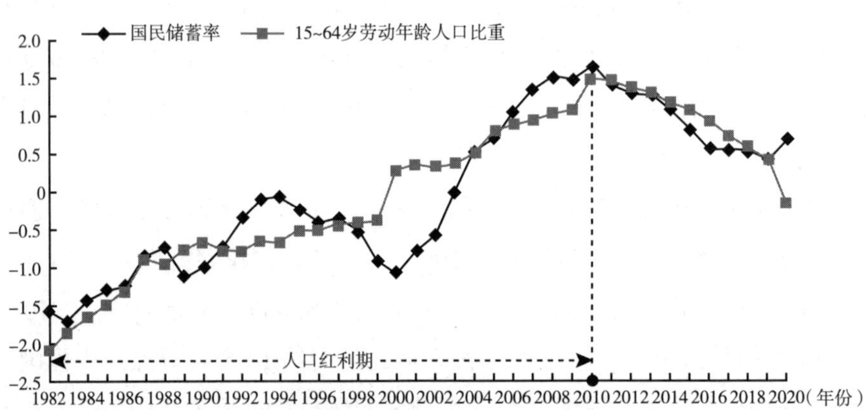

图 4　1982~2020 年中国国民储蓄率和 15~64 岁劳动年龄人口比重

注：数据经标准化处理。经数据标准化处理后，数据序列的均值为零，方差为 1，相关性不变。

① 根据世界银行 2022 年数据库的数据计算而得。

蓄率和人口结构之间的数据关系，图 4 将中国 1982~2020 年的国民储蓄率曲线与 15~64 岁劳动年龄人口比重曲线放在同一个坐标系下，以方便观察两条曲线的变化趋势。

从图 4 可以看到，两条曲线的整体形状的相似度是较高的。特别是两条曲线的“拐点”均出现在 2010 年。而在 2011 年以后，两条曲线同样保持了基本相同的下降趋势，仅是 2020 年的曲线趋势不同。这或许是同 2020 年疫情下的经济增长的特殊性有关。采用计量经济方法对两个时间序列数据进行相关系数的计算，结果表明二者相关系数为 0.898。这一结果从定量方面表明了改革开放以来的中国国民储蓄率和人口结构之间的确有较高的相关性。

（三）三个“拐点”均出现在 2010 年的原因分析

综合前文的研究，已经明确了中国经济增长、人口结构及国民储蓄率的三个“拐点”均出现在 2010 年。于是产生的问题是，这种情况的出现存在内在的原因吗？如果存在，哪个是更为基础性因素？对此，可以这样分析经济增长与人口结构的基本逻辑关系：经济增长与投资有关，投资与国民储蓄有关，国民储蓄与国民储蓄率有关，而国民储蓄率与人口结构有关，因此经济增长最终与人口结构有关。可见，按此逻辑推断，可以得出人口结构是最为基础性因素。下文通过回归分析，旨在验证数据经验是否支持上述的逻辑关系。

四　国民储蓄率与人口结构关系公式：数学方式体现的人口红利

尽管图 4 表现了在中国国民储蓄率与人口结构（劳动年龄人口比重）之间存在很强的相关关系，但是这并不能说明两者之间存在逻辑上的因果关系。因果关系的论证需要以符合一定逻辑关系的理论为基础。下面具体构建国民储蓄率与人口结构关系的数学公式，由此可以通过数学方式解释“人口红利”的意义。为此，首先需要明确经济增长与国民储蓄率的基本关系。

（一）国民储蓄率决定经济增长的机制

设 Y 表示一定地域的总产出（如 GDP），K 表示资本存量，L 表示劳动投入。总量生产函数理论表明，Y 是 K 和 L 的函数。总量生产函数的一般形式如下：

$$Y=F（K，L） \tag{7}$$

在总产出的使用方面，或者说在总需求方面，Y 被分为总消费 C 和总投资 I，即 $Y=C+I$。其中，总产出 Y 中用于投资的比例为 s，s 也就是宏观经济意义的国民储蓄率。总投资 I 为资本存量关于时间变化的增量，在数学意义上等于资本存量关于时间的导数 $\frac{dK}{dT}$，其中 T 表示时间。总投资 I 由下面的关系式决定：

$$I=\frac{dK}{dT}=sY-\delta K \tag{8}$$

其中，δ 为折旧率。

（7）式和（8）式表明，如果（7）式和（8）式中除国民储蓄率 s 之外的其他变量均保持不变，则国民储蓄率 s 的水平将决定总产出 Y 的水平。（7）式和（8）式表明的国民储蓄率影响总产出的逻辑关系是：国民储蓄率 s 提高，将导致总投资 I 提高，而 I 提高导致资本存量 K 提高，即生产函数中的 K 提高，由此导致总产出 Y 提高。因此，这就是一个国家或地区的国民储蓄率水平通常被视为是体现其经济增长潜力指标的基本原因。可见，（7）式和（8）式反映了国民储蓄率变动影响总产出变动的作用机制。

（二）建立国民储蓄率与人口结构关系的公式

现实经济中的实际产出是由供给和需求两方面因素共同作用的结果。但是产出一定是由生产方面的生产者生产出来的，需求的影响是决定产出能力释放程度的因素。或者说，生产者的实际生产量是根据需求情况及其他有关因素综合而定。因此，在经济学中，（6）式中总产出 Y 最终是由生产函数（7）式决定的。假设劳动投入 L 等于经济中的劳动年龄人口数量，即劳动年龄人口视为劳动力。于是，劳动力的人均产出水平 y 由下面的表达式决定：

$$y=\frac{Y}{L} \tag{9}$$

（9）式表明，总产出 Y 可以表示为下面的表达式：

$$Y=yL \tag{10}$$

而在（6）式中，总消费是由消费者决定的。假设消费者是由劳动年龄人口和老年人口构成的，这里为了讨论方便暂且不考虑未成年人口的因素。实际上，从理论上讲未成年人口亦可被视为老年人口的组成部分，因为未成年人口和老年人口一样都是需要劳动力供养的人口。在现实经济分析中，如果需要考虑未成年人口的因素，则可以另行处理。现进一步假设劳动年龄人口即劳动力，且劳动力的人均消费水平为 c_L，因此劳动力的总消费 C_L 表达式为：

$$C_L=c_LL \tag{11}$$

假设老年人口的人均消费水平为 c_R，老年人口数量为 R，因此老年人口的总消费 C_R 表达式为：

$$C_R=c_RR \tag{12}$$

于是，总消费 C 是劳动力的总消费 C_L 和老年人口的总消费 C_R 之和，即下面的关系式成立：

$$C=C_L+C_R=c_LL+c_RR \tag{13}$$

结合上面的各关系式，将（13）式代入（9）式，即可以推导出国民储蓄率 s 为下面的表达式：

$$s=\frac{Y-C}{Y}=1-\frac{C}{Y}=1-\frac{c_LL+c_RR}{yL}=1-\frac{c_L}{y}-\frac{c_R}{y}\cdot\frac{R}{L}$$

即

$$s=1-\frac{c_L}{y}-\frac{c_R}{y}\cdot\frac{R}{L} \tag{14}$$

（14）式为国民储蓄率（s）与人口结构$\left(\frac{R}{L}\right)$关系的公式。（14）式表明，在保持劳动年龄人口的人均消费水平 c_L 不变，老年人口的人均消费水平 c_R 不变，且劳动力的人均产出水平 y（劳动生产率）不变的情况下，国民储蓄

率 s 则仅由$\frac{R}{L}$决定。而$\frac{R}{L}$的意义是老年人口数量与劳动年龄人口数量之比，既是老年供养比，也是体现人口结构的一种变量。因此可以说，（14）式表明了国民储蓄率与人口结构的关系。

（三）“人口红利”的数学解释

（14）式同时也是体现“人口红利”内涵的数学关系式。假设（14）式中 C_L、C_R 及 y 等参数不变。于是，国民储蓄率 s 将随人口结构变量$\frac{R}{L}$的变化而变动。具体地说，当劳动力数量 L 增长大于老年人口数量 R 增长时，这种情况对应着$\frac{R}{L}$变小。由于（14）式中$\frac{R}{L}$项前面为负号，而系数$\frac{C_R}{y}$始终为正数，因此（14）式表明国民储蓄率 s 同老年供养比$\frac{R}{L}$是反向的关系。当老年供养比$\frac{R}{L}$变小时，在其他参数不变的情况下，将导致国民储蓄率 s 增大。而这种情况下的国民储蓄率水平提高，完全是人口结构变化产生的结果，即人口年轻化的结果，而不需要经济其他因素变化。国民储蓄率提高，即意味着经济增长潜力提高。

上述情况的经济意义可以解释人口红利的内涵：经济增长潜力的提高，可以只通过提高劳动力在总人口中的比重来实现，而不需要改变经济中的其他条件。换句话说，人口结构年轻化的结果（经济中劳动力比重提高），就能使经济增长获得“不期而得”的国民储蓄率的提高，而国民储蓄率的提高等同于经济增长潜力提高。可见，这种经济增长潜力的提高，除了人口结构年轻化之外，并不需要改变经济中其他的任何因素。这便是经济增长获得“人口红利”的情况。

进一步的分析表明，人口红利的本质是人口年轻化所产生的两方面有利于经济增长的效应，一方面是上述已经表明的人口年轻化有利于提高国民储蓄率而有利于经济增长；另一方面则是人口年轻化有利于增加劳动投入从而有利于经济增长。因此，人口年轻化对经济增长所产生的人口红利效应，可用图 5 来表示。

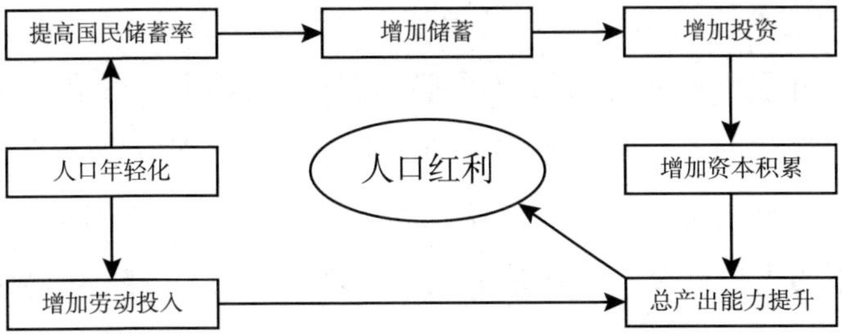

图 5　人口年轻化对经济增长产生人口红利效应

（四）人口老龄化对应的“人口负利”

（14）式中的 $\frac{R}{L}$ 实际上也是体现人口老龄化程度的指标。例如，如果比值 $\frac{R}{L}$ 呈不断提高的趋势，则在现实中主要对应的是老年人口数量增速超过劳动力数量增速的情况，与此对应的是人口老龄化。这时由（14）式表明，老年供养比的提高将导致国民储蓄率下降。而国民储蓄率不断降低，意味着经济增长潜力是不断下降的。可见，相对于人口年轻化对应的是人口红利的情况，人口老龄化则对应的是“人口负利”的情况，或者说是不利于经济增长潜力提高的情况。

从人的生命周期方面看，年轻人最终都将成为退休的老年人。因此，从经济的长时间周期乃至远期看，一定时期表现出的人口红利必然意味着在未来的某个时期的人口结构将是不利于经济增长的，这便是人口老龄化对经济增长产生的不利影响。其逻辑在于，现期相对多的劳动力终将成为远期相对多的老年人。而年轻人口的增速不可能永久快于老年人口的增速，因为要实现这样的情况需要生育率保持不断提高的状态，这显然是不可能的事情。人口老龄化已经成为 21 世纪内不可逆转的常态。由此可以推断，随着人口老龄化程度的不断提高，国民储蓄率将总体呈现不断下降的趋势。不排除未来个别年份的国民储蓄率出现回升的情况，但是国民储蓄率下降是大趋势。

（五）问题的深化

然而，上述的结论主要是基于传统意义上的人口红利的内涵所得出的。所谓传统意义的人口红利是指基于劳动力数量考察问题的视角。于是，一个具有重要现实意义的问题是：传统意义的人口红利是基于劳动年龄人口数量变化的人口结构来定义的，那么是否存在有别于劳动年龄人口数量变化的新型的人口红利有待认识和挖掘？这一问题等同于：是否存在其他视角下的人口红利？这便是下文要讨论的有关人口健康红利问题。

五 “人口健康红利”概念的提出及其构成

在人口老龄化的背景下，健康不仅是影响人口老龄化的重要因素，而且是影响经济的重要因素。

（一）再论“人口红利”的概念

如前文所述，传统意义上的人口红利概念，是基于劳动年龄人口数量与非劳动力（老年人口和未成年人口）数量的比值变化同国民储蓄率以及经济增长的关系而界定的。当一定经济中的劳动年龄人口数量增长快于非劳动年龄人口数量增长时，这是有利于经济增长的人口情况，对应的是人口年轻化。

同样，如果经济中能“干活”的劳动力增量大于非劳动力增量，显然这种人口结构的变化是有利于经济增长的。因此，传统意义的人口红利的概念是基于对经济增长有利的一种人口结构情况而提出的，而这种有利于经济增长的人口结构，本质上就是劳动力数量优势论。经济中的劳动力数量增长快于非劳动力数量增长，对经济增长而言这是一种机遇。

（二）传统的“人口红利”暗含劳动力同质和老年人同质的假设

上述结论的得出，实际上暗含了这样一种假设：所有的劳动力都是同质的，同时所有的老年人也都是同质的。或者说，只考虑了劳动力和老年人口的数量因素，而没有考虑其质量因素。由于劳动力都是等同的，对所有的劳动力可以进行加总计算。同样，由于老年人都被视为同质，对所有的老年人也可以进行加总计算。于是，（14）式中的 L 是对劳动力进行加总的结果，R 则是对老年人进行加总的结果。

如果重点考察的问题是国民储蓄率同人口结构的关系，这种假设是有其合理性的，因为如果没有这样的假设，所有的因素都在变化，就不能清楚地考察国民储蓄率同人口结构的关系。但是，如果考虑劳动力彼此间存在的异质性，以及老年人之间也存在异质性的问题时，国民储蓄率同人口结构的关系会是怎样的情况？为此，下文分析加入健康因素后，国民储蓄率同人口结构的关系会出现怎样的变化？

（三）“老龄健康红利”的概念

在老龄社会中，人口老龄化导致社会福利支出增加从而挤压储蓄空间，这一效应的结果是降低国民储蓄率从而对投资增长产生不利影响，由此影响经济增长潜力的提升。但是，如果考虑人口健康的因素，人口老龄化对经济增长的负面影响是可以减弱的。

具体地说，如果考虑人口健康的因素，那么国民储蓄率同人口结构的关系将有所不同。事实上，在现实经济中可以观察到这样的现象：一些老年人因身体健康而同在职的劳动力一样继续参加工作，或者说这些老年人同当期的劳动力是一样的。这种情况在一些发达国家中是常见的情况。这些老年人依然能够像标准的劳动力一样参加工作，很重要的一个因素是他们拥有健康的身体。

需要指出的是，这里的健康因素并不能同其他有关影响人口质量的因素等同看待，因为在评价人口质量的诸多指标中，健康是有独特作用的因素。如对老年人口而言，健康是老年人口成为劳动力的最基础的必要条件。而人们所受的教育程度及其具有的技能等因素，只能是建立在拥有健康的基础上才有意义，因此这些因素不是老年人口成为劳动力的必要条件。因此，加入健康因素对深入认识人口红利是有重要意义的。事实上，如果考虑人类健康水平处于不断提高的情况，21 世纪人类社会所面临的人口老龄化问题也许没有那样悲观。

这些健康老年人可以视为劳动力队伍的一种补充。为此，对于老年人口中因身体健康而依然可作为劳动力的老年人，本文称为健康老年人。现假设 β_R 是老年人口中健康老年人的数量比例，并且假设这些健康老年人都实际加入劳动力队伍。这些健康老年人来自老年人口，因此其数量不会超过老年人口总数，即 $0<\beta_R<1$。这时，老年人口中的健康老年人的数量为 $\beta_R R$。假设这些健康老年人都加入劳动力队伍，则经济中的劳动力数量便从 L 变为 $L+\beta_R R$，而经济中实际的老年人数量则从 R 变为 $R-\beta_R R$。若 β_R 的数值越大，表明健康老年人的数量比例越大，因此这里的 β_R 可以作为体现老年人口健康程度的度量指标。β_R 数值越高，则对应的老年人口的健康状况越好；反之，β_R 数值越低，则对应的老年人口的健康状况越差。

进一步假定这些作为劳动力的健康老年人的消费行为同劳动力是一致的，即健康老年人的人均消费水平按 c_L 计算。于是，可以按照（14）式的推导过程重新推导，得到关系式：

$$s=\frac{Y-C}{Y}=1-\frac{C}{Y}=1-\frac{c_L(L+\beta_R R)+c_R(R-\beta_R R)}{y(L+\beta_R R)}=1-\frac{c_L}{y}-\frac{c_R}{y}\cdot\frac{R-\beta_R R}{L+\beta_R R}$$

即

$$s=1-\frac{c_L}{y}-\frac{c_R}{y}\cdot\frac{R-\beta_R R}{L+\beta_R R} \tag{15}$$

（15）式中，各变量的意义同（14）式中各变量的意义是一致的。由（15）式可见，原来的人口结构变量为 $\frac{R}{L}$，而现在变为 $\frac{R-\beta_R R}{L+\beta_R R}$。由于 L 变为 $L+\beta_R R$，即（15）式中比（14）式中的 $\frac{R}{L}$ 项的分母数值是增大的；同时由于 R 变为 $R-\beta_R R$，即（15）式中比（14）式中的 $\frac{R}{L}$ 项的分子数值是减小的。这种结果必然导致有下面的关系式成立：

$$\frac{R-\beta_R R}{L+\beta_R R}<\frac{R}{L}$$

这意味着对于原来的老年人口数量 R 和劳动力数量 L 而言，在加入健康因素后，由（15）式所决定的国民储蓄率必然大于由（14）式决定的国民储蓄率。可见，在考虑健康因素后，即在（15）式情况下的国民储蓄率是增大的，因此相应的经济增长潜力提升。而这种经济增长潜力的提升完全是因加入健康因素而产生的。因此，这种效应可归结为是经济增长获得了“老龄健康红利”，或称为“老年人健康红利”。其经济意义是：在经济中其他因素都不改变的情况下，只要有健康老年人实际加入劳动力队伍，国民储蓄率便可以得到提升，由此提升经济增长的潜力，即经济增长获得了“老龄健康红利”。

（四）“老龄健康红利”是“人口红利”的一种延续

老龄健康红利实际上是人口红利的一种延续。这是因为健康老年人加入劳动力队伍，等同于劳动力数量增加，也就是形成了人口结构年轻化延续的状态，因此相应产生提高国民储蓄率的效应。而国民储蓄率提高，即经济增长潜力提高。可见，老龄健康同样可以产生对经济增长的“红利”效应。加入健康老年人因素可以提升经济增长潜力。而这种经济增长潜力的提升，并不需要经济中其他因素（经济参数）有所变化。因此，此效应同样是经济增长所获得的一种意外“红利”，这是人口红利的一种延续。可见，老龄健康红利本质是因老年人健康而成为劳动力，进而产生有利于经济增长的一种情况。

人口老龄化背景下老龄健康红利有着非常重要的现实意义。在人口老龄化的背景下，老年人口比重不断提高是一种常态，因此如果能充分挖掘老年人的人力资源，不断提高健康老年人口比重，就可以产生老龄健康红利效应。这表明，如果在老年人口中健康老年人的比重能够不断提高，则老龄健康红利的效应也会相应不断增大，由此经济增长潜力可以得到相应持久的提升。由此凸显了健康不仅对个人和家庭而言具有重要意义，而且具有重要的宏观经济意义。事实上，老龄健康的重要意义并不限于个人、家庭及经济增长，同时在减轻社会经济负担、节约医疗资源使用以及节省社会福利开支等各个方面都具有非常重要的现实意义。

（五）“劳动力健康红利”的概念

以上分析是基于对老年人健康因素的考虑，由此得到了老龄健康红利的概念。事实上，可以同样考虑劳动力健康因素，由此经济中也可以产生劳动力健康红利。为了考虑劳动力健康因素，设 β_L 为劳动力的健康水平系数。如果 $\beta_L=1$，则表明劳动力是基准的正常健康水平。如果 $\beta_L>1$，表明劳动力健康水平高于基准的正常健康水平。例如，如果一个劳动力因健康状况非常好而经常延长劳动时间，或增加劳动强度，这时该劳动力的劳动量高于正常健康水平劳动力的劳动量，因此该劳动力的健康水平系数大于1，即这种情况下有 $\beta_L>1$ 成立。如果 $\beta_L<1$，则表明劳动力健康水平低于基准的正常健康水平。例如，如果一个劳动力因健康状况差而经常休病假，因此其可投入的劳动量低于正常健康水平劳动力的劳动量，这时该劳动力的健康水平系数小于1，即出现 $\beta_L<1$ 的情况。可见，β_L 可作为体现劳动力健康水平的度量指标。

于是，将 $\beta_L L$ 视为数量为 L 的劳动力按一定标准进行折算后的劳动投入当量，或者是，$\beta_L L$ 表示按一定标准进行折算后的劳动力投入量。这时，经济中的劳动投入总量就是 $\beta_L L$，而不再是劳动力的数量 L。而原来老年人口与劳动力数量的比值 $\dfrac{R}{L}$ 变为 $\dfrac{R}{\beta_L L}$。因此，在考虑劳动力健康因素的情况下，（14）式的国民储蓄率 s 变为下面的表达式：

$$s=1\frac{c_L}{y}-\frac{c_R}{y}\cdot\frac{R}{\beta_L L} \tag{16}$$

（16）式表明，当劳动力的健康系数 $\beta_L L>1$ 时，国民储蓄率 s 的水平同样可以得到“不期而得”的提高，由此产生促进经济增长潜力提高的效应。而这种情况下的经济增长潜力的提高，是基于劳动力健康水平提高的效应，因此可将此效应称为“劳动力健康红利”。可见，这里劳动力健康红利本质是因劳动力健康水平提高而增加实际劳动投入水平，由此产生有利于经济增长的效应。

实际上，劳动力的健康系数 β_L 可以广义地理解为劳动力的素质系数。任何可以导致劳动力素质提高（如教育、培训等）而可以实际增加劳动投入的因素，都可以视为 β_L 的组成部分。因此，对（16）式可以广义地理解为是“人口素质红利”的效应。这里限于讨论健康因素问题，也是因为前文强调的健康的独特重要作用，在此仍将 β_L 视为体现劳动力健康水平的系数。具体地说，$\beta_L L$ 体现的是因劳动力健康水平变化而对实际劳动投入的影响。若 $\beta_L>1$，则实际劳动投入增加；若 $\beta_L=1$，则实际劳动投入不变；若 $\beta_L<1$，则实际劳动投入减少。

而劳动力健康系数 β_L 的提高，实际上也可以起到提高劳动参与率的效应。劳动力健康系数 β_L 的提高，表明劳动力总体的健康水平普遍提高，由此可以使一些原来因身体不好而无法参加经济活动的劳动力转变为因身体状况转好而可以实际参加经济活动的劳动力，即成为经济中的实际劳动者。而这种效应等同于增加了劳动投入数量，即 L 提高。可见，劳动力健康水平系数的提高，既有提升劳动力素质的效应，也有提高劳动参与率的效应。

（六）“人口健康红利”是“老龄健康红利”和“劳动力健康红利”的综合

由前文的讨论可知，β_R 体现的是老龄健康红利的变量，β_L（$\beta_L>1$）体现的是劳动力健康红利的变量。因此，如果将老龄健康因素和劳动力健康因素综合在一起考虑，人口结构的变量 $\frac{R}{L}$ 将变为 $\frac{R-\beta_R R}{\beta_L L+\beta_R R}$。于是，可以得到国民储蓄率 s 为下面的表达式：

$$s=1-\frac{c_L}{y}-\frac{c_R}{y}\cdot\frac{R-\beta_R R}{\beta_L L+\beta_R R} \tag{17}$$

（17）式是体现老龄健康红利和劳动力健康红利对国民储蓄率综合影响的表达式，这种综合影响就是人口健康红利效应。或者说，人口健康红利由老龄健康红利和劳动力健康红利构成。由此表明，健康不仅涉及老年人的健康，也涉及劳动力的健康。（17）式表明劳动力健康因素和老年人健康因素都同国民储蓄率有关，因此两者必然同经济增长有关。

相对（17）式而言，传统意义的人口红利就是一种特殊情况的人口红利。具体地说，如果 $\beta_R=0$，$\beta_L=1$，这时（17）式中的人口结构变量由 $\frac{R-\beta_R R}{\beta_L L+\beta_R R}$ 变成 $\frac{R}{L}$，即变成（14）式，而这种情况就是传统意义的人口数量型的人口红利情况。可见，（14）式是（17）式的特殊情况。如果 $\beta_R=1$，

$\beta_R \neq 0$，这时（17）式中的人口结构变量 $\dfrac{R-\beta_R R}{\beta_L L+\beta_R R}$ 变为 $\dfrac{R-\beta_R R}{L+\beta_R R}$，即等同于（15）式，也就是老龄健康红利的情况。如果 $\beta_R = 0$，$\beta_L \neq 1$，这时（17）式中的人口结构变量 $\dfrac{R-\beta_R R}{\beta_L L+\beta_R R}$ 变为 $\dfrac{R}{\beta_L L}$，即等同于（16）式，当 $\beta_L > 1$ 时对应的是劳动力健康红利的情况，若 $\beta_L < 1$，则对应的是“劳动力健康负利”的情况，即表明因劳动力健康水平差而导致实际劳动投入水平降低的情况。

可见，（17）式是包含了传统意义的“人口红利”“老龄健康红利”“劳动力健康红利”等各种人口“红利”的情况。“老龄健康红利”与“劳动力健康红利”合起来，就是“人口健康红利”。而传统意义的“人口红利”实际上是一种人口数量型的人口红利。

上述的分析表明，国民储蓄率的提高可以通过三种途径获得人口红利：一是通过人口结构的年轻化，即增加劳动力数量而由此获得传统意义的人口红利；二是通过提高老年人健康水平而导致参与经济活动的健康老年人增加，由此获得老龄健康红利；三是通过提高劳动力健康水平而导致实际劳动投入增加，由此获得劳动力健康红利。

（七）“人口健康红利”起促进经济增长的作用

通过前文的论述可见，不论是劳动力还是老年人，其中任何群体人口健康水平的提高，实际上都能够产生提高国民储蓄率的效应，这便是人口健康红利效应。同时，人口健康红利对劳动投入而言，也具有增加劳动投入的效应，即实际劳动投入 $\tilde{L}$ 为下面的表达式：

$$\tilde{L} = \beta_L L + \beta_R R \tag{18}$$

因此，这时（10）式的经济总产出可以表示为下面的表达式：

$$Y = y(\beta_L L + \beta_R R) \tag{19}$$

进一步地考虑，如果劳动力的人均产出水平 y 也受劳动力健康水平的影响，即实际劳动生产率 $\tilde{y}$ 为下面的函数表达式：

$$\tilde{y}=y\left(\beta_{\mathrm{L}}\mathrm{L}+\beta_{R}R\right) \tag{20}$$

于是，原来的总产出表达式（10）式变为下面的形式：

$$Y=y\left(\beta_{L}L+\beta_{R}R\right)\left(\beta_{\mathrm{L}}\mathrm{L}+\beta_{R}R\right) \tag{21}$$

注意（21）式中的 $y(\beta_L L+\beta_R R)$ 是关于劳动生产率的函数。

可见，人口健康因素对经济增长的影响是多方面的，对经济增长而言，健康对老年人可产生“老龄健康红利”，对劳动力可产生“劳动力健康红利”，而对全民而言，则可以产生“人口健康红利”。这意味着在21世纪老龄社会的背景下，通过不断提高人口健康水平，可以取得多方面的人口红利进而有利于经济增长，这是具有非常重要现实意义的政策启示。

通过前文的讨论表明，一方面随着中国老年人口数量的不断增加，提高老年人健康水平，促进健康老年人参与经济活动，是挖掘“老龄健康红利”和积极应对人口老龄化的一种重要途径；另一方面，不断提高劳动力的健康水平，提高劳动力的生产能力与效率，同样是产生“劳动力健康红利”效应的一种有效促进经济增长的措施。可见，促进全民健康是重大的现实问题，而这些效应充分体现了实施“健康中国”战略的重要意义。

六　实施“健康中国”战略的重要意义及有关政策建议

通过本文上述的论证可以看到，实施此项战略不仅具有提高全体人民健康水平的意义，同时也具有延续人口红利，以“人口健康红利”促进经济增长的重要经济意义。改革开放以来，中国人均预期寿命从1981年的67.9岁提高到2020年的77.3岁，可见中国人均寿命水平的提高是显著的，同时也意味着改革开放以来，在中国的经济增长过程中实际是存在“人口健康红利”效应的。

（一）人口健康价值的意义

健康是人类所拥有的无价资源。可以说，人的生命潜能的发挥，其健康状况是最重要的决定性因素之一。健康或使人的生命潜能得以超预期发挥，否则生命潜能不仅发挥受限而且可能完全不能释放。因此，在人口与社会发展的任何阶段中，无论怎样评价健康的重要性都是不为过的。

从本文以上的讨论可以看到，对经济增长而言，健康既可以通过老年人产生“老龄健康红利”，也可以通过劳动力产生“劳动力健康红利”，而这些红利都对经济增长产生积极的促进作用。综合来看，人口健康可以对经济增长产生全体国民的“人口健康红利”，而这种“人口健康红利”是人口红利的延续，本质上体现了健康与经济的一种基本关系，即健康对经济增长具有非常重要的作用。特别是在老龄社会中，老年人的健康水平是影响人口老龄化与经济社会能否有和谐一致关系的至关重要的因素。这就要求我们积极建设一个健康老龄社会。

然而，虽然数据表明中国人口预期寿命（Life Expectancy）与健康预期寿命（Healthy Life Expectancy）的绝对值都是增加的，但是两者差距尚存，凸显疾病、残疾等对健康的挑战。2016年中国人口预期寿命为76.5岁，而健康预期寿命为67.8岁，即两者相差8.7岁。[①] 可见，“活得久”并不等于“活得健康”。

随着工业化、城镇化和人口老龄化进程的加快，以及民众生活方式的改变，近年来中国慢性病患病率呈快速上升态势，慢性病患者已达3亿人左右（武留信，2019）。2019年中国人口死亡病因居前列的分别是恶性肿瘤（肺癌、肝癌、胃癌、食道癌、结直肠癌）、心脏病、脑血管病、呼吸系统疾病以及损伤等。[②] 虽然随着国家卫生健康服务水平的不断提升，慢性病死亡率呈下降趋势，但是基于人口预期寿命延长、快速老龄化等因素，慢病风险人群基数不断增大，加之不良生活方式的影响，慢性病仍将在较长时间内给中国人口健康带来威胁而引致较大的社会压力。

（二）“人口健康红利”相对于传统“人口红利”的优势

以上的论述表明，通过增加劳动力数量而取得的人口红利终将消失。而提高劳动力及老年人口的健康水平可以减小劳动力数量增速减缓甚至下

① 数据来源于World Health Statistics 2016，Page 42。

② 根据2020年《中国统计年鉴》表22-6和表22-7的数据而得到的结论。

降带来的影响，由此提高全民健康水平可以产生延长人口红利的效应。而在现实生活中，对人口健康水平的提高是没有止境的，同时数量型人口红利的减少并不表明健康型人口红利也一定减少。相反，健康型人口红利可使全体国民健康水平不断提高，由此实现持续不断的人口健康红利的提高。由此表明，挖掘人口健康红利是促进经济增长的重要源泉。

而从劳动力数量型的人口红利的内涵看，任何时期的人口红利终将成为人口负利。这是因为任何时间的人口年轻化，从一定的远期来看，都必然转化为人口老龄化。如果基于人口健康型的人口红利的内涵看，或者说基于人口健康红利的内涵看，健康因素可以延长人口红利效应，这是因为未来的劳动力数量不仅取决于年龄，更取决于人口健康状况。事实上，健康状况可以决定一个人是否成为劳动力，而不是局限于年龄因素。这便是建立在人口健康基础上的“人口健康红利”的优势。相较于劳动力数量型的人口红利而言，建立在“健康”基础上的人口红利是可以不断挖掘的人口红利。在此方面，人口健康红利相对于传统意义上的人口红利是有明显优势的。

（三）政策建议

本文的研究表明，在当前人口老龄化的背景下，深入挖掘和积极利用人口健康红利和健康价值，是积极应对人口老龄化的至关重要的关键性措施。甚至可以说，在21世纪人口老龄化不可逆转的背景下，充分挖掘和利用人口健康红利和健康价值，近乎是唯一可使人口老龄化同经济社会发展形成和谐一致的关系的可行路径选择。这也是落实“健康中国”战略的重大意义所在。为此，提出如下建议。

第一，要充分、广泛、深入地提高对促进国民健康的重要性的认识。健康不仅对个人与家庭有重要意义，而且对经济社会发展同样有非常重要的意义。提高国民健康水平，是进一步挖掘中国人口红利的具体途径，是人口老龄化与经济社会发展形成和谐一致的关系的关键。

第二，加大促进国民健康的投资。促进健康的投资包括相关健身基础设施的投资、相关健康状况的检查与监测的机构与设备的投资乃至有关机制建设。国民健康投资如同教育投资，是人力资本投资的重要组成部分。从人的生命周期角度看，健康投资对人的生命长度与质量都可以取得事半功倍的效果。对健康的投资具有一定的替代医疗机构或医疗设备投资的效应，因此从全社会的层面看是可以起到减少国民经济总投资的效应。

第三，加强国家各层面促进人口健康的相关制度与机制的建设。如建立各个层面鼓励进行强身健体活动的机制，将身体健康状况作为考核一个地区、一个单位发展状况的重要指标。促进健康应从少儿阶段抓起，建立分别适用于少儿人口、劳动年龄人口及老年人口的促进健康的制度、机制和方法。

第四，积极挖掘老龄人力资源，建立老年人志愿者与灵活就业的机制。从积极应对人口老龄化的方面看，老年人口也是人力资源的重要组成部分。老年人特别是一些刚退休的老年人，一般都具有较丰富的从业经验，是可以挖掘的人力资源。劳动力就业是长期性和系统性问题，而老年人口的再从业具有相对短时性和临时性的特点，在很多的情况下可以弥补劳动力短缺，而不会与劳动年龄人口就业产生系统性冲突。其中一些老年人出于精神需求而非为经济利益而愿意做志愿者。

第五，高度重视并推动技术进步。经济增长的源泉最终必然归结为技术进步，而技术进步的关键在于人的因素。在本文的讨论中，始终是将劳动生产率（即变量y）假定为不变，以便考察人口健康红利的效应。然而在现实经济中，劳动生产率是体现技术进步的一个重要指标。而根据（14）式、（15）式、（16）式及（17）式等表明，提高劳动生产率同样具有提高国民储蓄率的效应。这意味着提高技术进步亦具有提高国民储蓄率进而促进经济增长的作用。在现代社会中，技术进步是非常重大的问题。人类所面临的诸多重大问题，都需要依靠技术进步来加以解决。应对人口老龄化同样离不开技术进步的支持。依靠技术进步是积极应对人口老龄化的必然选择。

总之，人口健康不仅决定个人与家庭之未来，而且决定国家和民族之未来。促进人口健康既是应对人口老龄化的重要途径，同时也是挖掘人口红利促进经济增长、实现经济社会可持续发展的具体方式。未来的人口老龄化应是一种健康的老龄化。而只有通过不断提高人口健康水平，才能使人口老龄化与经济社会发展形成和谐一致的关系。

参考文献

[1] 蔡昉，2004,《人口转变、人口红利与经济增长可持续性——兼论充分就业如何促进经济增长》,《人口研究》第 2 期。

[2] 蔡昉，2020,《如何开启第二次人口红利？》,《社会科学文摘》第 6 期。

[3] 蔡昉，2009,《未来的人口红利——中国经济增长源泉的开拓》,《中国人口科学》第 1 期。

[4] 常金良、师东菊、高晨光，2009,《健康对个人家庭收入的影响》,《中国医学伦理学》第 2 期。

[5] 车士义、陈卫、郭琳，2011,《中国经济增长中的人口红利》,《人口与经济》第 3 期。

[6] 陈静思，2016,《健康人力资本对农村居民收入的影响——基于 CHNS 数据的实证分析》,《当代经济》第 30 期。

[7] 郭俊缨、张伊杨,2021,《中国人口发展重大转向：从数量型到质量型人口红利》,《人口与健康》第 6 期。

[8] 胡鞍钢，2016,《创造健康红利　增强人民福祉》,《中国卫生》第 9 期。

[9] 黄凡、段成荣，2022,《从人口红利到人口质量红利——基于第七次全国人口普查数据的分析》,《人口与发展》第 1 期。

[10] 李军、刘生龙，2017,《人口老龄化对经济增长的影响——理论与实证分析》，中国社会科学出版社。

[11] 李军、刘生龙，2015,《中国储蓄之谜的系统解析——基于储蓄供需理论与人口结构视角》，中国社会科学出版社。

[12] 李军，2005,《人口老龄化经济效应分析》，社会科学文献出版社。

[13] 廖万力，2018,《中国的人口红利与经济增长》,《时代金融》第 10 期。

[14] 王玲然，2019,《河北省贫困地区农村居民健康对收入贫困的影响》,《劳动保障世界》第 6 期。

[15] 王树，2021,《“二次人口红利”与经济增长：理论渊源、作用机制与数值模拟》,《人口研究》第 1 期。

[16] 王炎，2020,《中年人健康变化对其收入的影响》,《市场周刊》第 9 期。

[17] 吴雄周、彭秀丽，2011，《人口红利问题文献综述》，《商业时代》第 24 期。

[18] 武留信，2019，《健康管理蓝皮书：中国健康管理与健康产业发展报告 No.2（2019）》，社会科学文献出版社。

[19] 杨晨姊、邢宇、杨文祺，2020，《人口红利模型、结构转变与经济增长分析》，《宁夏社会科学》第 5 期。

[20] 杨建芳、龚六堂、张庆华，2006，《人力资本形成及其对经济增长的影响——一个包含教育和健康投入的内生增长模型及其检验》，《管理世界》第 5 期。

[21] 原新、刘绘如，2019，《中国人口红利研究的发展——基于文献综述视角》，《西北人口》第 5 期。

[22] 赵雨、钟水映、任静儒，2017，《经济发展过程中“人口红利”的反思与再定义》，《中南财经政法大学学报》第 4 期。

[23] 詹韵秋、王军，2020，《人口质量红利：研究述评与未来展望》，《重庆社会科学》第 2 期。

[24] 郑晓瑛，2003，《再论人口健康》，《人口研究》第 4 期。

[25] Andrew M., Ronald L., Jennifer X. J. 2016. “Demographic Dividends, Human Capital, and Saving.” *The Journal of the Economics of Ageing* 7(4): 106-122.

[26] Andrew M., Tomoko K. 2008. “East Asian Economic Development: Two Demographic Dividends.” *Journal of Asian Economics* 19(5-6): 389-399.

[27] David E. B., Jeffrey G. W. 1998. “Demographic Transition and Economic Miracles in Emerging Asia. ” *World Bank Economic Review.* Working Paper 6268.

[28] Diogo B., Stephen L. P., Eduardo R. 2019. “Economic Effects of Demographic Dividend in Brazilian Regions.” *The Journal of the Economics of Ageing* 14: 1-13.

[29] Frédéric G., Pierre-André J. 2015. “The ‘Second Dividend’ and the Demographic Structure.” *Journal of Environmental Economics and Management* 72(6): 71-97.

[30] Gina N. 2013. “Demographics of Dividends.” *Journal of Corporate Finance*, 23(12): 54-70.

[31] Joonkyung H., Sang-Hyop L. 2016. “Demographic Dividend and Asia’s Economic Convergence Towards the US.” *The Journal of the Economics of Ageing* 8(12): 28-41.

[32] Mankiw 1994. *Macroeconomics.* Second Edition, New York: Worth Publisgers.

（责任编辑：王喜峰）

人民币升值促进中国对外直接投资了吗?

——基于工企和境外投资企业名录的微观证据

林发勤　冯　帆*

摘　要：本文在理论和实证层面分析了人民币升值对中国对外直接投资的影响。通过理论分析，我们发现人民币升值可通过降低企业对外直接投资门槛、提升对外直接投资利润促进企业的对外直接投资。实证层面，本文通过构建城市层面的有效汇率，利用2001~2012年工业企业数据和《境外投资企业（机构）名录》发现人民币升值对企业对外直接投资有正向影响：人民币每升值1%，企业从事对外直接投资的可能性就会增加1.02%，且该结论在考虑宏观经济环境、同期若干政策影响的条件下依旧稳健。

关键词：人民币升值　对外直接投资　企业异质性

一　引言

2001年以来，中国对外直接投资规模不断扩大。《2019年中国对外直接投资统计公报》显示，中国2019年对外直接投资1369.1亿美元。截至2019年末，中国2.75万家境内投资者在全球共188个国家和地区设立了

* 林发勤，教授，中国农业大学经济管理学院，电子邮箱：linfaqin@126.com；冯帆（通讯作者），博士研究生，中国人民大学商学院，电子邮箱：fengfanmggixy@163.com。本文为国家自然科学基金面上项目（72073128）、国家社科基金重点项目（19AZD012）、国家自然科学基金国际（地区）合作与交流项目（72061147002）的阶段性成果。作者感谢审稿人和编辑部的宝贵意见，文责自负。

4.4 万家对外直接投资企业，对外直接投资净额达 21988.8 亿美元。与此同时，中国在全球对外直接投资中的影响力不断扩大，连续四年对外直接投资流量占全球的比重超过一成，对外直接投资存量排名也由 2002 年的第 25 位攀升至 2019 年的第 3 位。

对外直接投资有利于提升企业的技术水平、规避贸易壁垒以及利用国外资源。为此，学者们纷纷从最低工资、汇率、制度、区位条件、企业生产率、企业类型、经济政治条件等多个角度对对外直接投资展开了研究（Fan 等，2018；田巍和余淼杰，2017，2012；Chen 和 Tang，2014；罗伟和葛顺奇，2013；Kolstad 和 Wiig，2012；Buckley 等，2015；Yeaple，2009；Helpman 等，2004）。其中，人民币汇率问题一直是社会关注的热点和焦点。伴随着中国经济的发展，人民币在长期呈现升值趋势。据国际货币基金组织（IMF）统计，2001~2019 年，1 美元兑人民币由 8.277 下降到了 6.897。就汇率与对外直接投资的关系而言，从图 1 可以看出，2001~2012 年，人民币汇率（间接标价法）与中国对外直接投资总体呈同方向变化趋势。

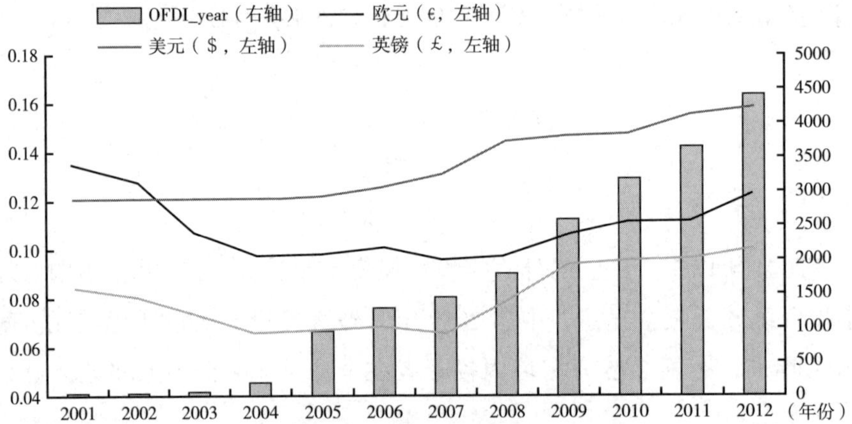

图 1　主要货币汇率及中国对外直接投资情况

资料来源:《境外投资企业（机构）名录》以及世界银行数据库。

作为人民币与其他货币的兑换比率，人民币汇率可用于衡量中国与其他国家间商品与要素的相对价格，也从侧面展现了中国企业在国际市场上投资成本的变化，是企业对外直接投资决策中的重要因素之一。因此，人民币汇率的变化对企业是否投资、投资多少产生较大影响。与此同时，在汇率改革影响下，人民币汇率自 2005 年以来变动更加频繁与市场化。在此背景下，分析人民币升值对企业对外直接投资的影响具有较强的现实意义。

二 文献综述

最早有关汇率与对外直接投资的理论可追溯至 1985 年 Crushman 的相对生产成本理论与 1991 年 Froot 和 Stein 的相对财富理论。前者认为本币升值有利于本国企业以更低的成本使用东道国资源，从而降低投资成本、促进对外投资。而后者则基于不完全资本市场认为本币升值有利于本国企业增加相对财富，有效增加企业实施兼并、直接投资等经济活动的可能性。

此外，Chen（2015）、Cushman（1985）、Froot 和 Stein（1991）、Osinubi 和 Amaghionyeodiwe（2009）、Xing 和 Wan（2006）也从不同角度分析了货币升值对对外直接投资的影响途径：一是出口替代效应。货币升值往往意味着出口产品价格的相对上升、产品在国际市场上的竞争力下降。为弥补因出口减少而造成的损失，企业往往会相应增加对外直接投资。二是进口竞争效应。本币升值降低了进口品价格，增强了其在本国市场的竞争力。为进一步应对进口品带来的激烈竞争，本国企业进行海外投资的可能性也会相应提高。三是成本节约效应。货币升值有利于提高本国货币的相对购买力，从而有效降低企业在海外建厂、扩张的成本，对企业的海外投资有明显的带动作用。四是相对财富效应。由于资本市场的不完全，外部融资成本较高。本币升值时，直接投资可作为间接投资的有效替代推动企业的对外投资。

但部分学者并不赞成上述观点。在考虑未来预期的情况下，Campa 等（1993）认为在本币升值的情况下，企业往往会预期未来本币将继续升值，海外投资收益下降，因此会出现减少或停止对外直接投资的现象。与此同时，Tolentino（2010）、张为付（2008）基于中国的宏观数据发现汇率并不能显著影响对外直接投资。

针对以上截然不同的结论，王自锋（2009）、田巍和余淼杰（2017）认为其主要源于对不同对外直接投资类型的分析。王自锋（2009）认为人民币升值可以有效促进出口导向型对外直接投资，但对市场导向型对外直接投资影响较小。田巍和余淼杰（2017）则利用 2000~2008 年中国微观企业数据考察了汇率水平对贸易服务型投资的影响，研究发现汇率贬值将显著提高贸易服务型对外直接投资的概率。

综合以上研究成果可以发现，当前有关汇率与对外直接投资的研究主要集中于国家与行业层面，虽然也存在部分企业层面的微观分析，但其并未考虑企业间的相互作用，且大多研究仅考虑了汇率对制造业企业的影响，并未对全部企业做出整体分析。此外，受限于对外直接投资规模数据的缺失，鲜少有文献就汇率对对外直接投资规模的影响做出分析。

与已有文献相比，本文存在以下边际贡献：第一，相较于以往基于企业层面有效汇率的研究，如田巍和余淼杰（2017）、Dai 和 Xu（2017），本文构建了城市层面的出口和进口有效汇率，并对人民币升值对企业对外直接投资的影响进行了分析。企业的有效汇率虽然能更有效地展现汇率在企业层面的异质性影响，但由于产业链的存在，企业的生产经营活动或多或少会受到上下游企业的影响，汇率对上下游企业的对外投资效应也可能间接影响该企业，因此单纯将汇率影响集中到企业层面可能并不恰当。城市层面的有效汇率则较好地规避了上述问题。第二，对比以往仅关注制造业企业（田巍和余淼杰，2017）、出口企业（臧铖等，2021）对外直接投资行为的微观研究，本文立足于全体实施对外直接投资的企业，分析人民币升值对中国对外直接投资企业数量的影响。由于包含了全部对外直接投资的企业，本文的研究相较于其他研究更全面，也更具代表性，与此同时，本文还在对外直接投资企业数量方面对中国的对外投资规模进行衡量，从侧面展示人民币升值对中国对外直接投资规模的影响。

基于中国商务部提供的《境外投资企业（机构）名录》，本文将 2001~2012 年中国企业对外直接投资数据与中国工业企业数据库进行了匹配，并构建了包含企业、对外直接投资信息的数据集。然后，在理论和实证层面分析了人民币升值对中国企业对外直接投资的影响。理论层面，本文主要借鉴了田巍和余淼杰（2017）、Fan 等（2018）的研究框架，扩展了 Helpman 等（2004）的一般均衡模型，分析发现本币升值对本国对外直接投资有一定促进作用，且其对低生产率企业的影响更加明显。实证层面，本文借鉴 Xu 等（2016）的方法构造了城市层面的出口和进口加权有效汇率，然后在控制了企业固定效应、地区—时间固定效应、所有制—时间固定效应，以及一系列城市和企业层面的控制变量后对人民币升值对企业对外直接投资的影响展开了研究，实证结果发现人民币每升值 1%，企业从事对外直接投资的可能性增加 1.02%。但由于工业企业数据库仅包含规模较大的工业企业，不能完全代表中国所有从事对外直接投资的企业，为弥补数据匹配带来的样本缺失问题，本文还借助《境外投资企业（机构）名录》分析了人民币升值对中国省级对外直接投资企业数量的影响，实证结果发现人民币每升值 10%，各省份对外直接投资的数量会相应增加 0.004%，这进一步佐证了人民币升值对中国对外直接投资的促进作用。

本文其余部分结构如下：第三部分为理论分析，借鉴田巍和余淼杰（2017）的分析方法，从理论上分析了货币升值对对外直接投资的影响；第四部分为实证分析，包括模型构建、数据来源；第五部分为实证检验结果；第六部分是结论与政策建议。

三　理论框架

为描述汇率对中国对外直接投资的影响，本文借鉴田巍和余淼杰（2017）、Fan 等（2018）的分析框架，扩展了 Helpman 等（2004）的一般均衡模型。在考虑消费者效用、生产者利润最大化的基础上，本文求解了不同生产率企业在国内生产、出口、对外直接投资上的生产率临界点。通过比较人民币升值前后对外直接投资的临界生产率变化以及对外直接投资与出口间的利润差，本文进一步分析了人民币升值对对外直接投资的影响。

（一）消费者行为

假设世界由 n 个国家构成，各国代表性消费者拥有相同的效用函数，具体表示为：

$$U=\left(\int_{\Omega} q(\omega)^{\frac{\sigma-1}{\sigma}} d\omega\right)^{\frac{\sigma-1}{\sigma}} \tag{1}$$

其中，$q(\omega)$为消费者对产品ω的消费，σ为替代弹性，且$\sigma>1$。

在消费者收入既定的条件下，可得消费者对商品ω的需求函数为：

$$q(\omega)=\frac{Rp(\omega)^{-\sigma}}{P^{1-\sigma}} \tag{2}$$

其中，$P=\left(\int_{n} P(\omega)^{1-\sigma} d\omega\right)^{\frac{1}{1-\sigma}}$。

（二）厂商行为

在垄断竞争市场上，若企业决定进入并留在这一行业，其有三种经营方案可供选择，分别为国内生产、出口以及对外直接投资。三种方案的固定成本分别为f_D、f_X、f_I，其数量关系可表达如下：

$$f_I>\frac{f_X}{q_{ij}}>\frac{f_D}{q_{ij}} \tag{3}$$

其中，i国与j国之间的真实汇率q_{ij}可表示为$q_{ij}=\frac{\varepsilon_{ij} w_i}{w_j}$，$\varepsilon_{IJ}$为名义汇率（以直接标价法表示），$w_i$和$w_j$为两国的工资水平。

与此同时，由于存在冰山成本，企业每销售一单位产品需在国内生产τ_{ij}单位产品，$\tau_{ij}>1$。若企业直接在东道国生产与销售，则可节省这笔费用。此外，由于出口以及对外直接投资的企业均服务于外国消费者，本文以外币表示两种方案的商品计价。综上，不同经营方案下，企业面临的边际成本为：

$$MC_D^i=\frac{w_i}{\varphi} \tag{4}$$

$$MC_X^{ij}=\left(\frac{\tau_{ij}}{q_{ij}\varphi}\right)w_j \tag{5}$$

$$MC_I^{ij}=\frac{w_j}{\varphi} \tag{6}$$

其中，φ为企业生产率，企业进行国内生产、出口以及对外直接投资的利润可分别表示为：

$$\Pi_D^i = \left(\frac{w_i}{\varphi}\right)^{1-\sigma} B_i - f_D w_i \tag{7}$$

$$\Pi_X^{ij} = \left[\left(\frac{\tau_{ij}}{q_{ij}\varphi}\right) w_j\right]^{1-\sigma} B_j - \frac{f_X}{q_{ij}} w_j \tag{8}$$

$$\Pi_I^{ij} = \left(\frac{w_j}{\varphi}\right)^{1-\sigma} B_j - f_I w_j \tag{9}$$

其中，Π_X^{ij}、Π_I^{ij}均以外币度量，Π_D^i 以本币为度量单位，q_{ij} 为真实汇率，$B_i = \frac{1}{\sigma}\left(\frac{\sigma-1}{\sigma}p_i\right)^{\sigma-1} R_i, B_j = \frac{1}{\sigma}\left(\frac{\sigma-1}{\sigma}p_j\right)^{\sigma-1} R_j$，其中 R_i 和 R_j 分别为 i 国与 j 国的收入水平，L_i 和 L_j 分别为 i 国与 j 国的人口数量，$R_i=w_i \times L_i$，$R_j=w_j \times L_j$。

（三）企业进出口选择

当 $\Pi_D^i = 0$，$\Pi_X^{ij} = 0$，$\Pi_I^{ij} = \Pi_X^{ij}$ 时，可分别求得企业只服务于本国市场、出口以及对外直接投资的生产率临界点 φ_D^i、φ_X^{ij} 及 φ_I^{ij}：

$$\varphi_D^i = \left(\frac{f_D w_i^{\sigma}}{B_i}\right)^{1-\sigma} \tag{10}$$

$$\varphi_X^{ij} = \left(f_X w_j^{\sigma} \frac{\tau_{ij}^{\sigma-1}}{B_j q_{ij}^{\sigma}}\right)^{\frac{1}{\sigma-1}} \tag{11}$$

$$\varphi_I^{ij} = \left[\frac{(\frac{f_X}{q_{ij}} - f_I) w_j^{\sigma}}{B_j\left(\frac{\tau_{ij}^{1-\sigma}}{q_{ij}^{1-\sigma}} - 1\right)}\right]^{\frac{1}{\sigma-1}} \tag{12}$$

当 $\tau_{ij} / q_{ij} > 1$ 时，即以国外产品衡量的真实冰山成本存在时，对外直接投资的临界点 φ_I^{ij} 存在。当所有国家对称时，在除 i 国和 j 国外购买力平价成立，冰山运输成本 $\tau_{ij} / q_{ij} > 1$ 且 $f_X / q_{ij} f_D > \left(q_{ij} / \tau_{ij}\right)^{\sigma-1}$，$f_X / f_I q_{ij} > \left(q_{ij} / \tau_{ij}\right)^{\sigma-1}$ 条

件下，生产率临界点 $\varphi_D^i < \varphi_X^{ij} < \varphi_I^{ij}$。

当其他条件不变，真实汇率 q_{ij} 下降、本币升值时，φ_X^{ij}上升，即本币升值提高了出口生产率临界点，抑制了出口。与此同时，本币升值使 φ_I^{ij} 有所下降，这说明本币升值降低了对外直接投资门槛，有利于增加企业的对外直接投资。结合 Cushman（1985）、Froot 和 Stein（1991）的结论可以发现，本币升值可在一定程度上降低国外投资设厂的固定成本和融资成本，从而降低对外直接投资门槛，并进一步扩大企业的对外直接投资。因此得出命题 1：本币升值可降低企业的对外直接投资门槛 φ_I^{ij}，并促进本国的对外直接投资。

当企业对外直接投资带来的利润大于出口时，企业往往会以对外直接投资的方式进入国际市场。令 Π_{gap} 为对外直接投资与出口的利润差，则：

$$\Pi_{gap} = \left(\frac{w_j}{\varphi}\right)^{1-\sigma} B_j - f_I w_j - \left[\left(\frac{\tau_{ij}}{q_{ij}\varphi}\right) w_j\right]^{1-\sigma} B_j + \frac{f_X}{q_{ij}} w_j \tag{13}$$

令 $f_I - f_X / q_{ij} = f_{gap}\varepsilon$，其中 ε 为一个大于 0、均值为 1 且累积分布函数为 $G(\varepsilon)$ 的随机变量。$G(\varepsilon)$ 与 $F(\varphi)$ 相互独立。当 $\Pi_{gap}>0$ 时，企业才可能采取对外直接投资，因此生产率为 φ 的企业从事对外直接投资的概率可表示为：

$$\Pr\left(OFDI \mid \varphi\right) = G\left\{\frac{1}{f_{gap}}\left(\frac{w_j}{\varphi}\right)^{1-\sigma} B_j - \frac{1}{f_{gap}}\left[\left(\frac{T_{ij}}{q_{ij}\varphi}\right) w_j\right]^{1-\sigma} B_j\right\} \tag{14}$$

在 $\frac{\tau_{ij}}{q_{ij}} > 1, \sigma > 1$ 的情况下，

$$\frac{\partial \Pr\left(OFDI \mid \varphi\right)}{\partial q_{ij}} = \frac{g\left(\varepsilon\right)}{f_{gap}}\left[\left(1-\sigma\right)\left(\frac{w_j}{\varphi}\right)^{1-\sigma} \frac{\tau_{ij}^{\ 1-\sigma}}{q_{ij}^{\ 2-\sigma}} B_j\right] \tag{15}$$

其中，$g\left(\varepsilon\right)$ 为 ε 的概率密度函数，$g\left(\varepsilon\right) = dG\left(\varepsilon\right) / d\varepsilon$。因为 $\frac{\partial \Pr\left(OFDI \mid \varphi\right)}{\partial q_{ij}} < 0$，所以本币升值更易使企业以对外直接投资方式进入国际

市场。当ε服从均匀分布时，对式（15）求生产率的二阶偏导可得：

$$\frac{\partial^2 \Pr\left(OFDI \mid \varphi\right)}{\partial q_{ij} \partial \varphi} = -\frac{g\left(\varepsilon\right)}{f_{gap}} \frac{w_j}{\varphi^2}\left[\left(\frac{\tau_{ij}}{q_{ij}\varphi}\right) w_j\right]^{-\sigma} \left(1-\sigma\right)^2 \frac{\tau_{ij}}{q_{ij}^{\ 2}} < 0 \tag{16}$$

因此，汇率变化对较低生产率企业的对外直接投资影响更大，即在本币升值的条件下，低生产率企业更可能以对外直接投资的方式进入国际市场。因此得到命题2：本币升值有利于增加对外直接投资概率，且其对低生产率企业更加明显。

四　实证检验

根据以上理论模型分析，本文将基于2001~2012年的中国企业对外直接投资数据从多个方面对上述命题进行实证分析。

（一）模型设定与变量说明

与Fan等（2018）相似，本文基于命题1构建了如下线性概率模型分析人民币升值对中国企业对外直接投资的影响。相对于其他模型，线性概率模型更易于解释且运行较快，因此，其在处理数据集较大或复杂模型时优势较为显著。此外，线性概率模型通常与Logistic模型一样适用，其运算概率几乎与Logistic回归中使用的对数概率函数线性相关。

$$OFDI_{ict} = \beta_0 + \beta_1 \ln\left(exr_{ct}\right) + \beta_2 \ln Z_{ct} + \beta_3 \ln X_{ict} + \varphi_i + \varphi_{rt} + \varphi_{ot} + \varepsilon_{ict} \tag{17}$$

其中，下标i、c、t分别代表企业、城市及时间。因变量$OFDI_{ict}$是表示企业是否对外直接投资的虚拟变量，当企业i在t年实施对外直接投资时，$OFDI_{ict}=1$，否则$OFDI_{ict}=0$。

为进一步验证结论的稳健性，本文还对各省份对外直接投资企业数量进行了统计，并在此基础上分析了人民币升值对对外直接投资企业数量的影响。

不同城市往往会因拥有不同的贸易伙伴而面临不同程度的汇率冲击，为此，本文构建了城市层面的有效汇率以描述企业投资到多个国家时面临的平均汇率变化。与此同时，考虑到货币升值往往会在出口和进口两方面对企业的对外投资决策产生影响，即企业常会因弥补出口产品价格上涨带来的损失而增加对外投资以及国内企业往往会因激烈的进口企业竞争而加大对外直接投资，本文借鉴 Xu 等（2016）的做法构造了城市层面的出口、进口有效汇率：

$$exr_{ct} = 100 \times \prod_{k=1}^{n} \left(\frac{e_{k,t}}{e_{k,2000}} \right)^{w_{c,k,2000}} \tag{18}$$

其中，$e_{k,t}$ 是中国与 k 国之间在 t 年的汇率水平，为更直观地表现货币升值带来的影响，汇率在后文均采用间接标价法表示，即 $e_{k,t}$ 数值越大，人民币能兑换的外国货币越多，人民币升值。为避免潜在内生性问题的影响，本文以样本前一年（2000 年）c 城市与 k 国的贸易份额 $W_{c,k,2000}$ 作为权重，在对汇率水平进行标准化处理的条件下分别构造了城市 c 的出口有效汇率和进口有效汇率。

Z_{ct} 和 X_i 是一系列城市以及企业层面的控制变量，其既可能影响企业的对外直接投资也可能影响汇率的波动。依照 Fan 等（2018）的思路，本文依次引入了城市人口、人均 GDP、城市最低工资、企业劳动力、资本存量以及企业销售收入等变量。φ_i、φ_{rt}、φ_{ot} 分别代表企业、地区—时间、企业所有制—时间层面上的固定效应，分别控制了企业间可能影响对外直接投资决策的不可观测变量的影响、随时间变化的地区特征对对外直接投资的影响以及随时间变化的企业所有制层面的一些影响不同所有制企业对外直接投资的制度差异。ε_{ic} 为聚集在城市—时间层面的稳健标准差。

（二）数据来源

本文所用数据主要有以下来源：中国工业企业数据库、《境外投资企业（机构）名录》、海关数据、各省份和城市统计年鉴、联合国贸易与发展数据库、手动收集的数据，具体介绍如下。

（1）企业的劳动力、资本存量以及销售收入等公司层面数据主要来自 2001~2012 年中国工业企业数据库。该数据库收录了 2001~2010 年国有工业企业和年主营业务收入 500 万元及以上的非国有工业企业与 2010 年之后国有工业企业和年主营业务收入 2000 万元及以上的非国有工业企业，提供了大量有关企业从业人员、省份、销售及所有制信息，被广泛用于中国经济的研究（Brandt 等，2012；Gan 等，2016；Fan 等，2015a，2015b）。但由于该数据库中存在部分异常值，我们按以下条件进行了剔除：一是就业人数缺失或少于 8 人；二是总资产、产品销售收入中的一项缺失或不为正数；三是流动资产、固定资产、固定资产净值、工业总产值中的一项缺失或为负数；四是流动资产大于总资产；五是固定资产大于总资产；六是固定资产净值大于总资产。基于以上数据，本文依据 Levinsohn 和 Petrin（2003）、Olley 和 Pakes（1992）的方法分别计算了企业的全要素生产率。但由于投资数据缺失，本文主要基于 LP 生产率分析，以 OP 生产率用作稳健性检验。由于该数据库仅包含了大型制造业企业，不能有效代表全部中国企业的投资行为。为弥补以上缺陷，本文利用《境外投资企业（机构）名录》对人民币升值的影响进行了稳健性分析。

（2）企业的对外直接投资数据来自商务部提供的《境外投资企业（机构）名录》。该数据库详细记录了 20 世纪 80 年代以来所有在商务部备案的对外投资企业名称、注册年份及公司经营范围等信息。但数据库中的企业仅在初始年份出现一次，既不提供企业具体的投资金额，也不提供企业是否追加投资的信息，因此本文仅考虑企业的对外投资决策。此外，据以往研究，部分中国企业在百慕大群岛、维尔京群岛、开曼群岛的投资存在一定的制度投机和避税驱动，因此，为保证研究的有效性，本文删除了对以上地区的投资数据。同时按企业名称，本文将对外直接投资数据与工业企业数据库进行了模糊匹配，获得了富含企业信息的 2001~2012 年中国企业对外投资数据集。

（3）本文所用省份—国家层面的贸易数据来自各省份统计年鉴，城市层面的贸易数据来自海关数据，其他城市层面数据包括城市层面的人均 GDP、人口、失业率及科研劳动者占比等主要来自《中国城市统计年鉴》。此外，由于控制变量最低工资没有统一的数据来源，本文通过查阅地方政府的网站、统计公报、当地劳动和民事报告以及互联网上相关公共统计，共收集了 319 个城市的最低工资标准。

（4）汇率数据来自联合国贸易与发展数据库，为更直观地表示人民币升值对对外直接投资的影响，汇率皆以间接标价法表示。

经匹配，本文共涉及 2001~2012 年 2116310 个企业—年份观测值，涉及 668140 家企业以及 319 个城市。表 1 汇报了本文所用关键变量的统计信息。

表 1　关键变量描述性统计

变量	观测量	平均值	标准差	最小值	最大值
对外直接投资	2116310	0.0022	0.0471	0	1
出口有效汇率	2041946	4.5196	0.1161	0.0286	4.9145
进口有效汇率	2041946	4.4827	0.1965	0.7536	4.9335
城市人口对数	2116310	8.5061	0.6476	4.3373	10.4173
城市人均 GDP 对数	2116310	10.0884	0.7461	7.6001	11.8366
最低工资对数	2116310	6.2019	0.3340	5.0138	7.0000
企业人均资本存量对数	2116310	8.5597	1.7538	1.0215	18.6393
企业劳动力数量对数	2116310	4.7921	1.1291	2.0794	12.2009
企业生产率（LP）	2116310	10.3154	1.4238	1.1381	19.8381

五　检验结果分析

本文的实证分析部分主要分为以下几个步骤：第一，在考虑一系列城市和企业变量的前提下控制企业固定效应、地区—时间固定效应以及企业所有制—时间固定效应，对汇率变化与对外直接投资的关系进行基础回归。第二，对上述回归进行进一步的稳健性检验：一是基于宏观经济环境（如城市的整体科技水平和就业水平等）也会影响企业投资行为的事实，控制一系列代表技术进步、就业和工资等的变量进行稳健性检验；二是考虑同时期其他政策的影响，如考虑加入 WTO 的影响、“走出去”战略的影响、外商投资指导目录政策改变的影响以及汇率改革等政策带来的影响。第三，进行汇率对中国对外直接投资影响的异质性分析，其中主要考虑了不同生产率、所有制、位置以及不同类型的企业。第四，为弥补中国工业企业数据库和《境外投资企业（机构）名录》匹配造成的数据缺失，我们还基于全部从事对外直接投资的企业，在省份层面分析了人民币升值对对外直接投资数量的影响。

（一）基准回归结果

表 2 为基准方程的回归结果。由第（1）列结果可得，在控制了企业固定效应和年份固定效应后，出口有效汇率可显著提高对外直接投资概率。为进一步限制人民币升值通过进口渠道影响企业的对外直接投资决策，表 2 在第（2）列中控制了进口有效汇率，出口有效汇率对对外直接投资的影响依旧显著。之后陆续在第（3）、第（4）列加入了城市层面的控制变量（城市人口、人均 GDP、最低工资）以及企业层面的控制变量（人均资本存量、劳动力、销售收入等），结果依旧稳健。

由于中国幅员辽阔，各地区间经济条件差异较大，本文将中国划分为东部、中部、西部、东北四大地带。为控制随时间变化的地区特征影响，本文在第（5）列中额外控制了地区—年份固定效应，结果依旧显著为正。此外，考虑到实施对外直接投资企业的所有制结构并不单一，为控制所有制层面随时间变化而对不可观测变量的影响，表 2 第（6）列还控制了所有制—年份固定效应。估计结果显示，出口有效汇率对对外直接投资的影响在 5% 的水平上显著，人民币每升值 1%，企业实施对外直接投资的可能性增加 1.02%。同时，从表 2 也可看到，相对于出口有效汇率，进口有效汇率变化对企业对外直接投资的影响并不显著。相对于出口替代效应，进口竞争渠道并未对样本期内中国企业的对外直接投资行为产生较大影响。

表 2　基准回归结果

变量	（1）	（2）	（3）	（4）	（5）	（6）
出口有效汇率	0.0084**	0.0095**	0.0089**	0.0091**	0.0100**	0.0102**
	（0.0040）	（0.0041）	（0.0038）	（0.0038）	（0.0040）	（0.0040）
进口有效汇率		−0.0041	−0.0034	−0.0033	−0.0033	−0.0036
		（0.0034）	（0.0033）	（0.0033）	（0.0034）	（0.0034）
城市人口			0.0006	0.0006	0.0007	0.0008
			（0.0008）	（0.0008）	（0.0008）	（0.0008）

续表

变量	（1）	（2）	（3）	（4）	（5）	（6）
人均 GDP			0.0010 （0.0010）	0.0007 （0.0010）	0.0011 （0.0011）	0.0009 （0.0011）
最低工资			0.0029*** （0.0009）	0.0028*** （0.0009）	0.0030*** （0.0010）	0.0030*** （0.0010）
人均资本存量				0.0004*** （0.0001）	0.0004*** （0.0001）	0.0004*** （0.0001）
劳动力				–0.0005*** （0.0001）	–0.0004*** （0.0001）	–0.0004*** （0.0001）
销售收入				0.0001 （0.0001）	0.0002 （0.0001）	0.0001 （0.0001）
企业固定效应	是	是	是	是	是	是
年份固定效应	是	是	是	是	否	否
地区—年份固定效应	否	否	否	否	是	是
所有制—年份固定效应	否	否	否	否	否	是
观测量	1870746	1870746	1870746	1870746	1870746	1870746
R^2	0.6125	0.6125	0.6125	0.6125	0.6126	0.6126

注：括号内为聚集在城市—时间层面的稳健标准误。“***”“**”“*”分别代表 p<0.01，p<0.05，p<0.1。汇率以间接标价法表示，货币升值表现为汇率数据变大。

（二）控制宏观经济变量

除汇率外，宏观经济环境同样会影响企业的对外直接投资行为。以技术水平为例，当企业所在城市的技术水平较发达时，该地往往存在技术的正外部性。当地企业也因此更容易形成区别于其他企业的技术优势，进而增加对外直接投资概率。为进一步分析汇率对对外直接投资的影响，本文在基准回归的基础上控制了一系列代表当地宏观经济发展水平的变量，主要包括当地的 GDP 增长率、从事科研的劳动力比例、申请专利数量以及失业率等。

其中，专利申请数量主要来自国家知识产权局。当地的 GDP 增长率以及从事科研的劳动力占比主要来源于《中国城市统计年鉴》。表 3 汇报了控制当地技术水平后的回归结果，可以看到出口有效汇率对对外直接投资的影响在5%的水平上显著，人民币每升值1%，企业从事对外直接投资的可能性增加1.03%。

表3　控制宏观变量的回归结果

变量	（1）	（2）	（3）	（4）	（5）
出口有效汇率	0.0102**	0.0102**	0.0103**	0.0104**	0.0103**
	（0.0040）	（0.0040）	（0.0040）	（0.0040）	（0.0040）
进口有效汇率	−0.0036	−0.0036	−0.0037	−0.0037	−0.0036
	（0.0034）	（0.0034）	（0.0035）	（0.0034）	（0.0034）
GDP 增长率		−0.0001***	−0.0001***	−0.0001***	−0.0001***
		（0.00002）	（0.00002）	（0.00002）	（0.00002）
科研人员占比			0.0148	0.0149	0.0142
			（0.0155）	（0.0160）	（0.0160）
专利申请				−0.00002	−0.00002
				（0.0003）	（0.0003）
失业率					0.0033**
					（0.0016）
企业层面控制变量	是	是	是	是	是
城市层面控制变量	是	是	是	是	是
企业固定效应	是	是	是	是	是
地区—时间固定效应	是	是	是	是	是
所有制—时间固定效应	是	是	是	是	是
观测量	1870746	1870746	1870746	1870746	1870746
R^2	0.6126	0.6126	0.6126	0.6126	0.6126

注：括号内为聚集在城市—时间层面的稳健标准误。“***”“**”“*”分别代表p<0.01，p<0.05，p<0.1。汇率以间接标价法表示，货币升值表现为汇率数据变大。企业层面控制变量包括资本存量、劳动力、销售收入，城市层面控制变量包括城市人口、人均GDP、最低工资。

（三）考虑其他政策的影响

2001~2012年，中国颁布了很多促进对外开放的政策，不考虑这些政策可能会使估计有偏。2001 年，中国加入 WTO，贸易政策不确定性显著降低，同年政府将“走出去”战略写入《中华人民共和国国民经济和社会发展第十个五年计划纲要》，极大推动了中国企业的对外直接投资。2002 年，中国进一步修改了《外商投资产业指导目录》，扩大了 113 个制造业行业的外资开放，极大提高了外资的开放水平（Lu 等，2017；蒋灵多等，2018）。考虑到上述政策的影响，我们剔除了相关政策的所在年份，并进一步分析上述政策对基准结果的影响。表 4 汇报了相关回归结果，由表 4 第（1）列和第（2）列结果可以看到，上述同时期的开放政策并没有显著影响人民币升值对对外直接投资的促进作用。

2005 年 7 月 21 日，中国实施汇率改革，中国人民银行宣布人民币兑美元升值。这次汇率改革放弃了 1998 年以来实际执行的盯住美元政策。因此，人民币实际从 2005 年开始升值。基于本文结论，我们有理由相信人民币升值对对外直接投资的促进作用在 2005 年之后才逐渐明显。因此，在第（3）列中去掉 2001~2004 年的数据，可以看到，表 4 第（3）列的结果依旧显著为正，进一步证实了本文观点。

表 4 考虑其他政策影响的回归结果

变量	（1）	（2）	（3）
	去掉 2001 年	去掉 2001~2002 年	去掉 2001~2004 年
出口有效汇率	0.0133***	0.0132**	0.0119**
	（0.0051）	（0.0053）	（0.0050）
企业层面控制变量	是	是	是
城市层面控制变量	是	是	是
企业固定效应	是	是	是
地区—时间固定效应	是	是	是
所有制—时间固定效应	是	是	是
观测量	1751386	1613331	1331213
R^2	0.6257	0.6438	0.7178

注：括号内为聚集在城市—时间层面的稳健标准误。“***”“**”“*”分别代表 $p<0.01$，$p<0.05$，$p<0.1$。汇率以间接标价法表示，货币升值表现为汇率数据变大。企业层面控制变量包括资本存量、劳动力、销售收入，城市层面控制变量包括城市人口、人均 GDP、最低工资。

（四）异质性检验

1. 生产率异质性的影响

本文理论部分表明生产率是影响企业对外直接投资决策的重要变量，且低生产率企业的对外直接投资行为对汇率变化的反应更为明显。为论证上述结论的正确性，本文对不同生产率企业进行了异质性分析。依据Levinsohn 和 Petrin（2003）以及 Olley 和 Pakes（1992）的做法，本文构造了企业的全要素生产率。表 5 汇报了生产率层面的异质性检验。由表 5 可以发现，汇率对企业对外直接投资的影响在 1% 的水平上显著，且低生产率企业的对外直接投资决策对汇率变化表现更为明显，也进一步证明了命题 2。

表 5　生产率异质性的影响

变量	（1）	（2）
	全样本（LP）	全样本（OP）
出口有效汇率	0.0285***	0.0287***
	（0.0070）	（0.0066）
出口有效汇率生产率	−0.0122***	−0.0125***
	（0.0033）	（0.0029）
进口有效汇率	−0.0035	−0.0036
	（0.0041）	（0.0041）
企业层面控制变量	是	是
城市层面控制变量	是	是
企业固定效应	是	是
地区—时间固定效应	是	是
所有制—时间固定效应	是	是
观测量	2041946	2041946
R^2	0.62	0.62

注：括号内为聚集在城市—时间层面的稳健标准误。“***”“**”“*”分别代表 $p<0.01$，$p<0.05$，$p<0.1$。汇率以间接标价法表示，货币升值表现为汇率数据变大。企业层面控制变量包括资本存量、劳动力、销售收入，城市层面控制变量包括城市人口、人均 GDP、最低工资。

2. 所有制结构异质性的影响

如前文所述，企业所有制结构可能影响企业的对外直接投资决策。

《2018年度中国对外直接投资统计公报》显示，2017年末，私营企业对外直接投资6570家，占比25.7%；包括港澳台资企业在内的外商投资企业2134家；国有企业1422家，较上年增加0.4个百分点。三种所有制公司的对外直接投资数量不一，存在较大差异。为进一步分析所有制结构的作用，本文在控制了企业、城市层面变量以及企业固定效应、地区—时间固定效应、所有制—时间固定效应的基础上进行了分样本回归。同时，鉴于工业企业数据库在2011年之前包含年销售额在500万元以下的小型国有企业但在2011年之后包含年销售额在2000万元以上的所有企业，为保证数据的可比性，本文借鉴Fan等（2018）的做法，删除了2011年前销售额低于500万元以及2011年后销售额低于2000万元的企业。

由表6可以发现，对于外资企业而言，汇率对对外直接投资的影响显著为正。私营企业的对外直接投资受汇率变化的影响也较大，而对于国营企业而言，汇率对对外直接投资的影响较小。随后，本文在全样本中加入了出口有效汇率与表示所有制结构虚拟变量的交互项，结果显示人民币每升值1%，外资企业从事对外直接投资的可能性会增加2.7%。本文认为，相对于国内的私有企业而言，外资企业往往更了解外国市场，拥有丰富的投资经验，因此在对外直接投资过程中，外资企业可能拥有更低的对外直接投资成本。此外，一般情况下，人民币贬值往往带来出口增加。为进一步服务出口，部分国有企业可能更倾向于在人民币贬值时从事有关贸易服务型对外投资，因此，对部分国有企业而言，人民币升值并不能增加企业对外直接投资的概率。

表6　所有制结构异质性的影响

变量	（1）	（2）	（3）	（4）
	国有企业	私有企业	外资企业	全样本
出口有效汇率	-0.0011 （0.0060）	0.0089 （0.0058）	0.0242** （0.0102）	
出口有效汇率国有企业				0.0007 （0.0047）

续表

变量	（1）	（2）	（3）	（4）
	国有企业	私有企业	外资企业	全样本
出口有效汇率私有企业				0.0083 （0.0054）
出口有效汇率外资企业				0.0270*** （0.0101）
进口有效汇率	−0.0025 （0.0047）	−0.0030 （0.0044）	−0.0070 （0.0100）	−0.0038 （0.0041）
企业层面控制变量	是	是	是	是
城市层面控制变量	是	是	是	是
企业固定效应	是	是	是	是
地区—时间固定效应	是	是	是	是
所有制—时间固定效应	是	是	是	是
观测量	215504	1280819	470014	2041946
R^2	0.6087	0.6276	0.6098	0.6201

注：括号内为聚集在城市—时间层面的稳健标准误。“***”“**”“*”分别代表 $p<0.01$，$p<0.05$，$p<0.1$。汇率以间接标价法表示，货币升值表现为汇率数据变大。企业层面控制变量包括资本存量、劳动力、销售收入，城市层面控制变量包括城市人口、人均 GDP、最低工资。

3. 地区异质性的影响

如前文所述，中国各地区间的经济活动存在较大差异。以对外直接投资为例，2001~2012 年，东部地区的对外投资占比高达 72.1%，而东北地区仅占 9.0%。因此，本部分对我国的四大地带进行了分样本检验。由表 7 可知，汇率变化仅对东部企业的对外直接投资行为影响显著，表现出了较强的地区异质性。之后，本文在表 7 的第（5）列加入了出口有效汇率与各地区间的交互项，结果显示，在全样本中，汇率对东部地区对外直接投资的影响在 10% 的水平上显著，人民币每升值 1%，东部地区企业从事对外直接投资的可能性增加 2.24%。

表7 地区异质性的影响

变量	（1）	（2）	（3）	（4）	（5）
	东部	中部	西部	东北	全样本
出口有效汇率	0.0220*	-0.0023	-0.0011	0.0064	
	（0.0113）	（0.0063）	（0.0089）	（0.0056）	
出口有效汇率东部					0.0224*
					（0.0115）
出口有效汇率中部					-0.0015
					（0.0063）
出口有效汇率西部					-0.0023
					（0.0084）
出口有效汇率东北					0.0069
					（0.0063）
进口有效汇率	-0.0046	0.0026	-0.0063	-0.0120	-0.0042
	（0.0082）	（0.0036）	（0.0058）	（0.0113）	（0.0041）
企业层面控制变量	是	是	是	是	是
城市层面控制变量	是	是	是	是	是
企业固定效应	是	是	是	是	是
地区—时间固定效应	是	是	是	是	是
所有制—时间固定效应	是	是	是	是	是
观测量	1377450	328630	168484	167382	2041946
R^2	0.6173	0.6382	0.6290	0.6180	0.6201

注：括号内为聚集在城市—时间层面的稳健标准误。“***”“**”“*”分别代表p<0.01，p<0.05，p<0.1。汇率以间接标价法表示，货币升值表现为汇率数据变大。企业层面控制变量包括资本存量、劳动力、销售收入，城市层面控制变量包括城市人口、人均GDP、最低工资。

4. 企业类型异质性的影响

有学者（王自锋，2009；田巍和余淼杰，2017）认为，学术界之所以未能确定汇率变化对对外直接投资的影响，主要原因在于未考虑对外直接投资的类型。为分析汇率变化对不同类型对外直接投资的影响，本文以《境外投资企业（机构）名录》中企业经营范围为依据，对样本企业进行了“生产型对外直接投资”和“销售型对外直接投资”的划分。具体而言，本文对企业的经营范围进行了关键词搜索，当其仅含有“销售”字样时，定义该企业的对外直接投资为“销售型对外直接投资”；当其仅含有“生产”“制造”字样时，定义其为“生产型对外直接投资”。

表 8 汇报了汇率对不同类型对外直接投资的影响。可以看到，对销售型对外直接投资而言，汇率变化的影响并不显著。但人民币升值却可显著影响生产型对外直接投资，人民币每升值 1%，生产型对外直接投资的可能性增加 0.7%。生产型对外直接投资企业一般更依赖当地资源。人民币升值会在一定程度上降低此类企业的投资成本、增加相对财富，总体起到降低对外直接投资门槛的作用，因此人民币升值有利于生产型企业的对外直接投资。

表 8　企业类型异质性的影响

变量	生产型对外直接投资		销售型对外直接投资	
	（1）	（2）	（3）	（4）
出口有效汇率	0.0063**	0.0070**	0.0004	0.0009
	（0.0030）	（0.0030）	（0.0033）	（0.0031）
进口有效汇率		−0.0020		−0.0015
		（0.0026）		（0.0023）
企业层面控制变量	是	是	是	是
城市层面控制变量	是	是	是	是
企业固定效应	是	是	是	是
地区—时间固定效应	是	是	是	是
所有制—时间固定效应	是	是	是	是
观测量	1870746	1870746	1870746	1870746
R^2	0.6030	0.6030	0.6071	0.6071

注：括号内为聚集在城市—时间层面的稳健标准误。“***”“**”“*”分别代表 $p<0.01$，$p<0.05$，$p<0.1$。汇率以间接标价法表示，货币升值表现为汇率数据变大。企业层面控制变量包括资本存量、劳动力、销售收入，城市层面控制变量包括城市人口、人均 GDP、最低工资。

（五）考虑样本选择误差

由上述分析可知，人民币升值有利于提高企业对外直接投资的可能性。但以上研究均基于工业企业数据库，并非着眼于全部从事对外直接投资的企业。为此，本文将立足于《境外投资企业（机构）名录》对全部从事对外直接投资的企业进行汇率变化对对外直接投资数量影响的分析。但由于《境外投资企业（机构）名录》仅提供对外直接投资企业所在省份、投资时间以及目的地等信息，本文在此将主要进行省份层面的分析，并重新构造了省份—投资国的出口有效汇率：

$$exr_{ijt}=er_{jt}\times exw_{ij,2000} \tag{19}$$

$$imr_{ijt}=er_{jt}\times imw_{ij,2000} \tag{20}$$

其中，$exw_{ij,2000}$、$imw_{ij,2000}$ 分别为出口、进口有效汇率的权重，分别代表 2000 年 i 省（市）对 j 国出口、进口的比例。er_{jt} 为中国与 j 国的汇率。

利用新建的出口、进口有效汇率，本文重新在省级层面估计了人民币升值对对外直接投资数量的影响，主要估计方程如下：

$$\ln\left(1+\Delta num_{ijt}\right)=c+a\Delta exr_{ijt}+\beta\Delta imr_{ijt}+\gamma_{it}+\delta_{jt}+\sigma_{ij}+\mu_{ijt} \tag{21}$$

其中，因变量为 i 省对 j 国在 t 年对外直接投资数量变化的对数值。Δexr_{ijt} 和 Δimr_{ijt} 分别为 i 省对 j 国在 t 年的出口、进口有效汇率的变化值（采取间接标价法，正值表明人民币升值）。此外，由于省份、国家层面存在许多可能影响汇率与对外直接投资关系的变量，本文在回归方程中分别加入了 σ_{ij}（省份—国家固定效应）、γ_{it}（省份—时间固定效应）、δ_{jt}（国家—时间固定效应）以分别控制省份—国家间随时间变化的变量（如人口规模、资源等）、各省份面临的随时间变化的变量（如 2005 年汇率改革等）以及各国面临的一切随时间变化的变量（如 2008 年金融危机等）对回归结果的影响。

表 9 的实证结果显示，在控制了省份—国家固定效应、省份—时间固定效应、国家—时间固定效应后，汇率变化对对外直接投资的数量影响显著。人民币每升值 10%，各省对外直接投资的总体数量会增加 0.004%。为进一步检验前文结论，表 9 基于《境外投资企业（机构）名录》提供的信

息对对外直接投资企业类型异质性以及所在地区异质性进行了检验，所得结论与前文相符，即人民币升值对生产型对外直接投资以及东部对外直接投资影响显著，分析结果稳健。

表 9　汇率变化对对外直接投资数量的影响

变量	（1）	（2）	（3）
	对外直接投资数量	生产型对外直接投资	东部对外直接投资
出口有效汇率	0.0014*	0.0009***	0.0166*
	（0.0007）	（0.0001）	（0.0092）
进口有效汇率	0.0058	0.0053*	0.0067
	（0.0040）	（0.0031）	（0.0059）
省份—国家固定效应	是	是	是
省份—时间固定效应	是	是	是
国家—时间固定效应	是	是	是
观测量	8772	5694	3547
R^2	0.8030	0.6023	0.8734

注：括号内为聚集在省份—时间层面的稳健标准误。“***”“**”“*”分别代表 $p<0.01$，$p<0.05$，$p<0.1$。汇率以间接标价法表示，货币升值表现为汇率数据变大。

六　结论与政策建议

本文从理论和实证方面分析了人民币升值对中国企业对外直接投资的影响。理论模型表明人民币升值可以有效降低企业对外直接投资的固定成本门槛，从而提高对外直接投资的概率，对于低生产率的企业影响更为显著。实证分析中，本文基于工业企业数据库、海关数据库和《境外投资企业（机构）名录》发现人民币每升值 10%，企业对外直接投资的概率增加 10.2%。异质性分析结果显示低生产率企业的对外直接投资受人民币汇率变化的影响更为明显。

本文的研究具有重要的政策意义。随着中国经济的发展，人民币总体呈现升值趋势，这虽然在一定程度上弱化了出口产品的价格竞争优势，但人民币升值也同时促进了企业的对外直接投资。因此，本文提出以下政策建议：一是政府可继续推动人民币汇率制度改革，逐渐扩大浮动区间和改革中间汇率形成机制；二是政府可抓住人民币升值契机，进一步实施鼓励企业"走出去"对外直接投资的政策；三是根据本文的异质性分析结果，政府对特定企业，如外资企业、东部地区企业、低生产率企业以及生产类型企业可以进行更多对外直接投资政策上的扶持。如此，不仅可以提高中国总体对外直接投资的数量和质量，还可以弥补人民币升值对出口造成的不利冲击，更好地保障经济平稳运行。

参考文献

[1] 蒋灵多、陆毅、陈勇兵，2018，《市场机制是否有利于僵尸企业处置：以外资管制放松为例》，《世界经济》第 9 期。

[2] 罗伟、葛顺奇，2013，《中国对外直接投资区位分布及其决定因素——基于水平型投资的研究》，《经济学（季刊）》第 4 期。

[3] 田巍、余淼杰，2017，《汇率变化、贸易服务与中国企业对外直接投资》，《世界经济》第 11 期。

[4] 田巍、余淼杰，2012，《企业生产率和企业"走出去"对外直接投资：基于企业层面数据的实证研究》，《经济学（季刊）》第 2 期。

[5] 王自锋，2009，《汇率水平与波动程度对外国直接投资的影响研究》，《经济学（季刊）》第 4 期。

[6] 臧铖、初晓、景光正，2021，《汇率变动与企业跨国经营——基于中国出口企业的对外直接投资效应分析》，《国际商务（对外经济贸易大学学报）》第 1 期。

[7] 张为付，2008，《影响我国企业对外直接投资因素研究》，《中国工业经济》第 11 期。

[8] Brandt L., Van Biesebroeck J., Zhang Y. 2012. "Creative Accounting or Creative Destruction? Firm-level Productivity Growth in Chinese Manufacturing." *Journal of Development Economics* 97(2): 339-351.

[9] Buckley P. J., Clegg L. J., Cross A. R. 2015. "The Determinants of Chinese Outward Foreign Direct Investment." *In International Business Strategy* 40(2): 353-354.

[10] Campa J. M. 1993. "Entry by Foreign Firms in the United States under Exchange Rate Uncertainty." *The Review of Economics and Statistics* 75: 614-622.

[11] Chen K. M., Lin C. C., Yang S. F. 2015. "Exchange Rate Movements, Foreign Direct Investment, and Domestic RD." *Research in World Economy* 6(1): 20-35.

[12] Chen W., Tang H. 2014. "The Dragon is Flying West: Micro–level Evidence of Chinese Outward Direct Investment." *Asian Development Review* 31(2): 109-140.

[13] Cushman D. O. 1985. "Real Exchange Rate Risk, Expectations, and The Level of Direct Investment." *The Review of Economics and Statistics* 67(2): 297-308.

[14] Dai M., Xu J. 2017. "Firm–specific Exchange Rate Shocks and Employment Adjustment: Evidence from China." *Journal of International Economics* 108: 54-66.

[15] Fan H., Lai E. L. C., Li Y. A. 2015a. "Credit Constraints, Quality, and Export Prices: Theory and Evidence from China." *Journal of Comparative Economics* 43(2): 390-416.

[16] Fan H., Li Y. A., Yeaple S. R. 2015b. "Trade Liberalization, Quality, and Export Prices." *Review of Economics and Statistics* 97(5): 1033-1051.

[17] Fan H., Lin F., Tang L. 2018. "Minimum Wage and Outward FDI from China." *Journal of Development Economics* 135:1-19.

[18] Froot K. A., Stein J. C.1991. "Exchange Rates and Foreign Direct Investment: An Imperfect Capital Markets Approach." *The Quarterly Journal of Economics.* 106(4): 1191-1217.

[19] Gan L., Hernandez M. A., Ma S. 2016. "The Higher Costs of Doing Business in China: Minimum Wages and Firms' Export Behavior." *Journal of International Economics* 100: 81-94.

[20] Helpman E., Melitz M. J., Yeaple S. R. 2004. "Export Versus FDI with Heterogeneous Firms." *American Economic Review.* 94(1): 300-316.

[21] Kolstad I., Wiig A. 2012. "What Determines Chinese Outward FDI?" *Journal of World Business* 47(1): 26-34.

[22] Levinsohn J., Petrin A. 2003. "Estimating Production Functions Using Inputs to Control for Unobservables." *The Review of Economic Studies* 70(2): 317-341.

[23] Lu Y. Tao, Z., Zhu L. 2017. "Identifying FDI Spillovers." *Journal of International Economics* 107: 75-90.

[24] Olley S., Pakes A. 1992. "The Dynamics of Productivity in the Telecommunications Equipment Industry." Unpublished.

[25] Osinubi T. S., Amaghionyeodiwe L. A. 2009. "Foreign Direct Investment and Exchange Rate Volatility in Nigeria." *International Journal of Applied Econometrics and Quantitative Studies* 6(2): 83-116.

[26] Tolentino P. E. 2010. "Home Country Macroeconomic Factors and Outward FDI of China

and India." *Journal of International Management* 16(2): 102-120.

[27] Xing Y., Wan G. 2006. "Exchange Rates and Competition for FDI in Asia." *World Economy* 29(4): 419-434.

[28] Xu J., Mao Q., Tong J. 2016. "The Impact of Exchange Rate Movements on Multi–Product Firms' Export Performance: Evidence from China." *China Economic Review* 39: 46-62.

[29] Yeaple S. R. 2009. "Firm Heterogeneity and the Structure of US Multinational Activity." *Journal of International Economics* 78(2): 206-215.

（责任编辑：许雪晨）

企业借贷成本异质性、资本配置扭曲与全要素生产率

——基于双重金融摩擦视角的动态随机一般均衡分析

张四灿　李自磊　高　帆　张　云*

摘　要：本文构建了一个异质性企业的动态随机一般均衡模型，首次将双重金融摩擦和政府隐性担保因素纳入统一的研究框架，由此银行杠杆和企业杠杆均影响到企业融资溢价，实现资本扭曲的内生化，进而通过分析驱动企业融资溢价变动的因素来考察企业间借贷成本差异造成的资本错配和全要素生产率损失。研究发现：金融摩擦产生的异质性企业融资溢价拉低了资本配置效率和全要素生产率。负向冲击通过银企杠杆联动机制产生双重金融加速效应并带来逆周期的资本错配，同时信贷供给端摩擦通过银行资产负债表渠道而加剧资本错配。经济下行时期，民营企业融资难度加大以及国有企业生产决策的逆周期性均会加剧资本错配。这些结果表明，解决金融摩擦造成的市场型资本错配问题的关键在于缓解信息不对称；解决政府隐性担保造成的银行信贷配置非市场化问题可以建立具有“状态依存于经济周期的政府担保企业信贷”制度。

* 张四灿，讲师，天津师范大学经济学院，电子邮箱：sicanzhang@163.com；李自磊（通讯作者），讲师，天津财经大学金融学院，电子邮箱：nklizilei@163.com；高帆，硕士研究生，天津师范大学经济学院，电子邮箱：gaofan0628@163.com；张云，副教授，南开大学经济学院，电子邮箱：nkzhangyun@126.com。本文获得天津市 2018 年度哲学社会科学规划项目“产业融合视角下天津实现经济稳增长研究”（TJYJQN18-006）的资助。感谢匿名审稿专家的宝贵意见，文责自负。

关键词： 企业借贷成本异质性　逆周期资本错配　全要素生产率　双重金融摩擦　政府隐性担保

一　引言与文献综述

中国经济已由高速增长阶段转向高质量发展阶段，传统要素尤其是投资驱动型增长模式日益难以为继，迫切需要向效率驱动乃至创新驱动转变，其核心途径就是提升全要素生产率。然而，中国现实经济中，不同类型企业的外部融资溢价存在显著差异，见图1（1），进而不同企业借贷成本呈现出异质性。[①] 此时，一些企业能够以较低利率从银行融资，进而选择投入相对过多资本并表现出较低的资本边际生产力；一些企业则只能以较高利率获得银行贷款，进而导致其投入相对过少的资本并表现出较高的资本边际生产力，尤其是生产效率高的企业投入过少资本。由此，企业间资本配置不再满足资本等边际产出原则，经济中资本配置发生扭曲。倘若上述资本配置扭曲状况获得改善，资本从较低边际生产力的企业部门流向较高生产力的企业部门，则经济总产出在要素投入数量和技术水平不变情形下仍将会增加。这意味着从经济增长核算视角，改善企业间资本配置效率是提升中国全要素生产率的一个重要渠道。[②] 这有助于为新常态下中国经济增长提供新动力，进而助力经济高质量发展。有鉴于此，本文重点研究企业借贷成本异质性带来的资本配置扭曲、资源配置效率与全要素生产率之间的内在深层联系。

造成资本配置扭曲的一个重要原因是由金融摩擦造成的不同企业借贷成本异质性。具体来说，企业借贷成本异质性主要由企业外部融资溢

① 正如易纲（2019）指出，除相同的无风险利率外，企业贷款利率主要还包括风险溢价。因此，不同企业信用溢价的差异意味着企业间借贷成本的异质性。

② 简泽等（2018）指出，相较于劳动力而言，中国经济中资本在企业间的配置扭曲情况更为严重。并且，鄢萍（2012）进一步研究发现，造成中国资本配置扭曲最主要的原因是不同企业类型的借贷成本差异，而不是投资不可逆性和资本调整成本等原因。

价的差异造成，而运行高效的金融市场体系能够有效降低金融摩擦造成的企业间融资溢价和借贷成本差异进而实现信贷和资本的跨企业有效配置（Gilchrist 等，2013）。不过，现阶段中国金融市场发展还不成熟和完善，资金主要通过金融中介从资金盈余方转移至资金需求方（易纲和宋旺，2008；易纲，2020），并且在银行与企业间、家庭与银行间均存在由信息不对称导致的信贷摩擦（张云等，2020）。就信贷需求端来看，银行因无法有效甄别潜在的企业贷款违约风险而导致企业贷款利率包含了一种需求端溢价以便补偿上述违约成本，并且需求端溢价幅度取决于企业违约成本（Bernanke 等，1999）。相较于民营企业，银行向国有企业贷款所面临的潜在违约成本要小些。① 在这种情况下，相同信贷需求端溢价下，国有企业因较低违约成本而获得的信贷资金要多于民营企业，其杠杆率也相对较高；相同杠杆率下，国有企业因需求端溢价而借贷利率也要低于民营企业。此时，经济中更具活力、生产效率更高的民营企业因违约成本较高而以较高贷款利率从银行部门获得资金，而生产效率相对较低的国有企业因违约成本较低而以较低利率获得银行资金（Bernanke 等，1999；Song 等，2011）。这意味着企业间违约成本的异质性导致不同企业的信贷需求端溢价和借贷成本差异，从而使信贷资金在企业间的配置发生扭曲，导致企业间资本错配和全要素生产率损失。此外，考虑到企业资产负债表具有顺周期性，即企业资产净值在经济收缩时期下降，从而企业信贷需求端溢价表现出逆周期性，这意味着相较于净资产更高的国有企业，净资产较低的民

① 第一，就劳动力和资本两种生产要素而言，企业雇用劳动力支付的工资很难追回并且人力资本具有不可转让性（Calvo 等，2012），而厂房和设备等有形物质资本能够提高债权人在债务人违约时可获得的价值（Almeida 和 Campello，2007）。考虑到中国国有企业主要分布在能源、金融、电信等资本密集型行业，民营企业则主要分布在纺织业、服务业等劳动密集型行业（陈晓光和张宇麟，2010；王勇，2017），从而使拥有更多厂房和设备等有形资产的国有企业能容易减少银行在企业贷款违约时的损失，从而其违约成本更小。第二，民营企业规模普遍较小且财务明晰程度不高，导致银行对民营企业在审计、清算和法律咨询等方面的监督成本也较高。第三，现阶段，我国金融体系中国有银行仍然占主导地位，同时考虑到国有银行和国有企业具有共有的国有产权，这使得国有银行对国有企业的用贷和还贷行为的控制力要强一些，从而有助于减少银行对国有企业的监督成本。基于以上考虑，银行向国有企业贷款的潜在损失和风险通常要小于民营企业。

营企业在经济衰退时期将面临更高的需求端溢价，从而在经济下行时更多的民营企业因借贷成本上升而无法将资本调整到合意水平。由此，企业间资本错配呈现逆周期特征：经济衰退时期，资本错配程度提高；经济繁荣时期，资本错配程度降低（Alam,2020），见图1（2）。从信贷供给端来看，源自银行转移家庭储蓄资产的道德风险问题导致银行配置于企业的信贷规模总量及其杠杆内生受到银行资产负债表状况约束，进而银行预期贷款收益率中包含了一种反映上述道德风险的供给端溢价，并且上述信贷供给端溢价与决定信贷供给能力的银行杠杆呈现负向关系（Gertler 和 Karadi，2011）。由此，银行将有限信贷资金配置于违约成本较高的民营企业的意愿减弱，这预示着民营企业需求端溢价变动幅度要进一步大于国有企业，从而加剧由信贷需求端摩擦导致的资本错配。此外，顺周期的银行资产负债表意味着，在经济下行时，银行向企业提供的信贷规模总量会进一步收缩并表现出“去杠杆”态势，而融资约束更紧的民营企业更容易受到银行优化行为影响，这使得资本错配逆周期性特征愈发突出。需要注意的是，上述企业间借贷成本差异导致的资本错配和全要素生产率损失反映的是银行部门在金融摩擦环境下按照市场化方式配置信贷资源引起的资本错配。①

与此同时，现阶段中国政府对国有企业贷款通常存在隐性担保，银行在国有企业贷款违约时所遭受的损失能够得到政府的部分甚至完全补偿（中国人民银行营业管理部课题组，2017；Chang 等，2019）。此时，在相同企业财务状况下银行更倾向于以较低的贷款利率向国有企业融资，并且国有企业杠杆上升对其借贷利率的影响也减弱，这意味着政府隐性担保减弱了金融摩擦对国有企业融资成本的影响，并且进一步加大了企业间借贷成本差异。具体来说，相对于民营企业单纯的利润目标而言，作为中国特色社会主义的重要物质基础的国有企业具有“全民所有、为民服务”的根本属性（张宇，2016），其具有二元目标即经济目标和非经济目标。非经济目标

① 需要注意的是，林东杰等（2022）的分析强调信贷需求端摩擦，认为国有企业和民营企业在融资方面的差异反映的是不同企业面临的金融摩擦存在异质性，进而通过不同的企业贷款价值比衡量。不过，本文认为，金融摩擦状况反映的是整个金融部门运行效率，金融部门运行效率提高缓解了金融摩擦并降低了企业的外部融资成本。

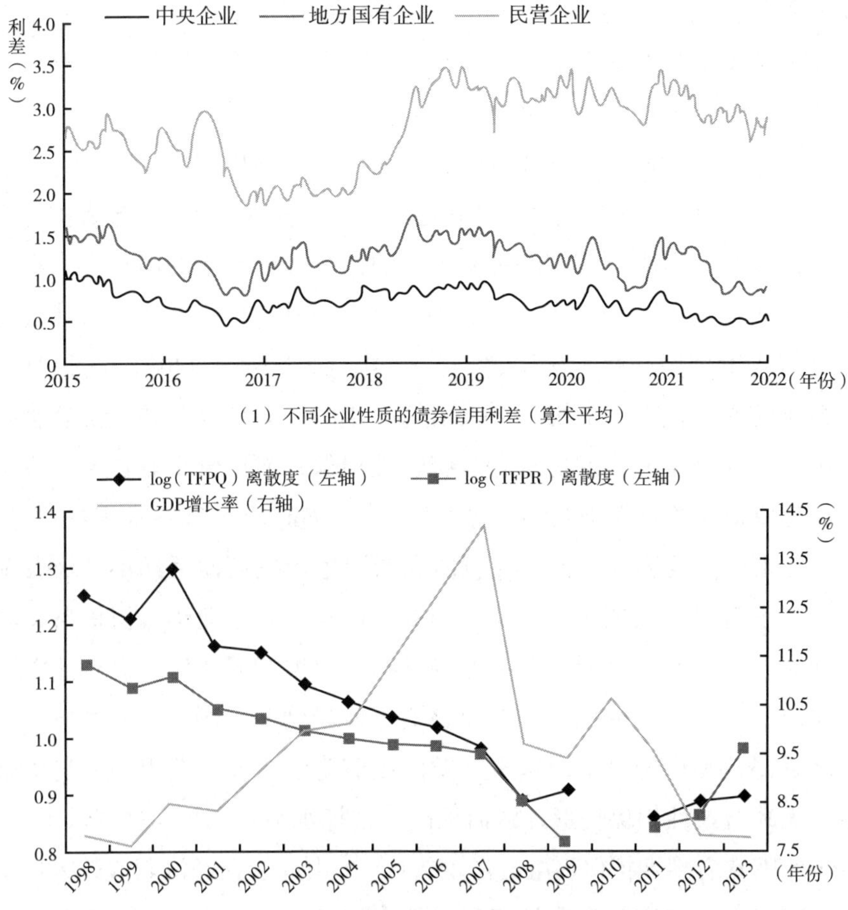

（1）不同企业性质的债券信用利差（算术平均）

（2）资源错配的逆周期表现

图 1　不同性质企业借贷成本差异与资源错配的变动趋势

注：在资源错配核算中，TFPQ 和 TFPR 分别表示产量全要素生产率（不考虑价格因素）和收益全要素生产率（考虑价格因素），当行业内所有企业的 log（TFPQ）和 log（TFPR）离散度增大则意味着该行业内的资源错配程度加剧。

资料来源：Wind 数据库、李欣泽和司海平（2019）。

集中体现在经济下行时，诸如 2008 年金融危机和新冠肺炎疫情突袭而至时，作为战略性工具的国有企业要积极助力政府“稳增长”等目标实现，其投资和员工雇用等生产决策呈现明显逆周期特征（张四灿和张云，2018；张云等，2020；钟宁桦等，2021）。然而，经济衰退时期，资产价格下跌导致银行和企业资产负债状况恶化。由此，银行杠杆呈现出去杠杆态势而企业杠杆表现出上升态势，这导致企业信贷需求端溢价和信贷供给端溢价的上升，进而引起企业借贷成本上升。此时，政府部门需要增强对国有企业信贷的隐性担保强度以弱化金融摩擦对国有企业信贷成本的影响，这使得银行更加倾向于向国有企业贷款，从而使逆周期生产决策的国有企业能够获得足够的银行信贷支持。[①] 由此，大量优惠性信贷资源流入国有企业部门，这使得本应该被市场机制清除的部分亏损严重的国有企业在衰退期间仍获得银行注资而维持"僵而不死"，国有企业整体经营绩效在经济刺激政策期间恶化（杨国超等，2020；钟宁桦等，2021），信贷资源在企业间的配置进一步扭曲（Cong 等，2019）。然而，在经济刺激政策退出后，国有企业信贷仍享有政府隐性担保；而民营企业自始至终按照市场化原则融资且无法获得优惠性贷款（Chang 等，2019；梅冬州等，2021）。此时，虽然国有企业因前期逆周期生产决策而后期出现经营绩效进一步下滑以及偿债压力加剧等问题，但是国有企业仍会消极对待其债务问题，同时银行也因政府担保仍然存在而继续弱化对国有企业资产负债状况的关注，这造成国有企业融资更多受到非市场化因素影响：在外部融资溢价相同幅度下，国有企业因政府隐性担保而获得的可贷资金要多于无政府隐性担保情形，从而推高其杠杆水平；在相同杠杆水平下，国有企业因政府隐性担保而融资溢价较低。[②] 由此，在经济刺激政策退出后，信贷资金价格因政府隐性担保继续存在而持续扭曲，国有企业仍然获得大量廉价资金，这会进一步加剧信贷资金错配程度，尤其是民营企业和国有企业的杠杆率在2008年以后呈现出分化特征（纪洋等，2018；谭小芬和张文婧，2021；郎昆和刘庆，2021）（见图2）。由此，金融部门非市场化配置资金预示着资本在国有企业与民营企业间的配置扭曲程度加剧，这会进一步拉低资本配置效率和全要素生产率，最终拖累到全要素生产率增长（白重恩和张琼，2014）。

---

① 当国有企业无法偿还银行贷款时，政府则动用财政资源帮助其偿还贷款。

② 根据刘哲希和李子昂（2018）的测算结果，企业债务利息支出占当期新增债务的比重从2009年的20.1%持续攀升到2017年的64.9%，这表明越来越多的企业陷入依靠"借新还旧"来维持生存的困境，这使信贷资源配置效率下降。

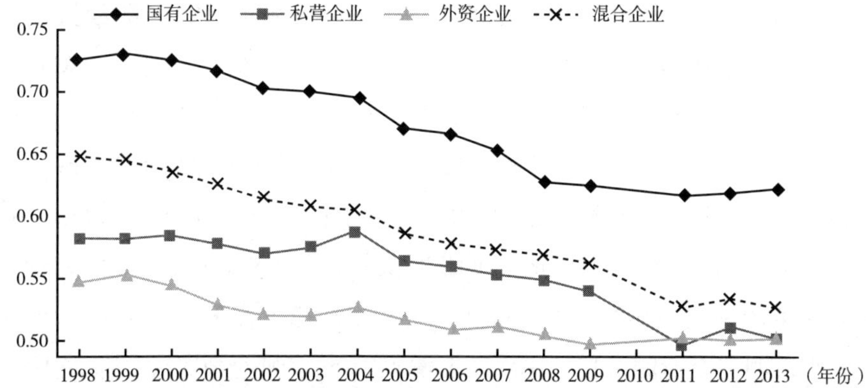

（1）不同企业性质的负债率

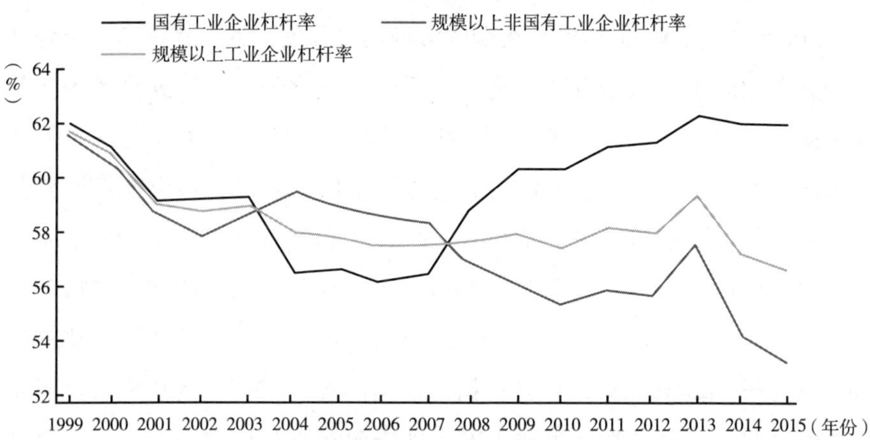

（2）全国规模以上工业企业杠杆率

图 2　不同企业性质的杠杆变动趋势的比较

资料来源：图 2（1）来自钟宁桦等（2016）；图 2（2）来自谭小芬和张文婧（2021）。

本文研究主要与以下三方面文献有关：第一，金融摩擦导致的企业间借贷成本异质性对资源配置效率影响的研究。鉴于资源有效配置意味着企业间要素配置满足等边际产出原则，故检验企业间边际产出状况能够用于测度现实经济中资源错配程度。基于上述考虑，Hsieh 和 Klenow（2009）开创性地建立了微观企业层面的资源错配同宏观层面全要素生产率联系的经典模型（以下简称“HK 模型”），通过假定经济生产结构并使用微观数据估计企业要素投入偏离有效配置的扭曲系数，进而测算出经济全要素生产率损失，并指出中国的资源错配能够解释中美两国制造业全要素生产率差异的 30%~50%。不过，HK 模型没有给出影响资源错配的主要因素。考虑到资源错配能够解释国家间全要素生产率差异的很大一部分（Alam，2020），并且发展中国家与发达国家在金融市场深度和成熟度等方面存在巨大差异，不少学者认为金融摩擦是造成资源错配的重要原因（Greenwood 等，2013）。此后，一些学者以 HK 模型为基础证实上述结论，Gilchrist 等（2013）测算出金融摩擦造成的企业间借贷成本差异虽然仅带来美国 1%~2% 的全要素生产率损失，但是以企业间借贷利率离散度衡量金融摩擦的反事实试验则表明，企业间借贷利率离散度增大 10 倍，则全要素生产率损失将近 20%，这意味着金融发展滞后通过加剧资本错配会显著降低全要素生产率。Gopinath 等（2017）指出，在金融市场相对不发达的南欧国家，金融摩擦导致资本倾向于流入净资产较高但缺乏生产效率的企业，这导致企业间资本收益率离散度增大并带来全要素生产率损失。就中国经济而言，简泽等（2018）利用四位数产业企业层面的数据集研究发现，金融摩擦同样是造成中国企业间资本错配的重要原因。Whited 和 Zhao（2021）则考虑企业融资结构（债权和股权）对资源错配的影响，发现中国企业融资结构若达到美国水平就能够提高企业产出水平的 51%~69%。第二，关于资本错配逆周期特征的研究。Bloom 等 (2018) 指出，美国经济在产出增长率较低时总是伴随着全要素生产率离散度的上升，即资源错配程度会在经济衰退时期加剧；Alam（2020）基于欧美国家的企业层面数据并以资本边际收益离散度衡量资本错配程度，研究发现：经济衰退时期，资本错配程度加剧；而经济高涨时期，资本错配程度缓解，从而资本错配呈现出逆周期性特征。就中国经济而言，邢天才和庞士高（2015）利用中国 1992~2013 年的制造业上市企业数据实证分析发现，中国经济中资源错配同样具有逆周期特征，即企业整体上在经济下行时期比经济上行时期面临更严重的资本错配。第三，从金融摩擦视角并采取动态随机一般均衡模型（以下简称“DSGE 模型”）研究资源错配与全要素生产率之间联系的相关研究。从信贷需求端来看，Khan 和 Thomas（2013）将信贷抵押约束机制和投资具有部分不可逆性两种因素嵌入具有异质性企业的 DSGE 模型，研究发现资本配置效率因上述两种因素交互作用而降低，进而导致持续性的全要素生产率损失。与

Khan 和 Thomas（2013）考虑企业信贷需求端摩擦不同，Ai 等（2020）将银行部门转移资产的道德风险问题嵌入 DSGE 模型，进而考虑信贷供给端摩擦对资本配置效率和经济周期波动的潜在影响，认为不利冲击导致银行净资产下降而影响到银行借贷能力，这限制了企业间资本配置并导致资本边际产出离散度增加，从而加剧资本错配并导致全要素生产率损失。就中国经济而言，Chang 等（2019）和中国人民银行营业管理部课题组（2017）在异质性企业的 DSGE 模型中嵌入 Bernanke 等（1999）提出的类型的金融需求端摩擦，同时国有企业贷款享有政府隐性担保，进而从理论上阐述了不同企业间融资价格扭曲和资本错配的内生机理。孟宪春等（2020）、林东杰等（2022）都是基于 Kiyotaki 和 Moore（1997）提出的抵押约束机制构建异质性企业的 DSGE 模型。其中，孟宪春等（2020）通过设定不同的企业贷款价值比来刻画企业获取银行信贷额的差异，进而从理论上阐释由信贷扭曲导致的资本错配对中国宏观杠杆率高企和全要素生产率下降的内生作用机制。林东杰等（2022）认为企业贷款价值比反映了金融摩擦异质性差异，进而研究了金融摩擦异质性对全要素生产率损失的影响。然而，上述关于中国经济的研究主要关注金融需求端摩擦的影响，缺乏对金融供给端摩擦的足够关注，同时没有分别考虑金融摩擦和政府隐性担保因素对企业借贷成本的差异化影响。

既有研究表明，第一，金融摩擦造成企业间借贷成本差异进而扭曲信贷和资本配置并最终导致全要素生产率损失，但已有研究侧重于单一金融摩擦，缺乏对金融供需两端摩擦并存情况的系统性探讨，难以形成有效应对策略。第二，传统的 DSGE 模型往往以欧美发达国家经济问题为背景且基础假定偏离中国现实经济运行和制度环境，直接平移上述理论模型则无法有效解释和解决中国经济问题，需要充分考虑中国现实经济的制度性因素，诸如商业银行在信贷配置方面对国有企业的制度性偏向。基于上述考虑，本文将双重金融摩擦及政府隐性担保造成的信贷配置制度偏向性因素纳入统一的研究框架，以便更加全面地分析由企业借贷成本差异造成的中国资本配置扭曲和全要素生产率损失问题。

本文可能的创新点和贡献主要包括以下几点：第一，构建了一个 DSGE

模型，首次将双重金融摩擦及政府隐性担保因素纳入统一的研究框架。其中，政府隐性担保采用类似中国人民银行营业管理部课题组（2017）的方式构建，进而分析信贷配置制度偏向性因素即非经济标准对资本错配和全要素生产率损失的影响；信贷需求端摩擦采用 Bernanke 等（1999）提出的方式构建，而信贷供给端摩擦采用 Gertler 和 Karadi（2011）提出的方式构建，[①] 同时以银行信贷规模变量为纽带构建上述两种摩擦关联，[②] 进而实现银

---

① 根据国家资产负债表研究中心测算的相关数据，家庭金融资产日益多元化，存款占居民金融资产份额总体呈现下降趋势，自 1993 年的 94.49% 下降为 2019 年的 34.48%，证券投资基金占比则从 1993 年的 0.33% 上升至 2019 年的 5.92%，股票和股权占比则从 1993 年的 15.33% 上升至 2019 年的 52.37%，这表明，家庭闲置资金日益从低收益的银行储蓄向相对收益率较高的股市、债市和互联网金融等市场转移（刘晓星和姚登宝，2016）。由此，银行吸储能力降低将会影响到社会融资规模和实体经济。同样，2013 年中国银行业的“钱荒”事件揭示银行资产负债表状况在中国经济运行中扮演着重要角色。2015 年 5 月 1 日正式实施的《存款保险条例》表明我国政府对银行的隐性担保将逐步退出，允许金融机构破产倒闭。2019 年 5 月 24 日包商银行因巨额股东占款无法归还引发严重信用危机，此后被中国人民银行和中国银保监会接管，但最终在 2020 年 11 月经中国银保监会同意而进入破产程序。2019 年 5 月 31 日安永会计师事务所因锦州银行部分机构贷款实际用途与其文件描述不符而辞任该行核数师一职，成为锦州银行流动性风险问题暴露的导火索。上述包商银行和锦州银行事件均显示银行部门存在道德风险问题。因此，有必要采用 Gertler 和 Karadi（2011）提出的构建银行模块分析中国银行部门信贷供给能力变动对中国经济带来的潜在影响。

② 需要注意，Gertler 和 Karadi（2011）构建的模型中，银行与企业间不存在金融摩擦：银行对企业进行股权投资（Equity Investment），而企业通过发行股票（Issue Share）为其资本支出融资，本质上银行拥有企业。但是，《中华人民共和国商业银行法（2015 年版）》第四章第四十三条规定，“商业银行在中华人民共和国境内不得从事信托投资和证券经营业务，不得向非自用不动产投资或者向非银行金融机构和企业投资，但国家另有规定的除外”。这表明通常情况下银行不能持有企业的股份。因此，Gertler 和 Karadi（2011）提出的模型刻画的信贷供给方面的金融摩擦并不完全切合中国银行实际状况，需要做适当修正。具体而言，Gertler 和 Karadi（2011）提出的模型中银行激励兼容条件要求银行终期净资产 V_t 必须大于等于其拥有的企业股份总价值 $Q_t S_t$ 的 λ 份额，即 $V_t \geqslant \lambda Q_t S_t$，本文将该条件修正为 $V_t \geqslant \lambda B_t$。这里，$S_t$ 是关于资本 K_{t+1} 的股权，B_t 为银行向非金融企业发放贷款的数量。另外，Gertler 和 Karadi（2011）模型中银行向非金融企业的贷款数量与整个经济中资本规模相等，本文信贷供给方面的金融摩擦银行直接影响到非金融企业获得的贷款额，贷款数量小于经济的资本规模，即 $B_t + N_t^e = Q_t K_t$。

行杠杆和企业杠杆联动，通过影响企业间外部融资溢价而影响到企业间资本配置。第二，从比较静态和动态分析视角评估了银行部门在双重金融摩擦环境下采取经济标准和非经济标准配置信贷资金对资本配置效率和全要素生产率的影响机制机理，进而揭示出金融供给端摩擦和政府隐性担保影响资本配置效率的渠道。其中，金融供给端摩擦通过银行资产负债表渠道限制了银行配置于企业的信贷规模总量，进而银行部门将有限信贷资金配置到违约成本较高的民营企业的意愿减弱，从而由信贷需求端摩擦造成的企业间资本错配程度会进一步加剧；政府隐性担保弱化了金融摩擦对国有企业融资的影响，进而银行向国有企业贷款意愿增强，这导致部分资不抵债的国有企业可以通过“借新还旧”方式维持生存，从而导致信贷资源配置效率恶化，最终使经济中资本错配加剧。此外，由于政府隐性担保的存在，金融供给端摩擦造成的银行有限信贷资金更难以流向生产相对高效的民营企业，从而使经济资本错配进一步加剧。第三，以经济下行为背景，从动态视角阐述了民营企业违约成本上升和国有企业逆周期的生产决策导致企业间资本错配加剧的具体机制。

本文剩余部分安排如下：第二部分在借鉴 Hsieh 和 Klenow（2009）的资源错配模型基础上，构建异质性企业的局部均衡模型，同时将全要素生产率损失归结为企业间借贷成本差异；第三部分则将上述局部均衡模型嵌入一个包含家庭、资本生产者、企业、银行和政府等部门的 DSGE 模型；第四部分为模型结构参数赋值与模型拟合评价；第五部分为模型稳态的比较静态分析；第六部分为模型的动态模拟分析；第七部分为结论与政策启示。

二　企业借贷成本异质性和资本配置扭曲的分析框架

（一）模型假设

借鉴 Hsieh 和 Klenow（2009）的资源错配模型，假设经济中企业 $i(i=1,2)$ 使用资本 K_{it-1} 和劳动力 L_{it} 进行生产：$Y_{it}=A_{it}K_{it-1}^{\alpha_i}L_{it}^{1-\alpha_i}$。其中，企业 1 为国

有企业，企业 2 为民营企业。同时，假定家庭消费和企业投资的最终产品来自上述两类企业的最终产出，并且最终产出由处于竞争性市场环境的代表性最终品厂商按照 Cobb-Douglas 生产技术加总两类企业产出得到：$Y_t = Y_{1t}^{\varsigma_1} Y_{2t}^{\varsigma_2}$，$\varsigma_1 + \varsigma_2 = 1$。由成本最小化得到：$P_{it} Y_{it} = \varsigma_i P_t Y_t$。其中，$P_{it}$ 为企业 i 产品价格，$P_t \equiv \left(P_{1t}/\varsigma_1\right)^{\varsigma_1} \cdot \left(P_{2t}/\varsigma_2\right)^{\varsigma_2}$ 为最终品价格并令其为经济的计价物即 $P_t = 1$。此时，有 $\varsigma_i = P_{it} Y_{it}/Y_t$，故 ς_i 表示企业 i 的产出份额。

这里为集中关注信贷错配导致的资本配置扭曲问题，暂不考虑劳动力跨企业错配等问题。① 假设企业 i 需要提前向资本生产者购买下期生产资本且持有资本期限仅一期，同时生产结束后将资本再次出售给资本生产者。因此，企业 i 按照资本价格 Q_t 购买资本 K_{it} 获得的总收益包括：生产收益 $r_{it+1}^k K_{it}$ 和出售收益 $Q_{t+1}(1-\delta)K_{it}$，从而资本预期收益率为：$R_{it+1}^k = \left[r_{it+1}^k + Q_{t+1}(1-\delta)\right]/Q_t$。然而，企业 i 积累的自有资金始终无法满足资本购买需求，需要向银行贷款才能购买到足够资本。与此同时，不同企业的借贷利率即资本使用成本因信贷市场不同扭曲因素的影响而出现显著差异，从而信贷和资本在企业间配置发生扭曲。此时，经济中不同企业的资本扭曲系数 τ_{it}^k 表现出异质性。② 最终，企业 i 生产使用的资本数量或贷款数量满足：

$$R_{it+1}^k = \frac{r_{it+1}^k + Q_{t+1}(1-\delta)}{Q_t} = R_t\left(1+\tau_{it+1}^k\right) \tag{1}$$

因此，当企业 i 需要以高于无风险资本收益率 R_t 的利率获得银行贷款时，它将会选择较少的资本，由此该企业的资本边际产出价值 r_{it}^k 和资本扭曲系数 τ_{it}^k 将会较高，即 $r_{it}^k \propto R_{it}^k \propto \tau_{it}^k$。假定劳动力工资为 w_t，企业 i 选择最优劳动力投入数量 L_{it} 以实现资本生产收益 $r_{it}^k K_{it-1}$ 的最大化：

① 简泽等（2018）指出相对跨企业的劳动力错配，中国企业间的资本错配更为严重。

② 这里将企业 i 的预期资本收益率 R_{it+1}^k 偏离无风险资本（储蓄）收益率 R_t 定义为企业 i 的资本扭曲系数，宏观上则通常被称为企业 i 的外部融资溢价。

$$r_{it}^{k}K_{it-1}=\max_{L_{it}}P_{it}Y_{it}-L_{it}w_{t}$$

由此，企业 i 关于劳动力投入的最优条件满足：

$$\frac{\left(1-\alpha_{i}\right)P_{it}Y_{it}}{L_{it}}=w_{t} \tag{2}$$

由于生产函数是规模报酬不变的，根据生产分配净尽定理可知，企业 i 从生产中获得的资本收益 $r_{it}^{k}K_{it-1}$ 等于 $a_{i}P_{it}Y_{it}$，故企业 i 的资本边际产出价值满足：

$$\alpha_{i}\frac{P_{it+1}Y_{it+1}}{K_{it}}=r_{it+1}^{k} \tag{3}$$

（二）资源配置性质

假设经济中资本总量和总劳动力量分别为 K_t 和 L_t，定义资本和劳动力在国有企业和民营企业间的配置比例：$x_{1t}^{k}=K_{1t}/K_{t}$，$x_{2t}^{k}=K_{2t}/K_{t}$，$x_{1t}^{l}=L_{1t}/L_{t}$，$x_{2t}^{l}=L_{2t}/L_{t}$。由此，资本和劳动力的竞争性均衡配置 $\left\{x_{1t}^{k},x_{2t}^{k}\right\}$ 和 $\left\{x_{1t}^{l},x_{2t}^{l}\right\}$ 满足：

$$\begin{aligned}&x_{1t}^{l}=\frac{\left(1-\alpha_{1}\right)\varsigma_{1}}{\left(1-\alpha_{1}\right)\varsigma_{1}+\left(1-\alpha_{2}\right)\varsigma_{2}},\quad x_{2t}^{l}=\frac{\left(1-\alpha_{2}\right)\varsigma_{2}}{\left(1-\alpha_{1}\right)\varsigma_{1}+\left(1-\alpha_{2}\right)\varsigma_{2}}\\&x_{1t}^{k}=\frac{k_{t}\alpha_{1}\varsigma_{1}}{k_{t}\alpha_{1}\varsigma_{1}+\alpha_{2}\varsigma_{2}}=\frac{\alpha_{1}\varsigma_{1}}{\alpha_{1}\varsigma_{1}+\alpha_{2}\varsigma_{2}}\cdot\frac{r_{t+1}^{-k}}{r_{1t+1}^{k}},\quad x_{2t}^{k}=\frac{\alpha_{2}\varsigma_{2}}{k_{t}\alpha_{1}\varsigma_{1}+\alpha_{2}\varsigma_{2}}=\frac{\alpha_{2}\varsigma_{2}}{\alpha_{1}\varsigma_{1}+\alpha_{2}\varsigma_{2}}\cdot\frac{r_{t+1}^{-k}}{r_{2t+1}}\end{aligned} \tag{4}$$

此时，经济总量生产函数：

$$\begin{aligned}Y_{t}&=\underbrace{\left\{A_{1t}^{\varsigma_{1}}A_{2t}^{\varsigma_{2}}\left(x_{1t-1}^{k}\right)^{\alpha_{1}\varsigma_{1}}\left(x_{2t-1}^{k}\right)^{\alpha_{2}\varsigma_{2}}\left(x_{1t}^{l}\right)^{\left(1-\alpha_{1}\right)\varsigma_{1}}\left(x_{2t}^{l}\right)^{\left(1-\alpha_{2}\right)\varsigma_{2}}\right\}}_{A_{t}(x)}K_{t-1}^{\alpha_{1}\varsigma_{1}+\alpha_{2}\varsigma_{2}}L_{t}^{1-\left(\alpha_{1}\varsigma_{1}+\alpha_{2}\varsigma_{2}\right)}\\&=A_{t}\left(\mathrm{x}\right)K_{t-1}^{\alpha}L_{t}^{1-\alpha}\end{aligned} \tag{5}$$

其中，$\alpha=\alpha_{1}\varsigma_{1}+\alpha_{2}\varsigma_{2}$，$k_{t}=r_{2t+1}^{k}/r_{1t+1}^{k}$ 为企业资本边际产出价值比，r_{t}^{-k} 为资本边际产出价值的加权调和平均。经济全要素生产率 $A_{t}\left(\mathrm{x}\right)$ 取决于企业 i 的生产技术 A_{it} 和资本的配置，即 $\ln A_{t}\left(\mathrm{x}\right)=\boldsymbol{\varsigma}'\ln\boldsymbol{A}_{t}+\left(\lambda^{k}\right)'\ln\mathrm{x}_{t-1}^{k}+$ 常数，定义

$\boldsymbol{A}_t=\left[A_{1t}\ ,\ A_{1t}\right]'$，$\boldsymbol{x}_t^k=\left[x_{1t}^k\ ,\ x_{2t}^k\right]'$，$\varsigma=\left[\varsigma_1\ ,\ \varsigma_2\right]'$，$\boldsymbol{\lambda}^k=\left[\alpha_1\varsigma_1\ ,\ \alpha_2\varsigma_2\right]'$。

根据（4）式可知，从劳动力的跨企业配置来看，企业 i 的就业比例取决于劳动产出弹性 $(1-\alpha_i)$ 和企业 i 产出份额 ς_i；资本在企业间的配置则依赖两类因素：第一类因素是资本产出弹性 α_i 和企业 i 产出份额 ς_i，这决定无扭曲资本最优配置（The First Best Allocation），即 $\alpha_i\varsigma_i\ /\ \sum_i\alpha_i\varsigma_i$；第二类因素是资本扭曲参数 τ_{it}^k，这是由于：当资本存在扭曲时，有 $r_{it}^k\propto R_{it}^k\propto\tau_{it}^k$，故 $x_{it-1}^k=\dfrac{\alpha_i\varsigma_i}{\sum_i\alpha_i\varsigma_i}\cdot\dfrac{\bar{r}_t^k}{r_{it}^k}\propto\dfrac{\bar{r}_t^k}{r_{it}^k}\propto\dfrac{\overline{1+\tau_{it}^k}}{1+\tau_{it}^k}$。由此，经济全要素生产率不仅取决企业 i 的生产技术 A_{it}，还与资本扭曲 τ_{it}^k 相关：

$$A_t\left(\mathbf{x}\right)=A_{1t}^{\varsigma_1}A_{2t}^{\varsigma_2}\left(x_{1t-1}^k\right)^{\alpha_1\varsigma_1}\left(x_{2t-1}^k\right)^{\alpha_2\varsigma_2}\left(x_{1t}^l\right)^{(1-\alpha_1)\varsigma_1}\left(x_{2t}^l\right)^{(1-\alpha_2)\varsigma_2}\propto A_{1t}^{\varsigma_1}A_{2t}^{\varsigma_2}\left(\frac{\overline{1+\tau_{it}^k}}{1+\tau_{1t}^k}\right)^{\alpha_1\varsigma_1}\left(\frac{\overline{1+\tau_{it}^k}}{1+\tau_{2t}^k}\right)^{\alpha_2\varsigma_2}$$

考虑到企业贷款利率受到金融摩擦以及政府信用担保等因素影响，这造成企业借贷成本的差异：现实经济中，通常民营企业的资本扭曲程度较国有企业更显著，即 $\tau_{2t}^k>\tau_{1t}^k$，故 $\dfrac{\overline{1+\tau_t^k}}{1+\tau_{1t}^k}>1$，且 $\dfrac{\overline{1+\tau_t^k}}{1+\tau_{2t}^k}<1$。因此，从社会最优配置来看民营企业获得信贷和资本比例要小于最优情形，而国有企业则配置相对过多的信贷和资本。由此，不难得到如下命题。

命题 1：当资本实现最优配置即企业间资本边际产出价值相等（k_t=1）时，经济最优资源配置 $\left\{\tilde{x}_{1t}^k,\tilde{x}_{2t}^k\right\}$ 和 $\left\{\tilde{x}_{1t}^l,\tilde{x}_{2t}^l\right\}$ 满足：$\tilde{x}_{1t}^k=x_{1t}^k\big|_{k_t=1}$，$\tilde{x}_{2t}^k=x_{2t}^k\big|_{k_t=1}$，$\tilde{x}_{1t}^l=x_{1t}^l$、$\tilde{x}_{2t}^l=x_{2t}^l$。由此，经济不存在资本错配的全要素生产率 $\widetilde{A}_t\left(\mathbf{x}\right)=A_t\left(\mathbf{x}\right)\big|_{k_t=1}$ 和总产出 $\widetilde{Y}_t=Y_t\big|_{k_t=1}$。此时，资本边际产出价值 $\tilde{r}_{1t}=\dfrac{\partial\widetilde{Y}_t}{\partial K_{1t-1}}=\dfrac{\partial\widetilde{Y}_t}{\partial K_{2t-1}}=\tilde{r}_{2t}=\dfrac{\partial\widetilde{Y}_t}{\partial K_{t-1}}=\tilde{r}_t$。

命题 2：相较国有企业，民营企业面临更高的资本扭曲即 $\tau_{2t}>\tau_{1t}$，则有：

$$r_{1t} < r_{2t}\text{，}\ x_{1t}^{k} > \tilde{x}_{1t}^{k}\text{，}\ x_{2t}^{k} < \tilde{x}_{2t}^{k}\text{，}\ \tilde{A}_{t}(\mathbf{x}) < A_{t}(\mathbf{x})\text{，}\ Y_{t} < \tilde{Y}_{t}$$

这说明，国有企业获得相对过多的资本且资本边际产出价值更低；而民营企业虽然拥有较高资本边际产出价值，但其配置了相对过少资本。由此，经济中资本处于低效率配置，这拉低了经济全要素生产率和总产出。

命题 3：若经济中资本错配状况具有逆周期性特征，则资本配置效率指标的对数形式 $(\lambda^{k})'\ln \mathbf{x}_{t-1}^{k}$ 呈现顺周期性特征。

倘若资本错配具有逆周期性，这表明，在经济衰退时期，资本错配加剧，资本边际产出价值较低的企业获得更多的资本，而资本边际产出价值较高的企业获得更少的资本，从而降低了总产出和全要素生产率；在经济繁荣时期，资本错配缓解，这带来总产出和全要素生产率的提高。由式（5）中资本错配情形下全要素生产率 $A_{t}(\mathbf{x})$ 变动一阶近似可知，[①]资本错配逆周期性意味着资本配置状况指标的对数形式 $(\lambda^{k})'\ln \mathbf{x}_{t-1}^{k}$ 呈现顺周期性特征。由此，指标 $(\lambda^{k})'\ln \mathbf{x}_{t-1}^{k}$ 是考察资本错配逆周期性的一个合适代理变量，其在经济上行期间增大而在经济下行期间减小。

（三）资本扭曲系数分解

考虑到信贷市场不同扭曲因素的差异会造成企业间借贷成本异质性，进而经济出现跨企业的信贷和资本错配。此时，企业资本收益率 R_{it+1}^{k} 偏离无风险储蓄收益率 R_{t}，这种资本扭曲 $(1+\tau_{it+1}^{k})$，即 $E_{t}\{R_{it+1}^{k}/R_{t}\}$，在宏观层面被称为企业外部融资溢价。鉴于信贷市场涉及信贷需求方的企业部门和信贷供给方的银行部门两类主体，故企业外部融资溢价 $E_{t}\{R_{it+1}^{k}/R_{t}\}$ 是信贷供求两种力量相互作用的综合体现，可分解为信贷需求端溢价 $E_{t}\{R_{it+1}^{k}/R_{t}^{b}\}$ 和信贷供给

① 全要素生产率 $A_{t}(\mathrm{x})$ 变动的一阶近似为 $d\ln A_{t}(\mathrm{x}) = \varsigma' d\ln \mathrm{A}_{t} + (\lambda^{k})' d\ln \mathrm{x}_{t-1}^{k}$。

端溢价 $E_t\left\{R_t^b/R_t\right\}$。其中，信贷需求端溢价 $E_t\left\{R_{it+1}^k/R_t^b\right\}$ 反映了企业—银行间金融摩擦状况和政府隐性担保强度，可采用类似于 Bernanke 等（1999）方式刻画，信贷需求端溢价幅度通过影响企业与银行的贷款合约利率而影响到企业信贷需求；信贷供给端溢价 $E_t\left\{R_t^b/R_t\right\}$ 衡量了家庭—银行间金融摩擦程度，可以通过 Gertler 和 Karadi（2011）方式刻画，进而源自银行挪用家庭储蓄道德风险问题的信贷供给端溢价幅度反映了银行信贷供给能力内生受银行资产负债表约束程度。由此，驱动信贷需求端溢价和信贷供给端溢价变动的各类因素通过影响企业外部融资溢价而影响到资本配置效率和全要素生产率。

1. 信贷供给端摩擦

假设第 t 期银行 j 利用家庭储蓄 D_{jt} 和自有资金 N_{jt}^b 向两类企业提供贷款即总贷款 $B_{jt}=B_{1t}^j+B_{2t}^j$。同时，银行获得贷款预期收益率 R_t^b 并向家庭支付储蓄利率 R_t。因此，银行净资产 N_{jt}^b 满足：$N_{jt}^b=R_{t-1}^bB_{jt-1}-R_{t-1}D_{jt-1}$，由银行资产负债表恒等式 $B_{jt}=N_{jt}^b+D_{jt}$ 得到：

$$N_{jt}^b=\left(R_{t-1}^b-R_{t-1}\right)B_{jt-1}+R_{t-1}N_{jt-1}^b \tag{6}$$

假设第 t+1 期期初银行 j 继续经营概率为 p^b，否则退出信贷市场成为普通家庭成员。因此，银行第 t 期选择最优信贷供给量 B_{jt} 来最大化终期净资产：

$$\begin{aligned}V_{jt}&=E_t\sum_{i=0}^{\infty}\left(1-p^b\right)p^{bi}\beta^{i+1}\Lambda_{t,t+1+i}N_{j,t+1+i}^b\\&=E_t\sum_{i=0}^{\infty}\left(1-p^b\right)p^{bi}\beta^{i+1}\Lambda_{t,t+1+i}\left[\left(R_{t+i}^b-R_{t+i}\right)B_{jt+i}+R_{t+i}N_{jt+i}^b\right]\end{aligned}$$

其中，$\Lambda_{t,t+1+i}$ 表示银行第 t 期的贴现因子。当银行向企业贷款的预期净收益率 $E_t\left(R_{t+i}^b-R_{t+i}\right)>0$ 时，则金融中介部门始终存在激励向企业无限贷款，而从家庭获得额外资金（储蓄）是实现上述行为的唯一方式。为避免上述情形发生，假定银行有可能将家庭储蓄资产的 λ 份额转移到其所属家庭，并且转移资产收回成本太高以至于家庭无法追回，从而在信贷供给端引入金融摩擦。此时，银行转移家庭储蓄资产将获得 λB_{jt}，而家庭部门能够迫使金融部门破产清算，故银行转移家庭储蓄的机会成本是丧失继续经营并损失营运价值 V_{jt}。因此，在银行能够吸收家庭储蓄且不存在转移资产动机下，银行的营运价值必须大于或等于转移资产获得的收益，即银行满足激励兼容约束：$V_{jt} \geqslant \lambda B_{jt}$。① 借鉴 Gertler 和 Karadi（2011）的处理方式，有：$V_{jt}=v_t B_{jt}+\eta_t N_{jt}^b$。因此，$V_{jt}=v_t B_{jt}+\eta_t N_{jt}^b \geqslant \lambda B_{jt}$。

此时，银行从家庭获得的储蓄规模和信贷供给能力受到自身资产负债表状况的影响。同时，只要贷款的预期净收益严格为正，银行会持续向家庭借贷（吸纳存款）直至激励兼容约束束紧。此时，银行预期贷款收益率 R_t^b 与无风险储蓄利率 R_t 之差必然非负，并且随着银行净资产的变动而变动，这种利率溢价则反映了银行上述道德风险问题，这里将 $E_t\left\{R_t^b/R_t\right\}$ 称为信贷供给端溢价。由此，在银行激励兼容约束束紧下，即 $V_{jt}=v_t B_{jt}+\eta_t N_{jt}^b=\lambda B_{jt}$，银行信贷供给满足：

$$B_{jt}=\frac{\eta_t}{\lambda-v_t}N_{jt}^b=\Phi_t^b N_{jt}^b \tag{7}$$

其中，银行杠杆 $\Phi_t^b=\eta_t/(\lambda-v_t)$，$v_t=\left(1-p^b\right)\beta\Lambda_{t,t+1}\left(R_t^b-R_t\right)+p^b\beta\Lambda_{t,t+1}x_{t,t+1}v_{t+1}$，$\eta_t=\left(1-p^b\right)+p^b\beta\Lambda_{t,t+1}z_{t,t+1}\eta_{t+1}$，$x_{t,t+1}=B_{jt+1}/B_{jt}$，$z_{t,t+1}=N_{jt+1}^b/N_{jt}^b$。②

---

① 根据 Christiano（2011）的分析，银行部门道德风险问题不仅涉及银行携款潜逃、转移家庭资产等行为，而且涉及银行未尽职管理家庭储蓄资产或者将储蓄资产投入仅能够给银行带来高收益的风险性项目等行为，这些行为最终导致较低的储蓄收益。为确保银行行事符合家庭利益，家庭要求银行必须将其自有资金投入企业贷款，实现风险共担，而银行自有资金相当于其净资产。此时，银行吸收家庭储蓄的最大规模存在某一临界值，超过该值则银行会出现道德风险问题。因此，家庭储蓄额将不会超过上述临界值，这使得银行信贷供给规模存在上限，进而导致借贷利差，而这种利差反映了银行存在上述道德风险问题。总之，上述银行道德风险问题引入模型是刻画信贷供给端融资溢价的一种重要方式。

② v_t 表示在保持净资产 N_{jt}^b 不变的条件下，银行增加 1 单位的企业贷款带来的预期贴现边际收益。其中，第一项表示若下期破产退出，银行增加贷款预期贴现收益；第二项表示若下一期没有破产，银行增加贷款所带来的持续价值（Continuation Value）。η_t 经济内涵与 v_t 类似。

由此，银行信贷供给规模 B_{jt} 内生受到约束且依赖于银行净资产 N_{jt}^{b} 和银行杠杆 $\Phi_{t}^{b}>1$。银行净资产变动对信贷供给的加速效应通过其杠杆得到放大：当经济处于繁荣时期，资产价格上扬提高了银行净资产，带来信贷供给和资本需求增加，这会引起资产价格进一步攀升，从而信贷供给和资本需求进一步提高。

同时，银行净资产积累方程可整理为 $N_{jt}^{b}=\left[\left(R_{t-1}^{b}-R_{t-1}\right)\Phi_{t-1}^{b}+R_{t-1}\right]N_{jt-1}^{b}$，进而 $z_{t,t+1}=N_{j,t+1}^{b}/N_{j,t}^{b}=\left(R_{t}^{b}-R_{t}\right)\Phi_{t}^{b}+R_{t}$，$x_{t,t+1}=B_{jt+1}/B_{jt}=\Phi_{t+1}^{b}/\Phi_{t}^{b}\,z_{t,t+1}$。注意到 v_{t}、η_{t}、Φ_{t}^{b}、$z_{t,t+1}$、$x_{t,t+1}$ 等变量与银行 j 的个体性因素无关，这里将下标 j 省略。

假定第 t 期银行总资产 N_{t}^{b} 由上期存活银行的净资产 N_{et}^{b} 和新进入银行的资产 N_{nt}^{b} 构成。由于银行存活概率为 p^{b}，则 $N_{et}^{b}=p^{b}\left[\left(R_{t-1}^{b}-R_{t-1}\right)\Phi_{t}^{b}+R_{t-1}\right]N_{t-1}^{b}$；新进入银行从家庭获得启动资金，启动资金为退出银行净资产的 $\varepsilon/\left(1-p^{b}\right)$ 份额，则 $N_{nt}^{b}=\varepsilon N_{t-1}^{b}$。因此，银行净资产运动方程满足：

$$N_{t}^{b}=p^{b}\left[\left(R_{t-1}^{b}-R_{t-1}\right)\Phi_{t-1}^{b}+R_{t-1}\right]N_{t-1}^{b}+\varepsilon N_{t-1}^{b} \tag{8}$$

由此，不难得到如下命题。

命题4：源自银行挪用家庭储蓄道德风险问题的信贷供给端溢价 $E_{t}\left\{R_{t}^{b}/R_{t}\right\}$ 反映了银行信贷供给能力内生受自身资产负债表约束，进而影响到银行配置于企业的信贷资金规模并最终影响到企业借贷成本。

2. 信贷需求端摩擦

假设第 t 期期末，企业 i 的管理者即风险中性企业家 ix 拥有净资产 N_{it}^{x} 并向银行借入资金 B_{it}^{x}，进而按照价格 Q_{t} 购买资本 K_{it}^{x}，即 $B_{it}^{x}=Q_{t}K_{it}^{x}-N_{it}^{x}$。定义企业杠杆 $\Phi_{it}^{x}\equiv Q_{t}K_{it}^{x}/N_{it}^{x}$。为考虑信贷需求端摩擦，假定企业资本收益率同时受到总量风险和异质性风险的影响，则资本实际收益率为 $\omega_{it+1}^{x}R_{it+1}^{k}$。

其中，R_{it+1}^{k} 为企业 i 内部所有企业家 ix 获得的平均资本收益率，能够公开观测到；异质性冲击 ω_{it+1}^{x} 是服从独立分布的均值 1 和标准差 σ 的对数正态分布，并且是企业家 ix 的私人信息。由此，银行不能够完全掌握企业家 ix 的实际资本收益状况。此时，虽然银行向企业贷款要求的预期回报率为 R_{t}^{b}，但是银行因企业家 ix 资本收益率的不确定性而面临一定风险。这使得企业贷款利率包含了一种逆周期的违约溢价以能够补偿上述风险，从而企业资本回报率将偏离银行要求的贷款回报率 R_{t}^{b}。由于任意时间 $t>0$ 和企业类型 i，都有 $E_{t}\left\{\omega_{it+1}^{x}\right\}=1$，故企业家 ix 在第 t 期的资本预期收益率为 $E_{t}\left\{\omega_{it+1}^{x}R_{it+1}^{k}\right\}=E_{t}\left\{\omega_{it+1}^{x}\right\}E_{t}\left\{R_{it+1}^{k}\right\}=E_{t}\left\{R_{it+1}^{k}\right\}$，这里将上述银行难以甄别潜在的企业贷款违约所导致的风险溢价 $E_{t}\left\{R_{it+1}^{k}/R_{t}^{b}\right\}$ 称为信贷需求端溢价。此时，倘若不同企业的信贷需求端溢价 $E_{t}\left\{R_{it+1}^{k}/R_{t}^{b}\right\}$ 存在显著差异，这意味着银行向不同企业贷款的利率明显不同，从而导致企业间信贷资金和资本的错配。

根据Bernanke等（1999）的分析，信贷需求端溢价 $E_{t}\left\{R_{it+1}^{k}/R_{t}^{b}\right\}>1$ 源自银行部门审计企业资本实际回报率是有代价的，并且银行审计成本占资本收益固定 μ_{i} 份额，即 $\mu_{i}\omega_{it+1}^{x}R_{it+1}^{k}Q_{t}K_{it}^{x}$。此时，异质性冲击存在临界值 $\bar{\omega}_{it+1}$。当 $\omega_{it+1}^{x}>\bar{\omega}_{it+1}$ 时，企业家 ix 按照贷款合同约定利率偿还银行贷款本息，即 $R_{it+1}^{L}B_{it}^{x}$ 并获得剩余部分即 $\omega_{it+1}^{x}R_{it+1}^{k}Q_{t}K_{it}^{x}-R_{it+1}^{L}B_{it}^{x}=\left(\omega_{it+1}^{x}-\bar{\omega}_{it+1}\right)R_{it+1}^{k}Q_{t}K_{it}^{x}$；当 $\omega_{it+1}^{x}<\bar{\omega}_{it+1}$ 时，企业家 ix 违约破产，银行对企业资产清算并获得 $\left(1-\mu_{i}\right)\omega_{it+1}^{x}R_{it+1}^{k}Q_{t}K_{it}^{x}$。由此，企业贷款违约导致银行面临的潜在损失可以通过银行审计成本 $\mu_{i}\omega_{it+1}^{x}R_{it+1}^{k}Q_{t}K_{it}^{x}$ 衡量，而 μ_{i} 可以理解为边际违约成本。因此，企业违约临界值 $\bar{\omega}_{it+1}$ 满足：$\bar{\omega}_{it+1}R_{it+1}^{k}Q_{t}K_{it}^{x}=R_{it+1}^{L}B_{it}^{x}$。考虑到银行向企业贷款要求获得平均收益 R_{t}^{b}，故银行参与约束满足：

$$\underbrace{\int_{\bar{\omega}_{it+1}}^{\infty} R_{it+1}^{L} B_{it}^{x} dF(\omega)}_{\text{企业贷款偿还时，银行收益}} + \underbrace{(1-\mu_i)\int_{0}^{\bar{\omega}_{it+1}} \omega_{it+1}^{x} R_{it+1}^{k} Q_t K_{it}^{x} dF(\omega)}_{\text{企业违约时，银行收益}} = R_t^b B_{it}^x \tag{9}$$

进一步整理得到：$\left[\Gamma(\bar{\omega}_{it+1}) - \mu_i G(\bar{\omega}_{it+1})\right] R_{it+1}^{k} Q_t K_{it}^{x} = R_t^b B_{it}^x$。此时，企业家 ix 选择贷款合约 $\left(R_{it+1}^{L}, B_{it}^{x}\right)$，即 $\left(\bar{\omega}_{it+1}, \Phi_{it}^{x}\right)$ 最大化资本预期收益：

$$\max_{R_{it+1}^{L}, B_{it}^{x}} E_t \int_{\bar{\omega}_{it+1}}^{\infty} \left[\omega_{it+1}^{x} R_{it+1}^{k} Q_t K_{it}^{x} - R_{it+1}^{L} B_{it}^{x}\right] dF(\omega) = N_{it}^{x} \max_{\bar{\omega}_{it+1}, \Phi_{it}^{x}} E_t \left[1 - \Gamma(\bar{\omega}_{it+1})\right] R_{it+1}^{k} \Phi_{it}^{x}$$

其中，$\Gamma(\bar{\omega}_{it+1}) \equiv \int_{0}^{\bar{\omega}_{it+1}} \omega_{it+1}^{x} dF(\omega) + \bar{\omega}_{it+1} \int_{\bar{\omega}_{it+1}}^{\infty} dF(\omega)$

$$G(\bar{\omega}_{it+1}) \equiv \int_{0}^{\bar{\omega}_{it+1}} \omega_{it+1}^{x} dF(\omega)。$$

由于企业家 ix 净资产 N_{it}^{x} 不会影响到其贷款决策，这里将变量上标 x 省略。由此，企业 i 的最优贷款合约满足：

$$E_t \left\{ \left[1 - \Gamma(\bar{\omega}_{it+1})\right] \frac{R_{it+1}^{k}}{R_t^b} + \frac{\Gamma'(\bar{\omega}_{it+1})}{\Gamma'(\bar{\omega}_{it+1}) - \mu_i G'(\bar{\omega}_{it+1})} \left[\frac{R_{it+1}^{k}}{R_t^b} \left[\Gamma(\bar{\omega}_{it+1}) - \mu_i G(\bar{\omega}_{it+1})\right] - 1 \right] \right\} = 0 \tag{10}$$

按照 Bernanke 等（1999）的处理方法，由式（9）和式（10）得到企业 i 的信贷需求端溢价满足：

$$E_t \left\{ R_{it+1}^{k} / R_t^b \right\} = \chi\left(\Phi_{it}, \mu_i, \sigma\right) \tag{11}$$

这里，定义企业 i 的信贷需求端溢价关于杠杆的弹性：$\xi_i = \dfrac{d\log(R_{it+1}^{k}/R_t^b)}{d\log\Phi_{it}}$，并且 $\chi(\Phi_{it}, 0, \sigma) = 1$，$\chi_{\Phi_{it}}(\Phi_{it}, \mu_i, \sigma) > 0$，$\chi_{\mu_i}(\Phi_{it}, \mu_i, \sigma) > 0$，$\chi_{\sigma}(\Phi_{it}, \mu_i, \sigma) > 0$。

根据式（10）可知，当 $\mu_i = 0$ 时，银行可以毫无代价地获得企业资本实际回报率状况信息，则有 $E_t\left\{R_{it+1}^{k}/R_t^b\right\} = 1$，即企业资本预期收益率和银行要求的贷款回报率相等，从而信贷需求端不存在溢价。这说明，银行能够毫无代价地识别出企业贷款违约潜在风险，进而可以根据企业资本实际回报率情况制定相应贷款利率，有效避免贷款违约风险。当 $\mu_i > 0$ 时，银行需要付出一定代价才能够获知企业资本实际收益状况，为减小审计成本，银行只会在企业贷款违约情形下对企业资产进行清算。进一步由式（9）可知，银行要求上述以银行审计成本衡量的贷款违约成本得到补偿才会选择向企业贷款，这使得企业贷款利率包含了一种表示上述风险的违约溢价，即信贷需求端溢价 $E_t\left\{R_{it+1}^k/R_t^b\right\}>1$。鉴于 μ_i 衡量了企业贷款违约的边际成本，故 μ_i 增大意味着银行向企业增加贷款要承担更高的边际违约成本，这会引起以信贷需求端溢价 $E_t\left\{R_{it+1}^k/R_t^b\right\}$ 衡量的银行风险补偿增大。结合引言部分的分析，中国现实经济中国有企业的贷款违约成本通常要小于民营企业，即 $\mu_1<\mu_2$。由 $\chi_{\mu_i}(\Phi_{it},\mu_i,\sigma)>0$ 和 $\chi_{\Phi_{it}}(\Phi_{it},\mu_i,\sigma)>0$ 可知，相同信贷需求端溢价下，国有企业因较低的银行审计成本而获得的信贷资金要多于民营企业，杠杆率相对也较高；相同杠杆率下，国有企业的信贷需求端溢价程度也相对较低。由此，信贷需求端摩擦引起不同企业的信贷需求端溢价幅度的差异，企业间不再按照资本等边际产出原则配置资本，这导致资本错配和全要素生产率损失。换言之，在一个异质性企业模型中嵌入具有差异性违约成本的 Bernanke 等（1999）类型金融需求端摩擦能够有效刻画金融摩擦环境下银行部门按照市场化原则配置信贷资源，进而揭示由金融摩擦造成的资本扭曲和全要素生产率损失。由此，不难得到如下命题。

命题 5：源自银行无法有效甄别潜在的企业贷款违约风险导致银行向企业索取较高贷款利率以补偿上述违约损失，从而不同的贷款违约成本造成企业间借贷成本的差异，即企业间信贷需求端溢价 $E_t\left\{R_{it+1}^k/R_t^b\right\}$ 呈现出异质性，这导致企业间资本配置发生扭曲并引起全要素生产率损失。

3. 政府隐性担保

这里，借鉴中国人民银行营业管理部课题组（2017）的做法，假设政府对国有企业贷款存在隐性担保：当国有企业无法偿还银行贷款时，政府动用担保资金 Ψ_{t+1} 帮助国有企业偿还债务，同时国有企业对政府负债。进一步假设政府担保资金 Ψ_{t+1} 是资本总收益的固定 ψ 份额，即 $\Psi_{t+1}=\psi\omega_{1t+1}^x R_{1t+1}^k Q_t K_{1t}^x$，则参数 ψ 衡量了政府对国有企业贷款隐性担保的强度。由此，无政府隐性担保的国有企业破产违约异质性冲击临界值 $\bar{\omega}_{1t+1}$，即 $\bar{\omega}_{1t+1}R_{1t+1}^{k}Q_{t}K_{1t}^{x}=R_{1t+1}^{L}B_{1t}^{x}$ 修正为包含政府隐性担保 Ψ_{t+1} 的国有企业破产违约异质性冲击临界值 $\bar{\omega}_{1t+1}^{*}$，即 $\Psi_{t+1}+\bar{\omega}_{1t+1}^{*}R_{1t+1}^{k}Q_{t}K_{1t}^{x}=R_{1t+1}^{L}B_{1t}^{x}$。此时，当 $\omega_{1t+1}^{x}>\bar{\omega}_{1t+1}$ 时，国有企业偿还银行贷款本息 $R_{1t+1}^{L}B_{1t}^{x}$ 并获得剩余部分，即 $\omega_{1t+1}^{x}R_{1t+1}^{k}Q_{t}K_{1t}^{x}-R_{1t+1}^{L}B_{1t}^{x}$；在 $\bar{\omega}_{1t+1}^{*}<\omega_{1t+1}^{x}<\bar{\omega}_{1t+1}$ 时，政府动用担保资金对国有企业进行救助避免其破产清算，银行仍获得 $R_{1t+1}^{L}B_{1t}^{x}$，同时国有企业对政府负债额为 $R_{1t+1}^{L}B_{1t}^{x}-\omega_{1t+1}^{x}R_{1t+1}^{k}Q_{t}K_{1t}^{x}$；当 $\omega_{1t+1}^{x}<\bar{\omega}_{1t+1}^{*}$ 时，银行对国有企业进行资产清算并获得 $(1-\mu_{1})\omega_{1t+1}^{x}R_{1t+1}^{k}Q_{t}K_{1t}^{x}$ 和政府担保资金 Ψ_{t+1}，而未破产国有企业对政府负债 Ψ_{t+1}。值得注意的是，政府隐性担保情形下，政府救助行为导致部分国有企业即使资不抵债仍能够获得银行贷款并继续存活，从而国有企业整体生产效率下降，同时银行信贷资金配置偏离市场化原则，这进一步降低了经济资源配置效率。此时，银行向国有企业贷款的参与约束条件修正为：

$$\underbrace{\int_{\bar{\omega}_{1t+1}}^{\infty}R_{1t+1}^{L}B_{1t}^{j}dF(\omega)}_{\text{政府未救助，银行收益}}+\underbrace{\int_{\bar{\omega}_{1t+1}^{*}}^{\bar{\omega}_{1t+1}}R_{1t+1}^{L}B_{1t}^{j}dF(\omega)}_{\text{政府救助且国企资不抵债，银行收益}}+$$
$$\underbrace{\int_{0}^{\bar{\omega}_{1t+1}^{*}}\left[(1-\mu_{1})\omega_{1t+1}^{x}R_{1t+1}^{k}Q_{t}K_{1t}^{x}+\Psi_{t+1}\right]dF(\omega)}_{\text{政府救助且国企破产违约，银行收益}}=R_{t}^{b}B_{1t}^{x}$$

同时，国有企业的资本预期收益修正为：

$$\int_{\bar{\omega}_{1t+1}}^{\infty}\left[\omega_{1t+1}^{x}R_{1t+1}^{k}Q_{t}K_{1t}^{x}-R_{1t+1}^{L}B_{1t}^{x}\right]dF(\omega)-\int_{\bar{\omega}_{1t+1}^{*}}^{\bar{\omega}_{1t+1}}\left[R_{1t+1}^{L}B_{1t}^{x}-\omega_{1t+1}^{x}R_{1t+1}^{k}Q_{t}K_{1t}^{x}\right]dF(\omega)-$$
$$\int_{0}^{\bar{\omega}_{1t+1}^{*}}\Psi_{t+1}dF(\omega)$$

包含政府隐性担保的国有企业最优贷款合约条件为：

$$E_{t}\left\{\left[1-\Gamma\left(\bar{\omega}_{1t+1}^{*}\right)-\psi\right]\frac{R_{1t+1}^{k}}{R_{t}^{b}}+\frac{\Gamma'\left(\bar{\omega}_{1t+1}^{*}\right)}{\Gamma'\left(\bar{\omega}_{1t+1}^{*}\right)-\mu_{1}G'\left(\bar{\omega}_{1t+1}^{*}\right)}\left[\frac{R_{1t+1}^{k}}{R_{t}^{b}}\left[\Gamma\left(\bar{\omega}_{1t+1}^{*}\right)-\mu_{1}G\left(\bar{\omega}_{1t+1}^{*}\right)+\psi\right]-1\right]\right\}=0 \tag{12}$$

因此，政府隐性担保下国有企业的信贷需求溢价满足：

$$E_t\left\{R_{1t+1}^k / R_t^b\right\}=\chi_g\left(\Phi_{1t}, \mu_1, \sigma, \psi\right) \quad (13)$$

值得注意的是，在政府隐性担保情形下，国有企业的信贷需求端溢价函数 $\chi_g\left(\Phi_{1t}, \mu_1, \sigma, \psi\right)$ 和信贷需求端溢价弹性 ξ_1 都是关于 ψ 的减函数，见图 5（5）和图 5（6）。由此，在保持其他条件不变下，当企业信贷需求端溢价幅度相同时，国有企业在政府隐性担保情形下获得的可贷资金多于无政府隐性担保情形，从而推高国有企业杠杆水平；当企业杠杆水平相同时，国有企业在政府隐性担保情形下的信贷需求端溢价幅度更低，进而获得优惠性贷款利率。与此同时，当企业杠杆提高 1 个百分点时，国有企业在政府隐性担保下的信贷需求端溢价上升幅度 ξ_1 个百分点要显著小于无政府隐性担保情形。此时，银行部门因政府隐性担保而降低对国有企业资产负债状况的关注，进而表现出，相同企业杠杆下，国有企业能够以较低的借贷利率获得贷款，并且国有企业负债率攀升不会造成其借贷成本的大幅上升。总之，政府隐性担保弱化了金融摩擦对国有企业融资的影响，进一步加剧信贷资金价格扭曲，从而金融机构不再按照市场化决定的融资价格配置信贷资金，这导致相对低效的国有企业获得更多的廉价信贷资金，最终加剧资本错配和全要素生产率损失。

另外，第 t 期期初企业 i 持有资本的净收益 V_{it} 是事后资本总收益剔除偿还银行贷款本息后的余额，则有：

$$V_{it}=R_{it}^k Q_{t-1} K_{it-1}-E_{t-1}\left[R_{it}^k\left(Q_{t-1} K_{it-1}-N_{it-1}^e\right)\right] \quad (14)$$

其中，$E_{t-1}\left\{R_{it}^k\right\}$ 是企业 i 的借贷成本，即第 $t-1$ 期银行与企业签订的贷款合约中约定利率。

为确保企业始终无法依靠自我财富积累实现完全内部融资，假设企业 i 退出市场概率为 p_i^e，同时退出市场企业拥有的价值 $\left(1-p_i^e\right)V_{it}$ 用于满足企业

家消费 C_{it}^{e}。此外，退出市场的企业由一批新企业代替，并且新进入企业启动资金为企业家劳动报酬 $W_t^e H_{it}^e$。因此，企业 i 净资产 N_{it} 的运动方程为：

$$N_{it} = p_i^e V_{it} + W_t^e H_{it}^e \tag{15}$$

由此，不难得到如下命题。

命题 6：政府对国有企业贷款的隐性担保导致银行在信贷配置中对国有企业呈现出制度性偏向，这弱化了金融摩擦对国有企业外部融资的影响，从而进一步加剧了企业间信贷和资本错配，最终拉低了经济全要素生产率。

三 DSGE 模型构建

本文构建了一个包含异质性企业的局部均衡模型用以分析借贷成本异质性导致的资本错配和全要素生产率损失，并以信贷市场为切入点将企业融资溢价分解为信贷需求端溢价和信贷供给端溢价。鉴于不同经济变量间存在直接或间接联系，本部分将上述局部均衡模型嵌入一个包含家庭、资本生产者、企业、银行和政府等部门的 DSGE 模型，以便在一般均衡分析框架下分析金融摩擦环境下银行部门采取经济标准和非经济标准配置信贷资金对资本配置效率和全要素生产率的潜在影响，模型具体运行如图 3 所示。

（一）家庭

假设永久性存活的家庭部门是关于消费 C_t、劳动力 H_t 的偏好，由效用函数来衡量：

$$\max_{C_t, L_t, D_t} E_0 \sum_{t=0}^{\infty} \beta^t \left[\frac{EC_t^{1-\sigma}}{1-\sigma} - \frac{\vartheta}{1+\upsilon} H_t^{1+\upsilon} \right]$$

其中，E_0 表示条件预期算子，参数 β 表示贴现因子，$1/\sigma$ 表示家庭跨期消费替代弹性，ϑ 衡量了家庭关于消费与闲暇的相对权重，$1/\upsilon$ 为劳动的跨期替代弹性。劳动力 H_t 是家庭分别向国有企业和民营企业提供劳动力 H_{1t} 和 H_{2t} 的加总 $H_t = H_{1t} + H_{2t}$。假设家庭效用水平取决于有效消费 EC_t，并且有效消费

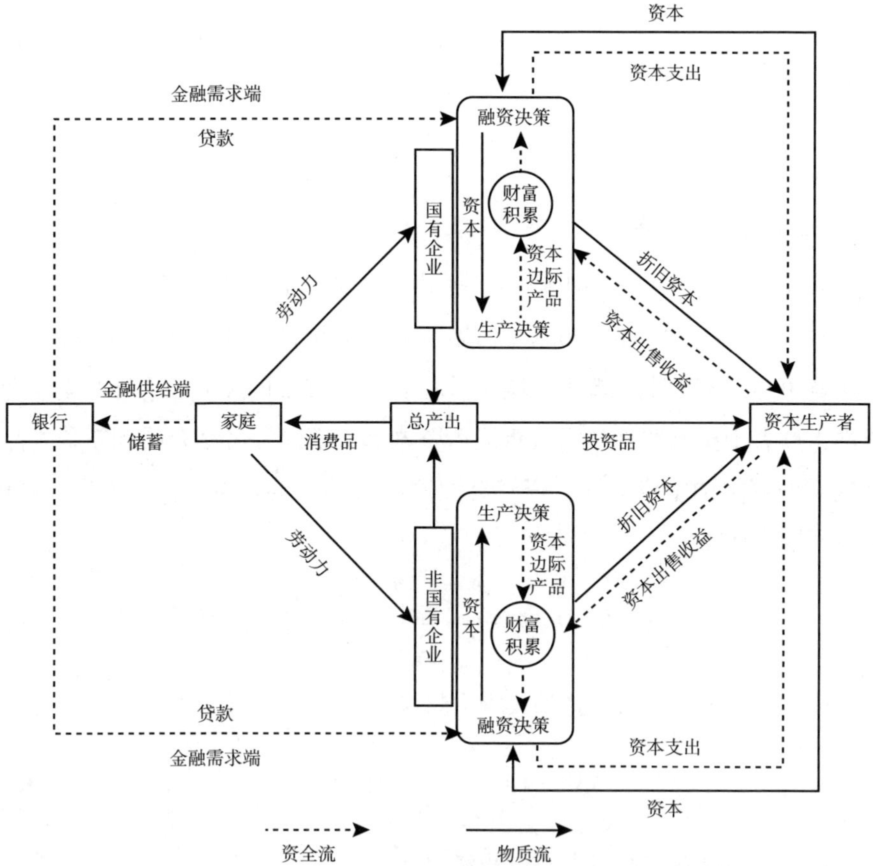

图 3　理论模型基本结构

EC_t 是关于家庭消费 C_t 和政府消费 G_t 线性函数，即 $EC_t = C_t + \eta G_t$，参数 η 衡量了两种消费形式给家庭带来的效用相对大小。每期中，政府向家庭征收一次性总付性质的税收 T_t。同时，家庭的收入包括工资收入 $W_t H_t$、储蓄收益 $R_{t-1} D_{t-1}$、作为金融企业和非金融企业最终拥有者获得的净利润 Π_t。由此，家庭预算约束方程：

$$C_t + D_t + T_t = W_t H_t + R_{t-1} D_{t-1} + \Pi_t$$

因此，家庭的劳动供给和消费决策满足：

$$\vartheta H_t^{\upsilon} = \frac{W_t}{EC_t^{\sigma}} \tag{16}$$

$$\frac{1}{EC_t^{\sigma}} = \beta E_t \left\{ \frac{R_t}{EC_{t+1}^{\sigma}} \right\} \tag{17}$$

（二）资本生产者

假设资本生产者同时向国有企业和民营企业提供资本，即 $K_t = K_{1t} + K_{2t}$。按照 Christensen 和 Dib（2008）的做法，企业生产使用的资本需要提前一期从竞争性的资本生产者手中购买并在生产结束后再次出售给资本生产者。资本生产者则按照线性技术将折旧后资本和投资品二者结合得到新资本品，并且受到资本调整成本和投资专有性冲击 x_t 的影响。由此，资本生产者的决策问题表述为：

$$\max_{I_t} E_t \left[Q_t x_t I_t - I_t - \frac{\phi_K}{2} \left(\frac{I_t}{K_{t-1}} - \delta \right)^2 K_{t-1} \right]$$

因此，资本生产者选择的投资数量满足：

$$x_t Q_t = 1 + \phi_K \left(\frac{I_t}{K_{t-1}} - \delta \right) \tag{18}$$

此时，经济资本存量动态方程满足：

$$K_t = (1 - \delta) K_{t-1} + x_t I_t \tag{19}$$

其中，参数 δ 和 ϕ_K 分别表示资本折旧率和资本调整成本系数。

（三）企业部门

根据第二部分的分析，国有企业和民营企业每期投入资本和劳动从事生产活动：$Y_{it} = A_{it} K_{it-1}^{\alpha_i} L_{it}^{1-\alpha_i} \ (i = 1,2)$。相较于国有企业，民营企业更具活力、生产效率更高（Song 等，2011），借鉴田国强和赵旭霞（2019）的做法，假设国有企业技术冲击 $A_{1t} = A_t$，民营企业技术冲击 $A_{2t} = \chi_p A_t$。其中，参数 χ_p 衡量了民营企业的相对效率且 $\chi_p > 1$，A_t 为两类企业的共同技术冲击。参考 Bernanke 等（1999）的做法，假设企业 i 的企业家除管理生产活动外还在劳动力市场上通过提供劳动力而获得额外收入，并且企业 i 生产投入的劳动力是家庭劳动力 H_{it} 和企业家劳动力 H_{it}^{e} 加总 $L_{it}=\left(H_{it}^{e}\right)^{\Omega}\left(H_{it}\right)^{1-\Omega}$。这里，参数 Ω 表示企业家劳动力在劳动力总量中的份额。由此，企业 i 关于家庭劳动力和企业家劳动力的需求分别为：

$$\begin{aligned}&\left(1-\alpha_{i}\right)\Omega\frac{P_{it}Y_{it}}{H_{it}^{e}}=W_{t}^{e}\\&\left(1-\alpha_{i}\right)\left(1-\Omega\right)\frac{P_{it}Y_{it}}{H_{it}}=W_{t}\end{aligned}\tag{20}$$

由于企业 i 需要向银行部门贷款以便获得资本，并且银行无法有效识别企业贷款违约风险，在权衡资本预期收益率和借贷成本基础上，企业 i 最终获得的资本数量满足：

$$\begin{aligned}&E_{t}\left\{R_{1t+1}^{k}\right\}=\chi_{g}\left(\Phi_{1t},\mu_{1},\sigma,\psi\right)R_{t}^{b}\\&E\left\{R_{2t+1}^{k}\right\}=\chi\left(\Phi_{2t},\mu_{2},\sigma\right)R_{t}^{b}\end{aligned}\tag{21}$$

（四）政府部门

每期中，假设政府通过向家庭部门征收一次总付性质税收 T_t 以满足当期的政府消费需求 G_t，并且每期实现预算平衡，则：

$$T_t=G_t\tag{22}$$

（五）市场出清与外生冲击

当产品市场出清时，满足：

$$\begin{aligned}&Y_{t}=C_{t}+C_{1t}^{e}+C_{2t}^{e}+I_{t}+G_{t}+\mu_{1}\int_{0}^{\bar{\omega}_{1t}^{*}}\omega_{1t}R_{1t}^{k}Q_{t-1}K_{1t-1}dF\left(\omega\right)+\\&\mu_{2}\int_{0}^{\bar{\omega}_{2t}}\omega_{2t}R_{2t}^{k}Q_{t-1}K_{2t-1}dF\left(\omega\right)\end{aligned}\tag{23}$$

同时，假设技术冲击、投资专有性冲击和政府消费冲击服从标准 AR（1）过程：

$$\ln G_{t}=\left(1-\rho_{g}\right)\ln G+\rho_{g}\ln G_{t-1}+\varepsilon_{gt}\qquad\varepsilon_{gt}\sim i.i.d.N\left(0,\sigma_{g}^{2}\right)\tag{24}$$

$$\ln A_t = \rho_a \ln A_{t-1} + \varepsilon_{at} \qquad \varepsilon_{at} \sim i.i.d.N\left(0, \sigma_a^2\right) \tag{25}$$

$$\ln x_t = \rho_x \ln x_{t-1} + \varepsilon_{xt} \qquad \varepsilon_{xt} \sim i.i.d.N\left(0, \sigma_x^2\right) \tag{26}$$

此外，这里定义经济变量 X_t 偏离稳态 X 的幅度为 $\widehat{X}_t \equiv \log\left(X_t\right) - \log\left(X\right)$。

四　模型结构参数赋值与模型拟合评价

（一）参数校准赋值

为定量考察金融摩擦环境下银行部门采取经济标准和非经济标准配置信贷资金对资本配置效率和全要素生产率产生的影响，这里采用校准方法对模型结构参数进行赋值，涉及经济数据来自 Chang 等（2016）整理的中国宏观经济数据，包括居民消费支出、固定资本形成总额、政府消费支出以及国内生产总值（GDP）等季度变量，样本期为 1992 年第一季度至 2019 年第四季度。[①] 各个经济变量按照相应价格指数折减为实际值并采用 HP 滤波得到波动成分。

模型参数可分为家庭偏好参数、企业技术参数、金融摩擦参数、冲击参数及其他参数等。其中，家庭偏好参数包括 $\{\beta, \sigma, \upsilon, \eta, \vartheta\}$。鉴于模型一期对应一季度，设定家庭贴现率 β 为 0.995（郭长林，2016），消费跨期替代弹性的倒数 σ 取 1.8（殷波，2011），劳动力的跨期替代弹性的倒数 υ 赋值为 0.276（Gertler 和 Karadi，2011），参考张云等（2020）设定家庭消费与政府消费替代参数 $\eta = 1$，校准参数 ϑ 使得稳态家庭劳动供给 1/3，这意味着家庭每天工作 8 小时。

企业技术参数包括 $\{\varsigma_i, \chi_p, \delta, \alpha_i, \phi_K, \Omega\}$。$\varsigma_i$ 表示企业 i 产出占总产出

① 该套数据利用 CEIC 和 Wind 数据库提供的宏观数据整理得到了符合国外宏观经济文献标准的一套宏观数据，并且尽可能保证数据的一致性，解决了诸如投资和消费等季度数据序列无公开数据等问题。该套数据网址：https://www.frbatlanta.org/cqer/research/china-macroeconomy.aspx?panel=1。

的份额，这里设定 ς_1 和 ς_2 分别为 0.40 和 0.60。企业相对生产率参数 χ_p 取 1.42，表明我国民营企业生产效率高于国有企业；资本折旧率 $\delta = 0.035$，以上数值均参考 Chang 等（2019）的设定。考虑到民营企业主要分布于纺织业、服务业等劳动密集型行业，设定民营企业资本产出弹性 $\alpha_2 = 0.35$（陈晓光和张宇麟，2010），同时考虑到现有研究通常设定我国经济总量生产函数的资本产出弹性 α 在 0.5 左右（张军，2002），根据理论模型中 $\alpha = \alpha_1\varsigma_1 + \alpha_2\varsigma_2$ 校准国有企业资本产出弹性 α_1。资本调整成本参数 ϕ_K 衡量了企业投资关于冲击敏感程度，其取值越小说明企业投资越容易受到对外生冲击影响，设定 $\phi_K = 0.25$（张云等，2020）。企业家劳动力在总劳动力中的份额参数 Ω=0.01（Bernanke 等，1999）。

金融摩擦参数主要包括 $\left\{\Phi_i^e, \sigma, \mu_i, \psi, p_i^e, \Phi^b, \lambda, p^b, \varepsilon\right\}$。参考钟宁桦等（2016）、徐臻阳等（2019）的研究，国有企业和民营企业杠杆分别设定为 $\Phi_1^e = 2.63$ 和 $\Phi_2^e = 2$。企业异质性冲击标准差 σ 取 0.26（Christiano 等，2014），借鉴张云等（2020）的处理方法，校准民营企业违约成本 μ_2 为 0.248，从而保证民营企业信贷需求端溢价 R_2^k/R^b 与中国实际经济情况相一致，即 1.0079（王立勇和徐晓莉，2018）。参考 Bernanke 等（1999）、Christiano 等（2014）、Chang 等（2019）的研究，国有企业违约成本 μ_1 取 0.12，这符合国有企业违约成本小于民营企业的事实。在此基础上，校准政府对国有企业贷款隐性担保强度参数 ψ 为 0.112，进而模型国有企业信贷需求端溢价 R_1^k/R^b 与王立勇和徐晓莉（2018）的估计值相符，即 1.0036。另外，基于上述参数赋值并利用张云等（2020）关于企业信贷需求端溢价弹性计算公式得到，国有企业需求端溢价弹性 ξ_1 为 0.0227，民营企业需求端溢价弹性 ξ_2 为 0.0688，表明本文的理论模型与现实经济中银行部门对国有企业资产负债状况关注不足的事实相一致。国有企业和民营企业存活率分别取 $p_1^e = 0.98$ 和 $p_2^e = 0.97$（刘一楠和宋晓玲，2018）。银行转移储蓄资产比例 λ 和银行存活率 p^b 分别取 0.381 和 0.97（田国强和赵旭霞，2019），银行杠杆稳态值 Φ^b 取 3（张云等，2020），进而利用银行杠杆 $\Phi^b=\eta/(\lambda-v)$ 得到供给端溢价 $R^b/R=1.0012$。家庭向银行转移参数 ε 利用银行净资产积累方程校准赋值，即 $\varepsilon=0.0197$。

冲击相关参数 $\{\rho_i,\sigma_i\}$，根据郭长林（2016）的研究，企业技术冲击的一阶自回归系数 ρ_a 和标准差 σ_a 分别取 0.95 和 0.023。投资专有性冲击的一阶自回归系数 ρ_x 和标准差 σ_x 分别设定为 0.6048 和 0.6028（石峰和王忏，2019）。对于政府消费冲击参数，利用 1992~2019 年实际政府消费季度数据取对数并通过 HP 滤波得到相应波动成分 $\widehat{G}_t$，进而由无截距回归得到回归系数 $\rho_g=0.6191$ 和残差项的标准差 $\sigma_g=0.0302$。其他参数方面，利用政府消费和 GDP 数据将政府消费占总产出比重的稳态值 G/Y 赋值为样本期的平均值，即 $G/Y=0.152$（见表 1）。

表 1　模型参数校准结果

参数	描述	赋值
1. 家庭偏好参数		
β	家庭贴现因子	0.995
σ	消费跨期替代弹性倒数	1.8
υ	劳动跨期替代弹性倒数	0.276
η	家庭消费与政府消费替代率	1
ϑ	家庭对消费与闲暇相对权重	校准
2. 企业技术参数		
ς_1	国企产出占总产出份额	0.4
ς_2	民企产出占总产出份额	0.6
χ_p	企业相对生产率参数	1.42
δ	资本折旧率	0.035
α_1	国有企业资本产出弹性	0.725

续表

参数	描述	赋值
α_2	民营企业资本产出弹性	0.35
ϕ_k	资本调整成本	0.25
Ω	企业家劳动在总劳动中份额	0.01
3. 金融摩擦参数		
Φ_1^e	国企稳态杠杆	2.63
Φ_2^e	民企稳态杠杆	2
R_1^k/R^b	国企信贷需求端稳态溢价	1.0036
R_2^k/R^b	民企信贷需求端稳态溢价	1.0079
ψ	政府对国企贷款担保强度	0.112
p_1^e	国企存活率	0.98
p_2^e	民企存活率	0.97
σ	企业质性冲击分布函数标准差	0.26
μ_1	银行对国企的监督成本	0.12
μ_2	银行对民企的监督成本	0.248
ξ_1	国企信贷需求端溢价弹性	0.0227
ξ_2	民企信贷需求端溢价弹性	0.0688
R^b/R	信贷供给端稳态溢价	1.0012
λ	银行部门金融摩擦参数	0.381
p^b	银行存活率	0.97
ε	家庭向银行转移参数	校准
4. 冲击参数		
ρ_a	技术冲击一阶自回归系数	0.95

续表

参数	描述	赋值
σ_a	技术冲击标准差	0.023
ρ_g	政府消费冲击一阶自回归系数	0.6191
σ_g	政府消费冲击标准差	0.0302
ρ_x	投资专有性冲击一阶自回归系数	0.6048
σ_x	投资专有性冲击标准差	0.0628
5. 其他参数		
G/Y	政府消费占产出比重	0.152

（二）模型拟合评价

在完成参数校准赋值后，这里进一步对模型的可靠性进行评估，衡量的一个重要标准是评估理论模型对中国经济的结构特征和周期波动特征刻画的程度。本部分从模型经济主要变量一阶矩和二阶矩的理论值与中国经济的实际值匹配状况进行考察。

1. 模型主要变量的一阶矩匹配

对于中国经济的结构特征而言，主要从 GDP 支出结构和要素配置指标两个方面选取相关经济变量，进而比较相应经济变量一阶矩的理论值与实际样本值之间的差异（见表 2）。

从 GDP 支出结构来看，经简单计算得到消费占 GDP 比重和投资占 GDP 比重在样本期平均值，即样本一阶矩分别为 0.4078、0.3831，而模型相应的一阶矩理论值分别为 0.4085 和 0.3761。因此，模型经济能够很好刻画中国经济的总需求结构。

从银行配置于企业的信贷结构来看，李四海等（2015）指出 2009~2011 年私有产权企业占银行贷款余额比重分别为 26.23%、29.99% 和 33.50%，并且梅冬州等（2021）指出 2016 年以来银行总贷款的 35% 左右流入民营企业。与此同时，理论模型得到民营企业占银行贷款比例为

34.74%，这与中国实际经济状况也比较相符。此外，模型中民营企业劳动力占总劳动力的比重为 78%，这与民营经济贡献中国 80% 以上的城镇就业岗位比较吻合[①]。

此外，理论模型得到国有企业和民营企业的资本回报率稳态值分别为 4.48% 和 4.96%。进一步从中国现实经济来看，Bai 等（2006）估算我国资本回报率自 1998 年后季度值稳定在 5% 左右。刘晓光和卢锋（2014）以利润率（即利润总额 / 企业净资产）作为资本回报率衡量指标，发现国有企业和民营企业在 2000~2012 年均呈现上升趋势，并且季度值分别为 4% 和 5% 左右。由此，模型预测的两类企业的资本回报率理论值与实际值也比较接近。

总体来说，理论模型预测的核心指标的理论值与实际值比较吻合，这表明本文构建的理论模型能够较好地刻画中国经济的结构特征。

表 2　模型稳态值与样本实际值对比

变量	含义	模型理论值	样本实际值
$\left(C+C_1^e+C_2^e\right)/Y$	消费占 GDP 比重	0.4085	0.4078
I/Y	投资占 GDP 比重	0.3761	0.3831
B_2/B	民营企业贷款比重	0.3474	0.35
L_2/L	民营企业创造就业比重	0.78	0.80
r_1^k	国有企业资本回报率	0.0448	0.04
r_2^k	民营企业资本回报率	0.0496	0.05

2. 模型主要变量的二阶矩匹配

就中国经济的周期特征而言，表 3 给出了主要经济变量二阶矩的理论值和实际值。从波动的相对幅度来看，实际经济显示消费和投资的波动性

① 数据来源于 2018 年 11 月 10 日习近平在民营企业座谈会上的讲话。

均大于产出且投资波动性更为显著，模拟的消费理论值与实际值基本一致，投资理论值略小于实际值，不过模拟的经济变量相对波动排序与实际经济完全吻合；从自相关系数的拟合来看，理论模型能够较好地模拟出实际经济中产出较强的持续性，同时也能够较好地拟合投资持续性较弱的特征，而消费持续性的模拟值略小于实际值，但模型拟合的消费衰减趋势和实际经济保持一致；从与产出的相关性来看，实际经济显示消费和投资均与产出正相关，消费和产出相关系数的理论值与实际值比较一致，投资与产出相关系数的理论值要大于实际值。① 不过，模型能够有效刻画消费和投资与产出的顺周期性，并且投资的顺周期性要强于消费。总体而言，模型经济拟合实际经济周期波动特征的效果良好，能够反映投资是影响经济周期波动的主要因素。

表 3　主要经济变量的二阶矩匹配

样本期内实际经济				
变量	相对标准差 (σ_x/σ_y)	自相关系数		与产出相关系数
		1 阶	2 阶	
总产出	1.000	0.844	0.659	1.000
消费	1.567	0.746	0.501	0.376
投资	3.853	0.472	0.290	0.424
理论模型模拟经济				
变量	相对标准差 (σ_x/σ_y)	自相关系数		与产出相关系数
		1 阶	2 阶	
总产出	1.000	0.691	0.439	1.000
消费	1.452	0.538	0.250	0.345
投资	2.443	0.599	0.320	0.914

注：中国实际经济数据的样本期为 1992 年第一季度至 2019 年第四季度。

① 有关中国经济季度数据显示投资与产出相关性较低的分析可参考祝梓祥和邓翔（2017）。

五 金融摩擦与政府隐性担保对资本配置影响的比较静态分析

在完成模型参数校准赋值的基础上，本部分重点分析金融摩擦因素和政府隐性担保因素变动对主要宏观经济变量稳态值的影响，进而从比较静态视角揭示企业间借贷成本差异造成资本错配的具体机制和机理。①

（一）金融摩擦对企业间资本配置效率的影响分析

考虑理论模型涉及的金融摩擦因素主要包括信贷需求端参数$\{\mu_1,\mu_2,\sigma\}$和供给端参数λ两种类型的参数。就企业贷款违约成本参数$\{\mu_1,\mu_2\}$而言，参数μ_i衡量了银行对贷款违约企业资产清算产生的成本，能够反映银行和企业间信息不对称程度。经济系统中运行良好的金融部门能够为解决上述信息不对称问题提供便利，从而有效降低银行部门因监控企业贷款行为而产生的跟踪、评估和清算等成本。因此，较低的银行审计成本反映经济中银行部门具有较高的运行效率。在保持其他参数不变的条件下，随着μ_i逐步增大，银行运行效率下降。此时，银行对企业资产清算的代价愈高，同时也降低了银行在企业贷款违约状态下可追回的资本价值，这导致银行向企业索取更高的贷款利率以补偿上述违约成本，从而稳态的信贷需求端融资溢价呈现上升趋势，见图4（2），抑制了企业贷款和资本需求，最终企业杠杆呈现下降趋势，见图4（1）。

企业异质性资本收益率参数σ衡量了企业遭受异质性冲击的大小，其赋值增大导致企业内部资本收益率离散程度提高，从而异质性冲击服从的对数正态分布函数$F(\omega)$的非对称性特征更加突出，这也反映了企业面临的不确定性增加。在银行部门运行效率等不变的条件下，参数σ增大意味着

① 根据理论模型中公式（5）可知，经济全要素生产率的对数形式为$\ln A_t(\mathrm{x}) = \varsigma' \ln A_t + (\lambda^k)' \ln X_{t-1}^k +$常数。因此，在企业技术水平不变的条件下，经济中资本配置效率指数的对数形式$(\lambda^k)' \ln \mathrm{x}_{t-1}^k$和全要素生产率的对数形式$\ln A_t(\mathrm{x})$呈现出相同的变动趋势。因此，资本配置效率指数$(x_{1t-1}^k)^{\alpha_1\varsigma_1}(x_{2t-1}^k)^{\alpha_2\varsigma_2}$或者$e^{(\lambda^k)' \ln \mathrm{x}_{t-1}^k}$可以作为全要素生产率变动的代理变量。

企业实际资本收益率，即个体冲击 ω_{t+1} 实现值的易变性增强，这导致金融中介部门更难以甄别出潜在违约企业，进而企业按照事前约定利率偿还银行贷款的概率降低。此时，经济中较低资本收益率且资产清算的企业增多，使得银行面临潜在的企业贷款违约成本增大。由此，银行提供的贷款合约要求企业更高的净资产和更低的债务率，同时规定更高的贷款合约利率，这使得稳态的企业需求端融资溢价随着参数 σ 增大而增大，见图 4（6），进而导致企业贷款和杠杆率下降见图 4（5）。

值得注意的是，金融需求端摩擦参数 μ_i 和 σ 变动对两类企业稳态杠杆和需求端溢价的影响存在明显差异：民营企业的需求端溢价要明显高于国有企业，同时国有企业杠杆高于民营企业，其主要原因在于：政府隐性担保提高了银行在企业贷款违约状态时可获得的价值，降低了银行面临的潜在企业贷款违约损失，进而银行对国有企业资产负债状况关注程度降低。由此，政府对国有企业贷款的隐性担保弱化了金融摩擦对国有企业融资的影响，从而银行对国有企业贷款表现出制度性偏向。① 此时，相对于民营企业较高的贷款利率，银行给予国有企业优惠性贷款利率，信贷资金价格被扭曲，使得企业间资本边际产出不再满足等边际原则，从而资本低效配置并带来全要素生产率损失。随着参数 μ_i 和 σ 逐步增大，银行在企业贷款违约状态下可追回的资本价值越来越小，使得政府隐性担保减少对银行贷款损失的影响愈发凸显。由此，民营企业的需求端溢价及其杠杆随着参数 μ_i 和 σ 增大而变动幅度要明显大于国有企业，进而企业间资本边际产出差距呈现拉大趋势，见图 4(3）和图 4(7)，经济中资本配置效率和全要素生产率进一步降低，见图 4（4）和图 4（8）。总之，伴随金融需求端摩擦增大，信贷资金在企业间的配置效率会进一步降低，加剧了资本错配和全要素生产率损失。

就金融供给端而言，根据银行杠杆 $\Phi_t^b = \eta_t / (\lambda - \nu_t)$ 可知，在银行贷款

① 此外，纪洋等（2018）基于中国上市企业数据证实，在经济政策不确定性上升时，银行向具有政府隐性担保的国有企业的贷款意愿会进一步增强，而向民营企业的贷款意愿减弱。由此，经济中企业杠杆率出现分化。

的预期贴现边际收益率 v_t 和银行净资产的预期贴现边际收益率 η_t 不变的情况下，银行转移家庭储蓄资产份额 λ 增大意味着相较于银行营运价值 V_{ji} 而言，银行转移家庭储蓄获得收益增大，从而银行挪用家庭储蓄的道德风险问题更容易发生，使得家庭储户对银行的信任度降低，进而银行吸收家庭存款受到自身资产负债表的约束日益显著，这导致银行信贷供给能力显著下降，由此稳态的银行杠杆水平呈现出下降趋势，见图 4（9）。与此同时，信贷供给端溢价因银行信贷供给能力削弱而逐步增大，见图 4（10）。换言之，伴随着银行道德风险问题日益严重，为确保银行行为符合家庭利益需求，家庭要求银行净资产参与企业贷款活动的比例提高，以实现风险有效共担。由此，随着银行部门摩擦参数 λ 逐步增大，相同规模的银行净资产能够吸收的家庭储蓄规模日益缩小，导致银行杠杆水平下降并日益削弱其信贷供给能力，最终借贷利差即信贷供给端溢价逐步增大，进而推高企业外部融资成本。① 与此同时，金融供给端摩擦加剧导致银行信贷供给能力下降，银行向违约成本较高的民营企业的贷款意愿会进一步减弱，从而有限的信贷资金更难以流向民营企业，这导致企业间资本边际产出差距呈现出拉大趋势，见图 4（11），进一步降低资本配置效率和全要素生产率，见图 4（12）。

总之，伴随着金融需求端摩擦加剧，政府隐性担保弥补银行贷款潜在损失的作用愈发凸显，这使得银行更加倾向于将信贷资金配置于国有企业而不是民营企业，从而银行向国有企业的贷款行为日益呈现制度性偏向。此外，金融供给端摩擦加剧减弱了银行信贷能力，这导致银行更加倾向于将有限资金配置于具有政府隐性担保的国有企业，而不是违约成本较高的民营企业。由此，金融摩擦加剧导致银行向具有政府隐性担保的国有企业的贷款意愿增强，信贷在企业间信贷配置扭曲加剧，进而企业间资本边际产出差距不断拉大，最终经济中资本配置效率恶化并加剧全要素生产率损失。

---

① 事实上，在银行激励兼容条件为紧的条件下，由银行选择最优信贷供给量实现终期净资产最大化的问题可知，稳态的信贷供给端溢价为 $\left(R^b-R\right)=\frac{\phi\left(1\text{-}p^e\beta\right)}{\left(1+\phi\right)\left(1\text{-}p^e\right)\beta}\lambda$。这里，$\phi$ 表示银行激励兼容条件的拉格朗日乘数。在其他条件不变下，$\left(R^b-R\right)$ 随 λ 增大而增大，即 $\frac{\partial\left(R^b-R\right)}{\partial\lambda}>0$。

（二）政府隐性担保对企业间资本配置效率的影响分析

考虑到政府对国有企业贷款的隐性担保作用在于：政府会动用财政资源帮助资不抵债的国有企业偿还一定债务，这使得银行面临的潜在企业贷款违约损失减小，从而增强了银行向国有企业贷款的意愿。具体来说，当国有企业出现资不抵债时，即资本总收益 $\omega_{1t+1}^{x} R_{1t+1}^{k} Q_t K_{1t}^{x}$ 小于银行贷款偿还额 $R_{1t+1}^{L} B_{1t}^{x}$ 时，政府会对其进行救助以避免其破产违约。由此，政府担保行为导致国有企业能够承受较低的资本收益率 $\omega_{1t+1}^{x} R_{1t+1}^{k}$ ，这意味着相对于无政府担保情形，国有企业贷款违约临界值 $\bar{\omega}_{1t+1}^{*}$ 更小且满足 $\Psi_{t+1} + \bar{\omega}_{1t+1}^{*} R_{1t+1}^{k} Q_t K_{1t}^{x} = R_{1t+1}^{L} B_{1t}^{x}$。因此，国有企业贷款违约临界值 $\bar{\omega}_{1t+1}^{*}$ 的稳态值随着政府担保程度增大而逐渐减小，见图5（1），同时使得低效率国有企业存活概率越高且国有企业实际贷款违约率 $F\left(\varpi_1^{*}\right)$ 降低，见图5（2）。由此，金融机构向国有企业贷款意愿增强，见图5（3），这导致国有企业杠杆攀升，见图5(4)。[①] 当金融机构完全按照市场方式配置信贷资源时，企业杠杆提高意味着其负债率和破产违约概率上升，银行通常基于风险收益匹配原则向高负债企业索取较高风险溢价以降低企业贷款违约损失。然而，政府对国有企业信贷的担保导致上述市场化融资价格扭曲，信贷资金配置并不能完全真实反映企业资本负债状况，从而国有企业杠杆高企并带来金融风险集聚。此时，政府担保对信贷资金价格扭曲体现在：伴随政府隐性担保强度提高，国有企业信贷需求端溢价和溢价弹性并没有随着其杠杆水平提高而增大，二者反而进一步下降，见图5（5）和图5（6），这表明，国有企业因政府隐性担保往往能够以较低的利率获得贷款，并且商业银行降低对企业资产负债状况的关注度从而弱化金融摩擦对国有企业融资的约束。由此，国有企业以低成本占据大量信贷资源并扩大生产规模，这削弱了国有企业追求利润最大化和提高生产效率的激励，国有企业和民营企业的资本边际产出差距不断

① 有关政府救助行为引发企业杠杆高企，同时银行不良贷款率并没有显著上升的政策性分析可参见陆磊和刘学（2020），不过他们并没有分析信贷在企业间的配置扭曲。

拉大，见图5（7），进而企业间资本配置效率不断下降且显著拉低了全要素生产率，见图5（8）。另外，政府隐性担保增强通过刺激国有企业产出和投资的增加而带来经济总产出、消费和投资的上升，这表明国有企业能够成为政府实现“稳增长”等目标的战略性工具，见图5（9）至图5（11）。不过，经济中投资增速快于总产出增速而消费增速慢于总产出增速，这不利于经济总需求结构优化，见图5（12）。

六　动态冲击的影响路径分析

本部分进一步从动态视角来探讨企业借贷成本，即融资溢价差异造成资本错配的具体机制。首先，在银行融资和企业融资均受到金融摩擦影响的情形下，以负向技术冲击为例分析异质性企业环境下主要宏观经济变量对外生冲击的动态响应，进而揭示资本错配的逆周期特性；其次，探讨民营企业违约成本冲击和政府隐性担保冲击对经济的动态影响机制。①

（一）异质性企业与双重金融摩擦背景下外生冲击的传导路径分析

鉴于2008年以来中国经济增长下滑主要受到负向全要素生产率影响（白重恩和张琼，2014），以负向技术冲击为例进行说明。当经济受到负向技术冲击时，企业生产技术水平的下降意味着宏观生产效率降低。一方面，既定要素投入带来较低的产量；另一方面，生产要素的边际产出下降，引起企业资本收益率和资本需求下降。由此，经济总产出和投资下降。值得

① 之所以在理论模型中考虑上述两种冲击，原因在于：第一，正如Levin等（2004）指出企业违约成本是驱动企业融资溢价变动的主要因素，并且逆周期变动的违约成本是反映银行借贷审核标准变动趋势的重要指示性指标（Fuentes-Albero，2019）。由此，在经济下行时，企业信贷可获得性难度增大可以通过企业违约成本上升的方式刻画。第二，国有企业在经济下行时的投资、员工雇用等决策呈现明显逆周期特征，从而助力政府“稳增长”等经济目标实现，而这需要政府对国有企业贷款隐性担保强度的提高，以便国有企业获得大量廉价信贷资金进而实现上述逆周期生产决策。基于上述两点考虑，这里引入民营企业违约成本冲击分析企业信贷可获得性变动对宏观经济的潜在影响，同时引入政府隐性担保冲击探讨国有企业在经济下行期间转向追求经济稳增长等非利润目标对经济运行造成的影响。

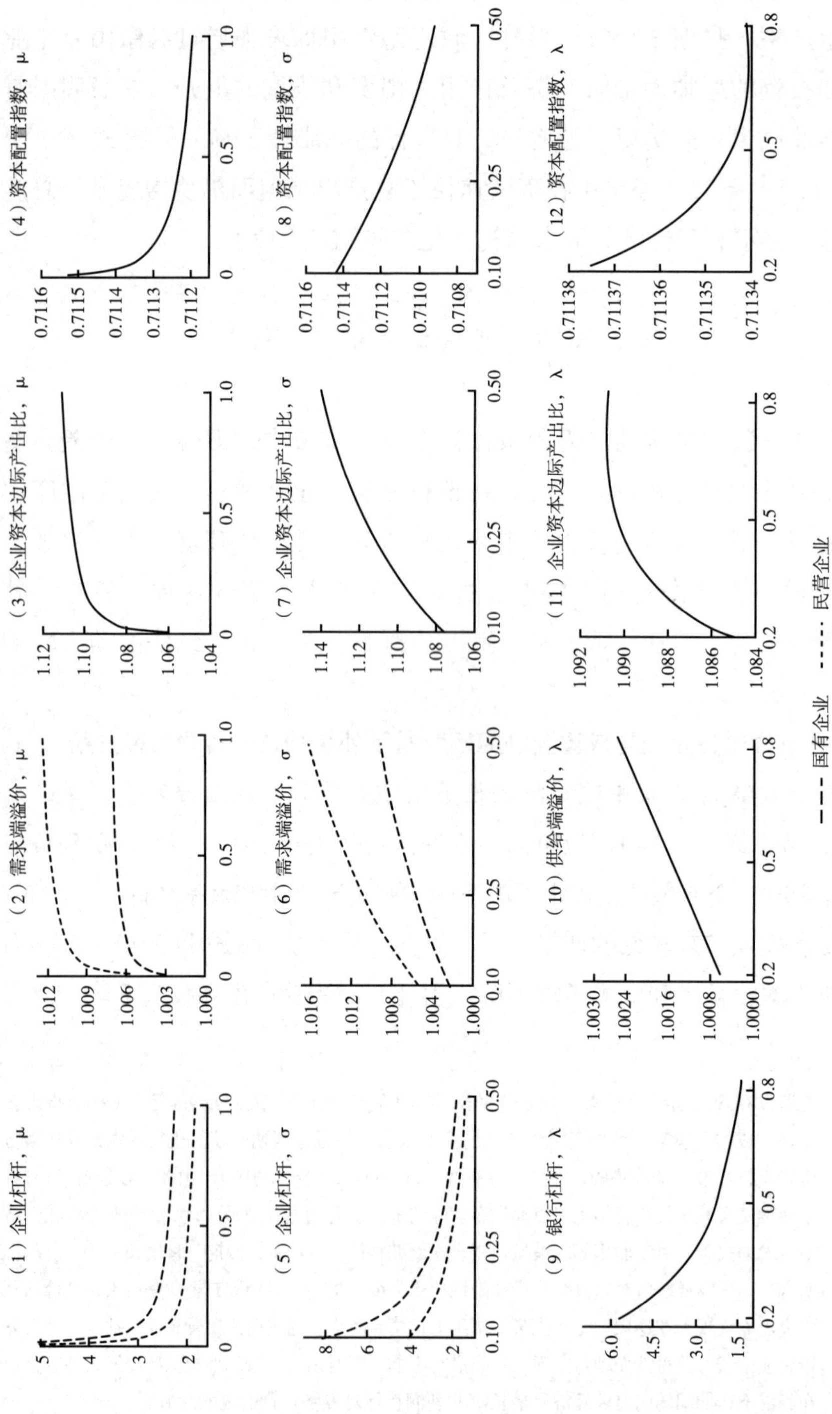

图4　金融摩擦参数变动对主要经济变量稳态值的影响

注意的是，初始时刻投资负向偏离稳态水平的幅度远大于产出，见图 6（1）和图 6（2），其主要原因在于：银行杠杆和企业杠杆在双重金融摩擦环境下均能够影响到企业外部融资溢价，进而通过银企杠杆联动机制使得源自信贷需求端摩擦的经济效应和源自信贷供给端摩擦的经济效应二者相互叠加强化，最终外部冲击对经济的影响得到双重放大，加剧经济周期波动。

具体而言，在银行融资和企业融资均受到金融摩擦影响的情形下，企业投资和资本购买意愿取决于借贷成本的高低，而借贷成本中除去无风险储蓄利率，还取决于外部融资溢价的高低。就企业的外部融资溢价$\left(\hat{R}_{it+1}^{k}-\hat{R}_{t}\right)$而言，其变动趋势由信贷需求端溢价$\left(\hat{R}_{it+1}^{k}-\hat{R}_{t}^{b}\right)$和信贷供给端溢价$\left(\hat{R}_{t}^{b}-\hat{R}_{t}\right)$二者共同驱动，即$\hat{R}_{it+1}^{k}-\hat{R}_{t}=\left(\hat{R}_{it+1}^{k}-\hat{R}_{t}^{b}\right)+\left(\hat{R}_{t}^{b}-\hat{R}_{t}\right)$。其中，信贷需求端溢价$\left(\hat{R}_{it+1}^{k}-\hat{R}_{t}^{b}\right)$表示由企业和银行因事后资本收益率存在信息不对称问题导致的企业外部融资溢价，其溢价幅度依赖于企业资产负债状况等因素；信贷供给端溢价$\left(\hat{R}_{t}^{b}-\hat{R}_{t}\right)$则表示由银行转移家庭储蓄资产的道德风险问题导致的企业外部融资溢价，其溢价幅度依赖于银行资产负债状况等因素。因此，负向技术冲击导致经济下行，企业资本需求下降引起资本价格下跌，见图 6（3）。从信贷需求端来看，企业的资产净值下降并且杠杆水平上升：初始时刻两类企业的杠杆水平上升幅度分别达到最大值 2% 和 1% 左右，然后逐步恢复到稳态水平，见图 6（4）。根据理论模型式（11）和（13）可知，企业信贷需求端溢价与杠杆水平的关系满足：$\hat{R}_{it+1}^{k}-\hat{R}_{t}^{b}=\xi_{i}\hat{\Phi}_{it}^{e}$，故信贷需求端溢价$\left(\hat{R}_{it+1}^{k}-\hat{R}_{t}^{b}\right)$的动态调整路径与杠杆水平动态调整路径基本一致，见图 6（7）。因此，在经济下行时，企业资产负债状况恶化且杠杆率攀升，从而由企业与银行间摩擦导致的信贷需求端溢价上升，企业外部借贷成本提高，见图 6（6），进一步抑制了企业信贷、投资和资本需求，而投资和资本的下降会进一步促使产出和资产价格下降，从而在金融需求端产生加速效应。从信贷供给端来看，银行与家庭间的金融摩擦导致银行信贷供给能力内生受到自身资产负债表约束。此时，银行根据经济

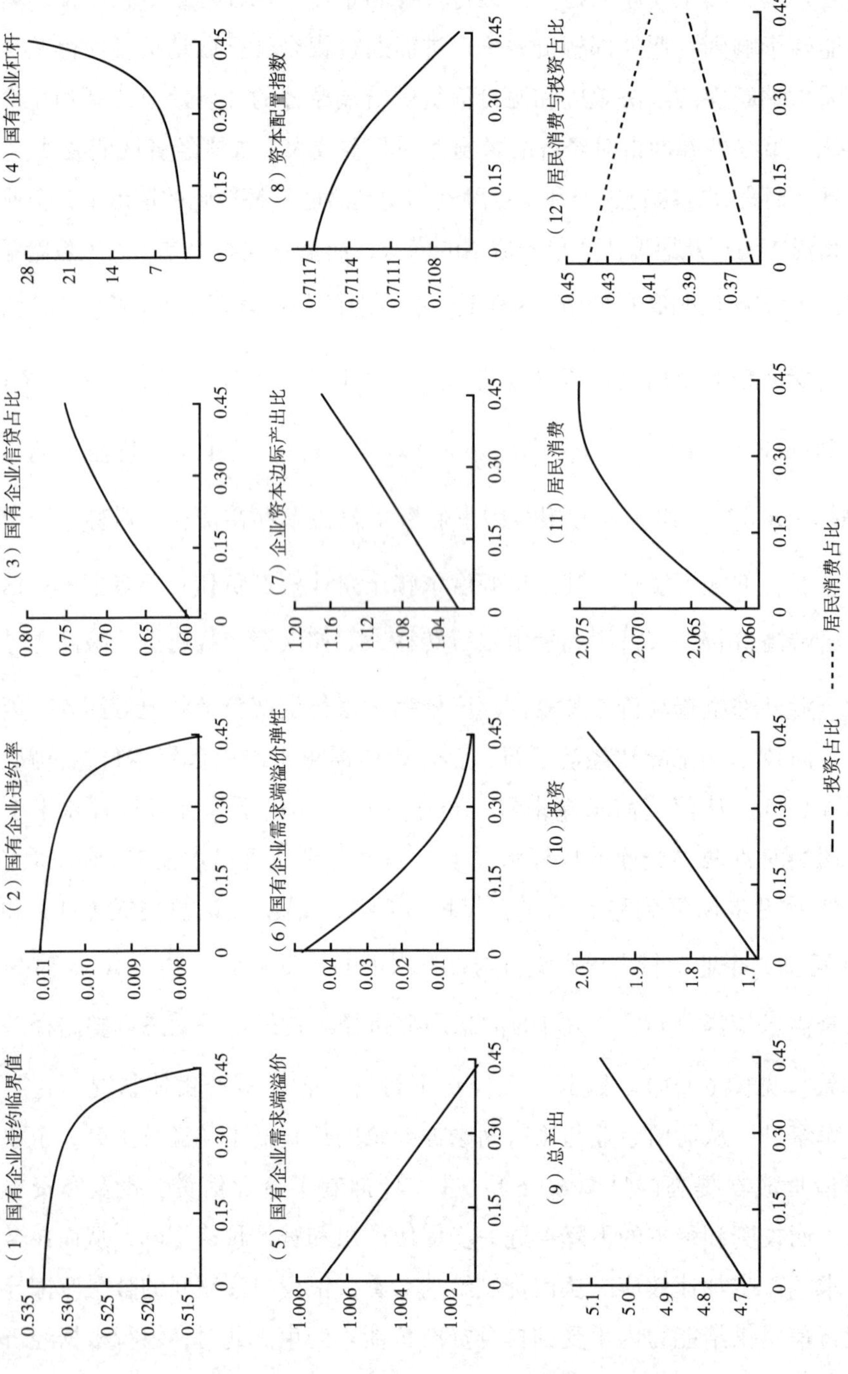

图 5 政府对国有企业贷款隐性担保强度变动对主要变量稳态值的影响

状况调整决策带来杠杆水平和信贷供给规模的波动，进而影响到企业信贷和资本决策并最终影响到经济周期波动态势。因此，负向技术冲击带来的经济下行使得银行资产净值下降，这削弱了银行信贷供给能力并导致经济可贷资金减少：一方面，银行因家庭收入减少而获得储蓄的困难程度提高，促使银行间竞相提高无风险储蓄利率以便于吸引更多的储蓄，这会引起预期资产价格进一步下跌并影响到企业资产负债状况，进一步推高企业杠杆水平和信贷需求端溢价，进而抑制企业生产活动；另一方面，银行盈利能力减弱，家庭部门日益关注银行违约带来的潜在损失，进而银行吸储能力内生受自身资产负债表的约束会进一步收紧，同时资产价格下跌带来银行资产净值下降，进一步影响到银行吸储规模。此时，银行信贷规模收缩并且呈现去杠杆态势，见图6（5），进而信贷供给端溢价上升，见图6（8），这使得银行“惜贷”动机加强且提高企业贷款审核标准。这里，之所以银行杠杆水平与信贷供给端溢价呈现出上述动态调整过程，理论上根据 $\hat{\Phi}_t^b = E_t\left\{p^b\beta^2z^2\hat{\Phi}_{t+1}^b + \Phi^b\frac{R^b}{R}\left(\hat{R}_t^b - \hat{R}_t\right)\right\}$ 可知，[①] 给定银行初始杠杆水平 $\hat{\Phi}_t^b$ 下，银行杠杆预期水平下降趋势将会伴随着上升趋势的信贷供给端溢价 $\hat{R}_t^b - \hat{R}_t$，反之亦然。因此，企业外部融资溢价 $\hat{R}_{it+1}^k - \hat{R}_t$ 的逆周期特征在 $\hat{R}_{it+1}^k - \hat{R}_t^b$ 和 $\hat{R}_t^b - \hat{R}_t$ 的共同作用下更加显著，并且信贷需求端溢价和信贷供给端溢价与企业杠杆和银行杠杆分别建立联系，进而产生银企杠杆联动效应，信贷需求端摩擦和信贷供给端摩擦二者所产生的效应相互叠加强化，资产价格下跌且银根紧缩效应显著加剧。负向技术冲击对投资、信贷和产出等的影响通过双重金融摩擦产生的银企杠杆联动机制得到双重放大，加剧经济周期波动。

值得注意的是，负向技术冲击导致国有企业和民营企业间的信贷错配程度加剧，进而降低了资本配置效率和全要素生产率，见图6（9）。具体

① 银行的信贷供给方程根据理论模型银行信贷供给、银行净资产运动方程以及相关变量的对数线性化方程整理得到。

而言，当经济遭受负向技术冲击时，资产价格下跌导致企业资产净值下降，进而推高企业杠杆水平和信贷需求端溢价。不过，企业杠杆和信贷需求端溢价呈现出异质性调整过程：一方面，相较于国有企业，民营企业杠杆水平在负向冲击后仅小幅上升并且以较快速度调整到稳态；另一方面，民营企业信贷需求端溢价上升幅度反而大于国有企业。就企业杠杆调整的异质性而言，其原因在于，当负向技术冲击导致企业盈利能力降低时，民营企业普遍存在融资难和融资贵问题，往往不能够通过增加贷款方式缓解现金流减少问题，同时退出机制更市场化，这使得民营企业杠杆上升幅度较小且调整速度较快。就企业信贷需求端溢价调整异质性而言，根据 $\hat{R}_{it+1}^k-\hat{R}_t^b=\xi_i\hat{\Phi}_{it}^e$ 可知，倘若国有企业和民营企业的信贷需求端溢价弹性系数相同的话，国有企业信贷需求端溢价上升幅度应该远大于民营企业，然而事实上正好相反。由此，金融需求端摩擦对国有企业外部融资影响因政府隐性担保政策而弱化，从而稳态的国有企业信贷需求溢价要低于民营企业，即 $R_1^k/R^b<R_2^k/R^b$，同时国有企业贷款利率受到杠杆水平变动的影响更小，即 $\xi_1<\xi_2$。在经济下行时，国有企业虽然杠杆水平不断攀升，但是仍能够获得优惠贷款；民营企业则因资产负债状况恶化而贷款利率大幅上升且获得贷款额度大幅下降。总之，负向技术冲击导致民营企业外部融资成本上升速度快于国有企业，同时国有企业杠杆攀升速度快于民营企业。这反映了大量廉价银行贷款偏向性流入国有企业并挤占了高效民营企业可获得的资金额度，降低了资源配置效率，进而导致资本错配和全要素生产率损失。与此同时，考虑到信贷供给端摩擦使得银行信贷供给规模受到限制，从而由银行去杠杆行为导致经济信贷规模收缩，并且银行的“惜贷”动机对民营企业的影响更为显著，进一步降低了资本配置效率和全要素生产率。由此，经济中资源错配呈现出逆周期特征，从而印证命题3。

总而言之，在双重金融摩擦情形下，负向技术冲击对经济的影响有两方面：第一，当经济受到负向冲击时，顺周期性的企业和银行资产负债表均会导致逆周期的企业外部融资溢价，进而通过银企杠杆联动机制对外部

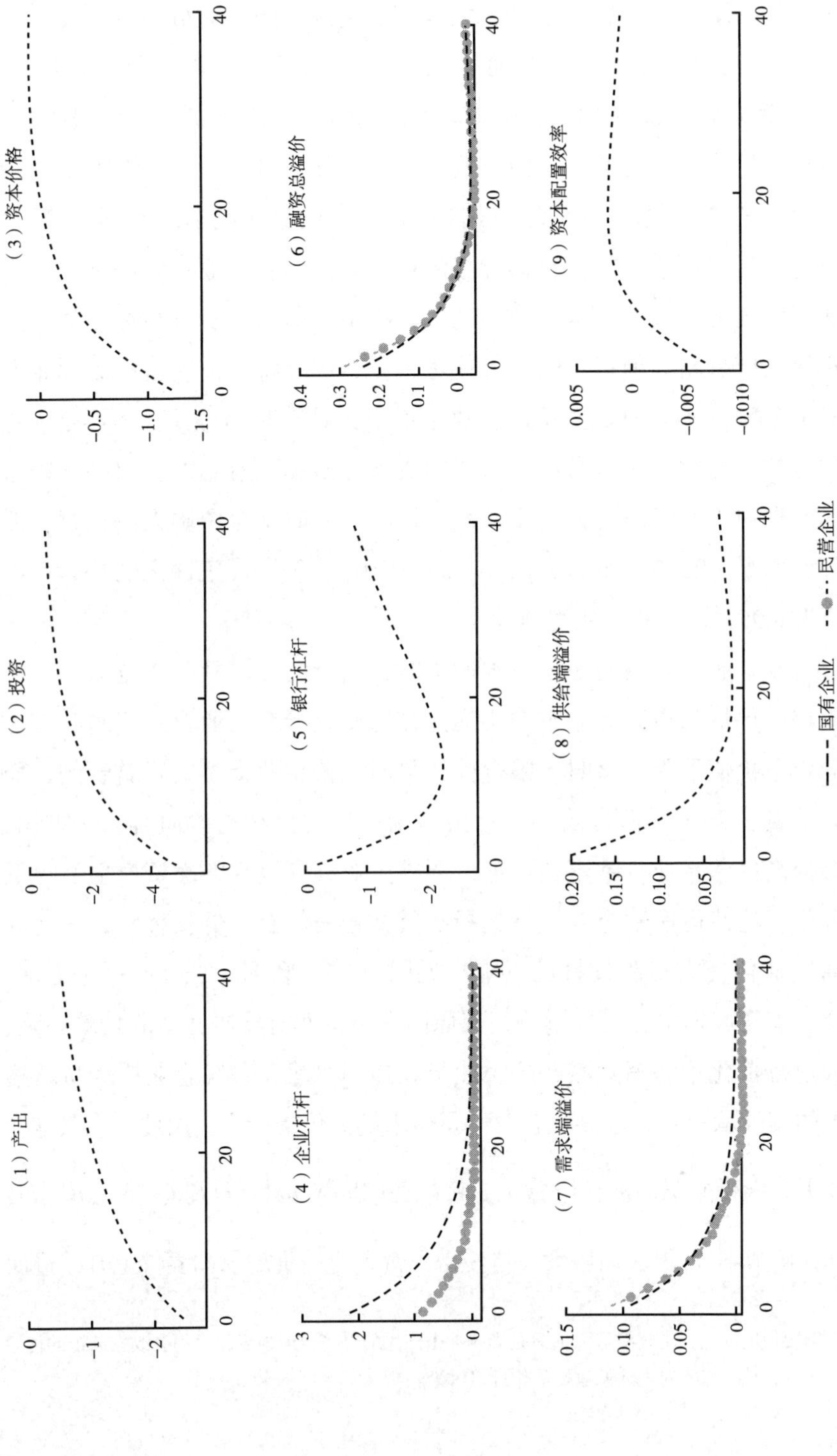

图6　负向技术冲击对主要宏观经济变量的动态影响

注：横轴表示时期数，纵轴表示相关经济变量偏离稳态值的百分比，下同。

冲击产生双重金融加速效应；第二，相对于国有企业而言，负向冲击导致民营企业外部融资成本较快上升，大量信贷资源流向相对低效率的国有企业，这影响了资源配置效率，进而加剧了资本错配和全要素生产率损失。

（二）民营企业违约成本冲击和政府隐性担保冲击对经济的动态影响

当经济处于衰退时期，有两点现象值得关注：第一，民营企业从银行部门获得信贷难度提高，而这能够被上升的企业违约成本所刻画；第二，作为政府实现“稳增长”等目标的战略性工具，国有企业在经济下行时表现出逆周期生产决策，而这些逆周期生产决策所需的信贷资金往往以政府隐性担保强度提高为前提。结合上述考虑，本部分将理论模型中表示企业违约成本参数 μ_i 和政府隐性担保参数 ψ 设定为具有时变特征，不再是固定不变的常数。由此，这里通过引入违约成本冲击和政府隐性担保冲击来考虑上述两种现象对经济运行产生的潜在影响，同时结合中国人民银行营业管理部课题组（2017）和 Fuentes-Albero（2019）等，设定冲击的持续性参数赋值为 0.95，标准差参数为 0.1。①

当民营企业受到正向违约成本冲击时，银行监控民营企业贷款行为产生的跟踪、评估和清算等成本费用提高，进而银行在企业贷款违约状态可追回的资本价值下降。此时，银行会调整向民营企业提供的贷款合约，而这会影响到民营企业信贷需求。就民营企业贷款合约条款而言，一方面，银行会提高民营企业贷款审核标准，要求企业具有更高的净资产值和更低的债务率，这使得民营企业最终选择的贷款合约具有较低杠杆率，进而导致民营企业信贷需求和杠杆的下降，见图 7（5）和图 7（6）；另一方面，民营企业借贷成本也会受到影响，其原因在于：面对异质性企业贷款风险，银行通过分散化策略消除潜在的企业贷款违约风险，最终企业成为贷款违约损失的实际承担者，这导致企业信贷需求端溢价的产生。由此，在其他变量不变下，银行面临的潜在民营企业贷款违约成本 $\mu_2\int_0^{\bar{\omega}_{2t}}\omega_t R_{2t}^k Q_{t-1} K_{2t-1} dF(\omega)$ 因边际违约成本 μ_{2t} 增大而增大，这使得民营企业信贷需求端溢价上升，进而

① 需要说明的是，上述参数赋值只是影响冲击产生的经济效应强度，而不会改变冲击的传导机制，故这里不对上述系数赋值作过多讨论。

影响到民营企业外部融资成本，见图 7（9）和图 7（10）。此时，民营企业信贷和资本需求下降，这导致经济中投资、民营企业产出和总产出下降，见图 7（1）至图 7（3）。进一步从信贷供给端来看，投资和资本需求下降导致资产价格和银行资产净值下降，见图 7（4）和图 7（7），银行资产负债表状况恶化，银行更容易出现转移家庭储蓄资产等道德风险问题，这减弱了家庭在银行部门储蓄的意愿并进一步限制了银行吸储规模和信贷供给能力。由此，银行杠杆呈现“去杠杆”态势并带来信贷供给端溢价提高，见图 7（8）和图 7（11）。此时，银行“惜贷”动机增强且提高贷款审核标准，从而有限金融资源更难以流向民营企业，加剧了信贷和资本错配，从而资本配置效率和全要素生产率进一步降低，见图 7（12）。总之，在双重金融摩擦情形下，银企杠杆呈现出联动效应，初始的正向民营企业破产违约成本冲击通过影响信贷需求和信贷供给而影响实体经济，这两方面相互叠加作用，加剧资产价格、投资和产出波动，同时降低资源配置效率。

当经济受到正向的政府隐性担保冲击时，政府对国有企业贷款担保强度提高，从而银行在国有企业资不抵债情形下遭受的损失进一步减小。从信贷需求端来看，银行对国有企业资产负债状况审核标准降低，这使得国有企业净资产呈现出下降趋势，见图 8（5），而国有企业杠杆水平反而呈现上升趋势，见图 8（6）；与此同时，银行面临的潜在国有企业贷款违约损失因政府隐性担保增强而减小，即 $\int_0^{\bar{\omega}_{1t+1}^*}\left[\mu_1\omega_{1t+1}R_{1t+1}^kQ_tK_{1t}-\Psi_{t+1}\right]dF(\omega)$，这会导致国有企业的信贷需求端溢价降低，见图 8（9）。此时，国有企业可支配信贷资金规模增加，促使国有企业资本需求增加，进而带来投资、国有企业产出和总产出等的增加，见图 8（1）至图 8（3）。进一步从信贷供给端来看，银行部门信贷供给能力得到改善：一方面，国有企业产出提高起到稳定就业作用，带来家庭收入提高，进而有助于银行从家庭部门吸收储蓄；另一方面，国有企业资本需求增加带来资产价格的上扬，见图 8(4)，银行资产负债状况改善，见图 8(7)，有助于抑制银行部门的道德风险问题，增强家庭储蓄意愿。由此，银行部门信贷供给能力提高，银行杠杆水平呈现上升趋势并且信贷供给端溢价呈现下降态势，见图 8（8）和图 8（11），

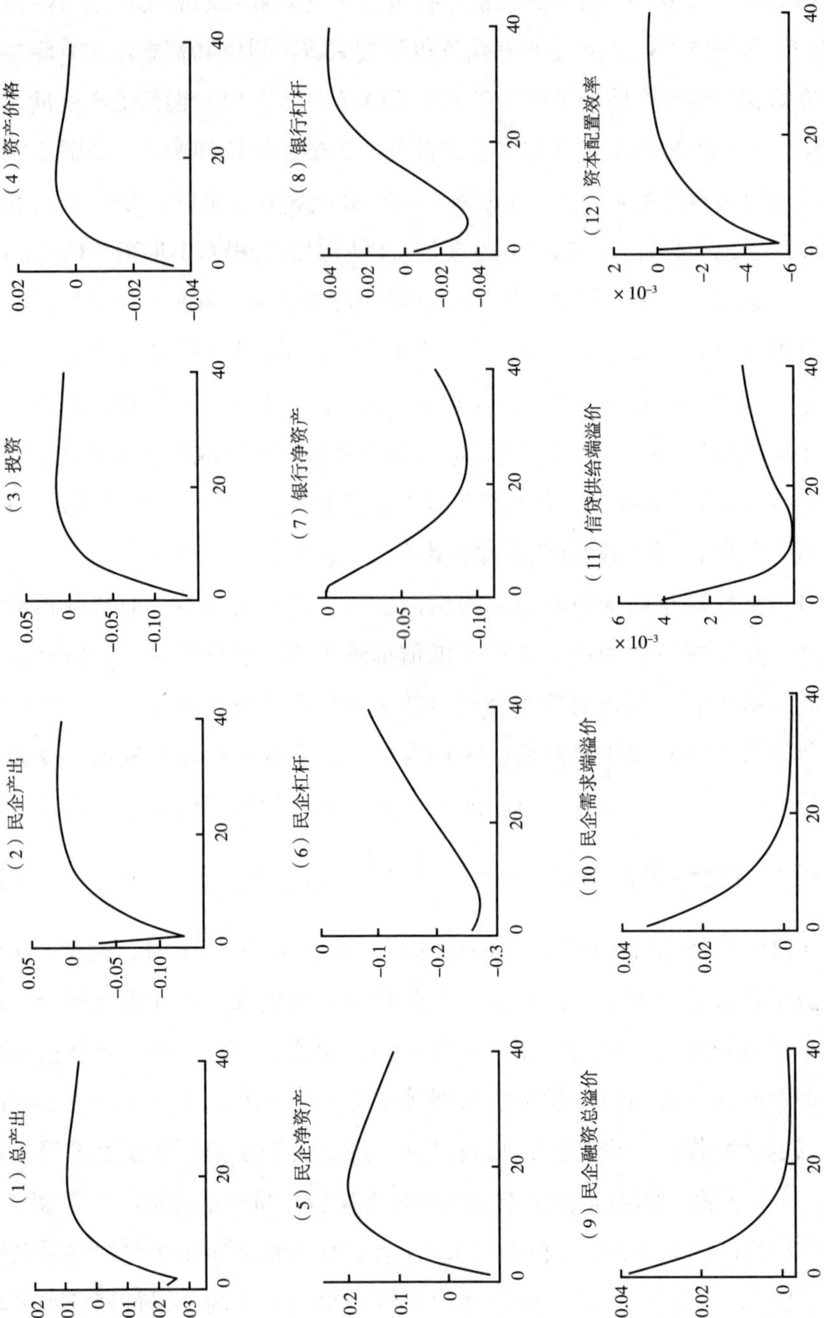

图 7 民营企业违约成本冲击对主要宏观经济变量的动态影响

从而进一步增强经济上行态势。值得注意的是，银行信贷配置对国有企业的制度性偏向因政府隐性担保增强而强化，这加剧了信贷资金的非市场化配置，进一步加剧了企业间的信贷资金错配程度。最终，经济中资本配置效率和全要素生产率进一步降低，见图8（12）。

总之，现实经济中银企杠杆因双重金融摩擦因素而呈现出联动效应，而银行杠杆水平和企业杠杆水平反映了经济中信贷供给和信贷需求状况。由此，民企违约成本冲击或政府隐性担保冲击通过银企杠杆联动机制影响到信贷需求和信贷供给，二者相互叠加作用，加剧资产价格、投资和产出波动，进而加剧资本错配和全要素生产率损失。

七　主要结论与政策启示

在借鉴Hsieh和Klenow（2009）的资源错配模型基础上，本文首先构建了一个包含异质性企业的局部均衡模型，并将全要素生产率损失归结为企业间借贷成本差异，进而从信贷市场视角将上述资本要素扭曲，即信贷溢价分解为信贷需求端溢价和信贷供给端溢价。其次，将上述局部均衡模型嵌入一个包含家庭、资本生产者、企业、银行和政府等部门的DSGE模型，进而在一般均衡分析框架下揭示企业借贷成本异质性带来的资本配置扭曲、资源配置效率与全要素生产率之间的内在深层联系。在对模型基本参数进行校准赋值后，数值模拟显示：第一，理论模型能够较好拟合中国实际经济的结构特征和周期特征，对现实经济具有较强的解释力。第二，金融摩擦加剧导致企业融资溢价稳态值的异质性变动并拉大企业间资本边际产出差距，造成资本配置效率降低和全要素生产率损失。第三，双重金融摩擦导致银企杠杆与信贷溢价产生关联，进而基于银企杠杆联动机制对外部冲击产生双重金融加速效应。同时，企业间资本错配呈现出逆周期特性，并且信贷供给端摩擦通过银行资产负债表渠道影响配置于企业信贷规模，加剧企业间资本错配。结合上述结论，得到以下政策启示。

第一，推动全要素生产率稳步提升是中国实现经济高质量发展的必由之路，政府要把持续提高要素配置效率尤其是资本要素配置效率作为经济

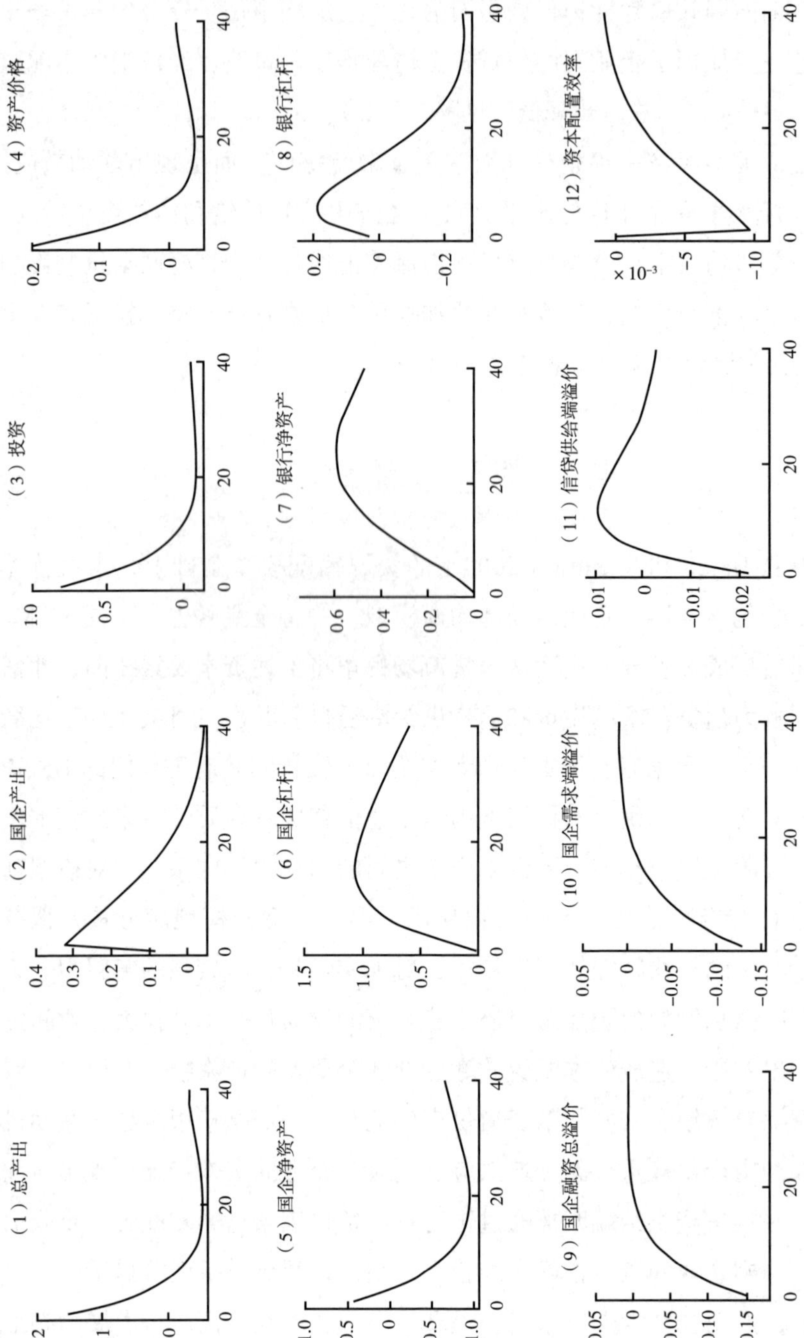

图8 政府隐性担保冲击对主要宏观变量的动态影响

建设的重要目标，并且解决资本错配问题要注意区分造成资本扭曲的具体原因。

就金融摩擦造成的市场型资本错配问题而言，根本解决之道在于有效缓解信息不对称问题，政府可从两方面着手：一方面，积极推动金融系统运行效率提升，不断推进金融部门市场化改革，鼓励和发展中小金融机构，发挥中小金融机构在获取中小企业发展前景等信息方面的比较优势，促进银行间的有效竞争，加强普惠金融服务，缓解经营透明度不高、可靠抵押品缺乏等因素对民营企业违约成本的影响，充分发挥市场在资源配置中的决定性作用。另一方面，更好发挥政府作用，政府部门可以通过开展银税互动、加强民营企业党建工作等方式缓解银企间的信息不对称程度。其中，银税互动是政府税务部门向银行提供纳税数据和纳税信用评级等企业纳税信息，鼓励银行基于税收信用向企业贷款（杨龙见等，2021）。

政府可以尝试建立具有“状态依存于宏观经济运行的政府担保企业信贷”制度：经济下行时，企业因经营状况恶化而面临借贷成本上升问题，不过国有企业因助力政府“稳增长”等目标而逆势增加投资，这必然要求政府隐性担保强度适度提高以便于国有企业获得银行信贷支持，从而短期需要牺牲一定的要素价格扭曲和资本错配等来实现宏观经济稳定，因而需要辩证地看待中国资本错配问题；而经济上行时，政府给予国有企业信贷的隐性担保需要有序退出，及时弱化经济下行时造成的价格扭曲，这有助于强化国有企业预算约束和提高其对价格的敏感性，从而达到提升资源配置效率目的。

第二，为缓解经济下行时企业间资本错配问题，宏观调控政策也需要关注两点：一方面，弱化金融供给端摩擦影响，注重消除不利冲击对银行资产负债表的负面影响，稳定银行资产负债表，进而稳定银行部门向实体经济提供的信贷规模，弱化银企杠杆联动效应对资本错配的影响；另一方面，除支持国有企业在经济下行时进行逆周期投资等生产决策外，政府也应该鼓励更多银行贷款和纾困资金流向民营企业，提高民营企业存活率，这有助于更好地实现“稳增长”和“稳就业”等政策目标。

参考文献

[1] 白重恩、张琼，2014,《中国经济减速的生产率解释》,《比较》第 4 期。

[2] 陈晓光、张宇麟，2010,《信贷约束、政府消费与中国实际经济周期》,《经济研究》第 12 期。

[3] 郭长林，2016,《财政政策扩张、纵向产业结构与中国产能利用率》,《管理世界》第 10 期。

[4] 纪洋、王旭、谭语嫣、黄益平，2018,《经济政策不确定性、政府隐性担保与企业杠杆率分化》,《经济学（季刊）》第 1 期。

[5] 简泽、徐扬、吕大国、卢任、李晓萍，2018,《中国跨企业的资本配置扭曲：金融摩擦还是信贷配置的制度偏向》,《中国工业经济》第 11 期。

[6] 郎昆、刘庆，2021,《资源错配的来源、趋势与分解》,《经济学报》第 2 期。

[7] 李四海、邹萍、宋献中，2015,《货币政策、信贷资源配置与金融漏损——来自我国上市公司的经验证据》,《经济科学》第 3 期。

[8] 李欣泽、司海平，2019,《中国资源错配与经济效率损失：趋势与分解》,《当代经济科学》第 6 期。

[9] 林东杰、崔小勇、龚大堂，2022,《金融摩擦异质性、资源错配与全要素生产率损失》第 1 期。

[10] 刘晓光、卢锋，2014,《中国资本回报率上升之谜》,《经济学（季刊）》第 3 期。

[11] 刘晓星、姚登宝，2016,《金融脱媒、资产价格与经济波动：基于 DNK-DSGE 模型分析》,《世界经济》第 6 期。

[12] 刘一楠、宋晓玲，2018,《杠杆失衡、信贷错配与结构性去杠杆——一个动态随机一般均衡分析框架》,《中央财经大学学报》第 8 期。

[13] 刘哲希、李子昂，2018,《结构性去杠杆进程中居民部门可以加杠杆吗》,《中国工业经济》第 10 期。

[14] 陆磊、刘学，2020,《违约与杠杆周期——一个带有救助的金融加速器模型》,《金融研究》第 5 期。

[15] 梅冬州、温兴春、吴娱，2021,《财政扩张、信用违约和民营企业融资困境》,《经济研究》第 3 期。

[16] 孟宪春、张屹山、张鹤、冯叶，2020,《预算软约束、宏观杠杆率与全要素生产率》,《管理世界》第 8 期。

[17] 石峰、王忏,2019,《耐用品、投资专有冲击与货币政策福利》,《金融研究》第 5 期。

[18] 谭小芬、张文婧,2021,《财政分权、地方政府行为与企业杠杆率分化》,《经济研究》第 6 期。

[19] 田国强、赵旭霞,2019,《金融体系效率与地方政府债务的联动影响——民企融资难融资贵的一个双重分析视角》,《经济研究》第 8 期。

[20] 王立勇、徐晓莉,2018,《纳入企业异质性与金融摩擦特征的政府支出乘数研究》,《经济研究》第 8 期。

[21] 王勇,2017,《"垂直结构"下的国有企业改革》,《国际经济评论》第 5 期。

[22] 邢天才、庞士高,2015,《资本错配、企业规模、经济周期和资本边际生产率——基于 1992~2013 年我国制造业上市企业的实证研究》,《宏观经济研究》第 4 期。

[23] 徐臻阳、鄢萍、吴化斌,2019,《价格指数背离、金融摩擦与"去杠杆"》,《经济学(季刊)》第 4 期。

[24] 鄢萍,2012,《资本误配置的影响因素初探》,《经济学(季刊)》第 2 期。

[25] 杨国超、李晓溪、龚强,2020,《长痛还是短痛?——金融危机期间经济刺激政策的长短期效应研究》,《经济学(季刊)》第 3 期。

[26] 杨龙见、吴斌珍、李世刚、彭凡嘉,2021,《"以税增信"是否有助于小微企业贷款?——来自"银税互动"政策的证据》,《经济研究》第 7 期。

[27] 易纲、宋旺,2008,《中国金融资产结构演进:1991~2007》,《经济研究》第 8 期。

[28] 易纲,2019,《解决贷款利率偏高就是解决风险溢价偏高的问题》,《新浪财经》3 月 10 日。

[29] 易纲,2020,《再论中国金融资产结构及政策含义》,《经济研究》第 3 期。

[30] 殷波,2011,《中国经济的最优通货膨胀》,《经济学(季刊)》第 3 期。

[31] 尹智超、彭红枫、肖祖沔、王营,2021,《融资约束视角下非公有制企业的"党建红利"》,《经济评论》第 4 期。

[32] 张军,2002,《资本形成、工业化与经济增长:中国的转轨特征》,《经济研究》第 6 期。

[33] 张四灿、张云,2018,《政府干预、总需求结构失衡与中国经济波动》,《中央财经大学学报》第 7 期。

[34] 张宇,2016,《论公有制与市场经济的有机结合》,《经济研究》第 6 期。

[35] 张云、李俊青、张四灿,2020,《双重金融摩擦、企业目标转换与中国经济波动》,《经济研究》第 1 期。

[36] 中国人民银行营业管理部课题组,2017,《预算软约束、融资溢价与杠杆率——供给侧结构性改革的微观机理与经济效应研究》,《经济研究》第 10 期。

[37] 钟宁桦、解咪、钱一蕾、邓雅琳,2021,《全球经济危机后中国的信贷配置与稳就业成效》,《经济研究》第 9 期。

[38] 钟宁桦、刘志阔、何嘉鑫、苏楚林，2016，《我国企业债务的结构性问题》，《经济研究》第 7 期。

[39] 祝梓翔、邓翔，2017，《季度数据比较和混合动力模型测试》，《管理世界》第 9 期。

[40] Ai H., Li K., Yang F. 2020. "Financial Intermediation and Capital Reallocation." *Journal of Financial Economics* 138(3): 663-686.

[41] Alam M.J. 2020. "Capital Misallocation: Cyclicality and Sources." *Journal of Economic Dynamics and Control* 112: 1-20.

[42] Almeida H., Campello M. 2007. "Financial Constraints, Asset Tangibility, and Corporate Investment." *Review of Financial Studies* 20(5): 1429-1460.

[43] Bai C., Qian Y. Y., Hsieh C. T. 2006. "The Return to Capital in China." *Brookings Papers on Economic Activity* (2): 61-101.

[44] Bernanke B. S., Gertler M., Gilchrist S. 1999. "The Financial Accelerator in a Quantitative Business Cycle Framework." in Taylor J. B. & Woodford M. (eds), *Hand Book of Macroeconomics* Vol.1C, Amsterdam: Elsevier: 1341-1393.

[45] Bloom N., Floetotto M., Jaimovich N.,Saporta-Eksten I.,Terry S. 2018. "Really Uncertain Business Cycles." *Econometrica* 86(3): 1031-1065.

[46] Calvo G. A., Coricelli F., Ottonello P. 2012. "Labor Market, Financial Crises and Inflation: Jobless and Wageless Recoveries." NBER Working Paper No.18480.

[47] Carlstrom C. T., Fuerst T. S. 1997. "Agency Costs, Net Worth, and Business Fluctuations: A Computable General Equilibrium Analysis." *The American Economic Review* 87(5): 893-910.

[48] Chang C., Chen K., Waggoner D. F., Zha T. 2016. "Trends and Cycles in China's Macroeconomy." In Eichenbaum M. and Parker J. A. (Eds.), 2015. *NBER Macroeconomics Annual*, Vol.30, Chicago: University of Chicago Press.

[49] Chang C., Liu Z., Spiegel M.M., Zhang J. 2019. "Reserve Requirements and Optimal Chinese Stabilization Policy." *Journal of Monetary Economics* 103: 35-51.

[50] Christensen I., Dib A. 2008. "The Financial Accelerator in an Estimated New Keynesian Model." *Review of Economic Dynamics* 11(1): 27-65.

[51] Christiano L. J. 2011. "Remarks on Unconventional Monetary Policy." *IJCB Conference, Bank of Japan.*

[52] Christiano L. J. Motto R ., Rostagno M. 2014. "Risk Shocks." *American Economic Review* 104(1): 27-65.

[53] Cong W., Gao H., Ponticelli J.,Yang X. 2019. "Credit Allocation under Economic Stimulus: Evidence from China." *The Review of Financial Studies* 32(9): 3412-3460.

[54] Fuentes-Albero C. 2019. "Financial Frictions, Financial Shocks, and Aggregate Volatility." *Journal of Money, Credit and Banking* 51(6): 1581-1621.

[55] Gertler M.， Karadi P. 2011. "A Model of Unconventional Monetary Policy." *Journal of Monetary Economics* 58(1): 17-34.

[56] Gilchrist S., Sim J. W., Zakrajšek E. 2013. "Misallocation and Financial Market Frictions: Some Direct Evidence from the Dispersion in Borrowing Costs." *Review of Economic Dynamics* 16(1): 159-176.

[57] Gopinath G., Kalemli-Özcan S., Karabarbounis L., Villegas-Sanchez C. 2017. "Capital Allocation and Productivity in South Europe." *The Quarterly Journal of Economics* 132(4): 1915-1967.

[58] Greenwood J., Sanchez J. M., Wang C. 2013. "Quantifying the Impact of Financial Development on Economic Development." *Review of Economic Dynamics* 16(1): 194-215.

[59] Hsieh C. T., Klenow P. J. 2009. "Misallocation and Manufacturing TFP in China and India." *The Quarterly Journal of Economics* 124(4): 1403-1448.

[60] Khan A., Thomas J. K. 2013. "Credit Shocks and Aggregate Fluctuations in an Economy with Production Heterogeneity." *Journal of Political Economy* 121(6): 1055-1107.

[61] Kiyotaki N., Moore J. 1997. "Credit Cycles." *Journal of political economy* 105(2): 211-248.

[62] Levin A., Natalucci F., Zakrajšek E. 2004. "The Magnitude and Cyclical Behavior of Financial Market Frictions." Finance and Economics Discussion Series, Division of Research & Statistics and Monetary Affairs, Federal Reserve System, Board of Governors: 2004-70.

[63] Song Z., Storesletten K., Zilibotti F. 2011. "Growing Like China." *American Economic Review* 101(1): 196-233.

[64] Whited T. M., Zhao J. 2021. "The Misallocation of Finance." *The Journal of Finance* 76(5): 2359-2407.

（责任编辑：王喜峰）

Table of Contents & Abstracts

The Influence of Target Responsibility System on the High Quality Development of Chinese Economy: Major Practical Innovations of the Communist Party of China in Economic Governance

YU Yongze[1] ZHANG Shaohui[2] LIN Binbin[1]

(1.School of International Business and Economics, Nanjing University of Finance and Economics; 2.School of Public Economics and Management, Shanghai University of Finance and Economics)

Summary: The "China's economic miracle" under the leadership of the Communist Party of China has always been an important topic of academic research at home and abroad, and it is the centralized embodiment and significant practical innovation of the modernization of the economic governance capacity of the Communist Party of China. Many studies have explored the causes of "China's economic miracle" from the aspects of political system, economic system, fiscal and tax system or cultural factors. The Communist Party of China has formed an efficient leadership system and governance model through continuous exploration in long-term practice.To understand the great achievements of contemporary China's economic development, it is necessary to deeply investigate the unique governance system under the leadership of the Communist Party of China. In view of this, under the framework of longitudinal governance between central and local governments, this paper summarizes the economic governance model with "target responsibility system" as the main feature, aiming to provide a new perspective for understanding "China's economic miracle".

First of all, this paper summarizes the concept and structural characteristics of "target responsibility system". "Target responsibility system" is a system which takes party and government branch organization as operation carrier and upholds the principle of equality of power and responsibility and benefit, the central government acts as the originator of the "downward decomposition" of economic and social goals, then local governments and social institutions at all levels decompose and implement the goals as the "upward responsible" contractors under administrative constraints, political or economic incentives, finally coordinate and unified to complete the targets of the system. In the system of "target responsibility", the relationship between the central government and the local government is "contract-contracting", which includes not only the top-down "constraint" effect, but also the bottom-up "incentive" feature. From the point of view of structure characteristics, the responsibility system of objectives can be divided into three main steps: setting objectives, decomposing objectives and assessing objectives. The steps of goal making, goal decomposition and goal assessment are not only gradient and gradual, but also interactive, thus forming a coordinated and unified closed loop system.

Secondly, from the perspectives of democratic centralism, Chinese-style decentralization, vertical governance system and socialist market economy, this paper analyzes the institutional basis of the effective operation of "target responsibility system" under Chinese model. First, the political foundation of democratic centralism determines the binding nature of target responsibility system. Democratic centralism ensures that the overall objectives of the central government are extended locally in a highly organized form wbhich has significant vertical constraints on local government. Second, "top-down" vertical governance ensures the cohesion of the target accountability system. Top-down performance appraisal motivates local governments to take on the central government's targets. Third, the fiscal incentive under economic decentralization strengthens the effectiveness of target responsibility system. The tax-sharing reform fully aroused the enthusiasm of local government to carry out local economic construction. Fourth, the socialist market economy system with Chinese characteristics has stimulated the creativity of target responsibility system. China's market economy system in which public ownership plays a dominant role and various forms of ownership develop side by side not only ensures that the goals set by the central and local governments can effectively play a leading role, but also gives full play to the initiative of various market entities.

Finally, this paper further analyzes the main mechanism of local government promoting economic growth through "self-motivation effect" and "yardstick competition effect" in the "top-down" target-responsibility management system. Under the vertical constraint led by the central government's target, the economic growth target is closely related to the assessment and promotion of officials. This pressure assessment system increases the government departments' pursuit of economic growth target and strengthens the "self-motivation" of local officials. In addition, competition among local governments is an important source of China's economic growth miracle. Local officials will spare no effort in economic construction and pursue higher economic growth rates in order to win the promotion tournament. Therefore, the pattern of regional horizontal competition formed under the target responsibility system not only ensures the effectiveness of the "downward decomposition" of the target, but also ensures the completion of the economic growth target.

This study provides a new idea for deepening the institutional reform of the governance relationship between central and local governments, and provides policy inspiration for the high-quality development of China's economy in the next step. First, scientific design of economic development objectives, give full play to the leading function of "target responsibility system". While the GDP-focused competition model of local officials has significantly boosted economic growth in past stages of development, it has also led to adverse effects such as overcapacity and redundant construction. Therefore, the central government should not only give full play to the overall function and leading role of "target responsibility system" when setting economic development goals, but also avoid the phenomenon of excessive overloading under the vertical management system. Second, we will promote the reform of the local government evaluation system and improve the evaluation index system. Regional performance will no longer be measured solely by GDP. Environmental protection, people's livelihood, culture and security will be taken into more comprehensive consideration, so that performance evaluation will not be based on total quantity, speed and scale, but on the quality, mode and sustainability of development. Third, we need to standardize the relationship between government revenue and expenditure at different levels and improve the governance mechanism between central and local governments. Since the tax-sharing reform, the divergence of financial resources and authority between central and local governments has intensified the function dislocation and behavior distortion of local governments. Therefore, it is necessary to speed up the construction of local tax system and enrich the revenue source of local government, and transfer part of expenditure responsibility appropriately. On this basis, the local government's intervention in market economic activities should be furtherly restricted, so as to reverse the distortion of local government's behavior under the central government-led incentive mode.

Keywords: Target Responsibility System; China's Economic; Economic Governance; Central and Local Relations

JEL Classification: H70; O11; P26

Innovation Incentive Effect of Asymmetric Marketization Reform in China

ZHANG Jie[1] ZHENG Jiaojiao[2] CHEN Rong[2]

(1.Institute of China's Economic Reform and Development, Renmin University; 2. School of Economics, Renmin University)

Summary: Market-oriented reform is the mainstream of China's economic reform and basic force for sustainable economic growth. In the process of China's marketization reform, there has always been a prominent phenomenon that the market-oriented reform process of factor market lags behind that of the product market, which named as China's asymmetric marketization reform. Chinese scholars argue that this phenomenon is the unreasonable intervention or control of Chinese governments at different levels, which has led to the imbalance and distortion of market supply and demand in key factor markets, distorting the pricing mechanism of key factors and resulting in a negative effect on China's economic development. Based on the typical facts of the market-oriented reform and regional economic development level, this paper constructs a partial static equilibrium model, and proposes that the lag of factor marketization relative to product marketization would lead to the decline of the enterprise's ability to obtain profits, and weaken the enterprise's innovation investment.

To test above hypothesis, this paper uses a reasonable instrumental variable of the asymmetric marketization effect in China's provinces and regions. From a historical point of view, this paper constructs instrumental variable by using the proportion of the employment of Chinese owned and collective enterprises in the labor force of provinces in 1978. First, we found that the robustness experience obtained from the micro enterprise level of the manufacturing sector in this paper is that China's asymmetric marketization reform had a significant inhibitory effect on the innovation investment of micro enterprises. More specifically, every one percentage increase in the lag of the factor marketization relative to the product marketization would cause the per capita total innovation investment and per capita private innovation investment of manufacturing enterprises to decrease by 1.200 and 1.202 percentage points respectively. Second, compared with other ownership enterprises, the innovation investment of state-owned enterprises would not be affected by the inhibitory effect of asymmetric marketization reform. Third, relative to R&D outsourcing, asymmetric marketization reform has a more significant inhibitory effect on independent innovation in China. Forth, asymmetric marketization reform has a significant inhibitory effect on both technology import and reabsorption. Last, the mechanism analysis reveals that the inhibitory effect is mainly caused by the high monopoly price squeezing the profit of the industrial sector that resulted by the government's intervention or control of the factor market. In addition, this paper also tests the alternative hypothesis. Some scholars believe that China's asymmetric market-oriented reform would lead to adverse selection and moral hazard behavior in the process of innovation factor resource allocation, and inhibit the innovation activities of enterprises. It finds that in areas where asymmetric marketization is more serious, the provision of government innovation subsidies can promote the innovation investment of enterprises in the region.

It is considered that the paper added a value to existing literature in follow two aspects. First, it explores how the asymmetric marketization between the process of factor market and product market affect the enterprise's innovation investment. Second, it reveals that the asymmetric marketization would squeeze the profit obtained from production. Third, the potential direction of China's market-oriented reform in the long run is to accelerate the measures to promote the reform in key factors market and promote the market-reform of factor prices by realizing the free flow of factors.

Keywords: Asymmetric Market-Oriented Reform; Innovation Investment; Factor Market; Product Market

JEL Classification: O31; O32; O38

Urbanization Process and Carbon Emission Peaking Pathway in China: 1995-2035

SHAO Shuai[1] FAN Meiting[2] HUANG Hui[3]

(1. School of Business, East China University of Science and Technology, Shanghai 200237, China; 2. School of Urban and Regional Science, Institute of Finance and Economics, Shanghai University of Finance and Economics;3. Shanghai Jing'an District Development and Reform Commission)

Summary: China is experiencing a critical stage of accelerated urbanization.

The acceleration of urbanization and associated industrialization has become a key challenge for China to realize carbon emission peaking targets on schedule. Therefore, understanding the characteristics of China's urbanization process, clarifying the impacts of various factors related to economic structural change on the evolution trend of carbon emissions, and identifying the carbon reduction pathway coupled with economic growth can provide prominent decision references to optimize carbon reduction policy and realize carbon emission peaking. To investigate the complex impact of urbanization on carbon emissions, this paper measures the urbanization level from two perspectives of population urbanization rate and urbanization pace, and then introduce the urbanization level as the background variable into the STIRPAT model to constructure a latent class model. Based on the above model, we discuss the dynamic impacts of urbanization and other key determinants on carbon emissions. Moreover, we design four kinds of urbanization backgrounds and three simulation scenarios to analyze the feasible pathway for peaking carbon emissions in China by employing the Monte Carlo simulation method.

The results show that GDP per capita, population density, energy intensity, and energy consumption structure have significant promoting effects on carbon emissions, indicating that China's current economic growth pattern is still energy intensive in general. From a dynamic perspective, the promoting effects of some determinants on carbon emissions tend to be weak with the improvement of urbanization level. In detail, the promoting effects of population density and energy consumption structure gradually decrease during the process of urbanization. Besides, the increase in the ratio of foreign direct investment to GDP can promote carbon emissions in regions with lower urbanization level, but suppress carbon emissions in most areas with higher urbanization levels. Moreover, only in regions with lower urbanization level, the increase in proportion of secondary industry results in more carbon emissions. The results of the scenario analysis demonstrate that under the historical benchmark scenario and the policy-oriented scenario, it is difficult for China to peak carbon emissions before 2030. In the context of technological breakthrough scenario and four kinds of urbanization evolution, China can peak carbon emissions at different time before 2030 with difficult peaking values. In addition, under the background of different levels of urbanization, there are apparent differences among the peaking pathways of carbon emissions. Specifically, China is more likely to peak carbon emissions under the higher urbanization level and the urbanization mode of "slow first and then urgent". Based on our findings, it is suggested that a stable urbanization development strategy should be formulated, and the government should be committed to improving the low-carbon technological innovation capacity, to achieve the carbon emission peaking target as scheduled.

The contributions of this paper are as follows. First, the urbanization level is introduced as the background variable into the latent class model aiming at revealing carbon emission determinants, which can overcome the logical defect of general regression model in identifying the impact of urbanization on carbon emissions. Thus, this paper contributes to a better understanding of the impacts of urbanization on carbon emissions. Meanwhile, the model we construct can be used for reference to explore the real influence of various factors with background characteristics on the explained variable. Second, based on the scenario simulation analysis, this paper has a deep insight into the evolution tracks of carbon emissions under different economic and environmental policies and urbanization stages, thereby presenting the priorities of carbon reduction policy and the optimal carbon emission peaking pathway. Consequently, this paper could provide important theoretical basis and practical references for reasonable formulation and effective implementation of China's carbon reduction policy.

Keywords: Urbanization; Carbon Emissions; Latent Class Model; Dynamic Scenario Analysis; Peaking Pathway

JEL Classification: C15; C23; Q54; Q56

Chinese Diasporas as Bridge Builders: Diaspora-Run Enterprises and the Outward-Oriented Development of China

CHEN Fanghao[1] XIONG Ruichi[2]

(1. Jinan University & Peking University; 2. Toronto University)

Summary: Since the great Reform and Opening up in 1978, China has swiftly transformed from a traditional, closed, planned economy to a modern, open, market-oriented economy within a very short period of time, and has become well-known "world factory" and "the home to multinational enterprises". This paper argues that Chinese diasporas and the enterprises they run have played an important role in facilitating the above transformation in mainland China. The main content of this article is as follows:

First, this paper reviews the past literature and finds that the existing research on Chinese diaspora-run enterprises (DREs) are mainly qualitative while quantitative ones are largely insufficient; the datasets used in previous research on Chinese DREs have following weaknesses: small sample size, short time coverage, outdatedness of sample, indirectness of measurement, poor representativeness of industry and scale of the firm, and shortage in variables etc.; the research on China's FDI have not yet paid attention to the particularity and importance of diaspora direct investment (DDI) among FDI.

Second, this paper summarizes the role of DREs as "pioneers" and "bridges" during development process of a regional industrial cluster based on a case study of Nan'An stone-making industry: in the early stage of industrial development, DREs overcame entry barriers with the help of lineage networks, so as to overcome the capital bottleneck of the local industrial development; after entering, DREs shared information from overseas markets to overcome market demand bottlenecks for local industries; in the later stage of industrial development, DREs helped foster a group of competitive local industrial bases through demonstration and outsourcing, resulting in the formation and growth of local industrial clusters.

Third, using a novel database constructed by Chen et al. (2022), this paper depicts the temporal, spatial, industrial and organizational characteristics of entry of the universe of all DREs in China since the Reform and Opening up. Although the proportion of DREs among all foreign enterprises showed a declining trend, but DREs has always constituted a dominant share of foreign firms in China, and there were obvious differences between DREs and non-diaspora foreign firms in terms of entry strategy, location choice, industry selection and many other dimensions. Thus, DREs and non-diaspora foreign firms may had produced completely different spillover effect.

Fourth, this paper shows some possible spillover effects of DREs during the era of Reform and Opening up via quantitative evidence including: preceding the entry of domestic private enterprises and non-diaspora foreign enterprises, promoting local participation in international trade, improving local business environment, and guiding the modernization of domestic enterprises, etc.

Finally, under international comparison, this paper derives policy implications from China's experience with use of DDI as catalyst for local industrial development, discusses the avenue for future research, and calls for more scholarly attention on the role of DDI in promoting industrialization of developing countries.

Keywords: Diaspora-Run Enterprises; Chinese Diasporas; FDI; Opening Up

JEL Classification: F22; F23; L14

Moral Hazard in Health Insurance: Evidence from China

HUANG Wei TA Yuqi
(National School of Development, Peking University)

Summary: Moral hazard issues arising from health insurance have been heatedly discussed among researchers and policy-makers. The focus of the existing literature has been on so-called "*ex post* moral hazard", i.e., conditional on one's health status, the responsiveness of an individual's demand for healthcare to the out-of-pocket prices (Pauly, 1968). By contrast, another type of moral hazard (*ex ante* moral hazard), namely health insurance alters the behavior of an individual's health investments, has received less attention in studies (Einav and Finkelstein, 2018). Following the mainstream literature, this paper also abbreviates "*ex post* moral hazard" as "moral hazard". In theory, there is no clear prediction on whether or not health insurance will increase the utilization and the costs of healthcare. A series of randomized experiments [e.g., Aron-Dine et al. (2013), Finkelstein et al. (2012), Manning et al. (1987), etc.] as well as some quasi-natural experiment studies [e.g., Chandra et al. (2010), Chandra et al. (2014), Shigeoka (2014), etc.] have provided compelling evidence of the existence of moral hazard in health insurance. Meanwhile, some studies also tend to characterize the magnitude of moral hazard by the price elasticity of demand for healthcare [e.g., Cutler and Zeckhauser (2000), Feng et al. (2020), Zhao et al. (2015), etc.]. Their estimates of price elasticity are about -0.1 to -0.7.

Therefore, it can be seen that the evidence about the magnitude and nature of moral hazard in health insurance is still limited, though its existence has reached a consensus. In developed countries, such as the U.S. and Europe, large-scale health insurance expansion shocks have been rare after the 1980s. In China, however, emerging health insurance reforms and unique data provide researchers opportunities to answer new questions about moral hazard in health insurance. Based on this, this paper shows how to use China's scenarios and data to define and discuss four research questions, which include: (1) whether monetary costs are the only source of healthcare costs; (2) whether the monetary costs of healthcare (out-of-pocket prices) faced by individuals are marginal prices(spot prices) or average prices (future prices); (3) how to distinguish moral hazard from income effects; (4) how large is the general equilibrium effect of health insurance expansion.

When talking about healthcare costs, the existing literature tends to focus only on monetary costs, without attention to time costs. In order to explore whether the time cost will affect the demand for healthcare (Question 1), we use the fact that the statutory retirement age for men in China is 60 and Urban Employee Basic Medical Insurance (UEBMI) data of male workers aged 50-70 in a city, to construct regression discontinuity models. Preliminary results show that at age 60, there is a significant increase in the rate of hospitalization for men. This implies that the reduction of time costs resulted from retirement will increase the individual's demand for medical care, and thus the researchers should incorporate time costs into analyses to gain more accurate estimate of the price elasticity of demand for healthcare.

Question 2 is raised from nonlinear health insurance contracts. In order to alleviate the overuse of medical care, typical health insurance contracts often incorporate deductibles, cost limits, and other components, and also reset reimbursement annually based on a calendar year, which make patient cost-sharing become a nonlinear function of the cumulative amount of healthcare spending (over the covered year). Because of it, when estimating the price elasticity, researchers need to consider whether the insured response to the spot price (i.e., current out-of-pocket price) or the future price (i.e., expected year-end price). At present, few studies can discuss the patients' response to spot price and future price at the same time as well as compare their magnitudes. We fill this gap by designing two quasi-natural experiments, with the help of the policy for reaching the deductible in outpatient services and the accounting year reset policy of the UEBMI insured in a China's city. In Experiment 1, only the spot price changes without changes in the future price, while in Experiment 2, both the spot price and the future price change simultaneously, which helps us jointly estimate these two price elasticities. Results show that under the nonlinear contracts, individuals respond differently to different prices: the spot price elasticity of the retired workers is about -0.09 to -0.14, whereas the future price elasticity is about -0.92 to -1.01. This suggests that researchers should incorporate individuals, dynamic incentive responses into the analysis of health insurance.

When observing the phenomenon that falling out-of-pocket prices lead to the increase in healthcare spending, most current studies generally treat it as the evidence of moral hazard in health insurance. However, the impact of price reduction on the consumption includes substitution effects and income effects. The so-called moral hazard in health insurance is the substitution effect, that is, the social deadweight loss due to price distortions. Instead, the income effect might relax the individual's liquidity constraint, which is social benefits. In order to distinguish the moral hazard effect from the potential income effect (Question 3), we exploit the changes in inpatient reimbursement and the changes in pension to construct two quasi-natural experiments, and thus decomposing the traditional price elasticity of demand for healthcare into moral hazard (deadweight loss) and the income effect (social benefit).Results from regression discontinuity design and event study approach show that, the substitution effect accounts for about 58% of the price elasticity, while the income effect accounts for about 42%. This implies that the traditional price elasticity of healthcare demand might overestimate the magnitude of moral hazard in health insurance. When assessing the welfare effects of health insurance reform, researchers should take both the social costs of moral hazard and the benefits of income effects into consideration.

In Question 4, this paper discusses the general equilibrium effect of health insurance. The existing literature often uses a partial equilibrium framework, that is, given the entire medical market remains unchanged, to discuss the impact of health insurance expansion or changes in the reimbursement rate on various outcomes. However, health insurance reforms might affect individuals' decision making (demand side) as well as providers' behavior (supply side). We evaluate the impact of China's New Cooperative Medical Scheme (NCMS) expansion, and find that it not only affects individuals' healthcare utilization and health outcomes, but also has significant impacts on the public hospitals' income and expenditure, and increases the number of start-ups and patent applications in the pharmaceutical industry. These preliminary results suggest that the impacts of health insurance on providers' behavior cannot be ignored. In future studies, researchers should broaden their analytical perspectives and further explore the general equilibrium effects of health insurance.

We believe that Chinese researchers can dig out newer research questions as well as fresher analytical perspectives by combining Chinese reality with big data and the latest empirical approaches. China's stories and experiences will boost the development of literature on moral hazard in health economics and provide valuable lessons for the improvement of the health financing system in China and other countries.

Keywords: Health Insurance; Moral Hazard; Time Cost; Income Effect; General Equilibrium Framework

JEL Classification: I11; I18; G22

Conditions and Mechanisms for the Success of Strategic Emerging Industry Policies: A Preliminary Study of Three Typical Industries

FAN Baoqun[1] CHEN Xiaohong[2] LIU Chao[1]

(1. China Center for Economic Research National School of Development, Peking University; 2. Development Research Center of the State Council)

Summary: On October 10 in 2010, the State Council of the People's Republic of China issued the "Decision of the State Council on Accelerating the Cultivation and Development of Strategic Emerging Industries". The document indicates that strategic emerging industries have important value and act as leading role in the overall economic and social situation and the country's long-term development. Although our country's policy about strategic emerging industry has been issued for more than ten years, at present, the factual analysis and mechanism research of relevant industrial policies are still lacking. We need to figure out how to achieve industrial success and enterprise development through policy tools.

To sum up, this paper puts forward the following research questions: What are the conditions and mechanisms for the successful industrial policy of strategic emerging industries? Specifically, in our country, what kind of industrial policy is needed, what is the framework of the policy system, what is the effect of policy implementation, and how to produce better industrial policies? Taking the development policies of three industries (or technologies), i.e., display, integrated circuit, and new energy vehicles (Electric vehicle) as examples, this study discusses the conditions and mechanisms for the success of strategic emerging industrial policies. Based on the method of Industrial Chain and Value-Chain Based Holistic Policy Analysis (ICVC-HPA) we put forward, this paper attempts to use the ICVC policy matrix to sort out the relationship between policies and the ICVC of the enterprises, and evaluate the industrial development level and policy effects based on representative enterprises' scale, technical level indicators, efficiency and their subsidy data. This helps us figure out what is the focus of these policies.

Through practical research and case analysis, the study finds that firstly, industrial policy is the product of interaction between government and market and a variety of factors under certain development conditions in order to promote the development and structural upgrading of specific industries. Secondly, policies and their combinations including objectives and tools should be designed and implemented based on policy objectives, the nature of policy tools, and the characteristics of the ICVC, and they should be dynamically adjusted in due course. Thirdly, the interaction between government and enterprises is conducive and necessary to the formation and improvement of industrial policies. Fourthly, development policies of China's three industries have been initially successful. Finally, the necessary condition for the success of the policy is that the key policy system can be reasonably integrated with the market mechanism and the needs of improvement for corporate capacity.

Compared with the existing studies, our paper contributes marginally as follows. Firstly, we find the three strategic emerging industry policies have all achieved basic success or preliminary success. The reason for the success of the policy is that the policy is forward-looking and feasible, which comes from the ambition of the state and local governments to catch up and develop, take advantage of late-mover advantages, and interact between the government and enterprises. Moreover, the combination of policies and market mechanisms make the policies succeed more easily. Finally, in terms of the method, the integrated policy analysis method using industry chain value chain analysis can help to carry out objective policy analysis, appropriate policy evaluation and targeted policy design for different industrial chain value chain links. In total, this study provides inspiration for policy evaluation and related policy design for strategic emerging industries from the perspective of policy mechanism and government-enterprise interaction.

Keywords: Strategic Emerging Industries; Industrial Policies; Government-enterprise Interaction

JEL Classification: L52; L53

Digital Infrastructure and Firm's Financial Constraint: Evidence from the "Broadband China" Program

HUA Yue[1] JIN Min[1] ZHANG Xun[2]

(1.School of Economics and Trade, Hunan University; 2.School of Statistics, Beijing Normal University)

Summary: Resolving the problem of firm's financing barrier is crucial to China's high-quality economic development. Digital economy has undergone rapid growth in recent years, while relevant industries has played major role in boosting economic growth and mitigating adverse impacts from the Pandemic. This paper is built on the perspective of digital infrastructure, a fundamental element of digital economy, to study the relationship between digital economy and firm's financial constraint. In theory, the improvement of digital infrastructure can facilitate the effective handling of financial information and the efficient management of firms, hence promoting the likelihood of factor sharing within and among firms. On the other hand, the perfection of digital infrastructure helps to strengthen the firm-bank connection, resulting in a more unhindered information transfer and knowledge acquirement between borrowing firms and targeting financial institutions. Based on these concerns, we expect digital infrastructure to be useful in relaxing firm's financing constraints.

Taking the establishment of "Broadband China" exemplary cities as a natural experiment, this paper uses data from Chinese listed companies within 2005 and 2019 to empirically study the impact of digital infrastructure on firm's financial constraint. Results show that the policy of "Broadband China" effectively lowers the indices on firm's financial constraint, the alleviation effect is realized via adjusting external information asymmetry and reducing internal financing costs. The results are robust to an array of sensitivity tests including the parallel trend test. Moreover, the identified financial effect of "Broadband China" policy is found to be contributed mainly by private-owned firms, firms with low leverage ratio and firms in service industry, indicating that digital infrastructure reduces "financing gap" among firms with differed ownership, corrects for "attribute misallocation" embedded in the bank-firm credit process, and facilitates the digital transformation of the third industry.

Our study provides digital-economy-based solution for firm's problem of financing barriers, while also offers empirical evidence and policy implications for the implementation of China's "Powerful Digital Nation" strategy. While the study has illustrated the role of digital infrastructure in financially fueling firms, government investments should be more emphasized on projects with digital factors, and lower the financial barriers for firms via assorted digital-based guidance. Meanwhile, firms pursuing a strong comparative advantage are encouraged to embrace the new digital era by adopting more digital-oriented development strategy.

Keywords: Digital Infrastructure; Financial Constraint; Information Asymmetry; "Broadband China"

JEL Classification: O33; O38; G31

"Demographic Health Dividend" is an Important Source of Promoting Economic Growth

LI Jun[1] ZHENG Xiaoying[2]

(1. Institute of Quantitative and Technical Economics, Chinese Academy of Social Sciences; 2. School of Population Medicine and Public Health, Chinese Academy of Medical Sciences/Peking Union Medical College)

Summary: "Demographic dividend" has played a very important role in China's rapid economic growth in the past. However, China has started the process of population aging in the 21st century. By 2010, China's economic growth has appeared an "inflection point" from high speed to medium and low speed. Does this mean that China has lost its demographic dividend?

As a country with a large population, how to make full use of human resources and how to sustain the demographic dividend has become a crucial practical problem. This paper aims to demonstrate the existence of "demographic health dividend" and it is an important source of promoting economic growth. The traditional connotation of "demographic dividend" means that the demographic structure dominated by the "quantity" of labor force provides favorable conditions for economic growth. In this connotation, the factor of "quality" of labor force is not considered.

Obviously, the effect of labor force with the same quantity but different quality on economic growth must be different. Among the indicators to measure the quality of labor force, health has special importance. Without health, other indicators for evaluating population quality have no practical significance. Therefore, this paper puts forward the population health factor as a relatively independent problem, that is, the problem of "demographic health dividend".

By establishing a mathematical economic model containing total output, national savings rate and demographic structure variables, and using the method of theoretical derivation and econometric analysis, this paper makes an in-depth research on the relationship between demographic health dividend and economic growth. The research found that in the process of economic growth, there is not only "demographic dividend", but also "demographic health dividend", in which the demographic health dividend is composed of labor health dividend and elderly health dividend.

In particular, this paper deduces the formula of the relationship between national savings rate and demographic structure, explains the connotation of demographic dividend mathematically based on this formula, and proves theoretically that improving demographic health level has the effect of continuing demographic dividend; It is proved mathematically that demographic health dividend is the source of economic growth, which enriches the theory of economic growth. This paper demonstrates that developing demographic health dividend is an important way to actively deal with population aging meanwhile it has an important practical significance of implementing the "healthy China" strategy. Finally, policy suggestions are put forward. The conclusion of this paper shows that the characteristics of China's economic growth are closely related to the characteristics of China's demographic structure.

Keywords: Demographic Dividend; Demographic Health Dividend; Elderly Health Dividend; Economic Growth

JEL Classification: C02; E20; J10

Does the Appreciation of the Renminbi Promote China's OFDI? Micro Evidence based on China Industrial Enterprises Database and Overseas Investment Enterprises Directory

LIN Faqin[1] FENG Fan[2]

(1. College of Economics and Management, China Agricultural University; 2. Business School, Renmin University of China)

Summary: Over the past several years, China's OFDI has increased significantly. According to the 2019 Statistical Bulletin of China's Foreign Direct Investment, China's OFDI increased to US$1.98 trillion, ranking 3rd globally. OFDI can help enterprises to improve their technology, avoid trade barriers and make use of foreign resources. Many scholars studied OFDI and found that several factors can promote OFDI, such as minimum wage, domestic system, productivity and so on. With China's economic development, the RMB has seen consistent appreciation over the years. According to the International Monetary Fund (IMF), the exchange rate between USD and RMB dropped from 8.277 in 2001 to 6.897 in 2019. As one of the important ways to utilize international resources, OFDI profoundly affects the development of enterprises. At the same time, the RMB exchange rate measures the relative prices of goods and factors between China and other countries. It presents the cost changes of Chinese enterprises' investment in the international market and plays an important role in OFDI decisions. With the implementation of exchange rate reform, the RMB exchange rate has moved more frequently and market-oriented since 2005. In this circumstance, it is necessary to analyze the impact of RMB appreciation on enterprises' OFDI.

We analyze the impact of changes in the exchange rate on OFDI theoretically and empirically. Drawing on the research of Fan et al. (2018) and Tian and Yu (2020), we find that the appreciation of the local currency decreases the threshold for OFDI and promotes OFDI. In addition, appreciation of the local currency expands the profit difference between OFDI and export, which increases the potential for enterprises to conduct OFDI, especially for enterprises with low productivity. Then, we constructed a comprehensive database using data from the "List of Overseas Investment Enterprises (Institutions)" provided by the Ministry of Commerce of China, the China customs database, and the Annual Survey of Industrial Firms (ASIF). Using the method of Xu et al. (2016), we constructed city-level effective exchange rates. After controlling fixed effects and city-level and enterprise-level control variables, we estimated the effect of the exchange rate on China's OFDI empirically. We found that every 1% RMB appreciation led to a 0.0102 increase in OFDI during the period 2001–2012. As ASIF only covers large-scale industrial enterprises and cannot fully illustrate all the behavior of all Chinese enterprises, we estimated the effect of the exchange rate on the amount of provincial OFDI using the "List of Overseas Investment Enterprises (Institutions)," which contains the full OFDI records. Then, we found that for every 10% RMB appreciation, there was a 0.004% increase in the provincial OFDI number, further consolidating our conclusion.

Compared with previous studies, our study makes the following contributions. First, different from previous studies that analyzed the effect of the effective exchange rate at the macro or enterprise level, we constructed city-level effective export and import exchange rates and examined the effect of exchange rate on OFDI. Compared to national exchange rates, our data provides more city information. Meanwhile, our exchange rates are less susceptible to industry chain effects than firm-level exchange rates. Due to the existence of the industrial chain, the production and business activities of enterprises tend to be affected by upstream and downstream enterprises. The effect of exchange rates on OFDI in upstream and downstream enterprises may also indirectly affect enterprises' OFDI behavior. Second, unlike previous micro-level studies that only focused on manufacturing enterprises, we analyzed the impact of RMB appreciation on all OFDI records. Therefore, compared with other research, our research is more comprehensive and representative.

Keywords: CNY Appreciation; Outward FDI; Enterprise Heterogeneity
JEL Classification: F310; F23

Firm-specific Borrowing Costs Heterogeneity, Capital Misallocation and Total Factor Productivity: An Analysis of Dynamic Stochastic General Equilibrium Based on the Perspective of Double Financial Frictions

ZHANG Sican[1] LI Zilei[2] GAO Fan[1] ZHANG Yun[3]

(1. School of Economics, Tianjin Normal University; 2. School of Finance, Tianjin University of Finance and Economics; 3. School of Economics, Nankai University)

Summary: This paper focuses on the losses in total factor productivity (TFP) due to capital misallocation to dispersion in firm-specific borrowing costs in China. That is to say, the private-owned enterprises (POEs) face higher borrowing costs than the state-owned enterprises (SOEs) with lower productivity. For one thing the differences in borrowing costs across firms may attributable to the relatively undeveloped financial markets in China. Specifically, there are frictions between banks and entrepreneurs as well as banks and depositors which arising from information asymmetry in China's credit markets. From the credit demand-side, since the default cost generates a borrower spread, POEs whose financing choices are affected by the higher default costs face higher lending rates than SOEs with the lower default costs. Thus different entrepreneurs differ in their default costs lead to borrower spread differ across sectors , which means that the financial demand frictions lead to reductions in TFP through capital misallocation. From the credit supply-side, the financial intermediary may divert a fraction of assets leads to an endogenous the aggregate amount of credit loan constraint for banks which generates a lender spread. Thus the total loans funded will depend positively on the banks' own net worth, and the banks are more unwilling to extend credit to POEs due to the higher default costs. Hence, the financial supply frictions would exacerbate the capital misallocation arising from financial demand frictions. For another thing, government implicit guarantees may be another important determinant of differences in borrowing costs across firms. To achievement some policy goals such as stable economic growth, the production decision of SOEs should be countercyclical. So the SOEs generally receive some preferential credit treatment through the government guarantees. That is to say, the government provides implicit guarantees for bank loan to SOEs and bails the potentially defaulting SOEs out and pays off the loan partly or fully. Thus SOEs' borrowing costs have been affected less by the financial factors which exacerbates capital misallocation.

Therefore the paper firstly incorporates government-guaranteed bank loans and double financial frictions into a dynamic stochastic general equilibrium (DSGE) with production heterogeneity wherein both bank and entrepreneurial leverage matter for the cost of external funds of nonfinancial firms borrowing from banks. By analyzing the determinants of external financing premium including borrower spread and lender spread, it has been found that: Firstly, the model economy can better account for structure of economy and business cycle in the China's actual economy. Secondly, changes in financial frictions induce heterogeneous responses capital wedges across firms, which reduces the efficiency of capital allocation across firms and aggregate TFP, and SOEs have been affected less by the financial factors since the government provides guarantees for their debt which exacerbate capital misallocation. Thirdly, the impacts of the adverse shocks on the real economy have been double enhanced through linkage of bank and entrepreneurial leverage, while the financial supply frictions constrains bank's ability to provide loans and thus exacerbate capital misallocation through reducing the available bank loans for POEs. Additionally, the model endogenously generates the counter-cyclicality of capital misallocation. Fourthly, during the economic downturn, the extent of capital misallocation will be exacerbated since the conditions of access to credit for POEs are more difficult and the production decision of SOEs is countercyclical.

The contributions in this paper can be summarized as follows: Firstly, the paper constructs a DSGE model which integrates government-guaranteed bank loans and double financial frictions into a unified research framework for the first time. The government-guaranteed bank loans are adopted by the research Group of Operations Office of the People's Bank of China (2017), the double financial frictions are constructed by adding a moral hazard problem between bankers and households along the lines of Gertler and Karadi (2011) to the Bernanke et al.

(1999) financial accelerator model, and then the two frictional associations are constructed by using the bank credit scale variable as a link. Secondly, from the perspective of comparative static and dynamic analysis, the paper inspects the mechanism of the losses in TFP through capital and credit misallocation arising from the double financial frictions and implicit government guarantees. Thirdly, in the context of the economic downturn, the paper inspects the mechanism of capital misallocation by the conditions of access to credit for POEs are more difficult and the production decision of SOEs is countercyclical.

Finally, this paper suggests that, to solve the capital misallocation arising from imperfect financial markets, the government should to alleviates the information asymmetry among different economic agents including banks and entrepreneurs as well as banks and depositors; To solve the capital misallocation arising from the government-guaranteed bank loans, the government should to build the system of the state-contingent government-guaranteed bank loans to SOE firms on business cycle.

Keywords: Firm-specific Borrowing Costs Heterogeneity; Countercyclical Capital Misallocation; Total Factor Productivity; the Double Financial Frictions; Government Implicit Guarantee

JEL Classification: E32; E44; G28

《中国经济学》稿约

《中国经济学》（Journal of China Economics, JCE）是中国社会科学院主管、中国社会科学院数量经济与技术经济研究所主办的经济学综合性学术刊物，2022 年 1 月创刊，初期为集刊，首年为半年刊（6 月和 12 月出刊）。

本刊以习近平新时代中国特色社会主义思想为指导，以研究我国改革发展稳定重大理论和实践问题为主攻方向，繁荣中国学术，发展中国理论，传播中国思想，努力办成一本具有“中国底蕴、中国元素、中国气派”的经济学综合性学术刊物。立足中国历史长河、本土土壤和重大经济社会问题，挖掘中国规律性经济现象和经济学故事，发表具有原创性的经济学论文，推动中国现象、中国问题、中国理论的本土化和科学化，为加快构建中国特色哲学社会科学“三大体系”贡献力量。

《中国经济学》以“国之大者，经世济民”为崇高使命，提倡发表重大问题的实证研究论文（但不提倡内卷式、思想重叠式的论文），注重战略性、全局性、前瞻性、思想性的纯文字论文，特别关注开辟新领域、提出新范式、运用新方法、使用新数据、总结新实践的开创性论文。本刊主要发稿方向包括习近平经济思想、国家重大发展战略、中国道路、国民经济、应用经济、改革开放创新重大政策评估、交叉融合问题、经典书评等。来稿注意事项如下。

1. 来稿篇幅一般不少于 1.5 万字。摘要一般不超过 600 字，包含 3~5 个关键词。请提供中英文梗概（英文梗概 800~1000 词）、3~5 个英文关键词和 JEL Classification。

2. 稿件体例详见中国经济学网站（http://www.jcejournal.com.cn/）下载栏中的“中国经济学模板”。不需邮寄纸质稿。

3. 投稿作者请登陆中国经济学网站作者投稿查稿系统填写相关信息并上传稿件。投稿系统网址：http://www.jcejournal.com.cn/。

4. 作者上传的电子稿件应为 WORD（*.doc 或者 *.docx）格式，必须上传匿名稿（务必去掉作者姓名、单位、基金等个性化信息）和投稿首页，首页须注明中英文标题、摘要、作者姓名、工作单位、职称、通讯地址（含邮编）、电话和电子邮箱等。欢迎作者提供个人学术简介，注明资助基金项目类别和编号，欢迎添加致谢辞。

5. 稿件将实行快速规范的双向匿名审稿流程：初审不超过 3 周，盲审流程一般不超过 2 个月，编辑部电话:（010）85195717，邮箱：jce@cass.org.cn。

6. 本刊不向作者以任何名义收取版面费，录用稿件会按照稿件质量从优支付稿酬，每年将评出 3~5 篇“《中国经济学》优秀论文”。

《中国经济学》杂志诚邀广大经济学专家、学者和青年才俊惠赐佳作。

《中国经济学》编辑部

2022 年 6 月

图书在版编目(CIP)数据

中国经济学. 2022年. 第1辑：总第1辑 / 李雪松主编；中国社会科学院数量经济与技术经济研究所主办. -- 北京：社会科学文献出版社, 2022.6

ISBN 978-7-5228-0111-7

Ⅰ. ①中… Ⅱ. ①李… ②中… Ⅲ. ①中国经济－文集 Ⅳ. ①F12-53

中国版本图书馆CIP数据核字（2022）第076576号

中国经济学　2022年第1辑（总第1辑）

主　　管 / 中国社会科学院
主　　办 / 中国社会科学院数量经济与技术经济研究所
主　　编 / 李雪松

出 版 人 / 王利民
组稿编辑 / 邓泳红
责任编辑 / 吴　敏
责任印制 / 王京美

出　　版 / 社会科学文献出版社（010）59367127
地址：北京市北三环中路甲29号院华龙大厦　邮编：100029
网址：www.ssap.com.cn
发　　行 / 社会科学文献出版社（010）59367028
印　　装 / 三河市龙林印务有限公司

规　　格 / 开　本：787mm×1092mm　1/16
印　张：24.75　字　数：380千字
版　　次 / 2022年6月第1版　2022年6月第1次印刷
书　　号 / ISBN 978-7-5228-0111-7
定　　价 / 128.00元

读者服务电话：4008918866